汉语辞书理论史系列丛书

主编 郑振峰

民国时期汉语语文辞书研究

刘善涛　王晓 ◎ 著

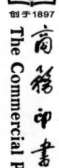

商务印书馆
The Commercial Press

本书为国家社科基金重大项目"基于辞书信息数据库的中国汉语辞书理论史研究"（18ZDA302）的阶段性成果、国家社科基金青年项目"民国时期汉语语文辞书研究及其数据库建设"（18CYY049）的结项成果。

本书出版获河北师范大学学术著作出版基金（S23CB001）、教育部中外语言交流合作中心年度课题（23YH81C）的资助。

总　序

先秦至今，中华民族编纂出近千种优秀辞书，拥有丰富的辞书编纂经验。尤其是20世纪至今，我国汉语辞书理论研究迅速发展，辞书文本编纂的数量也快速增加，汉语辞书理论研究和辞书编纂工作取得了较大的成绩。但同时，我们还面临着一些问题。例如，辞书理论和辞书编纂存在着一些脱节；辞书数量虽然快速增加，但在世界辞书之林有较大影响的不多；与其他研究方向相比，从事辞书研究的学者数量不多，年轻的后继力量比较缺乏。从辞书大国到辞书强国，在辞书理论研究、辞书文本编纂、辞书人才培养等方面要做的工作还不少。

有感于辞书研究事业的紧迫性，我们想要为辞书强国梦的实现做一些具体工作。2018年10月，我们获批了国家社科基金重大项目"基于辞书信息数据库的中国汉语辞书理论史研究"。课题以数量浩大、类型丰富的古今辞书文本和辞书理论研究为对象，以辞书学、词汇学、语义学、文字学、训诂学、音韵学、文献学等相关理论为指导，通过对辞书文本和辞书理论的搜集、整理和分类，依托数字化信息技术，建立汉语辞书信息数据库，搭建信息共享平台，探讨影响辞书编纂以及辞书理论发展演变的辞书内、外因素，阐述辞书学家的辞书学贡献和辞书学思想，系统研究汉语辞书理论史。课题在全面整理古人关于辞书的零散观点，梳理辞书编纂经验，尤其是在提炼辞书文本中蕴含的辞书理论的基础上，在数字化信息手段的支持下，开展我国汉语辞书理论通史研究，整合并提升出汉语辞书的独特理念，进而服务于今天的辞书编纂，服务于辞书强国梦的实现，服务于本土汉语辞书理论的对外输出。

河北师范大学和鲁东大学是高校中研究辞书学、词汇学的重要阵地。河北师范大学文学院有悠久的辞书学、词汇学研究传统，齐佩瑢、朱星、孙崇义、王学奇、苏宝荣等著名辞书学家、词汇学家为我们奠定了坚实的基础，积淀了深厚的学术底蕴。齐佩瑢先生的《训诂学概论》在学界有较大影响，朱星先生的《汉语词义简析》是词汇学、语义学研究者的重要参考书，孙崇义先生（师从黎锦熙先生）先后参加了《国语辞典》和《现代汉语词典》（试印本）的编纂工作，王学奇先生的《元曲释词》（与顾学颉合著）、《宋金元明清曲辞通释》（与王静竹合著）获得学界好评，其中《宋金元明清曲辞通释》荣获国家辞书奖一等奖（2003年）。苏宝荣先生曾担任中国辞书学会副会长兼学术委员会主任、中国社会科学院辞书编纂研究中心学术咨询委员会委员、中国训诂学研究会副会长，为《现代汉语词典》（第6版、第7版）审订委员会委员，他的专著《古汉语词义简论》（与宋永培先生合著）、《词义研究与辞书释义》、《词汇学与辞书学研究》、《词的结构、功能与语文辞书释义》等常被辞书学、词汇学学者及硕博士研究生引用。鲁东大学与国家语委共建汉语辞书研究中心，培养了众多的辞书学人才。鲁东大学张志毅先生不仅与张庆云先生合著有《词汇语义学》《词汇语义学与词典编纂》《理论词典学》等理论著作，还编写了《简明同义词典》《反义词词林》《反义词大词典》《新华同义词词典》《新华反义词词典》《当代汉语学习词典》等辞书，参与编写了《汉语大词典》，为《现代汉语词典》（第6版、第7版）审订委员会委员和商务印书馆辞书研究中心特约研究员，获得第二届"中国辞书事业终身成就奖"。为把这项工作做好，我们整合了河北师范大学和鲁东大学的学术力量。

感谢北京师范大学资深教授王宁先生，中国社会科学院语言研究所词典编辑室李志江研究员，国务院学位委员会中文学科评议组成员、河北大学杨宝忠教授，教育部长江学者、北京语言大学华学诚教授，教育部长江学者、吉林大学徐正考教授和教育部长江学者、北京师范大学王立军教授在课题开题时为我们提出的宝贵建议；感谢商务印书馆的支持，感谢编辑们的辛苦劳作。同时，也感谢学界众多师友对我们长期以来的支持和帮助。

郑振峰

2021 年 12 月

目 录

绪 论 1
  第一节 民国时期汉语语文辞书史研究现状 2
  第二节 当前研究中存在的不足 6
  第三节 民国时期汉语语文辞书史的主要研究对象 8
  第四节 民国时期汉语语文辞书史的主要研究目标 11

第一章 民国辞书编纂的社会文化背景 13
  第一节 西风席卷，穷则思变（1911 年之前） 14
  第二节 初创即成，以启辞林（1912—1918 年） 15
  第三节 初步发展，成果渐丰（1919—1937 年） 18
  第四节 蜷伏困顿，艰难前行（1938—1949 年） 23

第二章 民国时期汉语语文辞书编纂出版概况 25
  第一节 民国时期汉语语文辞书出版总览 25
  第二节 现代汉语类语文辞书出版概况 28
  第三节 古代汉语类语文辞书出版概况 37

第三章　民国时期现代汉语字典编纂研究 41
第一节　字典数据库的建设与字典出版概况 41
第二节　现代汉语普通字典的编纂出版情况 45
第三节　现代汉语专用字典的编纂出版情况 57
第四节　现代汉语专项字典的编纂出版情况 60
第五节　现代汉语字典编纂的时代特点 61

第四章　民国时期现代汉语词典编纂研究 64
第一节　民国时期现代汉语词典年度出版概况 65
第二节　综合语文词典编纂情况 70
第三节　普通语文词典编纂情况 74
第四节　专用语文词典编纂情况 79
第五节　专项语文词典编纂情况 82
第六节　现代汉语词典编纂的时代特点 85

第五章　民国时期现代汉语语典编纂研究 89
第一节　"语典"称名尚不稳定的古代时期 89
第二节　同类称名竞争、转型的近代时期 90
第三节　"语典"称名的定型与发展 94
第四节　民国时期现代汉语语典的出版情况 96
第五节　现代汉语语典编纂的时代特点 101

第六章　民国时期古代汉语类辞书编纂研究 103
第一节　古代汉语字典编纂研究 104
第二节　古代汉语词典编纂研究 109
第三节　与古汉语辞书相关的其他资料 111

第四节　古汉语辞书编纂的时代特点 ·············· 115

第七章　民国时期现代汉语辞书编纂思想研究 ·············· 117
　　第一节　辞书的地位与价值 ·············· 118
　　第二节　辞书的性质与类型 ·············· 120
　　第三节　辞书编纂原则与体例设计 ·············· 123
　　第四节　辞书收条、立目与注音 ·············· 125
　　第五节　辞书释义、词性标注与例证 ·············· 128
　　第六节　辞书插图、符号与附录 ·············· 133
　　第七节　辞书装帧、评价与宣传 ·············· 135
　　第八节　民国辞书研究与辞书学的构建 ·············· 139

第八章　民国时期汉语语文辞书编纂中的注音探索与实践 ·············· 141
　　第一节　注音字母方案影响下的辞书编纂 ·············· 142
　　第二节　国语罗马字方案影响下的辞书编纂 ·············· 145
　　第三节　拉丁化新文字方案影响下的辞书编纂 ·············· 148
　　第四节　汉语拼音化在辞书注音中的演变 ·············· 150

第九章　民国时期汉语语文辞书收词、释义和例证的演变 ·············· 152
　　第一节　所选辞书样本的特点分析 ·············· 154
　　第二节　样本辞书中"一"字编纂的整体情况 ·············· 156
　　第三节　辞书中"一"字义项设置的演变 ·············· 159
　　第四节　辞书中"一"字释义语言和释义方式的演变 ·············· 162
　　第五节　辞书中"一"字义项配例的演变 ·············· 164
　　第六节　字头"一"下立目词语的设置与演变 ·············· 165

第七节　现代化初期汉语辞书发展的谱系化探讨 ················· 168

第十章　百年《辞源》研究与"《辞源》学"建设 ················· 170
　　第一节　百年《辞源》研究概述 ································· 171
　　第二节　对《辞源》属性的再认识 ······························· 174
　　第三节　"《辞源》学"建设的五个方面 ························· 174
　　第四节　"《辞源》学"研究的主要方法 ························· 178
　　第五节　"《辞源》学"建设的目标和价值 ······················· 179

第十一章　《国语辞典》编纂研究 ································· 181
　　第一节　《国语辞典》研究现状 ································· 182
　　第二节　初版《国语辞典》的体例特点 ··························· 186
　　第三节　《国语辞典》的收词与立目 ····························· 193
　　第四节　《国语辞典》的注音与义项设置 ························· 203
　　第五节　《国语辞典》的释义与例证处理 ························· 212

第十二章　王云五系列语文辞书编纂研究 ··························· 230
　　第一节　王云五研究概况 ······································· 230
　　第二节　王云五辞书编纂的时代背景 ····························· 232
　　第三节　王云五辞书编纂的个人因素 ····························· 236
　　第四节　王云五辞书编纂概况 ··································· 238
　　第五节　王云五系列语文辞书的体例特征 ························· 242
　　第六节　王云五辞书编纂的现代意识 ····························· 300

第十三章　"商务"和"中华"的辞书出版与竞争 ··················· 307
　　第一节　新型辞书的开创与竞争 ································· 309
　　第二节　学生辞书的竞争 ······································· 310

第三节　国音辞书的竞争 311
　　第四节　白话辞书的竞争 313
　　第五节　辞书删节本、改编本的竞争 315
　　第六节　其他类型辞书的竞争 316
　　第七节　影响辞书出版的其他竞争 318

结　语 321
　　第一节　汉语辞书现代化转型的历史背景 321
　　第二节　辞书类型细化是辞书现代化的前提 323
　　第三节　辞书体例定型是辞书现代化的标志 325
　　第四节　编纂工作的科学分工是辞书现代化的保障 329
　　第五节　在现代化变革中推动"辞书学"的学科独立 334
　　第六节　民国辞书现代化的启示 335

附录1　民国时期汉语语文辞书出版数据库简表 340
附录2　民国时期现代汉语辞书理论数据库简表 353
附录3　民国时期科技类辞书编纂出版概况 361

参考文献 378

绪　论[*]

辞书出版是文化建设的基础工程（柳斌杰，2012），是国家文化软实力提升不可忽视的元素（陈伟，2011）。我国现代汉语语文辞书的编纂和研究兴起于民国初期。在百余年的发展历程中，辞书现代化经历了由新兴（1911—1949）到辞书小国（1950—1977）再到辞书大国（1978—2000）的转变，并正努力向辞书强国迈进（李宇明、庞洋，2006；张志毅，2010）。

民国时期的汉语语文辞书，"掩映着国学余晖和西学晨曦"（张志毅、张庆云，2015），涌现出一批具有开创意义的代表性杰作，如《新字典》（1912）是我国第一部收有现代科学新字的字典；《中华大字典》（1915）是我国第一部新型大字典；《辞源》（1915）是我国第一部兼收语文、百科的综合性辞书，并开创了我国现代辞书的编纂体例；《（京音国音对照）国语词典》（1922）是我国第一部白话词典；《（词性分解红皮新式）中华字典》（1927）是我国第一部全面标注词性的白话字典；《王云五大辞典》（1930）是我国第一部标注词性的白话词典；《标准语大辞典》（1935）和《国语辞典》（1937—1945）分别为规定性和描写性中型语文辞书的代表。与此同时，辞书研究也逐步展开，关于辞书与社会发展和文化教育的关系、辞书的功用与价值、辞

---

[*] 本章曾以"民国时期汉语语文辞书史研究刍议"为题发表于《励耘语言学刊》2020年第2期，收入本书有修改。

书的类型区分，以及辞书的收词、注音、释义、排检等体例设置都有较为详尽的论述问世。如《〈新字典〉序》（蔡元培，1912）、《〈辞源〉说略》（陆尔奎，1915）、《字典论略》（万国鼎，1926）、《编纂〈中国大字典〉计划概要》（刘复，1927）、《编纂〈中山大辞典〉之经过》（王云五，1939）、《理想的字典》（王力，1945）等。这些具有代表性的成果，对后来的辞书编纂和辞书研究产生了积极影响，也成为中国辞书发展过程中承上启下的重要标志。

第一节　民国时期汉语语文辞书史研究现状

中国是世界上最早从事辞书编纂的国家之一，在悠久的历史进程中积累了丰富的辞书编纂成果，推进了汉语辞书史的发展。但是，直至20世纪80年代，辞书学才逐渐从语言学和词汇学中独立成为一门新兴交叉学科。辞书编纂史和辞书编纂法是辞书学建设的两项主要任务（陈炳迢，1985），语文辞书是辞书家族中的核心成员。截至目前，学界已出版了十余部汉语语文辞书史著作，其中不乏关于民国时期汉语语文辞书史研究的成果。

（1）语言学史中的相关研究概况。语言学史的研究大致分为通史、断代史、专题史三种类型，语文辞书作为对语言文字形、音、义、用等相关信息的系统汇集或主要呈现载体，也成为语言学史研究的对象。1958年岑麒祥出版了我国第一部语言学史专著《语言学史概要》，该书在世界语言学发展史的宏观框架下简要论述了中国语言学史的发展状况，以辞书为载体的古代汉语研究穿插其中，但鸦片战争后的汉语史研究状况却寥寥数语，民国时期的辞书成果未见论述。这种重古轻今的状况也体现在之后的中国语言学通史研究中，从王力《中国语言学史》（1981）到赵振铎《中国语言学史（修订本）》

（2017），对民国时期的汉语语文辞书都较少论及。这种倾向在语言学史的断代书写中略有改观，如何九盈《中国现代语言学史》（1995）第六章"训诂学与辞书编纂"单列"辞书编纂"一节，对黄侃、王力的辞书学思想和《中华大字典》《辞源》《辞通》等代表性辞书予以简单介绍，体现出对民国时期辞书史研究的初步重视。汉语专题史研究分为传统语言学分支学科史和现代语言学分支学科史两个方面，辞书史研究在文字学、音韵学、训诂学和现代汉语词汇学的研究中均有体现，同时也出现了对传统字书史、雅书史、韵书史加以研究的专题性成果。但是，受学科发展不平衡的影响，对古代辞书的整理研究较多，对现当代语文辞书发展史的研究成果相对较少，以致在当前的语言学史研究中，仍将汉语语文辞书史归入传统语言学研究的范畴。[①]

（2）辞书编纂史中的相关研究概况。民国时期何多源《中文参考书指南》（1936）对当时已出版辞书的版本信息、体例状况等进行了简要的分类介绍。新中国成立后，刘叶秋《中国的字典》（1960）是我国第一部辞书史专著，该书从字典、词典、韵书三方面对古今代表性辞书进行简要介绍，涉及《中华大字典》《辞源》等民国辞书十部。在前书的基础上，刘先生又整理出版了《中国古代的字典》（1963）一书，开创了辞书学通史和断代史的研究。此后的辞书学通史著作大都将民国时期看作汉语语文辞书发展的独立阶段加以论述，但对该阶段的认识不尽一致。如刘叶秋《中国字典史略》（1983）称作"字书的演变与改革期"；林玉山《中国辞书编纂史略》（1992）称作"辞书编纂的成熟期"；雍和明等《中国辞典史论》（2006）将20世纪称作"中国辞典的沉寂与兴盛"期，20世纪前半叶被看作"中国语文辞典的革新与转型"期；徐时仪《汉语语文辞书发展史》（2016）将近

---

① 陈昌来在其主持的国家社会科学基金重大项目"中国语言学史（多类分卷本）"（16ZDA206）阶段性成果《中国语言学史研究的现状和思考》一文中将辞书史的研究归入"传统语言学分支学科史（专题史）的研究"范畴之内。

百年的汉语语文辞书编纂称作"新式辞书"时期，民国时期则看作是"新旧转型期"。

早期的辞书断代史研究以古代辞书为主，如赵振铎《古代辞书史话》（1986）、钱剑夫《中国古代字典辞典概论》（1986）、张明华《中国古代的字典词典》（1991）等。进入 21 世纪，对百年汉语语文辞书史的回顾和总结受到重视。如韩敬体《20 世纪的中国辞书编纂出版事业》（2000）以新中国成立为界分为前后两个时期，前一时期又分为起步和成熟阶段（1900—1919）、发展阶段（1919—1937）和停滞阶段（1937—1949）；林玉山《20 世纪的中国辞书》（2001）分为近代辞书编纂阶段（1900—1918）和现代辞书编纂阶段（1919—1949）；徐成志《尊重前人 追踪时代——中国辞书百年回顾》（2001）则将 20 世纪前半叶称作"我国新型辞书产生和初步发展时期"。然而，杨文全《近百年的中国汉语语文辞书》（2000）未见分期，仅在书中前三章选取民国时期 10 本代表性辞书逐一列举分析。值得一提的是曹先擢等主编《八千种中文辞书类编提要》（1992）收录 1989 年前出版的中文辞书近八千种，分传统辞书和近现代辞书两部分，后者又分出字典、语文词典等五种类型，对民国时期近 200 部汉语语文辞书的版本信息、体例状况等进行简要介绍，是目前较为全面的辞书资料汇编。钟少华《中国近代辞书指要》（2017）将民国时期出版的 401 部中文工具书进行分类整理，并对 194 部辞书进行简要介绍，其中包括语文辞书 58 部。该书虽仍以举例描述为主，但已将辞书编纂史的研究集中到民国时期，显示出学界对该时段辞书史研究的逐步重视。

（3）辞书理论史中的相关研究概况。辞书编纂活动必然是在一定的思想原则指导下完成的，把这些思想原则抽象为系统的理论方法却是在现代语言学意识兴起后逐渐成熟起来的，并在改革开放后形成了独立的辞书学。伴随着清末民初中国社会文化的古今转型，《辞源》《中华大字典》《中国大辞典》等一批新型辞书的筹划和编纂，对辞书理论的探讨也逐步深入，辞书学的学科地位引起学界关注，刘复（1927）指出"字书之学，吾华发达最早"[①]，但"古词典的研究……只是经学的丫头"[②]，现代辞书建设应该"渐渐地脱离经学的羁绊而独立"。新中国成立后，周祖谟《略论近三十年来中国语文词典编纂法的发展》(1982)是最早进行辞书理论史研究的代表成果，该文在辞书学建设的宏观背景下，先简要分析了以《辞源》《辞海》为代表的民国辞书编纂特点，然后结合《现代汉语词典》（以下简称《现汉》）[③]的编纂和《辞源》《辞海》的修订，从立目、注音、释义、配例等六个方面对近三十年的辞书编纂体例和编纂方法进行总结。前人给我们留下了丰富的辞书遗产，却没有留下一部系统的辞书理论著作（汪耀楠，2001），出于学科建设和辞书编纂的需要[④]，1988年《辞书研究》编辑部提出了辞书思想史研究的设想，得到邹酆等学者的响应。在论文研究的基础上，邹酆结集出版了《辞书学探索》(2001)，初步构建了辞书学史的写作框架，后又形成我国第一部辞书理论史专著《中国辞书学史概略》(2006)。该书将我国辞书学史分为11个时期，分别论述了不同时期辞书学发展的历史背景、时代特征、理论成果和代表人物的辞书学思想，将清末民初的近代时期、"五四"时期及其后的三十年（1919—1949）分别看作中国辞书学的转型期、中国现代辞书学的萌芽期和生长期，分三章进行集中论述。同年，雍和明等《中国辞典史论》(2006)坚持"史""论"结合，将语文辞书发展史置于世界辞书发展和社会文化发展的大背景下加以论述，但对辞书理论和

---

① 刘复《编纂〈中国大字典〉计划概要》(1927)，见《辞书研究》，1979年第1期。
② 胡适《〈国学季刊〉发刊宣言》，见《国学季刊》，1923年第1期。
③ 下文论述若涉及《现代汉语词典》的整体情况，简称《现汉》；若涉及某个具体版本则用数字分别标记版本，如1978年《现代汉语词典》（第1版）则简称为《现汉1》，余此类推。
④ 当时正在进行《汉语大字典》《汉语大词典》的编纂工作。

辞书学思想的挖掘不如邹书，对民国辞书学史的论述尤显薄弱。近年来，汉语语文辞书史研究的理论色彩逐渐增强，如王东海等《汉语辞书理论史热点研究》（2013）、解海江等《汉语语文辞书的状况与发展研究》（2015）。前者将《马氏文通》（1898）至《现代汉语词典》（1978）正式出版前的阶段看作汉语辞书理论史的"转型期（含低谷期）"[①]，并对汉语语文辞书类型和释义的理论发展分别论证；后者在"汉语语文辞书的百年进程"一章中将民国时期看作"汉语现代语文辞书的起步期"，并对该时期的300余部辞书进行分类介绍。但这两本书均注重立足当代，突出应用，对转型期的史学梳理和理论总结相对偏少。可喜的是，2018年以郑振峰为首席专家的国家社科基金重大项目"基于辞书信息数据库的中国汉语辞书理论史研究"成功获批，并设立"清末民国汉语辞书理论研究"子课题，将进一步推进"汉语辞书理论史、辞书思想史的系统构建"（袁世旭、郑振峰，2019），强化民国时期汉语辞书理论史的研究。

第二节　当前研究中存在的不足

汉语语文辞书的古今转型与现代革新萌生于清末，始创在民国，以《辞源》的编纂与出版为典型代表（王宁，2015）。但是，民国时期"中国以中文出版的辞书到底有多少，一直是研究的空白区"（钟少华，2017）。截至目前，关于民国时期辞书出版和研究的数据统计仍无确论。据彭斐章、何华连（1994）统计，民国时期我国共出版各类工具书1450种，发表工具书理论研究文章248篇，语文辞书的具体状貌不得而知；据邹酆（2000）统计，我国在20世纪前半叶出版

[①] 参见王东海《汉语辞书理论史的分期研究》，《辞书研究》，2013年第3期。

的汉语语文辞书约 200 余部，发表汉语辞书研究论文约 220 篇；而解海江等（2015）关于民国时期我国汉语语文辞书出版数量有 337 部和 319 部两说[①]，难以从前人研究中得一定数，反映出民国时期语文辞书史研究的不足，主要概括为以下三点：

（1）对民国时期汉语语文辞书的专题性研究偏少。民国时期虽兼跨古今，但在语言学和辞书学研究中却"古今兼失"。古代汉语研究者多关注《康熙字典》之前的字书、韵书和俗语辞书的研究；现代汉语研究者多关注新中国成立后以《现汉》为代表的辞书研究，并逐渐形成了"《现汉》学"（苏新春，2007；李斐，2008）；唯独对古今转型的民国时期汉语语文辞书研究最为薄弱，至今未见此类断代史专题著作。

（2）对民国时期汉语语文辞书的文本分析和理论总结不足。辞书史研究分为辞书编纂史研究和辞书理论史研究两个方面，二者均需建立在充分翔实的材料基础之上，互为补充、互相促进。当前对辞书编纂史的梳理仍以古代辞书经典文本的举例分析为主，专题史研究中仍缺乏对民国时期汉语语文辞书文本的横向系统剖析和纵向发展对比。[②] 辞书理论史的研究多注重新中国成立后辞书编纂的理论总结，凸显现实感和应用性，但因民国时期辞书理论研究意识不突出，成果形式散见于报刊、序跋、日记等，对理论史的系统挖掘相对偏少。

（3）对民国时期汉语语文辞书的史料整理相对薄弱，专门性的整理工作尚待推进，现代化的数据开发尚未展开，一定程度上阻碍了民

[①] 解海江等在《汉语语文辞书的状况与发展研究》（2015）中说"1912 年至 1949 年，我国共出版汉语语文辞书 337 部"（第 35 页），又述"这一时期共出版汉语语文辞书 319 部"（第 64 页、第 65 页）。

[②] 王东海 2019 年立项的国家社会科学基金一般项目"百年汉语语文词典谱系的词典考古研究"（19BYY015）是对百年来现代汉语语文辞书传承演变脉络的专题研究，目前尚未见到结项成果。

国时期汉语语文辞书史研究的深入推进。对辞书史料的整理，20世纪基本停留在索引类的纸质出版物，如《国内工具书指南（辞书部分）》（1986）、《八千种中文辞书类编提要》（1992）、《二十世纪中国辞书学论文索引》（2003）等。进入21世纪，南京大学双语词典研究中心虽建立了"中国辞书出版信息数据库（1978—2008）"，但不涉及民国时期的辞书信息；鲁东大学汉语辞书研究中心建立的"语文辞书信息库"尚未开放，民国辞书状貌不得而知。除辞书出版状况的整理外，典型辞书的文本状况、辞书研究成果的整理无人论及，这些都制约了民国时期语文辞书史研究的深入进行。

整体上看，有关民国时期汉语语文辞书的研究成果数量不多，研究深度和广度有待加强，部分领域还较为薄弱，如现代化转型时期国外辞书、其他类型辞书（汉外辞书、专科辞书、百科辞书）对语文辞书编纂的影响，辞书编纂与当时复杂的社会文化、科学教育、学术发展之间的互动关系，民国时期语文辞书资源的整理保护与开发利用，民国时期语文辞书编纂体例的承续演变及对后世辞书的影响，民国时期语文辞书编纂对当前辞书强国建设的参考价值和启示意义等。即便是一些"摸家底"式的基础性研究仍需进一步明晰，如该时期语文辞书编纂出版状况和研究成果信息等。

第三节　民国时期汉语语文辞书史的主要研究对象

民国时期汉语语文辞书的现代化转型是在中西辞书文化和多元辞书背景的合力下完成的，汉语语文辞书编纂在古今转型中渐趋成熟，辞书类型和编纂体例不断完善，编纂理论对编纂实践的总结或指导作用日益密切。以现代化初期原创性辞书为代表的经典辞书对后世辞书编纂的蓝本示范作用影响深远，对现代辞书理论研究的归纳和实践意义显著。因此，本书的主要研究对象如下：

（1）现代语文辞书发展初期的复杂环境。自《康熙字典》出版后近二百年的时间里，汉语语文辞书的编纂基本处于停滞状态。现代汉语语文辞书的萌芽是在中国与西方、传统与现代、模仿与完善的反复调适中逐步发展起来的（刘善涛、王晓，2020a）。这包括《辞源》出版前的国际辞书环境、历史文化背景、学科学术面貌、其他类型辞书（传统辞书、传教士辞书、汉外辞书、专科辞书）的编纂状况等；也包括民国时期汉语语文辞书不同发展阶段的社会条件和学术环境、学科建设和学科理论状况、国内外的辞书研究和编纂实践、主编素养和专家团队、读者意识和辞书修订状况等。

（2）民国时期汉语语文辞书的编纂出版实践。民国时期汉语语文辞书类型多样，大致可分为综合性、普通和专门性三种类型：① 综合性语文辞书，如《新字典》（1912）、《辞源》（1915）、《中山大辞典"一"字长编》（1938）等；② 普通语文辞书，如《（京音国音对照）国语词典》（1922）、《王云五大辞典》（1930）、《国语辞典》（1937—1945）等；③ 专门性语文辞书，如《京音字汇》（1913）、《国音字典》（1919）、《分类辞源》（1926）、《王云五新词典》（1943）等。我们通过不同渠道对该时期的汉语语文辞书进行反复筛选，建立"民国时期汉语语文辞书出版数据库"（简称"出版库"），共整理辞书239部，并从宏观和微观多个层面对辞书出版状况和代表性辞书的特点进行说明，力求准确科学地展现民国时期汉语语文辞书编纂与出版的整体面貌。

（3）民国时期汉语语文辞书的理论研究状况。现代化初期辞书研究的成果载体和成果形式多样，期刊论文是现有资料索引的主要关注对象，如《新文学与新字典》（沈兼士，1918）、《字典标品略说》（C.P.，1926）、《中国字典通略》（张守白，1934）、《编纂〈中山大辞典〉之经过》（王云五，1939）等。此外还包括辞书中序、跋、凡例等对辞书理论的阐发，如《新字典·序》（蔡元培，1912）、《(国音标准)白话词典·例言》（方宾观，1924）、《虚词典·凡例》（顾佛影，1934）等。①再如学者的信札、随笔、短论等，如林语堂在《语言学论丛》（开明书店，1933）中收录《末笔检字法》《分类成语辞书编纂法》《编纂义典计划书》等多篇辞书学文章，这些材料也充实了民国时期辞书理论研究的内容。我们主要对前两类进行搜集整理，建立"民国时期现代汉语辞书理论数据库"（简称"理论库"），共获取成果517项，在此基础上对民国辞书编纂与外部环境的关系、辞书的功用和价值、辞书的类型划分、编纂原则、结构体例、排检查询、装帧宣传等多个角度总结归纳民国时期汉语语文辞书的理论研究状况。

（4）经典语文辞书编纂体例和文本内容的辞书史价值。辞书就其编纂的起点来说，有原创、扩展、模仿三种类型（王宁，2008）。②原创性辞书的编纂"最费力气，价值也最高"，其价值不仅体现在对前一时期辞书理论和编纂实践的升华，也体现在对后世辞书发展的蓝本示范作用。以原创性辞书为代表的经典语文辞书编纂宗旨和原则的拟定、编纂体例和辞书结构的安排、文本内容和附属信息的编写、辞书在检索、收词、注音、释义、配例等环节中的创新、后世辞书在编纂理念和体例结构上的沿袭传承等都展现出经典辞书在辞书谱系发展脉络中的独特价值，成为辞书史研究中的必要环节。

---

① 为了扩大辞书宣传，部分序跋也见诸期刊，如蔡元培为《新字典》所写的序曾以"商务印书馆〈新字典〉序"为题发表于《东方杂志》，1912年第9卷第4期。

② 与王宁先生所述"扩展"相对应，还应有"缩减"，这是一个事物的两个方面，如《现代汉语小词典》是"根据《现代汉语词典》压缩改编而成"（第1版"说明"），而《现代汉语大词典》则属于"扩展"而成。民国初年，商务印书馆出版的《(缩本)新字典》(1914)、《学生字典》(1915)、《实用学生字典》(1917)等和中华书局出版的《(缩本)中华大字典》(1915)、《中华中字典》(1916)、《实用大字典》(1918)、《中华万字字典》(1926)等，均是在已出版的《新字典》和《中华大字典》的基础上删减修订而成，既丰富了辞书类型和数量，又方便了读者的选购和使用。

第四节　民国时期汉语语文辞书史的主要研究目标

围绕上述研究内容，本书旨在达成如下目标：

（1）探析影响民国辞书史发展的多元因素。一时代有一时代之学术，民国时期汉语语文辞书史的发展与国家民族的发展和现代知识过载息息相关（刘善涛、王晓，2020a）。在广阔的社会文化背景下，从国际国内辞书发展状况、不同类型辞书编纂状况和社会文化、教育出版等多元视角，综合分析内外部多种因素对汉语语文辞书现代化转型和发展的影响，以便更为明晰地把握影响辞书编纂和辞书观念的复杂因素。

（2）摸清民国辞书出版和研究的整体状况。民国辞书史研究的基础是对该时期汉语语文辞书出版和辞书研究状况的"家底盘点"，如对该时期的辞书编纂队伍、出版信息、体例状况、补编修订、辞书总量等编纂出版信息，辞书研究人员、研究成果、发表时间、成果载体、研究内容、研究价值、成果总量等理论研究信息的全面把握。结合已有成果和多种查检渠道，摸清辞书家底，丰富辞书史研究的史料，为课题研究打下坚实基础。

（3）构建辞书出版、辞书研究和辞书文本数据库。结合现代数据库技术，对民国时期语文辞书编纂出版信息、理论成果信息和典型辞书的文本信息加以处理，将辞书本体研究转换成现代性的辞书信息资源。按照建库宗旨、建库原则、语料来源和属性信息等方面差异，分别建成包含辞书名称、编者、出版社、出版时间、版次、辞书类型、选词来源、条目数量、注音方式、释义语言、词性标注、例证类型、检字法、修订再版等属性信息"出版库"；包含辞书理论研究的成果名称、作者、发表时间、发表载体、核心观点、关键词等属性信息的

"理论库";包含条目、注音、注音方式、义项、释义方式、例证、例证来源、附属特征等属性信息的"样本库"和"文本库"。本书在此数据库所提供的数据和便利条件的基础上进行撰写。

（4）勾画现代语文辞书初期发展的谱系脉络。作为文化产品的辞书并不是孤立的，结合不同类型的辞书数据库，以典型语文辞书中所体现的辞书理念和编纂策略为脉络，对不同辞书文本加以分析和论证，从纵向角度梳理民国时期不同类型汉语语文辞书的相互影响和现代语文辞书发展演变的谱系脉络，探究语文辞书发展的传承、创新，以及典型语文辞书的辞书史价值。

（5）服务当前辞书理论研究和编纂实践。以史为鉴，从辞书发展环境、辞书理论研究、辞书编纂实践和辞书数据库建设等方面，探讨民国时期汉语语文辞书研究对当前辞书强国建设的启示意义，努力挖掘其对当前辞书建设的现实意义。

新中国成立以来，我国相继完成了"国家辞书基础建构战略（1975—1985）"和"国家辞书体系优化战略（1988—2000）"，目前正在推行"国家辞书强国目标战略（2013—2025）"（魏向清，2015）。国运昌隆，盛世修典，现代辞书学建设需要重视和挖掘现代化初期的辞书编纂和辞书研究成果，分析影响汉语语文辞书转型的多种因素，梳理民国时期汉语语文辞书理论研究和编纂出版的成果，研究辞书理论对辞书编纂的指导意义，探索汉语语文辞书发展演变的谱系脉络，丰富已有的汉语语文辞书史研究成果，为当前辞书强国建设提供学理参考。同时，辞书作为语言词汇系统的重要呈现载体，民国时期作为现代语文辞书的初始节点，民国辞书蕴含着丰富的辞书资源和语言资源，对其编纂成果、理论成果和典型辞书文本的数据库建设，既能推动当前的辞书强国建设，也有助于民国语言资源的保存、利用和深入研究，展现出广阔的应用价值。

第一章　民国辞书编纂的社会文化背景[*]

辞书是社会的一面镜子。社会为辞书编纂和辞书研究提供强度不等的"光",辞书则记录和反映社会各层面发展状貌的"影"。我国古代社会的王权统治、"小学"教育和以"字"为主要研究单位的语言实际决定了传统字书的兴起和繁荣。同时,古代字书的编纂也为古典文献的训释、封建思想的阐发提供了有效工具,集大成之作便是由东汉许慎《说文解字》开创、累积1600年至清代编纂的钦定字书《康熙字典》,其"善兼美具,可以奉为典常而不易者"[①]的至高地位使后世二百余年无人敢僭越,以致严重阻碍了汉语辞书的编纂和现代化转型。清末,我国汉语语文辞书在经历了漫长的历史积淀后,在古今中外复杂因素的推动下开启了现代化发展的历程,现代汉语语文辞书的产生和初步发展是在中国与西方、传统与现代、模仿与完善的反复调适中逐步发展起来的,近人辞书观和辞书编纂实践(方法、技术等)的变化与国家民族的发展和现代知识过载息息相关,其间蕴含着复杂的历史因素,梳理这段历史有助于全面把握现代辞书产生发展的社会文化背景。

---

[*] 本章曾以"民国辞书编纂与社会文化互动"为题发表于《中国出版史研究》2020年第2期,收入本书有修改。
[①] 见《康熙字典》"序"。

第一节　西风席卷，穷则思变（1911年之前）

受地理大发现的影响，伴随着明末清初第一次西学东渐，汉外辞书编纂率先开启了现代化历程。这一时期以天主教为主体的西班牙、葡萄牙传教士编纂了"60多种汉语或汉外对照类辞书"（王力达，1963），为辞书注音、收词和释义带来了一丝微弱的现代气息。但是，受封建体制的影响，这一时期的辞书交流是缓慢的、短暂的，主要局限于上层社会，其影响范围有限。尤其是在"礼仪之争"和清廷闭关后，"西学已被整个社会（包括帝王在内）遗忘得一干二净"（陈卫平，1992）。

清末，伴随着资本主义国家的相互竞争，两次工业革命的胜利和基督新教在世界的传播，欧日新学在坚船利炮的掩护下浩浩荡荡地涌入我国，不断冲刷着旧有的社会体制和知识体系。前有天主教传教士成功的传教经验和汉语研究成果，加之新教徒们灵活的传教方式和创新精神，以及英美国家工业的发展、印刷工具的改进和国内新型辞书的编纂，这一时期传教士汉外辞书的编纂数量和水平都有了很大提高。马礼逊（Robert Morrison）编纂的《华英字典》（1815—1823，*A Dictionary of the Chinese Language*，又译为《中国语文字典》）是我国第一部汉英字典，《广东土话字汇》（1828）则开汉英方言辞典之先河，为传教士汉外辞书，甚至为日本和英辞书的编纂提供了典型参考蓝本（刘善涛、王晓，2018）。同时，由于洋务运动兴起，国人对西学逐步重视，以及一些官办和民办出版机构相继创立等因素，国人在西学译介的基础上开始编写一些西方科技器物类汉外词表，如《化学材料中西名目表》（1870）、《金石识别表》（1872）、《西药大成药品中西名目表》（1887）、《汽机中西名目表》（1890）等。

以甲午战争和维新变法为标志,汉外辞书编纂实现了由以新教传教士为主、中国人为辅,到以东归国人为主体的转变。甲午战败不仅从政治军事上标志着清廷的失败,也从思想文化上彻底击碎了清廷"天朝上国"的美梦。随后,资产阶级掀起的维新变法运动和民主革命运动对社会进步和思想启蒙起到了重要的推动作用。自此以后,"以日为师、求学日本"的思想逐渐兴起,中国人仅翻译日本的著作就有千种左右(谭汝谦,1980)。辞书作为汇编各种新学知识的载体得到国人的普遍重视,日本近代辞书的新式编纂理念以及辞书中所收录的新词新语被大量输入到中国,丰富了辞书的品类,如汉日辞书:《汉释日本辞典》(1906)、《汉译日语大辞典》(1907)、《东中大辞典》(1908)等;百科辞书:《新尔雅》(1903)、《博物大辞典》(1907)、《普通百科新大辞典》(1911)等;语言类专项辞书:《东文动词汇》(1902)、《和文奇字解》(1902)、《东语异同辨》(1906)、《标品字典》(1906)等。中国学者在清末民初时期的辞书编纂呈现出日本辞书、欧美辞书和传教士辞书等多蓝本参照的阶段特征,同时也由于汉日两种文字上的相似性,中国的辞书编纂理论和实践在参照日本辞书的基础上逐渐趋于完善,"辞典"的概念在《英华大辞典》(1908)中被正式使用,并由此推广到新学国人的辞书编纂活动中,最终实现了汉语语文辞书在20世纪初的现代转型。

第二节 初创即成,以启辞林(1912—1918年)

现代汉语语文辞书的转型是在古今中外多种合力的推动下完成的,归纳起来,大致体现在三个方面:① 自工业革命和鸦片战争以来所引起的世界格局和中国社会的变化,殖民入侵、新学涌入、改良图存、国人渐醒,现代政经科技、文化出版、教育学术逐渐形成,封建统治日趋式微而至覆亡,为现代汉语语文辞书的转型提供了适宜的外部环境;②伴随着外在世界的变化,"社会人"的自我担当意识在士大夫、进步学人和普通知识分子间逐渐觉醒,人们改良国运、参与变革、启蒙大众的责任感和使命感逐渐增强,进一步推动了现代文化教育的发展和新兴知识体系的构建,成为推动现代汉语语文辞书转型的直接动力;③语言学和辞书学的发展是促使现代汉语语文辞书转型的根本内因,西方语言学理论的传入和"语言文字之学"(章太炎,1907)概念的提出使语言学独立为专门学科,为辞书选词、注音、词性标注和义项设置提供了理论基础。同时,我国自身积淀了千余年的辞书编纂传统,传教士入华和鸦片战争后新型辞书(双语辞书、专科辞书、百科辞书等)编纂成果的涌现,以及发达国家优秀现代语文辞书[①]的出版为汉语语文辞书编纂提供了选词来源、参考蓝本和编修经验。

新式教科书和工具书的编纂出版是清末民初文化教育建设的主要需求,也是商务印书馆由印刷作坊迅速发展为我国第一家现代出版机构的主要推动力量。"辞书之应用,较教科书为尤普"[②],我国汉语语文辞书的现代化转型是由商务印书馆率先实现的。张元济"早年在学习英语之时就注意到西欧各国都早有辞书之类的出版发行,而我国尚无这类辞书。他任商务编译所长后,高凤谦(字梦旦)先生亦提及此事,两人不谋而合。于是大家合议关于编纂我国自己的辞书之事,并取名为《辞源》,这是为兴办教育所迫切需要之工具用书"(董涤尘,2006)。1908年,商务印书馆创设辞典部,陆尔奎任部长。陆氏可谓"中国近代第一位辞书编纂家"(舒池,1991),其主编的《新字典》(1912)被称作"《康熙字典》问世200年后最早的、第一本革命性字典"(汪家熔,2001),也是"我国第一部收有现代科学新字的字

---

① 如《韦氏美国英语词典》(1828)、《牛津英语词典》(1857—1933)、日本《言海》(1889)等。

② 高凤谦《〈新字典〉缘起》,见《新字典》,商务印书馆,1912年。

典"(曹先擢、陈秉才,1992);其主编的《辞源》(1915)是"我国第一部兼收语文、百科的综合性新型大辞典"(陈炳迢,1985),它首次明确区分出字典和词典两种辞书类型,使辞书从经学的附庸向现代查检工具的独立地位迈出了坚实的步伐。《新字典》和《辞源》的编纂不仅应和时代所需,也引领时代浪潮。继而,中华书局编纂出版的《中华大字典》(1915)成为20世纪80年代以前收字最多的汉语字典,并且成为"中国旧字书的终结,宣告了我国辞书编纂已步入现代字(词)典时期"的标志(李开,1990)。此外,因大型辞书的编纂要受到人力、物力和财力等各方面的限制,编纂周期长,投资风险大,创新难度高,读者购买力有限,两家出版社在原有辞书的基础上删减增补,陆续出版了《(缩本)新字典》(商务印书馆,1914)、《学生字典》(商务印书馆,1915)、《实用学生字典》(商务印书馆,1917)、《(缩本)中华大字典》(中华书局,1915)、《实用大字典》(中华书局,1918)等,基本上构成了这一时期现代汉语语文辞书的全貌。

纵观这一阶段的社会文化背景和辞书编纂实践,梳理学者们对辞书理论的阐释,可以看出辞书与文化的关系被提到了突出的位置。这种文化是与现代社会接轨的新文化、新思想、新知识系统。普及文化、恶补新知、革新思想、辅助教育、改良社会,成为当时语文辞书编纂的上层目标。此目标愈急切,首创期的辞书愈大而全。新学背景下新概念新名词大量涌入,导致社会交际困难,传统知识体系已无法满足人们求知的需求,学者们急切地发出了"一国之文化常与其辞书相比例","国无辞书,无文化之可言也"[1];"世界愈文明,字典之需要愈急"[2];"一国文化愈进,其字画辞书愈益繁多"[3]等呼吁,遂决意编纂新式语文辞书。"而于民国成立之始,得此适用之新字典,其于国

---

[1] 陆尔奎《〈辞源〉说略》,见《东方杂志》,1915年第4期。
[2] 陆费逵《〈中华大字典〉序》,见《中华大字典》,中华书局,1915年。
[3] 熊希龄《〈中华大字典〉序》,见《中华大字典》,中华书局,1915年。

民之语言思想，不无革新之影响"[①]，蔡元培对《新字典》的这一评价，代表了该时期现代汉语语文辞书编纂的整体认知。总之，本阶段现代语文辞书的编纂既是当时社会发展状貌的反光镜，也是当时文化语言实际的知识库，还是后期辞书编纂演变的风向标，初创之艰不可忘，启林之功不可没！

第三节　初步发展，成果渐丰（1919—1937年）

清末民初的新文化运动是一场不彻底的思想运动，"盖西洋留学生殆全体未尝参加于此运动；运动之原动力及其中坚，乃在不通两洋语言文字之人。坐此为能力所限，而稗贩，破碎，笼统，肤浅，错误，诸弊，皆不能免；故运动垂二十年，卒不能得一健实之基础，旋起旋落，为社会所轻"（梁启超，1921）。这场思想文化运动在经历了"中国旧文化的衰落期"与"新文化运动的启蒙时期"（伍启元，1934）之后，伴随着民国政权的建立，西洋留学生归国，《新青年》（初名《青年杂志》）的创刊，在五四运动的推动下，逐渐进入"全盛时期"。这既是一场思想革命，也是一场语言运动，二者交互推进，"自成一体"（高玉，2002）。现代文学思想、语言观念和语言政策上的变动在辞书编纂中也都有体现，且推动了现代辞书的编纂理念、编纂方法、体例设计、辞书类型和出版数量的进一步发展。由此形成了我国现代语文辞书编纂的第一个高峰（刘善涛、王晓，2017），也成为我国辞书理论史上的"第一次转型期"（王东海，2013）。与整个社会文化教育的变迁相协调，大型综合性辞书、中小型的普通辞书和一批专项语文辞书或拟定计划，或着手编纂，或出版发行，从理论和实

[①] 蔡元培《〈新字典〉序》，见《新字典》，商务印书馆，1912年。

践上进一步推动了汉语语文辞书的现代化。

民国政府成立后,时任教育部总长的蔡元培组织成立读音统一会,开始制定注音字母,并于1918年正式颁行。1919年出版的《国音字典》(商务印书馆),为辞书注音的现代化确定了初步的规范标准。语音是语言的物质外壳,汉语的古今演变转型伴随着五四的新文化运动的深入而蜕变。从胡适的"八不主义"[①]到陈独秀的"三大主义"[②],再到周作人明确提出使用国语,这种"国民全体都用的国语",是"古今中外的分子融合而成的一种中国语"[③],逐步为现代语文辞书的编纂与定型提供指引。前一阶段的辞书虽已"不避俗语俗字",但在检索体例、注音排版等方面还带有"摹仿古人"的痕迹,本时期的现代汉语辞书在不同层面上实现了质的突破,如《国音学生字汇》(1919)采用汉字直音和罗马字拼音注音,收字8000多,以常用字为主,适合中学以下水平学生及普通识字人查阅;《(京音国音对照)国语词典》(1922)不收单字,专收北京人所常用的口语词约5500条,用注音字母注音,口语释义,并举例句,是我国第一部白话词典;《(国音白话注)学生词典》(1924)收单字五千多个,复词和成语共三万余条,是我国第一部白话学生词典;《国语成语大全》(1926)收录常用成语、歇后语、谚语等3200多条,约10万字,每则成语先注北京音,再解其意,白话释义,简明扼要;《平民字典》(1927)是较早使用简化字的字典;《(词性分解红皮新式)中华字典》(1927)

---

① 胡适在《文学改良刍议》(1917)一文中提出了"八不主义",即须言之有物;不摹仿古人;须讲求文法;不作无病之呻吟;务去滥调套语;不用典;不讲对仗;不避俗字俗语。
② 陈独秀在《文学革命论》(1917)一文中提出"三大主义",即推倒雕琢的、阿谀的贵族文学,建设平易的、抒情的国民文学;推倒陈腐的、铺张的古典文学,建设新鲜的、立诚的写实文学;推倒迂晦的、艰涩的山林文学,建设明了的、通俗的社会文学。
③ 周作人《国语改造的意见》,见《东方杂志》,1922年第17期。

按部首编排，收字一万多个，为我国第一部标注词性的白话学生字典；《王云五大辞典》（1930）按四角号码排列，用直音、注音字母和国语罗马字注音，收录古今各种词条，并加简要的解释，注明其词性和所属类别，为我国第一部标注词性的白话学生辞典；《虚词典》（1934）分为两部：文言之部和白话之部，收录虚词500多条，每一词目先注词性，再释其义，释义区分普通用法和特殊用法，白话释义，例句多数选自古籍，并注明出处；《标准语大辞典》（1935）收北京话和一般通行词语3.6万多条，用注音字母和国语罗马字注音，按中文笔画顺序排列，书后附有四角号码索引，是现代汉语规范词典的早期代表。

  我国辞书编纂向来有求大求全的传统，在新文化运动的推进下更显强烈。起源于18—19世纪的历史比较语言学对欧洲的语言研究和辞书编纂产生了重要影响，一批"依史则"（on Historical Principle，也作"按史则"）编纂的大型辞书不断问世，如德国《德语词典》（1852—1960）、法国《利特雷词典》（1863—1873）、英国《牛津英语大词典》[①]（1884—1928）等。这些辞书被一些留学归国的学者介绍到国内。在借鉴的同时，学者们也逐渐勾勒出中国大型语文辞书的编纂框架。1922年蔡元培提出"编一部完备的字书"[②]的设想，1923年胡适将"语言文字史"作为国学研究中的一个子系统[③]，1926年万国鼎建议"仿《牛津大字典》[④]之例，集全国专才，编一详备之大字典……"[⑤]，1927年刘复起草了《编纂〈中国大字典〉计划概要》，其

[①] 原书名为 *New English Dictionary on Historical Principle*，简称NED，该词典在1858年由英国语文学会组织筹备编写，1884—1928年由牛津大学出版社出版，共12卷，被誉为"辞典中的《圣经》"。
[②] 蔡元培《汉字改革说》，见《国语月刊》，1922年第7期。
[③] 胡适《〈国学季刊〉发刊宣言》，见《国学季刊》，1923年第1期。
[④] 即《牛津英语大词典》。
[⑤] 万国鼎《字典论略》，见《图书馆学季刊》，1926年第1期。

目的"不在于修补前人之书,实欲博采现代各国字书中最进步之方法,另行规划,以成一部极完备之字书"。①尽管理论阐发相对成熟,但编纂实践仍步履维艰。

继《中华大字典》出版后,中华书局便意欲编纂一本赶超商务印书馆的《辞源》的新型辞书——《辞海》。只可惜因人事变动太大,直到1936年才得以出版发行。《辞海》的编纂体例虽与《辞源》相似,但后出转精,注重收录常用词、俗语词、新词语和百科性词语,共收词10万余条。在释义和例证上也有了较大改进,补充修正了原有辞书的不足,对外来新词标记英文书写形式,词条例证不仅注明书名,还注明篇名,以便核查,"无论在体例、条目的收列、释文等方面都取得了新的成就"(李开,1990),开创了"百科性词典"新品类。商务印书馆在《辞源》初版的基础上,编纂了"广收新名""融贯新旧之津梁"的《辞源续编》(1931)和《辞源正续编合订本》(1939)。1936年,商务印书馆时任总经理王云五在中山文化教育馆的资助下成立《中山大辞典》编纂处,计划"仿《牛津大字典》之例,不仅解释意义,并表明各字各辞②之历史,故于单字辞语之意义,莫不究其演变,溯其源流",最终编成一部"单字约六万,辞语约六十万","十倍于《辞源》"③的大型辞书。至1937年已搜集资料七百四十余万条,但最终因抗战全面爆发,商务印书馆遭到日军轰炸,上海也被日军占领等因素被迫终止,只得于1938年在香港出版了《中山大辞典"一"字长编》。中国大辞典编纂处的前身是1920年成立的"国语辞典委员

---

① 刘复《编纂〈中国大字典〉计划概要》(1927),见《辞书研究》,1979年第1期。
② 本书讨论的是民国时期语文辞书问题,涉及其时书名及引文的文字均因袭旧例,如:《国语辞典》《迭语》《俗语考原》,以及词书(辞书)、灌通(贯通)、自叙(自序)、旁皇(彷徨)、殷虚(殷墟)、给与(给予)、凭藉(凭借),等等,与今语言规范用字不尽一致。另外,引文还保留了繁体字,特此说明。
③ 王云五《编纂〈中山大辞典〉之经过》,见《东方杂志》,1939年第1期。

会",从事"词"的正音和规范工作,后在黎锦熙、钱玄同等学人的推动下于1928年改名为"中国大辞典编纂处",专门从事《中国大辞典》的编纂工作,并在其编纂过程中对汉语字词的形音义进行规范,计划出版八部与之匹配的普通语文辞书,可见此项工作之艰巨。编纂处成立之初,黎锦熙和钱玄同就共同制订了长达1.5万字的编纂计划,意欲编纂一部"规模务求大、材料务求多、时间不怕长、理想尽高远、全然学术化"的大型辞书,"结算四千年来的国语(文字和语言)及其涵包的一切新旧学术文化等底总帐"[①],并按照分工设立了搜集、调查、整理、纂著、统计5个部门,至1933年8月已整理出近250万张资料卡片。但因经费不足、政局动荡、人员流动等因素,编纂工作被迫终止。我们只能从《释"巴"》(黎锦熙)、《释"一"》(刘复)两篇文章[②]中窥见大辞典的部分面貌。

"五四"以来新文化运动和现代语文运动的深入推进,军阀混战的结束和南京国民政府的成立,国民教育的稳步发展并趋于定型,以及稳定的国语研究机构、出版机构和研究队伍等因素,为本时期现代汉语辞书编纂提供了开放自由的发展空间。文学的通俗化和大众化是教育平等的前提,由此才能实现个人的自由发展,即"德谟克拉西"精神(伍启元,1934),而以辞书为载体和工具所实现的国语普及又是其必经之路。科学的精神和以实验主义为代表的科学方法构成了"赛恩斯"的内核(伍启元,1934),实验主义也称"实用主义",倡导"有用即真理",陈鹤琴、王文新等学者在美国心理学家桑代克(Edward Lee Thorndike)教育测验思想的影响下,对汉字进行了字频统计和民众基本字研究,为辞书选词提供了量化依据,如《王云五大辞典》便采用统计方法"就高中以下各科课本和补充读物计四百余

---

① 黎锦熙《国语旬刊·发刊词》,见《国语旬刊》,1929年第1期。
② 可参看黎锦熙《汉语释词论文集》(科学出版社,1957);刘复《释"一"》,《国学季刊》,1932(1)。

种，分别各级程度，将所有词语，无论文体语体，一一选取，并记其经见次数，实行编辑"(《王云五大辞典·序》)。可见，作为新文化运动中心的"德谟克拉西"和"赛恩斯"一直贯穿于本时期的辞书编纂活动。最后，套用胡适《建设的文学革命论》中的口号"国语的文学，文学的国语"[①]，本时期的辞书编纂可以概括为"国语的辞书，辞书的国语"，即在新文化运动的推动下，现代汉语趋于定型，现代辞书编纂理论与实践的现代化也趋于完善。本时期的辞书编纂还记录和反映着新文化运动和国语建设的艰辛历程。

第四节 蜷伏困顿，艰难前行（1938—1949年）

1937年抗日战争全面爆发，致使这种良好的发展态势遭到严重破坏。国土沦陷，出版机构被毁，人民生活在水深火热之中，辞书的编纂规模和影响范围也受到严重制约，但仍艰难前行。辞书理论方面的代表是王力发表的《理想的字典》（1945）和《了一小字典初稿》（1946），文章在对古今辞书评价的基础上提出了"理想的字典"编纂方法，试编条目，为大型历时辞书的编纂提供了理论准备。辞书编纂方面除上文所述《中山大辞典"一"字长编》（1938）、《辞源正续编合订本》（1939）外，最具代表性的成果是《国语辞典》（1937—1945）。《国语辞典》由中国大辞典编纂处编纂、商务印书馆出版，其上承《辞源》（1915）、《王云五大辞典》（1930）、《标准语大辞典》（1935），下启《人民小词典》（1951）、《新华字典》（1953）、《现代汉语词典》（1978）等，在收词、注音、释义等方面都体现出一定的独创性和现代性。该词典定位于为民族共同语（即"国语"）的中型

---

① 胡适《建设的文学革命论》，见《新青年》，1918年第4期。

描写词典,"冲破了中国辞书强大的'厚古'传统势力","开启了现代汉语描写性语文辞书编纂的先河"(王宁,2008),是"中国语文乃至文化迅速走向现代化的最显著标志"(张志毅、张庆云,2015)。

其他有代表性的辞书如:《中华国语大辞典》(1940)收日常习用的词语4万余条,包括单音词、复音词、日常习用语、古今成语、报纸常见新词等,为一部中型汉语词典;《联绵字典》(1943)收录了唐以前古书中的双声、叠韵、叠音及其他联绵词,包括虚词等两万多条;《王云五新词典》(1943)收新词近4000条,区分了旧词新义和新造词两类,对旧词新义追溯来源,各举其所见之古籍篇名与词句,并简要释义。

纵观现代汉语文辞书发展初期的编纂背景,可谓是"喜忧参半"。可喜的是我国现代语文辞书在前期汉外辞书编纂成果和新文化运动的时代背景下开始萌芽,并在短暂稳定的时期内得以初步发展,对其后辞书编纂和文化教育建设产生了积极影响。但是,由于当时辞书编纂的主要领导者和策划者是出版社和进步学人,政府对辞书的关注度不高,支持力度不大,以致《中国大辞典》等一批大型辞书无法全面展开。同时,在日本帝国主义的侵略和战争中,本已取得良好发展势头的语文辞书遭到重大打击,文化教育事业无法正常开展,辞书的工具性不可能得到较好的展现,辞书事业的发展停滞不前。复杂的社会文化背景成为影响现代语文辞书编纂与出版的关键因素,这也反映出辞书与社会之间的相互制约和相互影响。

第二章　民国时期汉语语文辞书编纂出版概况[*]

中国现代汉语语文辞书的出版兴起于民国初期，百年语文辞书现代化建设成绩斐然，民国时期为汉语语文辞书发展过程中承上启下的重要节点，涌现出一批具有开创意义的代表性辞书，为新中国的辞书编纂和辞书研究打下了坚实基础。因特定时代环境对"辞书"的判定和材料获取的限制，目前关于民国时期汉语语文辞书出版和研究的数据统计尚无定论，难以从已有研究中得一定数。与民国时期汉语语文辞书的发展状况和历史价值相比，当前学界对其关注和研究的力度相对偏弱，即便是一些"摸家底"式的基础性研究仍需进一步明晰（刘善涛、王晓，2020b）。本章从宏观视角对民国时期汉语语文辞书的整体出版状况加以梳理，为后续研究搭建整体框架。

第一节　民国时期汉语语文辞书出版总览

在已有成果的基础上，我们通过以下不同渠道：① 已出版的工具书索引，如《中国工具书大辞典（正续编）》《民国时期总书目（语

---

[*] 本章曾以"民国时期汉语语文辞书出版概况"为题发表于《文津学志》2024 年第 2 期，收入本书有修改。

言文字分册）》《八千种中文辞书类编提要》等；② 网络数据库，如"读秀学术搜索""民国文献大全数据库""中国国家数字图书馆"等；③ 旧书网站，如"孔夫子旧书网""中华古玩网"等，对民国时期汉语语文辞书出版信息进行较为全面的采集、核查、甄别与整理①，建立了"民国时期汉语语文辞书出版数据库"。该数据库共搜集辞书239部，其中现代汉语类辞书214部，占总数的89.5%；古代汉语类辞书25部，占总数的10.5%，各年份出版情况如图2-1②：

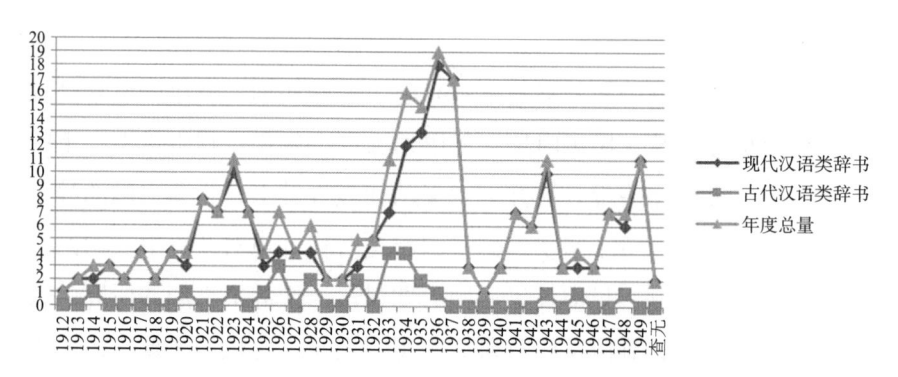

图2-1 民国时期现代汉语类和古代汉语类辞书年度出版概况

从整体上看，民国时期的汉语语文辞书出版与文化学术发展密切相关。伴随着清末以来持续推进的新文化运动、切音字运动、白话文运动、国语运动、简化字运动、拉丁化运动、大众语运动等，汉语

---

① 工作程序简述如下：首先，在纸质检索文献的基础上对民国辞书出版物加以对比汇总，初步获取辞书数量543部；然后排除其中的"非汉语"（如外语辞书、汉外辞书）、"非语文"（如百科辞书、专科辞书）、"非辞书"（如字表词表、教学科研资料）文献，再次获取了412部民国时期汉语辞书出版数据；最后将符合辞书体例，兼具立目和释义信息作为语文辞书的判定标准，利用网络数据库提供的辞书电子图片和旧书网站所购纸质图书信息进行核查、甄别，增加了出版物中遗漏的辞书，合并了异名同实的辞书，删掉了不符合辞书体例的信息，从宽保留了少数无法获取出版图片的辞书，最终获得民国时期汉语语文辞书239部。
② 其中有两本辞书无法查到出版年份，数据库中以"查无"标记。

语文辞书的编纂与出版在中国语文现代化建设过程中发挥了积极作用，二者呈现出正相关关系。1919年的五四运动将新文化运动推向高潮，注音字母正式颁行、白话文运动取得了初步胜利、国语在学校教育中获得了合法地位，这也带来了辞书编纂的第一次高潮，冠以"国音""国语"类辞书不断涌现。20世纪30年代以后，关于简化字和北方话拉丁化新文字的实行，"文艺语言大众化"和"大众语"的讨论，一批白话辞书、俗语辞书不断涌现，横向排版、新式标点、白话释义等新式编纂法得以推广，辞书出版伴随着整个出版业的发展进入快速增长期，后因抗日战争全面爆发而陷入低谷，抗战胜利前后渐趋复苏。因古今语言体系的转变和新文化运动的节节胜利，古今兼收、类型丰富的现代汉语类辞书出版数量明显高出古代汉语类辞书近十倍，而本时期的古代汉语类辞书则主要以新发现的文字材料（如古陶文、甲骨文、金文等）和新研究课题（如虚字、虚词）为对象，反映出传统语言研究的新成果。

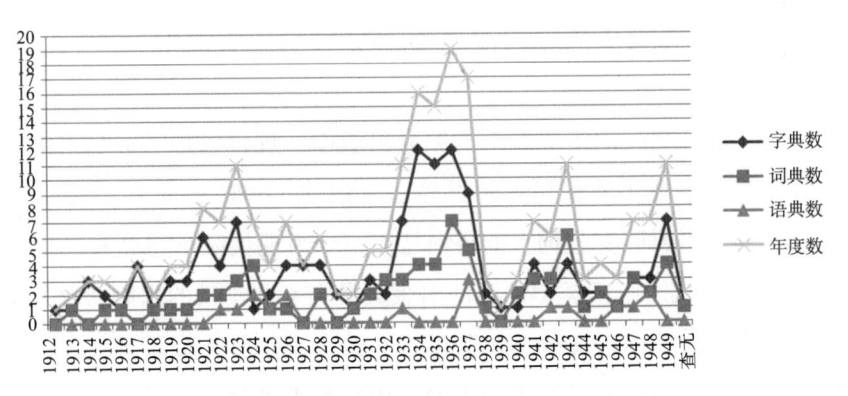

图2-2 民国时期汉语字典、词典、语典的年度出版概况

根据《辞书编纂基本术语（GB/T15238-2000）》的规定，辞书据其条目单位的层级可分为以字为主要收录单位的"字典"，以词为主、字词兼收的"词典"，以成语、俗语、惯用语等为收录对象的"语

典"。①由图2-2可知，三种类型的辞书编纂年度不均，数量不等，变化有自。受传统字书编纂的影响、汉字作为语素文字的特点和辞书编者的传统小学教育背景，在民国初期的学术转型中，《康熙字典》自然成为学者们破旧立新的参考对象，现代字典的转型起步最早，完成得最充分，本时期共出版字典143部，占民国汉语语文辞书总数的59.8%。伴随着《辞源》（1915）的出版，"字词兼收"、"以字率词"，科学释义的词典编纂体例得到学界认可，将汉语词汇，尤其是晚清以来的近代新词以条目的形式固定下来，推动了辞书编纂理念的现代转型，也推进了现代学术话语体系的构建，本时期共出版词典79部，占总数的33.1%。而不同类型"语典"的出版则体现了编者对更高一级语言单位的重视，辞书编纂理念更为开放包容，从书面性较强的成语到口语性鲜明的俗语、谚语、歇后语，辞书类型逐渐丰富，也进一步巩固了白话文运动的成果，本时期共有17部语典相继出版，占总数的7.1%。

第二节 现代汉语类语文辞书出版概况

在民国时期汉语语文辞书的编纂出版中，现代汉语类辞书占绝大多数，其中字典124部，占此类辞书总数的57.9%；词典73部，占比34.1%；语典因其收词上的俗白特点，全为现代汉语类辞书，共17部，占比7.9%。不同类型辞书的出版数量和不同年份的出版状况与整个民国时期的汉语语文辞书出版基本一致，进一步体现了现代汉语类辞书在新旧文化转型过渡中的主导作用，各类型辞书出版的年度差异分布如图2-3所示：

---

① 在现代辞书编纂中还存在以"句典"命名的辞书，但其定义尚不统一，条目类型差异和编纂体例与传统辞书差别较大，本书暂不采用。

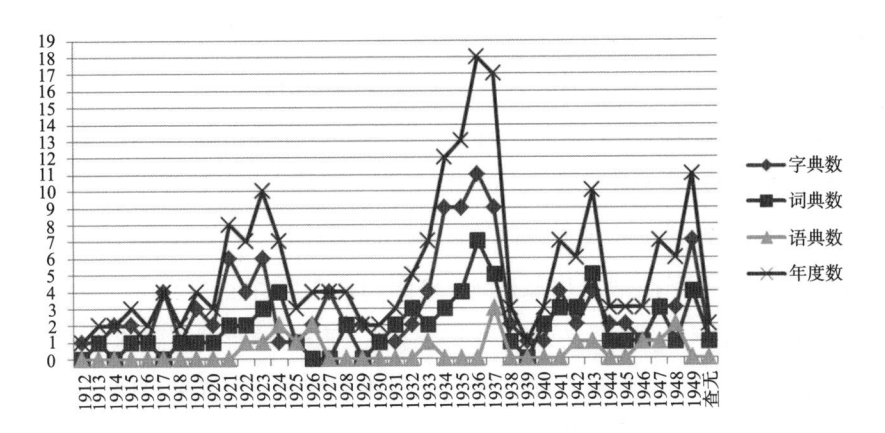

图 2-3 民国时期现代汉语类辞书出版概况

必要的类型划分有助于理解学科发展的内涵，上文我们从时间维度和收词特点两个方面对辞书加以分类，宏观把握了不同类型辞书的发展变化情况。为了更加细致深入地了解民国时期汉语语文辞书的编纂和出版情况，参照最新词典学研究成果（章宜华、雍和明，2007）和研究对象的实际情况，我们将民国时期汉语语文辞书分为收录语言系统中普通语言单位的"普通语文辞书"、兼收普通词汇和百科词汇的"综合性语文辞书"以及专门描述语言某一侧面的"专门性语文辞书"，后者若专门描述"某类语言现象和语言活动"则称为"专用辞书"，如辨字字典、方言词典、惯用语语典等；若专门描述"语言的某一侧面"则称为"专项辞书"，如同音字典、虚词词典等。类型划分越细致，对辞书特点和宗旨的描述越具体，对民国时期汉语语文辞书出版状况的分析也就越深入。

（一）字典编纂与出版

在民国时期出版的 124 部现代汉语类语文字典中，普通语文字典 99 部，占该类总数的 79.8%，代表性成果如为改革《康熙字典》的诸多弊端，取《辞源》单字率先出版的《新字典》（商务印书馆，

1912），极大地推动了"字典"称名的普及化。1915年中华书局出版的《中华大字典》成为当时大型字典编纂的楷模，也是20世纪80年代以前收字最多的汉语字典。同年，陆尔奎、方毅出版了"专供两等小学及中学以下学生检查之用"的《学生字典》（商务印书馆）。该字典收字科学，释义浅显，附有词例和自编例，开汉语学习字典之先河。1919年广益书局出版的《（绘图白话）学生小字典》"白话注释""附加画图"，在释义语言和编纂手段上努力贴近读者需求。为配合平民教育，1927年商务印书馆出版《平民字典》，依平民阅读材料选取"习见的字"，用"极浅近的白话和最习见的文字"释义，"引用词、语或例句"两万多条，较早使用简化字，体现出字典编纂的实用价值。同年，世界书局出版的《（词性分解红皮新式）中华字典》是我国最早为字头分义项系统标注词性的字典。群学社《国语新字典》（1933）横向编排，用"□"标明词性，白话释义，分列义项和多音字。刘复主编的《标准国音中小字典》（1937）明确按历时演变顺序排列义项，在小型字典中努力呈现"按史则"的编纂理念。广益书局《平民新字典》（1939）是较早按照音序编排的字典，该书根据单字意义和用法列举了13种释义框架，较早对字典释义方式进行形式归纳。《中华基本教育小字典》（1948）用"改良部首检字，千六百字注解"（《序：无师能自通吗》），是我国最早明确使用释义元语言思想编纂的现代字典。《（增订注解）国音常用字汇》（1949）是新中国成立前对汉语单字的最后一次官方正音成果，其音序编排体例和义项处理方式已与现今字典无实质区别。

民国时期出版的专项语文字典共7部，占现代汉语类语文字典总数的5.6%。早在1911年清朝学部通过的"统一国语办法案"中就提议进行汉语音韵、词汇和语法调查，又因汉语语音的系统性最强，"国音"标准最早付诸实践。本时期出版的语音类专项字典共5部，1913年"读音统一会"北京话代表王璞率先出版了标注北京音的同音字典《京音字汇》（民国书局），代表了官方注音字母公布前的个人注音尝试。1918年北洋政府教育部公布"注音字母"，1919年商务印书馆出版《国音字典》标志着现代规范注音字典的诞生，为辞书注音和编排检索提供了重要依据，后经国语统一筹备会校订，于1921年再版，但该字典以兼顾南北、保留入声的"老国音"为标准，1932年经国语统一筹备会修改，出版了以北京语音为标准的"新国音"字典《国音常用字汇》。[①]上述国音字典"就体裁方面说都应该叫作'国字音典'"[②]，释义较为简略，为辅助新注音方案的推行编写的单字注音专项字典。《北平音系十三辙》（1937）是我国第一部按十三辙韵目编排的字典，全书以北京音系为准，又被称作《北京同音小字典》。《中华新韵》（1941）以《中原音韵》《洪武正韵》为蓝本，以十三辙为基础，把"北京音系"的口头语言重新整理分类，也可当作同音字典使用。《中文同音字典》（1945）以《国音常用字汇》为蓝本，按注音符号和声调顺序排列，可看作传统韵书向现代同音字典转型的完成。此外，还有2部语法类专项字典，集中于传统辞书较少关注的虚字字典方面，以收录解释单音虚词为主，如《虚字用法》（1923）选取义类词典《分类字源》（1921）中的"语助"类单字近300个，分作16小类，文言释义，列举书证；《作文虚字用法》（1936）讲述常用虚字字义，并举例说明用法，书末附有词性分类表。

民国时期出版的专用语文字典共18部，占现代汉语类语文字典总数的14.5%，主要分为字形辨析字典和字音辨析字典两类，以前者居多。为了更好地推进民众识字教育，民国时期出版的辨字类字典有12部，如《小朋友字辨》（1934）、《（实用音义双解）标准辨字汇》（1936）、《别字医生》（1937）、《字体明辨》（1938）。为了更好地推

---

① 此时的《国音常用字汇》是一本按音序编排的同音字表，故不列入辞书名目。
② 黎锦熙《〈新部首索引国音字典〉序》，见《新部首索引国音字典》，商务印书馆，1949年。

行国音和普及教育，民国时期出版了5部语音辨析字典，包括方言音辨析字典3部，如《潮汕字典》（1935）、《（京粤注音复式详解）中华新字典》（1937）、《潮音大众字典》（1937）。多音字辨析字典1部，如《破音字举例》（1923）。清浊音辨析字典1部，如《（注音符号）清浊辨音字汇》（1936）。另有1部综合性辨析字典《方言字考》（1923），详见第三章第三节。

（二）词典编纂与出版

民国时期出版的现代汉语综合性语文词典共11部，占该类总数的15.1%，比重不大，但影响深远。其中大型辞书3部，奠定了现代大型语文辞书的编纂体例，《辞源》（1915）被誉为"我国第一部兼收语文、百科的综合性新型大辞典"（陈炳迢，1985），收录单字1.3万余，复词10万余，首次确立了"以字率词"的辞书编纂体例，明确区分出字典和词典两种辞书类型，使辞书从经学的附庸向现代查检工具的独立地位迈出了坚实的步伐。之后，商务印书馆继续修订出版了"广收新名""融贯新旧之津梁"的《辞源续编》（1931）和《辞源正续编合订本》（1939），进一步完善了大型语文辞书的编纂体例。中华书局编纂出版的《辞海》（1936）后出转精，注重收录常用词、俗语词、新词语和百科性词语，共收复词10万余条。在中外大型辞书编纂的影响下，1936年时任商务馆总经理的王云五在中山文化教育馆的资助下成立《中山大辞典》编纂处，计划编成一部"单字约六万，辞语约六十万"，"十倍于《辞源》"[①]的大型辞书。至1937年已搜集资料七百四十余万条，但最终因抗战全面爆发被迫终止，只得于1938年在香港出版了《中山大辞典"一"字长编》。该长编收"一"及其打头词语5565条，按"四角号码检字法"横向编排，文言释义，字词

---

① 王云五《编纂〈中山大辞典〉之经过》，见《东方杂志》，1939年第1期。

按义项标明源流书证，内附插图，体例宏富，至今难有超越。

现代汉语中型综合语文词典8部，收词广泛，语文百科并重，如《（国音白话注）学生词典》（1924）收单字5千余，复词和成语3万余，注音字母注音，释义偏白话；《王云五大辞典》（1930），收录各类字词6万左右，按四角号码排列，部分字词注明词性和学科类别，为我国第一部标注词性的白话学生词典；《中学生辞林》（1937）收社会上一般通用的词语和中学各科应用的学术语，单字按义项标明词性，字头下先列逆序词，再为正序词立目，字词义项"先注原义，而后及于引申义、比喻义"（凡例）；《词典精华》（1947）不收单字，收录"通用词语和国学典故、欧美故事、童谣、俗谚、圣经中的各类词语"（凡例）共计2.5万余；《辞渊》（1948）本着"新旧兼收，趋于实用"（序）的原则，收字在《国音常用字汇》的基础上加入新字、俗字和简体字，收字约1.3万，收词8万余，按部首笔画编排，白话释义，简洁且有例证。

民国时期出版现代汉语普通语文词典26部，占该类总数的35.6%，如《注音新辞林》（1921）是我国第一部为词典字头词目完整标注注音字母的中型语文词典；《（京音国音对照）国语词典》（1922）专收北京常用口语词，用注音字母注音，白话口语释义举例，在编纂体例上呈现出明显的口语性和白话性特点；《国语普通词典》（1923）是我国第一部采用横排编写和新式标点的现代语文词典，收录国语普通词汇、白话释义，集各种创新为一体；《标准语大辞典》（1935）收北京话和一般通行词语3.6万多条，用注音字母和国语罗马字注音，按笔画顺序排列，白话释义、分列义项、配有例证，是民国时期汉语规范词典的早期代表；《学生小辞汇》（1937）所收字词"以教育部颁布之《国音常用字汇》及《标准语大辞典》为蓝本"（邹懋序），酌量加入普通应用字词和新字新词，单字标明词性，并按词性分布义项，字词白话释义，配有例证。民国时期最具代表性的现代汉语普通语文词典当属中国大辞典编纂处编纂，商务印书馆出版的《国语辞典》（1937—1945），该词典秉持"普通适用"的收词原则，共收单字1.5万，复词9万条，用注音字母及国语罗马字注音，按音序排列，义项设置合理恰当，条目释义简明浅显，为国语国音的定型和推广产生了积极作用，在现代汉语语文辞书史上发挥着承上启下的重要作用。

民国时期出版的现代汉语专用性语文词典有27部，占该类总数的37%，以新词语词典和方言词典居多，各有11部，如《新名词训纂》（1918）"从古籍中寻求从日本传入中国之新名词的出处"（曾昭聪，2015），与《王云五新词典》（1943）依"《佩文韵府》摘取看似新名词之同语，述其来源，并附以今古不尽同之释义"（序）的做法一致；《新名词辞典》（1934）收各类新词语1300余条，汉译外来词标明英语对译词，英语字母词如SOS、ABC也予以立目；《新名词辞典》（1949）是收词数较多的一部，收词3000余，横排，不注音，白话释义。民国时期新词的整理与当时"译籍初行，社会口语骤变，报纸鼓吹文明，法学哲理名辞，稠叠盈幅"①的社会语言现象密不可分，同时民国共和体制的建立，新文化运动的推行也促进了学界对方言词和俗词语的关注，诞生了一批方言词典，如《南通方言疏证》（1913）、《蜀方言》（1919）、《闽方言考》（1923）、《广新方言》（1928）、《客方言》（1932）、《黔雅》（1942）、《关西方言钩沉》（1947）等，大都按义类编排、文言释义，援引古代韵书和字书作解。唐幼峰所编《重庆方言》（1942）是民国时期少有的白话释义方言词典，《广东语辞典》（1932）是台湾日据时期由台湾总督府编写的日粤对照词典，收粤方言词语2.5万余条，是当时收词最多的方言词典。前节专用语文辨析字典所收条目为单字，本时期还有4部字词兼

---

① 陆尔奎《〈辞源〉说略》，见《东方杂志》，1915年第4期。

收的辨析类词典，如《字辨》（1933）、《文字指正》（1934）、《实用辨字辞典》（1936）、《字辨》（1943），这些词典在体例上分作义辨、音辨、体辨、词辨四大类不同小类，对不同类型的单字和词语分类辨析，伴有注音、释义和例证，中间两部词典为白话释义。此外还有1部叠词词典《迭语》（1922）专收由两个相同的字组成的词语3081条，伴有注音和释义。

民国时期出版的现代汉语专项性语文词典有9部，占该类总数的12.3%，包括语义类专项词典4部，语法类专项词典5部。前者均为义类词典，虽在体例上与传统雅书类似，但语义分类和词条编排上体现出现代辞书编纂理念，如《作文类典》（1920）收词2.3万余，分"国家、法律、政治、职官"等31大类近300小类，原有词语多标明源出书证，无释义，新词释义较详，释义语言偏文言；《分类字源》（1921）收字1万左右，按字义分为39部，116类，"解字之后，罗陈典制，盖欲合字典与辞典为一书"（说略），虽无词典之名，暗有词典之实；《实用成语大辞典》（1924）不收单字，收双音节和多音节词语6500条，分48个义类，1937年改为《（求解作文两用）国文成语大辞典》由上海教育书店出版发行；《学生辞源》（1931）又名《分类学生辞源》，分为10部66类，每类首列单字，次列两字以上词语，释义偏于文言，不同义项用"○"隔开，列举书证，详释词语用法。民国时期为汉语语法学初创期，也是由传统文言虚字到现代汉语虚词研究的过渡期，如《虚助词典》（1923）在《经传释词》《助字辨略》的基础上收字400余，虚词30多，文言释义、分列义项、配有书证；《作文虚字用法》（1928）收单音节和双音节、三音节虚词136个，标明词性；《虚词典》（1934）所收虚词分文言、白话两部，前者收词400余条，每词又分现代普通用法和古代特殊用法，后者收词100余条，皆为现代用法；《虚字指南》（1935）收"独用单字104，两字以上合用字57，通常所用者，略备于此"（凡例），按音节数和注音符号顺序编排，依据词性和用法分条释义，例句则文白对照，全面展现该词用法；《北平助量词》（1941）收集北京方言中常用助量词257个，是首部方言虚词词典。

（三）语典编纂与出版

民国学者胡朴安在其主编《俗语典》"序"中指出，"近世学人作辞典者多矣，若语典则未之闻"（1922）。"相对于字典、词典来说，语典的出现要晚得多"（温端政，2007），并且关于语典及其子类的早期界定也不尽统一。①本课题在新文化运动和白话文运动的大背景下，结合当时的辞书编纂实际和现代辞书观念，搜集整理了民国时期出版的17部现代汉语类语典，并根据编纂特点和收词类型分为成语语典9部、俗语语典4部、歇后语语典2部、谚语语典和隐语语典各1部。民国时期的"成语"有二字和四字之分，我们将前者认定为"词"，后者为"语"，如《成语汇编》（1924）以四字成语为收录对象；《国语成语大全》（1926）"收辑国语中通用的成语"（例言）3200余条，以四字成语为主，用注音符号按北京音注音；上海仿古书店《四字成语辞典》（1937）收录4800余条，按笔画数竖版编排，不加注音，白话释义，用书例标明出处；《中国成语大辞典》（1948）在参考古今十余种工具书的基础上，收录成语、谚语1万余条，"搜罗之丰富，实超过坊间任何同类书籍之上"（凡例），是民国时期收条数最多的成语语典。

"近时语体盛行，言语一科，稍稍见重，语典一书，实为现时之所需。"②伴随着白话文的推行，方言口语得到重视，《俗语典》（1922）

---

① 温端政（2007）指出，明清俗语辞书和民国时期的《俗语典》（1922）、《通俗常言疏证》（1925）等"虽然都收了一些语，但都算不上严格意义上的语典"，"严格意义上的语典并具有较大影响的，最早的当推《汉语成语小词典》（1958）"，但文中并未对"严格意义上的语典"加以定义。

② 胡朴安《〈俗语典〉序》，见《俗语典》，广益书局，1922年。

收各类俗白词语8328条,分12集,按《康熙字典》部首编排,单字只列字头,不加释义,词语条目大多标明出处,少数配有文言释义;《(全国各界)切口大词典》(1923)是民国时期隐语辞书的代表,该书搜集上海江浙地区各行业隐语9125条,按行业类型分为"商铺、行号、杂业"等18大类376小类,释义语言简洁,多为词语对释,伴有简明文言解释;《上海俗语大辞典》(1924);《通俗常言疏证》(1925)收词语5775条,仿翟灏《通俗编》分为40类,词语大多标明出处或书证,偶有释义;《俗语考原》(1937)收词语1000余条,笔画编排,少数词语伴有文言释义,全部词语标明出处。除俗语外,还有专门收录谚语、歇后语的辞书,如《民谚》(1926)收四字及以上各类谚语1500余条,笔画编排,白话释义;《中华谚海》(中华书局,1927)收录各类谚语、歇后语1.2万余条,但仅列条目,不加释义;《歇后语选录》(1933)收录1700余条,分人、物、事3大类,各类按首字笔画编排;还有《言子选辑》(1942)专收四川话歇后语。详见第五章第四节。

第三节 古代汉语类语文辞书出版概况

在25部古代汉语类语文辞书中,有字典19部,词典6部。

字典以整理解释古文字和《说文》用字的专用型字典为主,共计16部。这体现了对清人朴学精神的传承和对新文字材料的重视。其中,古文字专用型字典有13部,包含古籀文、甲骨文、金文、古陶文等不同字形字典,如清吴大澂《说文古籀补》集录中国秦代以前各类古器物文字5430个,按《说文》体例编排,注明出处,兼有考释,开创了用古文字校订《说文》的新方法,对民国学人多有启发。民初丁佛言出版《说文古籀补补》(1924),补充新出土的彝器陶文,共计3845字,后由强运开再加增补,出版《说文古籀三补》(1933),

收字3308个;《古匋文𪾢录》(1936)收录战国时期古陶文字500多字,按照《说文》次序编排,每字加注楷体、异文、重文,并录原句,注明出处,加以考释,反映了当时陶文研究的最高水平;《古籀汇编》(1934)收集《钟鼎字源》《说文古籀补》《说文古籀补补》《金文编》《古玺文字征》《殷虚文字类编》中单字约3000个,重文3万余,按《说文》顺序排列,是一部集大成的篆文工具书;《簠室殷契类纂》(1920)是甲骨学史上第一部甲骨文字典,初版正编收录《说文》正文字头873个,重文2110个,1929年增订本正编增加84个,按《说文》540部首编排,首列小篆字头,其下列甲骨文字形,标明卜辞原文,增加作者注释;《殷虚文字类编》(1923)收字790个,重文3340,依《说文》次序编排,各字注明出处,加以解说;《甲骨学文字编》(1933)收字增至845个,重文3469个,依《说文》次序编排,字下兼录各家考证之辞,解说较为详细;《甲骨文编》(1933)辑录单字2116个,每字均按原书摹录,并详注出处;《古文声系》(1935)共设字头1458个,转而以古音韵为序进行排列、释义,实现了编排体例的创新和突破(陈子豪,2018);《金文编》(1925)是继清吴大澂《说文古籀补》后的第一部专收商周金文的字典,1939年增订本收字2969个,说解准确简练,1935年出版专收秦汉金文的《金文续编》,延续前书体例,收字985个,重文6098个;《(真草隶篆)四体大字典》(1926)将楷、草、篆、隶等四种字体汇编而成,仿《康熙字典》体例编排,每字各体均备,以楷书为字头,先用反切或直音注音,然后简要释义,对研究汉字形体演变有一定参考价值。《说文》类专用字典有3部,如《说文解字诂林》(1928)采辑历代《说文》著述182种1036卷,一字一条,罗列各家观点,"不仅集许学之大成,实亦治《说文》者最便利之捷径也"[①];《新体说文大字典》(1931)收《说

---

① 于右任《〈说文解字诂林〉广告》,见《申报》,1931年9月6日。

文》和增补字1.1万余,"以说文之精要为主体,字典之方式为引导,使六书形训与音切义证冶于一炉"(例言),注明读音,解释字义并引用例证,并附《说文》解说;《段注说文解字斠误》(1935)以校正段注为主,部首编排,上册分"订段误类""衍文类""夺文类""篆误类""倒误例",下册分"正误类之上""正误类之下",对阅读段注有一定的帮助。另外还有3部古汉语虚字字典,如《词诠》(1928)收古书中常用虚字约500条,按注音字母顺序排列,字头右侧注明读音,分义项解释词义,列举大量书证详释该字用法;《虚字集解》(1931)从作者实际教学经验出发,选定文言虚字80个,按词性分别义项,释义先引《说文》,再释字义,详举经籍书证,以供学子参考;《古书虚字集释》(1934)收虚字290个,以守温三十六字母为序,吸收清代以来的研究成果,逐字加以辨析,"前修及时贤之未及者,补之;误解者,正之;是而未尽者,申证之"(自序),释义以解古书疑义为要旨,例证多见于周秦两汉典籍。

古汉语词典共6部,如《分类辞源》(又名《辞源类典》,1926)收二字及以上词语"八万有奇"(凡例),"所摘各词大率采自经文史义以及诸子百家、诗词杂曲,一字一义,皆具来历,俗语及新名词等虽字面典雅者,亦弗厕入",分为"天文、时令、地理"等33个义类,类中词语按笔画数排列,词条下注明书证,少有释义,为综合性古汉语词典;《文键》(1933)和《辞通》(1934)则代表了古汉语专项词典的两种类型,前书将古汉语虚词分为发语词、接语词、转语词、助语词、束语词、歇语词六类,每类下将音义相近的虚词归为一组,按照词性分别释义;后书则专收唐代以前经、史、子集材料中的同音异形的词、音近假借的词和义同通用的词近4万条,按106韵的次序排列,征引古籍中例证,说明其用法并注明出处;《联绵字典》(1943)广泛收集六朝以前几乎所有的联绵字,还收了大量双音合成词和虚词,按部首笔画顺序排列,反切注音,释义详列古书注疏中的所有注释,旧注未详者则附以按语,说明自己的看法;《金元戏曲方言考》(1948)收金元戏曲方言约600条,笔画排列,用"以曲证曲"的办法来解说词义,附有例证;《诗词曲语辞汇释》(1945)搜集唐宋金元明以来流行于诗词曲中的特殊语词600余,较为详细地阐释了词语的意义、用法和流变。

学术发展受历史环境和社会条件的制约,辞书是社会的一面镜子,辞书编纂与社会文化和语文教育密不可分。在以往的研究中,我们曾以五四运动(1919)和全面抗战的爆发(1937)为界,将20世纪前半叶的汉语语文辞书编纂分为三个历史时期(刘善涛、王晓,2017)。本章以翔实材料和具体数据完善了不同时期的辞书出版情况,也清晰地勾勒了不同时期、不同类型辞书的发展变化态势,更加直观地展现出民国辞书编纂与国家民族发展和教育文化建设的密切关系。同时,民国时期的辞书出版极大地促进了汉语语文辞书的现代转型,完善和丰富了现代辞书类型和数量,为后世辞书编纂构建出了可资借鉴的现代体系。

第三章　民国时期现代汉语字典编纂研究

"字"是最能体现汉语言文化特色的研究单位，传统小学多集中于"字"的考释训读，用编纂字书的方式系统呈现对汉字形音义的认识，传统字书在编纂宗旨和体例安排方面大都囿于读经解经，不能较好地体现实用性和工具性的现代需求。近代以来，随着外来新学的涌入，我国学术研究的转型，传统字书也逐渐从经学的附庸中脱离出来，朝着更加独立的现代语文字典发展成熟。民国时期是我国汉语语文辞书古今转型的关键时期，涌现出一批具有开创意义的代表性字典，为新中国的字典编纂与出版打下了坚实基础。但截至目前，关于民国时期汉语语文字典的编纂出版数量尚无确证，对该时期字典出版状况、类型和发展脉络的梳理相对薄弱，与民国时期汉语语文字典的历史地位不成比例（刘善涛、王晓，2020b）。本章对民国时期的汉语字典进行了穷尽式搜集，建成"民国时期现代汉语语文字典出版数据库"（简称"字典库"），并以此为基础对该时期的字典出版状况进行定量统计，对代表性字典的编纂状况加以分析，以期全面把握民国时期现代汉语字典的编纂面貌和发展脉络。

第一节　字典数据库的建设与字典出版概况

受文化救国和实业救国思想的影响，民国时期的出版业呈现出前所未有的辉煌。自改革开放以来，学界对民国时期出版机构、出版物和出版家的史料整理和史学研究层出不穷。[1]但因民国出版业发展的外部社会环境、自身行业规范和现代学科体系不够成熟，在民国时期汉语出版物整理的全面性、准确性和学科平衡性等方面都有待加强。字典是辞书的一个子类，辞书又是工具书的下位概念，学界已出版的文献整理资料多为工具书索引，如《国内工具书指南（辞书部分）》（1986）、《中国工具书大辞典》（1990）、《中国工具书大辞典 续编》（1996）、《中国工具书大辞典》（1993）、《中国古今工具书大辞典》（1990）等。此外另有集中于民国时期的《民国时期总书目（1911—1949）语言文字分册》（1986）和集中于汉语辞书的《八千种中文辞书类编提要》（1992），唯独缺少对民国时期汉语语文辞书或语文字典的专门整理和专题研究。

在对上述纸质检索文献中的民国出版物汇总后，排除其中的"非汉语"（如外语辞书、汉外辞书）、"非语文"（如百科辞书、专科辞书）、"非辞书"（如语文教材、国语教辅）信息，初步获取了汉语语文字典212部。在此基础上，我们将现代语文字典定义为"注音释义兼备的单字查考工具"[2]，同时利用电子文献检索平台和旧书网站多

---

[1] 北京图书馆编《民国时期总书目》（书目文献出版社，1993年）共整理中文图书多达12.4万余种。

[2] 在初步整理的212部字典中，有缺乏释义的各种字表，如：推广国音用的《国音熟字表》（中华书局，1921）、《国语罗马字常用字表》（北平文化学社，1930）等；推广简化字的《简字字表（第一批）》（国民政府教育部，1935）、《简体字典》（北平燕京大学哈佛燕京学社，1936）等，推广常用字的《语体文应用字汇》（商务印书馆，1928）、《最常用三千五百字谱》（南京教育部国语教育讲习会，1948）等，分韵编排的《国音分韵检字》（中华书局，1922）、《国音分韵常用字表》（北平人文书店，1934）等；也有只释义不注音的各类工具书，如：白话文言对照释义的《白话字诂》（商务印书馆，1920）、《俗语字考》（舒立淇，1922）等，阐释虚字用法的《（言文一贯）虚字使用法》（商务印书馆，1914）、《国语虚字用法》（商务印书馆，1920）等。同时，还有一些字典虽然封面、版权和正文题名不一致但正文内容相同，或因多次改版易名被误当作不同字典的情况，

渠道获取较为翔实的字典出版信息，尤其是原书图片，对民国时期现代汉语语文字典出版信息进行了更为客观、准确的甄别与筛选，最终建成"字典库"，共获取有效字典数量124部。在所得字典图片信息和前人研究资料的基础上，按照出版时间标明字典序号，并从字典名称、类型、编者、出版社、初版时间、依据版本、全书排版、扉页题词、读者对象、序跋、凡例/例言/编辑大意、部首索引、难检字表、目录、正文编排方式、参考蓝本、注音状况、多音字词的处理、收字状况、词性状况、同形字词的处理、释义状况（释义语言、义项处理等）、多义字词的处理、例证状况、其他（图表、参见等）、附录、补编/补遗/勘误、广告、版权、备注等为数据库构建了30余项属性信息，以便更为全面、直观地展示字典编纂面貌。

民国时期现代汉语字典编纂从无到有，渐趋成熟，但受内外在各种因素的影响，自身发展跌宕起伏。1912年，商务印书馆编纂出版的《新字典》被誉为"吾国欧化以来第一次之辞书也"[①]，"我国第一部收有现代科学新字的字典"（曹先擢、陈秉才，1992），"《康熙字典》问世200年后最早的、第一本革命性字典"（汪家熔，2001），"中国现代辞书史上的第一部汉语语文辞书"（金欣欣，2007）。"而于民国成立之始，得此适用之《新字典》，其于国民之语言思想，不无革新之

（接上页）如：1925年王云五将商务印书馆1915年出版的《学生字典》按四角号码顺序排列更名为《四角号码学生字典》；中华书局将1917年出版的《新式学生字典》于1943年更名为《中华小字典》，直至1985年仍然再版；1934年出版的《白话字辨》于1941年由文光书局更名为《作文正误两用字辨》等。还有以"字"命名的"词典"，如《分类字源》（翼文书局，1921）兼收双音多音复词，为语义词典；《作文虚字用法》（大东书局，1928）兼收双音多音复词，为语法词典等。鉴于此，我们从字典发展的"现代性"出发，正视民国时期的"过渡性"特点，从宽认定，在对照核实的基础上，将注音和释义兼备的单字查考工具作为本章的研究对象。

① 丁文江《商务印书馆〈新字典〉商榷》，见《独立周报》，1912年第5期。

影响"①,《新字典》的出版开启了我国汉语字典编纂的现代步伐,"其体例纲领将为后之从事于此者所取法"。②其后,在新文化运动思想浪潮下,国语运动、白话文运动、平民教育运动等逐步推进,辞书的查检功能和教育辅助效果得以凸显,字典编纂现代化理念不断明晰,出版数量和字典类型日渐丰富,"字典库"中不同年份和类型的字典出版状况见图3-1。

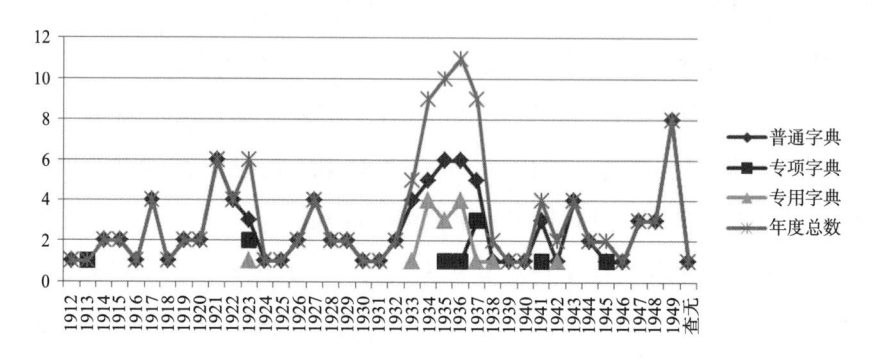

图3-1 民国时期现代汉语字典出版状况图

参照《当代词典学》中有关语文词典的类型划分(章宜华、雍和明,2007),民国时期的汉语字典又可分为:(1)以描述语言系统中普通语言单位或汉字的常见语文性字义为主的普通字典,这类字典数量最多,共99部,占字典总数的79.84%;(2)以描述汉字形音义的某一侧面为主的专项字典,这类字典数量最少,共7部,占字典总数的5.65%;(3)以描述某类用字现象或辨析汉字不同侧面的专用字典,共18部,占字典总数的14.52%。上述分类为下文的字典编纂状况的描写提供了大致框架,大类内部还可以细分为不同小类,体现出字典编纂的不同目的。

---

① 蔡元培《〈新字典〉序》,见《新字典》,商务印书馆,1912年。
② 丁文江《商务印书馆〈新字典〉商榷》,见《独立周报》,1912年第5期。

第二节　现代汉语普通字典的编纂出版情况

（一）新型字典编纂的初创奠基期（1912—1921年）

科举废除、帝制消亡，国人睁眼看世界，我国传统字书的集大成之作，被康熙帝誉为"善兼美具，可奉为典常而不易"（序）的《康熙字典》在新学新思想的涌入下受到挑战。在我国现代汉语辞书编纂史上最先勇于突破传统辞书编纂桎梏，探索编纂"周乎世用"[1]的新式汉语辞书的是商务印书馆辞典部首任部长，"中国近代第一位辞书编纂家"（舒池，1991）陆尔奎。西学东渐、新词猛增，商务印书馆认识到辞书在补充新知、推进文化、辅助教育中的积极作用，计划仿欧美词典体例始创字词兼收的现代汉语词典，于1908年成立辞典部编纂《辞源》。后来恰逢清朝覆灭，"字典"之称已非康熙帝专利[2]，商务印书馆及时抓住商机，于1912年9月率先将《辞源》稿本中的单字汇集出版，名曰《新字典》，奠定了现代汉语字典编纂的基本体例，推动了"字典"称名的普及，也推进了传统"字书"向现代"字典"转型，新的字典编纂理念和方法的普及。在数据库中以"字典"命名的辞书共99部，占民国字典总数的79.84%，足见其影响之深广。

中国字书编纂向来有求大求全的传统，1912年成立的中华书局

---

[1] 蔡元培《〈新字典〉序》，见《新字典》，商务印书馆，1912年。
[2] 在《康熙字典》出版后，中国学人多以"字典"代称，"字典"一词的专指功能明确，民国时期仍旧如此。但伴随着西方势力的涌入，在晚清第一位来华新教传教士马礼逊所编世界上第一部汉英辞典即以汉字"字典"命名，中文名下英文名为"*A DICTIONARY OF THE CHINESE LANGUAGE*"，反映出不受中国封建思想束缚的异域学者对"字典"称名的推崇和对专称《康熙字典》的挑战。

也欲借此占领新型字典市场，获取竞争优势，终在《辞源》出版的同年，编纂出版了《中华大字典》（1915）。该字典以《康熙字典》为蓝本，在参考英日辞书的基础上，改进了传统字书在收字、释义、查检、体例等方面的不足，最终收字4.8万余，全书四百余万字，为《汉语大字典》（1990）出版前收字数量最多的中国字典，"比旧字典音切明确，义训增广，引证省约，疏解清晰，添收新文，删削僻字"（李家驹序），"堪称为前无古人者矣"（陆费逵序），改革创新，承前启后，标志着"中国旧字书的终结，宣告了我国辞书编纂已步入现代字（词）典时期"（李开，1990）。以之为基础，1916年中华书局出版了节本《中华中字典》，收字1.2万余；1918年又出版了《实用大字典》，收字1.5万余，以"供普通读书人之检阅，凡政学商界，无不切实适用"（《例言》），体现出字典编纂对普通大众和通行常用字的重视，也反映出早期辞书编纂机构对辞书母本、辞书品牌和辞书家族的重视。

因字典是知识观念的汇集、教育普及的利器，市场应用广阔，各出版机构也竞相为之，丰富了现代字典的编纂类型。群学书社《新编中华字典》（1914）"以保存古义，灌通新理为宗旨"（《凡例》），将"普通之字"收入正编，"生僻各字"另存一卷，除国名、朝代、姓氏用字外，"科学之字""通俗之字""社会习用新名词"同样予以重视。广益书局《中华新字典》（1914）前页广告直言"字典是求学时代片刻不可缺少之书，字典是无师自通文意之能力"，该字典"实为最适用于教育界之书"，反映出新式教育中新型字典编纂的急迫性。应时代所需，该字典的编纂宗旨"一在厘正旧字旧义，一在增加新字新义"（叙），以补《康熙字典》"引证繁琐，无裨实用"之憾。

为了进一步凸显新式字典的实用价值，助推国民教育，陆尔奎、方毅率先主编了"专供两等小学及中学以下学生检查之用"的《学生字典》（1915），开现代汉语学习字典先河，其后以"学生"命名的字典多达 45 部，占普通字典总数的 45.45%，足见该类字典的市场价值。该书以"切于实用"为宗旨，收字以"前读音统一会"审音用字为基础，选定七千余字；注音除传统反切、直音外，首次采用了王璞《京音字汇》中的北京音方案，不再标明单字韵部；释义"以小学适用为目的"，浅显易懂，不阑生僻义，详解科学义，多个义项依序标明；例证"多用成语，不据经典"①，"凡信札及浅近文言中习用成语，间或附入"，扩大学生词汇量；全书字体采用通行楷体，对易错易混字"随时指辨"，古体俗体字置于附录，以便检查。此种体例设计已与当代字典别无二致，体现出现代化初期字典编者超前的编纂理念和明确的读者意识。在此基础上，商务印书馆进一步增订出版了《实用学生字典》（1917），收字扩至一万三千余，"专备两等小学学生及普通识字者检查之用"（例言）。同时，中华书局出版《新式学生字典》（1917），"专供国民学校（三年以上）及高等小学校儿童自力读书时检查生字音义之用"（编辑大意），收字五千余，除延续《学生字典》的体例外，字典收字释义"以教授书所载为根据"，单字虚词"多用口语释之"，联绵词亦"参查教科书，搜采其义"，文中"特设种种符号，附于行间"，丰富了字典的编纂手段。

统一国语必须要统一读音，民国初年虽已由各地代表为 6500 多个汉字制定了南北杂糅的注音字母，但迟至 1918 年才得以公布。1919 年由教育部读音统一会编纂，教育部国语统一筹备会校订，商务印书馆印刷发行的《国音字典》出版，该书在采用官方注音字母的同时，兼用传统反切直音，标明单字韵部，同形异音字分别标示，重在对不常用义、易混淆义、新字新义、俗字俗义的解释，释义相对简略。该字典的出版标志着现代规范注音字典的诞生，此后官方注音方案的每

---

① 民国时期"成语"一词偏重指现代概念上的词和短语，外延较广，而"经典"则指古代典籍中的书例，大多在例证时会标明出处。

次调整都有相应的注音字典，1921年修订为《（校改）国音字典》，为辞书注音和编排检索提供了重要依据。

同时，为了丰富国音字典的释义内容，方毅、马瀛在前述《学生字典》和《实用学生字典》的基础上新编《国音学生字汇》（1919），收字八千余，部首编排，符号注音、简明释义、词语引证，以"适合中学以下学生及普通识字者之需要"（编辑大意），深受读者喜爱，不断修订再版。1928年王云五按其所创检字法改编为《四角号码国音学生字汇》，1932年依新版注音符号修订为《（依新标准订正）国音学生字汇》，1949年黎锦熙主编修订为音序编排的《（增订注解）国音学生字汇》，"陆续发行400万册以上，为民国时期字典印数的最高纪录"（郑士德，2000），构成了官方规范注音字典系列。在新文化运动和国语运动的推动下，1920年教育部规定初级小学教授注音字母，统一国语读音，促进了中小型国语规范学生字典的出版。1920年上海崇文书局出版《国语学生字典》；1921年中华书局出版了《国音小检字》《国音小字典》《中华国音新字典》《（中华）注音国语字典》，实现了由字表到字典，字典正文版式由右起竖排向左起横排的转型。同年，世界书局出版《学生国语字典》；春江书局出版《（标准国音）学生字典》等，体现了国音教育与国音字典编纂的有效互动。此后，伴随着国语运动的深入、注音字母方案的修订、国语罗马字和拉丁化新文字的推行，音义并重的规范性辞书不断涌现，数据库中以"国音""注音"命名的普通语文字典总计35部，共占此类总数的35.35%。

在新型字典编纂理念下，传统的字书体例被逐渐打破，编纂宗旨、收字立目、注音例证趋于现代，释义语言也更加白话。早在1914年商务印书馆就出版了《（言文一贯）虚字使用法》，采用文白对照的形式解释了74个常用虚词的意义和用法，并配有练习题，可作为白话辅助教材。1915年《学生字典》在编纂理念上已体现出"小学适用"的白话意识，但释义语言还是与《新字典》一致的浅近文言。1919年广益书局编纂出版了《（绘图白话）学生小字典》，该书"音义纯以白话注释，俾儿童心理上容易迎合、容易领悟，又将各实字附加画图，以增助其兴趣"（序），编者选取常用义项口语释义，古义今义新义兼顾，图文并茂，顺应时代所需。1920年商务印书馆出版《白话字诂》虽不合字典体例，但本着"统一言文"（例言）的宗旨，收字例证"以通行之白话小说书报杂志等为范围"，且已在初编萌生出将单字"依词性分类"的想法[①]，着实不易。前述《（中华）注音国语字典》"注音用国语注音字母，注义用语体文，其余各种体例，也有许多改革的地方"（例言），并将多音字分别立目。《学生国语字典》的编纂即为"检查国语文字用的，凡口语常用的字，一律采进"，字典释义"概用明显的国语，以便初学"（编辑大意）。两部字典的释义语言体现出白话文运动与现代字典编纂的结合，数据库中以"国语""白话"命名的普通语文字典总计16部，共占此类总数的16.16%。

截至1921年，以《新字典》为契机，在新文化运动和三大语文运动的推进下，服务教育、贴近实用成为字典的编纂目的，"新型""国语""学生""白话"等理念和标识为字典现代化注入了新鲜元素，也为出版机构和辞书编者提供了市场空间，推进了编纂理念和编纂体例上的现代转型。此时，现代汉语普通字典的几种主要类型也已齐备，如以《中华大字典》为代表的大型综合字典；以《新编中华字典》《中华新字典》为代表的中小型普通字典；以《学生字典》《实用学生字典》《新式学生字典》为代表的内向型语文学习字典；以《国音字典》《国音学生字汇》为代表的汉语规范字典等。同时，伴随着字典体例的古今转型，编纂宗旨和服务对象逐渐明确，在新文学新国语教育和出版市场商业竞争的驱动下，新型字典在竞争中互相借鉴，各取

---

① 《白话字诂·例言》第四条"本编排列，原依词性分类，但一字之中，兼有数种词之性质者甚多，一经分割，不复可见转变沿革之迹，故略依笔画繁简列次，以便检查"，可谓是早期字典编纂中为单字标注词性，且按照词类编排字典的理念体现。

所长，在收词释义、编纂内容上向白话倾斜，编纂出以《(绘图白话)学生小字典》《(中华)注音国语字典》为代表的白话学习规范字典，为民国时期的新型字典编纂，乃至新中国成立后《新华字典》《现汉》的编纂打下了坚实基础。

(二) 新型字典编纂的初步发展期 (1922—1937年)

随着三大语文运动和国民普及教育的深入推进，新型出版机构纷纷参与编纂新式辞书，在全面抗战爆发前形成了字典出版的高峰，商务印书馆和中华书局在竞争中继续发展，世界书局、大东书局、广益书局等也不甘示弱，多有创新，共同推动了现代汉语字典的进一步发展。

商务印书馆继续开拓创新，《平民字典》(1927) 为配合平民教育而编，在字典中较早使用简化字，收录"通行的平民千字课、小学教科书和报纸、小说、文件、广告中习见的字"(本书的大意) 4500多个，释义用"极浅近的白话和最习见的文字"，用例"引用词、语或例句"两万多条，以致该书"也可当词典和成语典用"。《王云五小字汇》(1935) 实为《王云五小辞典》的简编，换句话说，就是采取那本书全部的单字，而删去其中的词语"(序)，按王云五创制的四角号码顺序依次排列，横排左起，部分单字标注词性。初版所收单字七千余条，1937年增订本"增至九千六百余条"(增订本序)，将初版中的"同字之读音不同而意义互异者作为新字排列"，实际上将同音字单独列为条目，在编排体例、词性标注、同形字近义字处理上独具特点。

中华书局奋起直追，在出版数量和字典类型上逐渐占据优势，编纂出版了《中华新式字汇》(1924)，收字一万余，部首编排、反切注音、文言释义、分列义项、偶有例证；《中华万字字典》(1926) 收字10400余，部首编排，注音兼用注音字母和反切，多音字单列字头，文言释义、分列义项、列举词例，对双声叠韵和复音名词亦"随附单字义项之后"（例言）；《国语学生字典》（1926）收字 8000 余，注音字母注音，部首编排，白话释义，分列义项，语言丰富，少有例证，1929 年按头尾号码检字法改编为《（头尾号码）新国音学生字典》；《小学国语字典》（1929）延续了《国语学生字典》的体例，收字 6000 余；《新桥字典》（1929）收字 1.5 万，按照作者发明的汉字母笔排列法编排，单字按注音字母、英文拼音、传统反切顺序注音，文言释义，附有词例和书证；《标准国音学生字典》（1935）收字 8000 余，注音遵照《国音常用字汇》，并附直音，部首编排，白话释义，多义单字分项排列，附有词例。

其他出版机构也纷纷跟进，世界书局连续出版了《新体学生大字典》（1922），收字 1.4 万余，石版印刷，部首编排，直音和字母注音，文言释义，偶附词例；《（词性分解红皮新式）中华字典》（1927）是我国最早为字头系统标注词性，并按词性分别义项的字典，收字一万余，部首编排，字头下先注注音或反切，再标注音字母，义项下按照《马氏文通》的词类系统标明词性，白话释义，配有词例和短语例，对部分常用词夹有释义，该书后由王菩生修订为《（词性分解）学生字典》（1936），1984 年由朱翊新再次修订为《（词性分解）标准学生字典》，改用黎锦熙词类体系，完善义项，由台湾世界书局出版发行，足见其影响之深广；《（注音符号）学生国语字典》（1931）收字 7000 余，部首编排，注音先直音反切，后注音符号，白话释义，"力求浅显，凡生僻字义，概不阑入，所有引证，多用词语，不据经典，逢到字义易晓，无须引证的，亦不强赘"（编辑大意）；《（标准国音）学生字典》（1936）收字 8000 余，部首编排，字头下按直音、注音符号和国语罗马字顺序注音，白话释义，配有词例和短语例，并夹有词语释义。大东书局出版《（新体实用）学生字典》（1923）虽"专为初高两级小学生便于检查而设"（编辑大意），仍部首编排，反切注音，文言释义，不举例证；在此基础上，1947 年又修订为《实用新字典》，楷体印刷，字头标明笔画数，字下"并增篆体，以为考古之助"，注音"首列国音，次之以罗马音"，释义基本延续前书。广益书局出版了《（新式绘图）国音学生新字典》（1922）、《实用学生字典》（1934），前书石印竖排，收字 8000 余，部首编排，注音字母和直音注音，白话释义，配有插图和词例。会文堂书局 1922 年出版了《中华民国最新字典》和《（校正注音）国语新字典》，均收字一万余，部首编排，但前书石印竖排，文言释义，配有典籍书证；后书铅印竖排，白话释义，配有词例。北新书局《小学生模范字典》（1936）"仿外国单字典例"（序），收字 7000 左右，"凡小学低中年级所用各科课内读本和普通课外阅读刊物上所用的字，大概已应有尽有"（关于本书体例的话），注音"以注音符号为主，而附注直音"，部首笔画编排，铅印横排印刷，白话释义，对"不能单独解释的复音字，那么都先列复字，然后再加解释，和其他字典误作单字解释而后再举复音字为例的完全不同"，少有例证；《标准国音中小字典》（1937）收字 8654 个，部首编排，注音符号和直音注音，规定 393 个直音常用字，白话释义，按历时演变顺序排列义项，努力呈现《中国大辞典》"依史则"的编纂理念，义项数量较为丰富，义项后附有词例和短语例。大众书局出版《大众字典》（1934）部首编排，按反切、直音、注音符号顺序注音，文白异读分别注音，白话释义，分列义项，多附词例，夹有词例诠释，以"供中小学生与普通识字者之需用"（例言）；《学生标准字典》（1935）为前书的简编，按注音符号、直音、反切顺序注音，因服务"小学三年级以上学生和普通识字的人"（卷首语），义项例证数量均有缩减。三民图书公司《标准国音学生新字典》（1933）收字一万余，部首笔画编排，注音符号、直音顺序注音，白话释义，对虚词多标明词性，附有少量词例，并夹有例词释义；《标准国语新字汇》（1935）收字 8000 余，为前书的简编，义项词例和短语例比前书更为丰富，词例释义较少，字典编纂更为成熟。

本时期出版的字典还有新文化书社的《语体适用字汇》(1923)，收字 1000 余，反切直音注音，白话释义，部首笔画编排，另附英文拼音检音表；中原书局《(新式标点)白话学生新字典》(1927)注音符号和直音注音，白话释义，部首编排，附有插图和标点，石版印刷；文明书局《中华通俗新字典》(1928)部首笔画编排，反切直音注音，文言释义；张凤字典编辑所《张凤字典创造本》(1928)按张凤发明的"面线点形数检字法"编排，为新检字法的字典编纂实践；上海良友图书印刷有限公司《德芸字典》(1930)依陈德芸发明的"横直点撇曲捺趯"笔顺检字法编排，反切直音注音，标明单字的笔画、部首和韵部，偶标粤语发音，白话释义，分别义项，列举词语例证；上海文华美术图书印刷公司《(新国音)一九学生字典》(1932)收字 8000 余，按"横竖点撇弯曲钩捺趯"9 种笔形编排，注音符号、反切直音、国语罗马字注音，直音处附注四声读音，如首字"一"直音为"宜以意一"，白话释义，附有例证；民智书局《学生新字典》(1933)全名为《(学校适用)学生新字典》，版权页为《简明新字典》，在 1952 年的修订本更名为《袖珍新字典》，该字典"选入常用字、次常用字以及常见的简体、俗体等字，用口语解释，简明扼要，并尽量用复词举例，说明一个字的多种用法""为便于文法上的参考，每个单字均注明词性，一个单字随着用法不同而有几个词性的，则分别注明"(编辑大意)，注音符号和直音注音，后附国音注音符号表、国音四声符号表、国语词性分类简表、标点符号表等参考资料；群学社《国语新字典》(1933)正文书名为《(国语注音符号)新字典(附罗马字注音)》，为配合平民识字运动而编，收近一万常用字，横向两栏，按笔画数目排列，用反切注音、注音符号和国语罗马字注音，用"□"标明词性，白话释义，分别义项和多音字，配有词语例证；上海知新书局《小学生的字典》(1933)"特地为全国在小学校念书的小朋友们而编辑的"(向小朋友们说明)，收字 4000 余，按笔画笔顺编排，用注音符号和直音注音，区分多音字，白话释义，列举例证，按词性分列义项，"一字有一字所属的词性，所属的词性不同，解释也各异""词性分别标出，将每一字的意义分别写在词性的下面，条理清晰"；诚文信书局《（新标准注音）学生国音字汇》（1934）收字 9000 余，部首笔画编排，直音、注音符号和国语罗马字注音，释义偏文言，区分义项，列举例证；上海林峰书屋《林峰字典》（1934）按音序编排，字下列举基本义项，并对应其所创"新字"，也可看作林峰所创汉字新字对照表；上海华东出版社《起笔字典》（1936）收字 1.5 万，按作者发明的起笔检字法编排，直音、注音字母、国语罗马字注音，白话释义，区分义项和多音字，列举词语例证；上海知行编译社《革新学生字典》（1936）按其发明起笔笔形法编排，注音字母、威妥玛式拼音、反切、同音汉字四种注音；梁麟阁自编自刊的《梁氏小字典》（1936）按其发明"横 × 计数法"编排；南京京城印书馆《永字八法号码检字国音字典》（1937）收字 8000 余，按其发明"永字八法号码检字法"编排，直音、注音符号注音，白话释义，区分义项和多音，配有少量词语例证；上海有益书局《国音学生字典》（1937）"收普通应用之字六千余""每字之下，先注明普通常识字音，次解释浅近应用字义，然后将国音符号分别详列"（编辑宗旨），先直音，再释义，义项以常用义为主，数量较少，多音字分列，最后再注明国音符号。

（三）新型字典编纂的受挫前行期（1938—1949 年）

因全面抗日战争和解放战争的爆发，出版事业和字典编纂接连受挫，字典出版规模和数量减弱，得以保存下来的字典样本也不多。但在前期基础上，新型字典的编纂步伐并未停息，越来越多的出版机构加入到字典编纂和出版的队伍中来，反映出社会对新型字典编纂的重视和需求。

首先是小型或新成立出版机构积极占领新型字典编纂市场，在字典检索、编排体例上加以创新,如世界书局《图解国音学生小字典》(1938)收字 3749 个,按笔画部首顺序编排,国音注音,白话释义,附有大量插图和词例。广益书局《平民新字典》(1939)在字目编排上"废除部首而以注音字母为纲,每一注音字母里面,把选定的字,按着阴平、阳平、上、去、入等的次序排列,同声的字,按着画数多少排列先后"(编辑条例),收字释义依据《平民千字课》,酌增常用字,共计 2000 余,白话释义,并根据单字意义和用法列举了 13 种释义框架,较早对字典释义方式进行形式归纳;《(四笔便查)四四字典》(1947)收字 9600 余,独创"四笔检字法"编排,反切和注音字母注音,释义较为简单,多举常用义项,少有例证,主要为推广其新创的部首方位检字法。上海求文书店《国音小学生字典》(1940)收字 6000 余,注音"依照国民政府采定的北平音做标准,用注音符号跟同音汉字并注,然后将浅近的文字解释,力求简明适用,使读者可以一目了然,全无艰涩之苦"(编辑大意),白话释义,区分义项和多音,偶有例证;撷华永记书局《(学生用)平民百部字典》(1941)按"点横撇直"四大笔形编排,注音字母注音;上海大伦书局《(新部首)国民字典》(1942)以起笔类型编排字目;安东德兴印书馆《最新注音实用新字典》(1943);桂林军民书店《(国语注音)国民大字典》(1943)"为针对时代的需求,对于常用字,尽量收罗,每次除以同音字转注外,并注以国音注音符号和罗马字的拼音,在求读音的正确,在释义方面,务求通俗,并依文法上的适用,分别九种词性""在每一解释之下,各引以简明的成语,表示它的作用,以便读者一目了然"(怎样查字和读书),直音、注音符号和国语罗马字注音,白话释义,标注词性,区分义项和多音,列举词语例证;满洲图书株式会社《(兴亚假名标音)新式国民字典》(1943)部首笔画编排,直音、注音符号注音,字头右侧标注日语假名,白话释义,标注词性,配有词例;普及书局《(标准国音)学生新字典》(1946)部首笔画编排,字下先反切直音注音，再用"又"字分义项释义，先本义再引申义，释义偏文言，附有词例，最后是注音符号和国语罗马字注音；上海正中书局《少年字典》（1947）收字依照《国音常用字汇》，总计8000余，部首编排，注音符号和直音注音，白话释义，分别义项和多音，配有词例；佳木斯东北书店《实用大众字典》（1948）横向两栏，收录"实用单字五千五百个，供给工农兵大众及一般青年学生应用"（编辑大意），按首笔四部"丿一丨"及笔画数编排，注音"依照北方音为标准，用新文字字母拼音及同音汉字并注"，白话释义，分别义项，多音字在同字头下另起一行处理，列举词语例证；上海启明书局《（三音四声）启明字典》（1949）按部首笔画编排，注音"先用同音字或二字合音或注明四声的同声同韵字；次用注音符号，附以表声符号；再次用国语罗马字""凡字有几种读音的，用❶❷❸等符号标出"（编辑大意），白话释义，分列义项，语言简明，标明词性，后附"国语文法表""标点符号用法"等6种附录；大东书局《万字学生字典》（1949）收字一万余，部首编排，按注音符号、国语罗马字、直音反切顺序注音，白话释义，释义中"首列词性，次列字义"（编例），按词性编排义项，"如某项字义因运用不同而有两种以上的词性时，就在该项字义之上，冠以两个以上的词性标示"（编例），例证多为词例和自编短语例。

其次，商务印书馆和中华书局在前期字典编纂的基础上继续打造精品，如中华书局《模范学生字典》（1944）收字注音"根据教育部公布之《国音常用字汇》，按照部首检字法编辑"（编辑大意），注音顺序依次为注音符号、直音反切、国语罗马字，白话释义，多义单字分项排列，附有词例；《中华基本教育小字典》（1948）前注"用改良部首检字，千六百生字注解"，在编排和释义方面多有创新，是我国最早明确使用释义元语言思想编纂的现代字典，该书依洪深《一千一百个基本汉字》增至1600字，用来解释"这本书内所收的

5000多个字"（序），字头用字如是基本字，则用黑体标注，释义中的本字"用—来代替"，若释义用字超越了基本字范围则"加「」来表明，如系两三字相连的词，「」就加在词上"，通假字标注互见页码，依《国音常用字汇》注音，并注罗马字音，区分文白异读和多义多音现象，白话释义，附有少量词例。商务印书馆在1949年出版了三部各具特色的现代字典，分别为《（新部首索引）国音字典》《（增订注解）国音常用字汇》和《（四角号码）学生小字典》。其中《（新部首索引）国音字典》《（增订注解）国音常用字汇》同为中国大辞典编纂处总主任黎锦熙主编，也是新中国成立前对汉语单字的最后一次官方正音成果，与《国语辞典》（1945）相得益彰。前书按"国字四系七起笔新部首"编排，收字12230；后书按1932年公布的注音符号编排，收字12830，两书均为横排左起，白话释义，对多音多义现象详加区分，后书的音序编排体例和义项处理方式已与现今字典无实质区别。《（四角号码）学生小字典》由赵延为主编，"以小学高年级、初中学生和同等文化程度的读者为对象，作为学习语文的工具书"（编辑大意），收字7000余，除收录"报纸刊物中所习见的单字"外，还注重对"常用复词"的搜集，原书按四角号码编排，国音符号注音。1958年改编为甲种，附注新公布的汉语拼音；1959年改编为乙种，按汉字部首笔画排列，是《新华字典》出版前广泛使用的小型字典。

第三节　现代汉语专用字典的编纂出版情况

在教育普及、文字改革和白话文运动的推动下，学界对新字俗字和汉字通行书写形式、意义用法日益关注，汉字辨识也成为字典编纂关注的重要内容，本时期共出版辨字字典12部，如上海文艺书局《作文辨字典》（1934）依照编者"多年教育经验，从中学生的文课、笔记、日记、试卷中蒐集通常最易犯错的字汇"（写在卷首）2000 余条，分为"形音相似、形似音异、音似形异三大类，每字有国语注音，并反复举例说明用法，使读者了然于各种字形字音之正误，最便作文与求解"（凡例），释义较少，例证颇多，白话编写；上海华文书店《白话字辨》（1934）鉴于《字辨》（1933）"注释方面不详尽、不通俗，不能使人看了觉得明白如话"（林荫序）的缺陷，收字近 2000，分"同一个字而易读的""音义的相似"等 14 类，后附注音字母表，白话释义，字头除直音注音和释义外，"在每一个单字之下，收集了许多名词、动词、成语或俗语"（何公超序），扩大了词语数量，"使阅者减省再查《辞源》或其他词典的麻烦"（编辑大意）；上海中西书局《字通》（1934）分形体相似、同音异用、通假互用、一字数用、世俗误写、世俗误读 6 类，部首排列，最后一类为词语，如"一抔：抔音掊，平声，作掬字解，左旁从手，俗误读杯"；上海儿童书局《小朋友字辨》（1934）按同形异音、同音异形、同音同形、通假、简俗、误读、误写 7 种情况辨字，以注音符号、直音方式注音，白话释义，以"又"字区分不同义项，"又读"区分一字多音，例证多为词例和自编短句；亚细亚书局《字类辨正》（1935）收字 500 余，部首编排，单字成组对比，反切直音注音，文言释义，例证多为书证；上海商务印书馆《今字解剖》（1935）是一部以今字通古字，解释字的形、音、义字典，竖排石印，按类编排，文言释义，包含偏旁省变字、形声部位变化字、形近易误字等 13 篇，以小篆为纲，以今字为目，摘要说明，对于隶楷诸形体变化，详加注释；上海中央书店《（实用音义双解）标准辨字汇》（1936）将所收字按形音相像、形似音异、音似形异、笔画错误 4 类编排，供中小学生及一般人辨错别字用；上海经纬书局《文字正误》（1936）分"分毫字辨""误读诸字""误写诸字""奇字考"等 12 编，文言释义，义项简明，少有例证；上海三江书局《字别辞典》（1936）分义别、形别、音别三编，后附俗字、古字、杂字汇编，其中义别编比重最大，又分为形似音异类、音似形异类、形声两似类、字同音异类四种小类，一、四类中单字按笔画数排序，二、三类依注音符号声母排序，直音和注音符号注音，白话释义，义项多举常用义，偶有词语例证；上海儿童书局《别字医生》（1937）收集小学生常易弄错的形似或音似而意义不同的汉字，列表说明其意义和用法；广州中华书局《字体明辨》（1938）分同字异音、同音异字两编，上编按笔画数编排，下编按注音符号声母顺序编排，白话释义，列举常用义项和少量词语例证；瓯海图书社《字辨正编》（1942）为常见形似字注音释义。

辨音字典 5 部，如上海商务印书馆《破音字举例》（1923）收经籍习见及世所通行的多音字 1000 余条，一音一条，单独立目，笔画编排，反切注音，文言释义，多义字以"又……"标示，例证多为书例；汕头育新书社《潮汕字典》（1935）收录汕头、潮州方言单字 7000 余条，每字采用汉字直音注音（附同音或同韵字），依潮音八声之法说明声调，文言释义，不同义项用"○"分隔，释义简明，配有大量词例，并在单字释义中对部分词语加以解释。《（注音符号）清浊辨音字汇》（1936）收字近一万，分列清浊音，多音字一一注明，有释义，书前有"清浊音研究"一文，书末附检字表、国音拼合条例等。广州环球书局《（京粤注音 复式详解）中华新字典》（1937）收字一万余，部首编排，字头下分注粤音、国音和北平土音，释义语言文白夹杂，义项丰富，1947 年上海群益书局再版发行，1961 年由香港中国文字研究社重印发行；汕头榕涛出版社《潮音大众字典》（1937）收字一万左右，部首编排，以潮音字母（18 个声母、46 个韵母、8 个声调）和注音符号为注音方式，标明方音所属的潮州话片区，多音字列于同一字头下，字词采用文言释义，多义字以"★"分义项标示，例证为词例。

综合性辨析字典 1 部，如上海会文堂书局《方言字考》（1923）

采集"各家著述各种小说关于方言之字句,撮其精华""用文言白话互相印证,原委分明,使读者易于了解,绝非随意替代及出自杜撰""所载之字音字义悉以各地之方语为标准"(编辑大意),收录常用方言字和俗字,按笔画顺序编排,反切直音注音,释义偏文言,例证多引白话用例。

第四节 现代汉语专项字典的编纂出版情况

按照字典对单字字音和词性处理上的不同侧重,现代汉语专项字典又分为语音类字典和语法类字典两类。在汉字拼音化运动和国语运动的推进下,语音类专项字典共5部,分为:(1)同音字字典,如民国书局《京音字汇》(1913)收常用字一万左右,按注音字母五十母音顺序排列,以北京音为注音原则,共得老北京话404个音节,正文按上平、下平、上声、去声排列同音字,每组内各字依常用性排列,无固定顺序,字头下先注明该字在《康熙字典》所属部首,再简要释义,多义字用"又"区分义项,多音字用"又音(某)"加以区分;西安经世书店《中文同音字典》(1945)以《国音常用字汇》为蓝本,收字8000余,按注音符号、声调、笔画顺序排列,释义"参照《王云五小辞典》《辞源》等",但极为简略,多音字"散见于各音调中"(凡例),附有少量词例;(2)同韵字字典,如中国大辞典编纂处《北平音系十三辙》(1937)是我国第一部专门戏曲唱词韵脚分十三辙而编的韵书,全书以北京音系为准,按十三辙的韵目编排,每辙单字国音符号注音,按照韵母、四呼、声母、声调的顺序排列,附有简单释义和词例,又被称作《北京同音小字典》,1986年天津古籍出版社在此基础上修订编写了《十三韵字汇》;正中书局《中华新韵》(教育部国语推行委员会,1941)以《中原音韵》《洪武正韵》为蓝本,以上述十三辙为基础，把"北京音系"的口头语言重新整理分出18韵，儿化韵9个，每韵又按四声排列，单字下面有简单文言释义，可以作为韵书查检，也可当作同音字典使用，1950年出版《增注中华新韵》；（3）注音字典，如上述《国音字典》（1919）"就体裁方面说都应该叫作'国字音典'"①，释义较为简略，为辅助新注音方案的推行编写的单字注音专项字典。

语法类专项字典共2部，以收录解释单音虚词为主，如大新书局《虚字用法》（1923）和益智书店《作文虚字用法》（1936），前书选取《分类字源》（1921）中的"语助"类单字近300个，分作16小类，单字按反切、直音、注音符号、英文拼音顺序注音，并标明声调和韵部，文言释义，列举书证。

第五节　现代汉语字典编纂的时代特点

民国时期现代汉语字典的编纂与社会文化发展状况密不可分。这充分体现在新型字典的编纂出版过程中，呈现出鲜明的时代特点。

（1）字典编纂与时代变革双向互动，相互促进。伴随着封建专制的终结、新文化运动与语言文字改革的推进、国民教育和平民教育的开展、"汉语言文字之学"研究的独立等新要素的注入，传统字书逐渐突破原有框架，确立新型字典编纂理念和体例，在传承与创新中不断探索。从打破《康熙字典》对"字典"专名的垄断到民国初期对《康熙字典》的借鉴与批判，再到以"学生"为使用对象、以"国音"为注音规范、以"国语""白话"为收字释义标准，新型字典编纂在

---

① 黎锦熙《〈新部首索引国音字典〉序》，见《新部首索引国音字典》，商务印书馆，1949年。

新文化思潮的影响下日益成熟，现代字典查考检索的工具属性不断明晰，也反过来助推了新式教育和现代语文改革。

（2）现代汉语字典类型渐趋丰富，普通语文字典成为主流。我国字书编纂历史悠久，"字"观念根基深厚，1915年虽出版了以字率词的第一部现代性汉语词典《辞源》，但民国辞书仍以字典为主体，出版数量相对词典较高。相较封建社会单一的文化和教育环境，民国时期的社会文化变革为现代汉语字典的编纂提供了多种发展路向，编纂规模、编纂目的、服务对象、语言要素描写与辨析的侧重点等各有侧重，丰富了字典类型。同时，在普通字典、专项字典和专用字典及其小类的编纂出版中，仍以收录常用单字、解释常用义项和用法的普通语文字典为主体，该类字典适用面最广、普及性最强，对语言文字改革中的信息呈现也最为全面。

（3）以字典为纽带的编者与读者、市场与品牌协调发展。与传统字书相比，在市场竞争驱动下，新型字典编纂更加注重读者需求和品牌效应。《新字典》的编纂即是为了改革以《康熙字典》为代表的传统字书，"以求适用于民国"，"而于民国成立之始，得此适用之新字典，其于国民之语言及思想，不无革新之影响"。[①]"其体例纲领将为后之从事于此者所取法"。[②] 在其影响下，民国字典编纂的读者对象更为明确，检索编排、选字立目、注音标音、释义语言、义项标注、词语例证、插图附录等方面都在努力创新，以求适应读者需求。同时，新型字典编纂中的成功样本既会被出版方进一步保持完善，又会被其他编纂者参考借鉴，形成有一定市场效应的字典品牌，如商务印书馆的《新字典》《学生字典》《国音字典》、中华书局的《中华大字典》《中华国音新字典》和世界书局的《（词性分解红皮新式）中华字典》等

[①] 蔡元培《〈新字典〉序》，见《新字典》，商务印书馆，1912年。
[②] 丁文江《商务印书馆〈新字典〉商榷》，见《独立周报》，1912年第5期。

代表性字典的不断修订、增订与再版，瓜瓞绵延、影响深远。

（4）现代汉语语文字典发展谱系渐趋明晰，绵延至今。中国字书编纂历史悠久，在相对单一的社会文化语境中，传统字书的发展脉络清晰可见，从《玉篇》到《字汇》《正字通》《康熙字典》，字书在文献考证和体例传承的基础上侧重追求容量突破，收字量、义例数不断增大，难以反映社会语言变化和普通读者需求。进入到民国时期，社会语言生活急剧变化，古今中外学术观念和辞书编纂理念交汇融合，新型字典编纂类型和品牌不断增多，这为家族系列字典和字典编纂的传承演变提供了充分条件，上述字典品牌在母本的基础上进一步修订重编，形成了各自的内部发展谱系，如以《新字典》《中华大字典》为代表的大型字典编纂谱系，以《学生字典》《新式学生字典》为代表的学生字典编纂谱系，以《国音字典》《中华国音新字典》为代表的规范字典编纂谱系等，同时因代表性字典的品牌效应也影响到同类型字典的发展，进而使字典编纂理念和实践的传承绵延不绝，影响到新中国成立后，甚至当前的字典编纂。

当然，字典的现代化发展也不是一蹴而就的，新编纂理念的推广和接收也存在一个过程。同时，受时代学术环境、文化教育状况的限制，现代化初期汉语字典的编纂与发展也存在着一些不可避免的阻力，新型编纂理念与编纂实践不能有效统一，字典体例在发展演变中也并非协调一致向前发展，代表性字典中的新理念和新做法也不能得到广泛推行和一致认可，甚至还存在字典版权不明、版本不清，修订改编状况不佳等单纯追求市场利益的状况，这多由其独特的历史原因所致。本章主要从字典结构体例上分类分段梳理现代新型字典的发展状况，第九章将从具体单字字目的处理状况微观分析新型字典的历时传承和演变脉络，以便更为深入地把握现代汉语字典的发展轨迹。

第四章　民国时期现代汉语词典编纂研究

民国时期，由于新旧文化交替，在我国辞书史上发挥着整理传统、吸收新知，承上启下的重要作用，被称作我国汉语语文词典现代新兴时期（李宇明、庞洋，2006；张志毅，2010）。然而，学界对民国辞书史和现代新型词典编纂状况的专题研究相对薄弱。我们在已有成果的基础上，通过多种渠道对民国时期现代汉语词典的出版信息进行了较为全面的采集、甄别与整理，建成"民国时期现代汉语语文词典出版数据库"（简称"词典库"），共搜集词典73部，分为语文百科兼收的综合词典、以语文性词语为主的普通词典、专门描述词语某一侧面专项词典和专门描述"某类语言现象和语言活动"的专用词典四种类型（章宜华、雍和明，2007）。不同年份和类型的词典出版情况如图4-1所示：

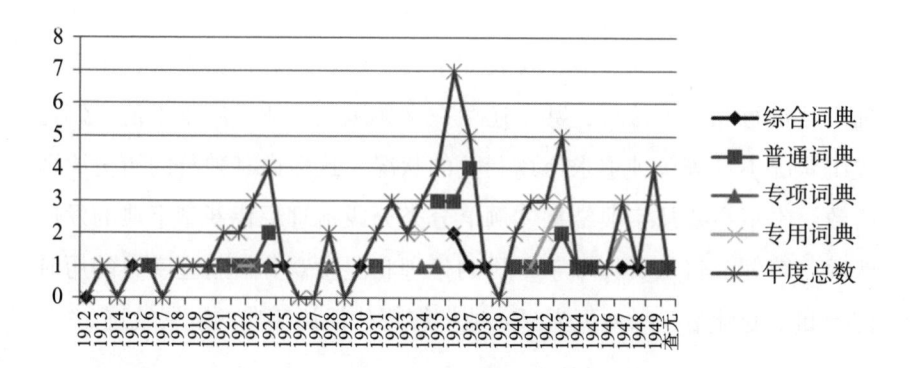

图4-1　民国时期现代汉语词典出版状况

第一节　民国时期现代汉语词典年度出版概况

在古代封建政治体制和传统小学学术环境下，我国辞书编纂以解经读经和填词作赋为主要目的，注音以字注字、释义征引考源、例证罗列书证、部首或义类编排，竖排加注，专注经典词句，脱离语言实际，不尚口语俗语等特点难以适应古今文化转型期的社会需求、语言实际和国民教育，在现代语文运动的推动下，现代汉语词典编纂也开始寻求变革，以求"适用于民国"[①]，"适于社会之用"[②]。

（一）现代汉语词典的转型初创阶段（1912—1920年）

自传教士入华和鸦片战争以来，中西学人新型辞书编纂，尤其是汉外双语辞书和专科、百科辞书的编纂一直在持续推进，欧日代表性辞书的成功经验也影响着进步国人对我国传统辞书的反思和新型辞书编纂的探索。不仅汪荣宝、叶澜的《新尔雅》（1903）、章太炎的《新方言》（1907）均在留日期间所作，《新字典》（1912）、《辞源》（1915）的诸多编者也大都有旅日访欧的经历，时任商务印书馆编译所所长的高凤谦（字梦旦）曾述其兄高而谦（字子益）"为余言欧洲训蒙之书乃依学生之年龄特别编辑，材料如何完具，程度如何适合，其所谓字书者则合单字成语而成，种类如何繁多，检查如何便利，余闻而私慕之"[③]，主编陆尔奎亦言其"友人有久居欧美、周知四国者，尝与言教育事，因纵论及于辞书，谓一国之文化常与其辞书相比例……

---

① 蔡元培《〈新字典〉序》，见《新字典》，商务印书馆，1912年。
② 陆尔奎《〈辞源〉说略》，见《东方杂志》，1915年第4期。
③ 高凤谦《〈新字典〉缘起》，见《新字典》，商务印书馆，1912年。

充补知识者莫急于此"①，西日现代辞书的编纂推动了进步国人对汉语语文辞书现代化思考，体现出新型汉语辞书编纂的急迫性和必要性。

民国政府的成立，第一次世界大战的爆发使西方列强无暇东顾，为国家文化建设提供了相对稳定的国际国内环境，也激发了进步人士改良国运、参与变革、启蒙大众的责任感和使命感，新型教科书和工具书不断涌现，新型词典也在新思想新理念的指导下得以创制。本阶段共出版词典6部，始创维艰，数量不多，但影响深广，如《南通方言疏证》（1913）为民国时期第一部方言词典，显示出民初学人对地域方言俗语的重视；《辞源》（1915）为古今文化转型期汉语词典编纂的杰出代表，始创现代性汉语词典基本体例，为大型语文辞书的编纂提供了丰富经验；《国文成语辞典》（1916）为现代汉语普通语文词典的首次尝试，明确以"供普通文人及高等小学中等师范各学校学生之用"（凡例）为编纂目的；《新名词训纂》（1918）首次对近代日源新词分类整理，对汉日同形词对比汇编，为新词语专用词典的编纂提供借鉴；《作文类典》（1920）将两万余条新旧词语按现代义类体例编排成册，逐步向现代语义专项词典发展。

截至1920年，虽因时代学术条件的限制，汉语词典编纂在检索、注音和释义、例证等方面仍未完全脱离传统辞书的束缚，但作为文化产品的辞书，其创新过程本就充满了吐故纳新的不断尝试，本阶段现代汉语词典的基本体例和类型已大致廓定，大型综合性词典、中型普通语文词典、专门词典中的方言词典、新词语词典和义类词典等不同词典类型都已陆续出版，为后期词典编纂打下了坚实基础。

（二）现代汉语词典的缓慢发展阶段（1921—1937年）

清末以来的新文化运动在五四运动的推动下逐渐进入全盛时期，现代文学思想、语文政策、语言观念和教育实践上的一系列改革，尤

---

① 陆尔奎《〈辞源〉说略》，见《东方杂志》，1915年第4期。

其是语文现代化运动中所发生的语言共同化、文体口语化、文字简便化和注音字母化变革（周有光，1997）都推动着辞书编纂理念和实践的发展。对基本教学词汇的调查，民族共同语词汇的整理，文学创作和语言表达的口语化，汉字注音的符号化，汉字简化、横向排版与新式标点的推广，以及汉语语法和词义研究的深入都对本阶段的词典编纂产生了积极影响。

本阶段共出版词典41部，数量有所突破、类型更加丰富、体例更为成熟，代表性词典如：《注音新辞林》（1921）以民国教育部公布的老国音方案为标准，"无论单字双字，每字下均加以注音字母"（编辑大意），是最早采用注音字母为词典条目系统注音的现代语文词典；《（京音国音对照）国语词典》（1922）专收北京话中的常用词语，国音京音对照注音，口语释义，推动了新国音标准的制定和辞书收词释义的口语化；《国语普通词典》（1923）是我国第一部全书采用横排编写和新式标点，国音注音、白话释义、体例完善的普通语文词典；《虚助词典》（1923）是民国时期对双音节虚词加以释义举例的首部虚词语法词典；《王云五大辞典》（1930）是按新创检字法编排，为部分字词标注词性的综合性中型词典；《字辨》（1933）将单字和词语辨析分类编排，从形音义用不同角度对"习惯读讹写别者，示以各个读音与写法""为普通一般人之辅导"（编辑大意）；《学生小辞汇》（1937）所收字词"以教育部颁布之《国音常用字汇》及《标准语大词典》为蓝本"（邹懋序），单字标明词性，并按词性分布义项，是较早按条目语法性质编排义项的词典；《标准语大辞典》（1935）是国语运动推广中汉语规范词典的早期代表性成果；而《国语辞典》（1937—1945）则代表了国语运动在词汇整理、词典编纂方面的最高成就；《辞海》（1936）是继《辞源》之后又一部代表性大型综合词典；《中山大辞典》则是计划"仿《牛津大字典》之例""十倍于《辞源》"[①]的巨型综合词

[①] 王云五《编纂〈中山大辞典〉之经过》，见《东方杂志》，1939年第1期。

典，可惜因战乱受挫，只出版了《"一"字长编》（1938）。

本阶段的词典出版积极吸收前期编纂经验，助推新时期语文建设，继续开拓创新，后出专精。在大型辞书出版上，中华书局克服困难，力推《辞海》，商务印书馆着手编纂更为宏富的《中山大辞典》。普通语文词典的编纂比前一阶段更为成熟，在国语教育的推进下，国语类学生词典成为各出版机构竞相为之的主要类型，同时也成为新式辞书编纂理念和方法的试验场，从选词、注音到编排检索均有所创新，标准语规范词典受到重视。同时专门词典的类型和数量也不断丰富，虚词词典和字词辨析词典得以出版，进一步推动了汉语词典的发展。

（三）现代汉语词典的曲折前行阶段（1938—1949年）

因抗日战争的全面爆发和随之而来的全国解放战争，前阶段词典编纂的良好发展态势遭到严重破坏，出版机构被毁被迁，纸张生产已无法满足，辞书的编纂规模和影响范围也受到严重制约。大型词典出版方面，在初版《辞源》的基础上，商务印书馆于1931年出版《辞源续编》，"专收新名""融贯新旧"（续编说例），1939年出版《辞源正续编合订本》，"依次合并，并放大版本，订成一册""为阅者检查便利"（合订本说明），反映出大型词典在编修增改中的最新成就。但即便如此，超大型《中山大辞典》也因"八一三沪战突发，纸版铅字尽毁""经费支绌""人事倥偬，不遑宁处"[①]等缘故，致使"编纂处中途停办"、《"一"字长编》"移港重排"，其他小型出版社的境遇更是步履维艰。

本阶段共出版词典26部。前一时期已尝试的不同类型的词典在这一阶段的出版更为成熟，出版机构也更为多元，中华书局《中华国语大辞典》（1940）是一部"收集标准地日常习用的辞语四万余条"（编

---

① 王云五《编纂〈中山大辞典〉之经过》，见《东方杂志》，1939年第1期。

辑大意）的普通语文词典；世界书局《词典精华》（1947）是一部收录各类词语 2.5 万余条的综合词典。此外，奔流书店《学生（求解、作文、成语、辨字）四用辞汇》（1942）、亚东图书馆《学生白话大辞林》（1943）、中央书店《大众小辞林》（1945）、新中国书局《（写话求解）两用字典》（1949）均为普通语文词典；启明书局《启明辞林》（1940）、青光书局《辞渊》（1948）为综合词典；华光书店《字辨》（1943）、重庆旅行指南社《重庆方言》（1942）、商务印书馆《王云五新词典》（1943）则是方言词典、新词语词典的代表。

值得一提的是，本阶段的部分出版机构、词典编者逐渐向以共产党为首的民主进步力量转移，词典读者和服务对象也自然以工农大众和解放区群众为主，如桂林文化供应社是在周恩来的建议下，胡愈之联合老同盟会员李任仁于 1939 年创办的一个文化出版机构；裕民印刷厂的前身为 1941 年创办的晋冀鲁豫边区印刷厂；河间冀中新华书店源于 1937 年在延安成立的新华书店；吉林新中国书局即东北光华书店、大众辞书编译社等都是以共产党为主力领导的出版机构。早在顾雄藻《字辨》（1933）的"编辑大意"中就明确说"为小学教师、中学生及曾经中小学校毕业之农工商各界"而编；姚乃麟《大众小辞林》（1945）则提出"完全适合于一般民众和中小学生检查单字和词义之用"（凡例）。及至本阶段出版的新词语词典更体现了为无产阶级服务的目的，共产党员王穆夫主编《国民辞典》（1941）、胡济涛、陶萍天主编《新名词辞典》（1949），《新辞典》（1946）的编者筱铮、（皇甫）束玉等也是共产党员。此外培之、刘坚《新编小辞典》（1947）、大众辞书编译社《新名词学习辞典》（1949）、周如晖等《新名词学习辞典》（1949）等也体现出浓厚的阶级色彩。词典收词"以政治、经济、军事、教育等一般习见的名词为限""再还有解放区已流行的名辞"（《〈新辞典〉序》），"凡为资本主义（帝国主义），封建主义，官僚资本主义宣传的名词概所不采"（《新名词学习辞典·凡例》），释义方面

"根据进步的立场,以马克思列宁主义、毛泽东的思想为观点"(《新名词学习辞典·凡例》),"求得各种词类的解释,通俗易懂,特别要求解释得正确,使得对于树立革命观点、阶级观点要有帮助"(《〈新辞典〉序》),"有异于一般在解放前出版或编辑的党派性立场模糊的同类性质的辞典"(《新名词学习辞典·凡例》),有效地推动了无产阶级进步思想的传播,也为新中国辞书事业培养了优秀人才。

第二节　综合语文词典编纂情况

自晚清洋务运动以来,新学词汇不断译制和涌入,由上至下充斥着人们的语言生活,以致清末民初"社会口语骤变,报纸鼓吹文明,法学哲理名辞,稠叠盈幅,然行之内地,则积极消极,内籀外籀,皆不知为何语"[①],以"词"作为主要收录对象,新旧词汇、语文百科兼收的综合性语文辞书编纂与出版受到重视。民国时期共出版综合性语文词典 11 部,占现代汉语词典总数的 15.07%。

在我国现代辞书发展史上,首先打破传统字书和雅书体例"空前的第一部"(王宁,2015)辞书为陆尔奎主编的《辞源》(1915)。《辞源》集多种创新性要素于一身,依部编排、字词兼收、以字率词、专注释义、区分义项、列举书证、前言附录一应俱全。其"首创的系统的体例,是中国独有的辞书体例,《辞源》以后的汉语辞书所用的基本编纂原则,尽在其中了"(王宁,2015)。具体说,该书收录单字 1.3 万余,单字下罗列正序词语 10 万余,单字按《康熙字典》部首笔画顺序编排,据《音韵阐微》注明反切和平水韵韵部,用阴影"㊀㊁㊂"等分列不同义项,浅近文言释义并列举书证,部分义项标示词

---

① 陆尔奎《〈辞源〉说略》,见《东方杂志》,1915 年第 4 期。

性，字目下所收该字打头词语按字数和笔画数排列，语文性和百科性词语兼收，成语、惯用语、新词语兼顾，收词以常见为主，强调实用，结合书证，重在溯源，词语释义和例证方式如单字，文中插有全页彩图、素描图和简表等600余幅，书前有部首索引、《辞源》说略、总目录和检字表，书后有勘误、世界大事表、现行行政区域表、本国商埠表、中外度量衡币表、化学原质表6种附录，书末为版权页，奠定了我国现代汉语词典编排的基本体例，为大型语文辞书的编纂提供了典型蓝本。《辞源》于1931年出版续编，1939年出版正续编合订本，新中国成立后出版修订本（1979—1983）和第三版（2015），影响深远。

《（国音白话注）学生词典》（1924）是由教育家李康复、唐昌言等编纂的一部中型综合词典，该书选词立足教材，释义偏重白话，专供"国民学校（三年以上）和高等小学校的儿童在自力读书的时候检查用的"（编辑大意），在"部定小学国文教科用字"基础上选字5000余，收录"小学用各科教科书、儿童课外用书、通行报纸和社会流行的成语等"3万余条，涵盖"历史、地理、法政"等不同学科。单字以部首笔画为纲，反切和注音字母注音，多音字置于同一字目内；字下词语以字数和笔画数为序，注音字母注音，释义偏白话，"力求简短"，"有两个以上的意义，用●作分号"，少有例证。书前有笔画检字表，书后有各类附录，竖排右起，体例完备，实用性强。

《新式学生辞林》（1925）也是一部中型综合词典，该书"搜采辞料，力求适用，凡关于应用方面及科学方面之普通名词，一一酌量加入"（编辑大意），共收字词3万余条，按部首笔画编排，以字率词，单独立目，字头采用反切或直音注音，标明声调，词语不注音，白话释义，区分义项，配有少量例证。全书竖排右起，每页四栏，书前配有检部表和检字表，方便查询。

《王云五大辞典》（1930）按王云五所创"四角号码检字法"编

排的一部中型综合词典，纵向两栏，横排编写，白话释义，部分条目标注词性，以"供高中以下高小以上程度一般人的参考"（序），词典收词也就"根据着这种程度的各科读物，把一切有用的词语收集起来，完全从客观方法着手，和个人任何取舍的主观方法所得资料不可并论"，以收"取材充分适宜"之效，最终收字一万左右，词语5万多条，收词类型丰富，兼具"百科"之效。"对于词语的解释，详略适中，以与人正确观念为原则"，单字采用传统直音、注音字母和罗马拼音注音，按黎锦熙词类体系标明词性，"按照词性分别一一说明其意义，并随时举例，以显明其功用"，多音字在同一字头下用序号分条处理；字下词语不注音，分条释义，列举例证，部分词语标明词性，多义字词义项排列"先举其原义，次述其现行意义"。书后列有30种参考表，专门名词英汉对照表、同字异读表和笔画索引，内容丰富，以期"以极便利极经济方法将万有的知识贡献于一般人"（序）。

《辞海》（1936）是继《辞源》之后出版的第二部大型综合词典，该书由舒新城等主编，中华书局出版，延续《辞源》编纂体例，收列单字13955个，语词21724条，百科词目50124条，总计85803条，700多万字（李开，1990）。单字按部首排列，字下词条按音节数和笔画数排列，单字以反切直音注音，标明韵部，多音字在字头下用"〔甲〕〔乙〕"分别处理，词目不注音，释义侧重"揭举固有词类之意义及用法"（编辑大纲），源流并重，多义字词用"㊀㊁"分别义项，释义语言偏文言，对典故词释义的文言性强于新词语，原有词标明引书篇名，书内配有插图和参见，书后附有"检字表""国音常用字读音表""韵目表"等9种附录，以便查检。新中国成立后，《辞海》定位为大型百科词典，分学科多分册出版，并不断修订再版，第七版纸质版于2020年出版发行，2021年网络版也随之上线。

《（大众实用）辞林》（1936）按蔡丏因创制的"八部检字法"编排，纵向两栏，横排编写，收词广泛，"除普通用语外，凡俗语，谚语，成语，学术语，外来语，都尽量收入""至科学名词，凡高中以下所用的，都包括在内"（凡例），单字采用直音反切、注音符号和国语罗马字注音，词语不注音，白话释义，单字义项后配有词语例证，词语大多不配例证，多义字词按引申顺序排列，不同义项依次排列，不标序号，文后附有标点符号、世界大事年表等22种附录。1937年蔡丏因又在《（大众实用）辞林》的基础上缩减收词数量，出版了《中学生辞林》，释义基本遵照前书，字头按作者发明的"数名检字法"编排，单字按义项标明词性，字头下先列"齐脚字"，即逆序词，再根据正序词的音节数和笔画数为词语立目释义，外来词"一律附注原文"，文末单列英文缩略词表并释义，另附各类附录20种。另外，该词典在1940年还曾以《启明辞林》为名，在启明书局进行了翻印再版。[1]

《中山大辞典》是王云五计划编纂的一部大型综合性词典，主旨在于"仿《牛津大字典》之例，不仅解释意义，并表明各字各辞之历史，故于单字辞语之意义，莫不穷其演变，溯其源流"[2]，计划"收单字约六万，辞语约六十万""十倍于《辞源》"，但因战时破坏，只出版了《"一"字长编》（1938）。该书收"一"及"一"字打头词语5565条，按"四角号码检字法"横向编排，文言释义，"单字辞语一一溯其源流，穷其演变，不仅详释意义，且表明一字一辞之历史"，字词按义项标明源流书证，内附插图，体例宏富，至今难有超越。字头"一"下首先罗列不同字形，不同时期的韵书注音和《说文》对本义的阐释，然后分列58个义项，逐个解释并梳理源流。"一"字打头词语搜罗全面，"无论古典与通俗，辞藻与故实，新知与旧学，固有

---

[1] 杨牧之主编《中国工具书大辞典·社会科学卷》（黑龙江人民出版社，1993）、任宝祯主编《中国辞书大全》（黄河出版社，1995）均将其视为单独编纂出版的词典，未能注意到其间的联系。

[2] 王云五《编纂〈中山大辞典〉之经过》，见《东方杂志》，1939年第1期。

与外来，靡不尽量收罗"，释义同单字，解释详明。在编纂程序上，该书有一套严格的处理方法，选词有据可依，探源有证可循，专科词语由专人处理，用不同符号标明释义中的专名书名，每条词语均标明编辑者简称，方便修改追查，为后世大型辞书编纂提供了宝贵经验。

《词典精华》（1947）不收单字，收词语 2.5 万余条，词条按音节数和笔画数编排，不注音，部分虚义项注明词性，外来词附注英文原词，白话释义，多义词分列义项，例证有书例和自编例，例证中被释词用"—"代替，在所需参见词语前标记"※"，如首词【一干】㊀一千的隐语。如 ※——方。㊁与讼案有关的一批。如—人证。《辞渊》（1948）本着"新旧兼收，趋于实用"（序）的原则，收字在《国音常用字汇》的基础上加入新字、俗字和简体字，并将百科性词语用略语标出 20 个小类，部首笔画编排，单字标明词性，词性后分列义项，多音字、同形字分别注明，字词白话释义，语言简洁，附有例证。

第三节　普通语文词典编纂情况

普通语文词典的出版与民国时期的国语运动和教育普及密不可分。词典选词大多依据教育部颁布的"基本字汇大纲"，紧扣教材和教辅用字用词状况，使用对象主要面向普通学习者和教师，在注音、检索、释义等方面多有创新，最大限度地满足教学要求。

《辞源》出版的次年，庄适在中国出版公司编纂出版了《国文成语辞典》（1916）[①]，该书"仿欧西成语辞典 *A Dictionary of Phrases* 之

---

① 因民国时期，现代意义上的词语划分概念尚未确立，"成语"一词既指表意较为凝固的三字四字的惯用语、成语，也可指二字词，辞书性质也应结合具体收录单位而定，高小方在《中国语言文字学史料学》（南京大学出版社，2005）中将其归入"成语典故类"资料，当误。

例，不列单字"（凡例），所收词语"限于中国文学"中的文言和白话词语，"依《康熙字典》例分部，以部首笔画繁简为先后计分十二集"，部首下直接以词语立目，没有注音，如篇首"一"部收"一一、一切、一刹那、一劳永逸、一犬吠形百犬吠声"等"一"字起首字所构词语205个，词语"注释计分两项，甲说明定义，乙注明出处，以简明为主"，部分词语无释义，但一定标明书证，以便"阅者可以沿流而溯源"，"供普通文人及高等小学中等师范各学校学生之用"。

1918年北洋政府教育部正式颁行了老国音注音字母，1919年4月国语统一筹备委员会提请教育部改"国文"为"国语"，并要求"课本中所载文字内容是否与国音字典、国语辞典、国语文法相合，应由本会组织一个委员会随时审查"[1]，同年8月商务印书馆出版了我国第一套系统标注注音字母的小学白话文教科书《新体国语教科书》，9月出版了第一部官方注音字典《国音字典》。1921年中华书局编纂出版了我国第一部为字头词目完整标注注音字母的中型语文词典《注音新辞林》，"即以国音论，亦为最新最确之本"（编辑大意）。该书在"专供学校及社会普通作文之用"的宗旨下，注重收词的常用性，将"普通文以及书函中所应用之辞料""以普通应用为标准"悉数收录，分12集，单字条目按部首笔画编排，字下词目按笔画多少和部首顺序编排，"每字先解释单字，继以两字三字四字之辞，查阅最为便利"。单字采用反切和注音字母注音，偶有词语例证；词语只用注音字母，缺少例证，释义语言偏文言，不同义项以"（一）（二）（三）"序号标明，书前列有检部表和检字表，查询方便。该书虽力避"偏僻及艰涩"，以求"适于应用"，但在收词和释义的白话性和口语性上不及《（京音国音对照）国语词典》（1922）。后书不收单字，专收"受过中等以上

---

[1] 见周作人、胡适、朱希祖、钱玄同、马裕藻、刘复等人所作《国语统一进行方法的议案》，《北京大学月刊》，1919年第1卷第4期。

教育的北平人所常用的辞句"5500条，"按笔画多寡"排列，摆脱了《康熙字典》部首顺序，初版注音为注音字母标注的北京音，后由方宾观校订，在1930年第三版中"添注国音以为对照，于国音上加★号以示区别"，注音后"先有解说后有举例"，分别用"（解）""（例）"标明，多数为单义，多义词在"解"中以"又"区分，体例完善，特色鲜明，体现出编者对北平读音和词汇的重视。

《国语普通词典》（1923）是我国第一部采用横排编写和新式标点的词典，书前例言使用分词连写，正文字词条目采用国音字母注音，收录"普通适用"词语一万左右，"例语例句三四千之多"，"解释和举例，力求浅显"（例言），书后配有"朝代名称表""洲名表"等5种附录和图书推销广告，将多种创新手段融为一体。

《（国音标准）白话词典》（1924）与之前的《（京音国音对照）国语词典》（1922）体例一致，不收单字，除国语词汇外，"兼收语体文和白话小说中习用的各地方言成语"，"附注国音，用语体解释"（例言），用注音字母在词条右侧注音，白话释义，多义词用"●"分隔，配有自编例句。

《王云五小辞典》（1931）"以供小学生的参考"（自序）为目的，在《王云五大辞典》的基础上缩编而成，整体延续前书体例，但篇幅"仅及大辞典五分之一"，收字将近一万，收词8000余条，"凡小学生读物中一切常见的词语，莫不搜罗在内"。此外还有两点创新，一是在词条最后加入该字头的"接头语"，即逆序词，如首字"主"下的"天主、地主、公主、君主、木主、神主"；二是单字释义外，加入该字的"同训异义字"，如"此"字下列入"之、是、斯"，"使应用本书的人得收触类旁通的效用，这尤其是一般小词典所没有的"（自序）。

《标准语大辞典》（1935）是由全国国语教育促进会审词委员会编写，商务印书馆出版的我国第一部官方规范词典，该书是"全国国语教育促进会国语建设工作之一""专供研习、检查标准语的应用"(凡例),是国语运动在词典编纂方面的早期成果,"所采的词、语以标准地(北平)的通行语为范围,凡社会上普通应用的词、语,适合谈话作文的成语,一概采入",收词 3.6 万余条,部首笔画编排,白话释义、区分义项、配有例证。所收单字"以合于口头应用的单音词和本书词、语里所应用的为限",体现了收字的实用性和闭环性原则,用注音符号和国语罗马字注音,多音字在字头下分别注音释义,读音前用"【正】""【变】"标明部分单字的正音和变音情况。词语列于单字下,"只要是口头上应用的,不论新旧,一律兼收并蓄",不标读音。释义"以现在标准地通用的为准,古义和方言的意义,概不采取"。字词例证用"(例)"标明,多为词例和自编例,简洁生动。

民国时期最具代表性的现代汉语普通语文词典应属中国大辞典编纂处编纂,商务印书馆出版的《国语辞典》(1937—1945)。该书为民国时期对民族共同语(即"国语")词汇加以系统整理与描写的中型语文词典,也是我国第一部严格意义上的音序词典,既是对前期现代性词典编纂理念的系统总结,也为后期普通语文词典的编纂提供了典型蓝本,至今仍被海峡两岸学者查考参阅。该书共收单字 1.5 万,复词 10 万余条,"系中国语文中普通单词、复词,或习用的成语之总汇"(总例),"逐词注音,作为正音之标准;附以简明必要之注释,凡高级中学以下各科术语大都采入;务求简而不漏;浅而不陋"(总例)。在编排上,一改先前辞书部首笔画编排顺序,"以注音符号之声母为纲,韵母为目","单字及复词等均准斯编列,检查时可就注音符号次第,开卷即得,实能节省时力不少"。在注音方面,"全部各词均逐字用第一式暨第二式国音字母标注读法和声调",单字附有直音,标明入声和尖团,儿化词、轻声词"亦皆以国语为标准明白注出",多音字词分立条目,注音全面,描写细致。白话释义,分列义项,语言"简明适当,力矫旧日训解含混不清之弊",大多配有词例和自编例,部分典故词语标明书例,以达"正音""定词"和"略释用义"[①]之效。该书在排版上横排左起,采用当时整理的简体字和新式标点,内附图表和参见,书前设有音序检字表和部首笔画检字表,书后设有补遗和西文译名索引、化学元素表、度量衡表和历代纪年表等附录,以便查检,为新中国成立后《现汉》的编纂提供了诸多借鉴(晁继周,2014)。

《中华国语大辞典》(1940)"收集标准地日常习用的辞语四万余条""以日常习用辞为主,兼收古今习用语"(编辑大意),横向编排,白话释义。单字按部首和笔画数排列,词语按音节数和笔画数排列,单字采用直音、注音符号和国语罗马字注音,多音、又音现象分别处理,"各字、辞下边所领的辞语,也照音分列,以正读音",字词释义以今义为主,"已死的古义,概不采纳""一个词语,有几种意义的,分项解释",配有词例和自编例。

《学生(求解、作文、成语、辨字)四用辞汇》(1942)收常用字一万,词语8000余,单字按部首笔画编排,直音、注音符号和国语罗马字注音,多音字分别处理,标注词性,并按词性排列义项,多个义项罗列于词性之后,词语按音节数和笔画数排列,不注音,不标词性,字词白话释义,单字伴有词例,词目少有例证。1947年该书更名为《(标准国音)学生小辞汇》,1948年又更名为《学生新辞汇》,均在平津书店发行。[②]

《五用小辞典》(1944)收字1.1万余条,复词9500余,单字按部首编排,直音、注音符号和国语罗马字注音,多音字分别处理,按词性分别义项;词语按音节和笔画数排列,不注音,不标词性。横排编写,白话释义,偶有例证,后附国语文法表、标点符号使用法、辨字

---

① 黎锦熙《〈国语辞典〉序一》,见《国语周刊》,1936年第261—286期。
② 徐祖友、沈益主编《中国工具书大辞典》(1990)、杨牧之主编《中国工具书大辞典(社会科学卷)》(1993)均将其视为不同词典。

表等 8 种附录，查检方便。

《(写话求解) 两用字典》(1949) 书前有拉丁化拼音方案、检音表，正文分为从音找字、从字找音和各种应用文三部分，第一部分是民国时期首部按拉丁字母（A—Z）顺序编排的音序词典，字词兼收，横向编排，音节下不同单字标注声调，词语只注后字读音，白话释义，分列义项，配有例证；第二部分是按"一笔速查法"编排的字表，单字后标明该字在前一部分的页码，以便查询；第三部分为常用标点符号使用法、常用简体字分类表等 12 种附录，信息完备。

第四节　专用语文词典编纂情况

专用语文词典的发展与社会转型中的不同类型词语的创制、引进有关，更与词典编者对方言词、新词语、外来词和词语使用中各类词语辨析的重视密切相关，本时期共出版该类词典 27 部，占词典总数的 36.99%，其下又可分为不同子类。

一是方言类。1907 年章太炎在日本秀光社出版《新方言》为民国时期方言词典的编纂提供了重要参考。"词典库"中收录的不同地域方言词语的词典 11 部，其中有 10 部方言词典均为义类编排，注重古方互证，考证语源，贯通今语，如《南通方言疏证》(1913) 为"正《(通州) 州志·方言》之误而作"（例言），收录南通方言词语 1670 条，以词组居多，按义类分为 4 卷 50 类，对疑难词语采用直音、读若、反切传统方法注音，对旧志所收词语则加以辨正、订补和溯源；对旧志未收词语则加以解释和考证，所立词语"多取古字古义，俾知吾通俗语本于古语者甚多，即间有用后起字者，音义必祈吻合后已，疑者则付之阙如"（例言），文言释义，例证多为书例。《蜀方言》(1919) 以清人翟灏《通俗篇》为基础，"择其与蜀语合者节附于编"，收词824条,"每条备注来历,明非臆造",俗字俗语,"不见记载,概从摒弃"。《闽方言考》(1923)有感于"《方言》《续方言》《新方言》诸书对于闽音或缺或略,未能详尽"(凡例)编纂该书记录闽语音,"推证本始,以广流传",字词兼收,夹有少量俗语谚语,方言字词以"[ ]"符号标明,附有书证,"今音以闽省城以上之音为准""古今音异同之点附以罗马字母注音",释义后标注直音和罗马字母读音。再如《客方言》(1932)收录客籍广州人方言词语约1000条;《广东俗语考》(1933)收录粤地俗语词1460个;《重庆方言》(1942)收录重庆方言词480条;《潮汕方言》(1943)收录潮汕方言词1000余条;《关西方言钩沉》(1947)收录关西方言约500条等。另外,台湾总督府编写的日粤对照词典《广东语辞典》(1932)收录粤方言词语2.5万余条,每词先列日文、再列中文,全书按日语五十音图顺序排列。

二是新词语类。与《新方言》的编纂背景相似,汪荣宝、叶澜在留日期间合著《新尔雅》于1903年由上海明权社出版,被认为是"近代中国第一部具有现代百科学术辞典性质的书籍"(窦秀艳,2004)。该书虽不合现代辞书编纂体例,但收录大量新词新语,首次收录字母词"X光线",对新词语词典的编纂产生了积极影响。民国时期共出版新词语词典11部,编排方式由义序向形序演变,释义语言也由文言向白话发展,在承传中根据时代特点和词语性质逐渐向现代词典过渡。如《新名词训纂》(1918)收双音节日源新词606条,分政、学、语、物4类,类中词语编排无一定顺序,此类新词词形大多见于中国古代典籍,作者据"新义之原出载籍者,条分缕析,灿朗耐观,间列按语,尤确凿知"(唐咏裳序),编排方式和释义处理仍延续《新尔雅》。《新名词辞典》(1932)收录哲学、社会科学等新名词3100余条,按首字笔画编排,部分词条附有英文对应词,多义词分别义项,白话释义,关联词语之间设有参见,少量词语在释义后附有例证,正文后有附录"简名",收字母词ABC、CP、X光线等10个。此后,

《新名词辞典》(1934)收词1300余,胡行之《外来语词典》(1936)收古今外来词3000余,《国民辞典》(1941)"收集常用的新名辞新术语约1000个"(用法说明),《新辞典》(1946)收词300余条,均依首字笔画数为序,兼收字母词,白话释义。《王云五新词典》(1943)依据"《佩文韵府》摘取看似新名词之同语,述其来源,并附以今古不尽同之释义"(自序),收新词语3700多条,按四角号码检字法横向编排,白话释义,分释旧义和新义,原有义配有书证,新义偶有书证,体例上多有创新。抗战胜利后的新词语词典以满足解放区民众对新词语新观念的认知为主要目的,如《新编小辞典》(1947)专收政治、经济、文学等方面的新词语约800条,"供解放区干部、教师使用"(编者的话);大众辞书编译社的《新名词学习辞典》(1949)收录政治、经济类新词语165条;星潮出版社的《新名词学习辞典》(1949)收政治、经济、国际等方面的新名词800条左右,"对于现代一般人均须懂得的世界动向和国际知识及国内的新知识、新思潮、新学说的搜罗最为丰富"(凡例),前两部按首字笔画数编排,后一部按部首笔画编排,而《新名词辞典》(1949)则按义类编排,以"解放后最新出版的各种中外报章、刊物、书籍中摘录、补充编纂而成"(编辑大意),收词3000余,分国际、政治、经济等10部44小类,类中词条以笔画数排列,外来词语注明英语对应词,横向排列,不注音,白话释义,解释详备,后附《中国土地法大纲》等文件。

三是字词辨析类。在国语推行、文字改革的大背景下,字词辨析类工具书的编纂成为辅助教育的重要参考,在20世纪30年代教育改革和文字实验的推进期出版了12部汉字辨析字典和4部字词辨析词典,前者以单字为处理对象,后者字词兼收,如《字辨》(1933)分义辨类、音辨类、体辨类、词辨类4大类23子类,对于"字之使用及读音、写法偶涉模糊,随时检查确定"(编辑大意),音辨类中的专名词读音、异字同读、重文异读和词辨类均为词语辨析,如词辨类"订正别读"小类中"叵测：叵音破上，不可也，叵测言不可测，人之险诈者曰：居心叵测，作巨字误读"，反切注音、文言释义、附有例证。1935年杨燮祁在原有体例基础上增补出版《字辨补遗》。《文字指正》（1934）分字义指正、字形指正、字音指正、成文词指正4大类12小类，类中伴有词语辨析，所辨单字以反切或直音注音，词语不注音，白话释义，多义字词分项标示，例证为自编例和词例；《实用辨字辞典》（1936）收字词5000条左右，分辨音、辨义、辨体、辨词4部16小类，类中伴有词语辨析，"材料丰富，为任何同类书所不及，解释精详，且全用白话，尤为本书特色"（编辑例言），配有少量例证；《字辨》（1943）分字义、字音、字体、成文词辨正4大类17小类，单字直音注音，词语不注音，文言释义，部分字词标明书证。此外，有一部专门收录由两个相同的字组成的词语词典《迭语》（1922），共收叠词3081个，按部首编排，有注音和注释。

第五节 专项语文词典编纂情况

类书是我国古代一种大型的资料性书籍，辑录各种书中的材料，按门类、字韵等编排以备查检，这也影响到日本的工具书编纂，如《和名类聚抄》（1934）被看作是"真正的第一部日本类书"（潘钧，2006）。及至近代，随着欧美百科全书（encyclopedia）的出版，"日本的百科全书便由传统的类书形式转入现代百科全书形式"（潘钧，2006），如日本文部省编译局主编《百科全书教导说》（1873—1880），学者田口卯吉编译《泰西政事类典》（1882—1884），编写《大日本人名辞书》（1886—1888）、《日本社会事汇》（1888—1890）等。由此，"百科全书""类典"等术语传入中国，促进了现代汉语义类词典的发展。"数据库"中该类词典共4部，其中杨喆《作文类典》

（1920）乃是古今转型中中国传统词语类的类书与欧日新式百科词典结合的过渡期产物。该书收词 2.3 万余条，分为"国家、法律、政治、职官"等 31 大类，近 300 个小类，分类不再拘泥传统义类，体现出现代分类思想。所收词语以"沟通新旧"（说明）为目的，"上下古今，一炉熔冶"，"于新旧各学，提纲扼要，竟委穷源，不啻摄数十巨编之小影"，"除搜罗适用之名词外，复借用成语，比附出之"。所立词目"择艰于索解者，以最简单之语释之，并加符号，示与原引之书有别"。正文首页"国家门"类下"国家总"小类"国家：古以诸侯为国，大夫为家，今国家学说大昌，必政治组织完全，高出于部落结合者为国家"。该书虽在说明中自称"类书"，但已不同于传统类书的原始资料汇集，收词和检索大有改观，"类书除载明出处外，向皆不事注释"，该书则加以释义，同时该书条目依次编排，"于类语之排比，略依作文之公共条理，几于类中有类，犹之字典，子目为偏旁之分部，而类语相从，又如部中各字，依笔画之多寡繁简，置诸一处，似于使用此书，益形便捷"（说明），逐步向现代语义词典发展。

义类词典的古今转型还体现在收条立目上，前书只收词语，《分类字源》（1921）则收字一万左右，"分部四十，分类百有十六，而每类之中，有细分各属，多者至十余属不等"（说略），与传统字书看似无异，但在"解字之后，罗陈典制，盖欲合字典与辞典为一书"，单字释义后"本字上下，配合他字成一名词，概用括弧，以求醒目"，如首字"天"下收录 16 个双音节词，以正序词、原有词为主，如"天理、天命、天意、天子"等，也包含逆序词"今天、明天"、新词语"天演"等。全书半数成语夹有释义，虽无词典之名，暗有词典之实。单字"具载切音，至于国音注音字母，为进来新发明之新潮流，连同英文拼音一体加入，俾一般普通学者，习知国音英文，可为呼音之助"（说略），文言释义，本义、引申义、新义顺次罗列，词例书例夹杂其中，书前有总目、类目和笔画索引，方便查检，书后有辨似和补编。《实用成语大辞典》(1924)"搜集文艺上习用成语熔冶古今，各以类从，分为四十八门"（例言），收录双音节和多音节词语6500条，分48个义类，选词"纯以适合现在时势为主，凡违背名理，语落陈腐者，概不阑入"，文言释义，语言简洁，少量词语无释义，但均标明书证，"诠注出处，追溯源流，务求详尽"，书前有义类总目，书后有笔画索引，便于索检，1937年改名为《（求解作文两用）国文成语大辞典》由上海教育书店出版发行。至《学生辞源》(1931)，现代汉语义类词典的基本体例大致成熟和稳定下来，该书又名《分类学生辞源》，将各种普通名词分为10部66类，每类首列单字，次列两字以上词语，单字采用反切、直音和罗马字母注音，词语无注音，释义偏文言，不同义项用"○"隔开，列举书证，详释词语用法，书前有首字笔画检字表，分单字之部和双字之部（含三字、四字词语），书后为版权页，体例完整。

语法类词典以虚词词典为主，共5部，数量不多，但也在时间顺序上呈现出古今转型的特点，如《虚助词典》(1923)据《经传释词》《助字辨略》等书收虚助字词400余，"依画分列"（例言），附录"词之释要"处收"今夫、所以、然而"等双音虚词30个。"每字所涵之义靡不备举，佐证简净，一目了然"，全书文言释义、分列义项、配有书证；《作文虚字用法》(1928)收虚词136个，包含双音节和三音节虚词，如"然则、然而、也乎哉、焉耳乎"等，"可备高等小学学生参考之用"（凡例），词条标明词性，"必先详其用法（间用白话口气解之），然后范示文言"，义例兼备，没有注音，前有目次以便检查；《虚词典》(1934)分文言、白话两部，按笔画数排列，标注词性，文言释义，多义词分项说明，配有书例和自编例。文言之部收词400余条，每词分普通用法和特殊用法两种，"普通用法即所谓浅易之方式，为现社会所习用者""特别用法则惟见于古籍，所以供嗜古者之检讨也"（凡例），白话之部收词100余条，"皆属现代语法，故不复有普通特别之分";《虚字指南》(1935)收"独用单字104,两字以上合用字57,通常所用者,略备于此"(凡例),按音节数和注音符号顺序编排,不注读音,标明词性,依据词性和用法分条释义,释义后说明被释词的使用位置,例句则文白对照,全面展现该词用法;《北平助量词》(1941)收集北平人常用助量词257个,按笔画排列,白话释义。

第六节　现代汉语词典编纂的时代特点

1."词典"是古今汉语词汇转型中的集中反映

自两次西学东渐以来,尤其是甲午战败后,汉语词汇急剧调整,"现代汉语新词的产生,比任何时期都多得多","汉语发展的速度超过了以前几千年"(王力,1957)。现代汉语语文词典的兴起缘于汉语词汇发展中双音化占据主流,现代"词"观念对传统"字"观念的更易,它肩负了吸纳、整理古今词汇,创制、推广现代新词,推动、促进现代汉语发展的重要使命。《辞源》有感于新词激增导致的"新旧扞格,文化弗进"[①]情况,提出"以补助知识为职志",对"社会所需"的新旧普通名词加以整理,详述其源流变化,"以求适于社会之用"。《辞源续编》则进一步"广收新名""融贯新旧"(说例),扩大收词范围,呈现词汇古今演变的历史脉络。后出的《辞海》,甚至未完成的《中山大辞典》《中国大辞典》等均欲对古今汉语词汇进行系统整理。不独大型辞书如此,中小型辞书也从不同角度勾勒出了古今汉语的词汇面貌,如普通词典集中收录某学段教材中"关于应用方面及科学方面之普通名词"、白话词语和国语词汇;方言词典侧重收录某地区流行的方言词、俗语词;新词语词典则专门整理汇集不同类型的新

---

① 陆尔奎《〈辞源〉说略》,见《东方杂志》,1915年第4期。

词语；义类词典、虚词词典亦按照现代语义、语法体系对新旧词语进行分类归纳，这都显示出古今汉语词汇转型对"词典"编纂的影响。

2."词典"推动了现代文化建设和语言建设

中国古代同样重视辞书的文化功效，清代在传统字书、类书、雅书的编纂与研究方面铸就了封建时代的高峰。及至民国，社会骤变，传统辞书类型已经不能适应新的社会需要，在语言变革中产生的新型辞书——"词典"，在汇集现代新词汇、诠释新语义、散播新思想等方面有效地推动了现代文化建设和语言建设。在近代中西交流碰撞中，中国社会经历了从器物到制度再到文化的艰辛探索，新的话语思想体系在新文化建设中的重要性得以关注，新型"词典"则是构建新话语体系的重要媒介，由是"国无辞书，无文化之可言也"[1]，"一国文化愈进，其字画辞书愈益繁多"[2]，"辞书之应用，较教科书为尤普"[3]的呼声在民初便受到重视，及至《中国大辞典》则欲"给四千年来语言文字和他所表现的一切文化学术等等结算一个详密的总帐"[4]。综合词典、学生词典、白话词典、国语词典、辨析词典等新型词典的编纂与出版有效地推动了国民教育的普及、新文化建设和汉语古今转型，也为早期现代汉语词汇的形成和稳定、国家标准语言的统一和规范发挥了积极作用。

3."词典"与社会、读者的关系得以重视

传统辞书多囿于解经读经和烦琐考据，"供作者之用，非以供读者之用"[5]，与社会和民众严重脱离，"不特科学界新出之字概未收入，即市井通用者亦间或不具，其释义则直录古代字书，而不必适周乎世

---

[1] 陆尔奎《〈辞源〉说略》，见《东方杂志》，1915年第4期。
[2] 熊希龄《〈中华大字典〉叙三》，见《中华大字典》，中华书局，1915年。
[3] 高凤谦《〈新字典〉缘起》，见《新字典》，商务印书馆，1912年。
[4] 黎锦熙《中国大辞典编纂处概况》，见《教育通讯月刊》，1947年第10期。
[5] 陆尔奎《〈辞源〉说略》，见《东方杂志》，1915年第4期。

用"①，自然也就无法适应晚清以来的"千年未有之大变局"，新型词典的编纂是文化转型期中的产物，较好地适应了社会变革和读者需求。民国政府成立为新型辞书编纂提供了适宜的社会环境，蔡元培曾评价《新字典》"于民国成立之始，得此适用之《新字典》，其于国民之语言及思想，不无革新之影响"②，而由字率词，在其基础上编纂的《辞源》则首创"词典"体例，"以求适于社会之用"③，并取得了巨大成功，而《辞源》的成功既反证了新型词典的社会价值，也激励了出版机构对词典市场的关注。自此，词典出版与社会变化和读者需求紧密联系起来，如民国教育部对注音字母的颁布促进了"国音"类词典的丰富；白话文运动促进了词典收词释义的俗白化和口语化；国语教育和国语运动促进了标准语词典的编纂；学生用词、造句、作文的困难使字词辨析词典、虚词词典和语义类词典得以发展；读者对方言词语和新词新义的理解和使用需求则进一步促进了方言词典和新词语词典的编纂。

4."词典"的功能、体例和类型不断成熟

"我国从前只有字典，欲检查两字以上之辞，殊不易觅"④，传统辞书作为小学研究的附庸缺少独立价值，现代"词典"自产生之初就将其职能定位为"供人查检"，"字典诸书，无非备人检查所疑之字耳"⑤，"凡为检查者所欲知，皆辞书所当详也"。⑥词典的功能定位既适应了社会变革的需求，又促进了词典体例和类型的发展。蔡丏因曾提出词典编纂的五要素："检字要便捷""材料要适用""搜罗语汇要普遍""解释要清楚""音读要正确"⑦，分别对应词典的检索、收词、释

---

① 蔡元培《〈新字典〉序》，见《新字典》，商务印书馆，1912年。
② 蔡元培《〈新字典〉序》，见《新字典》，商务印书馆，1912年。
③ 陆尔奎《〈辞源〉说略》，见《东方杂志》，1915年第4期。
④ 《注音新辞林·编辑大意》，见《注音新辞林》，中华书局，1921年。
⑤ 曹春涵、恂卿甫《〈分类字源〉说略》，见《分类字源》，翼文书局，1921年。
⑥ 陆尔奎《〈辞源〉说略》，见《东方杂志》，1915年第4期。
⑦ 蔡丏因《〈启明辞林〉序》，见《启明辞林》，启明书局，1940年。

义和注音等结构要素，较为全面地分析了现代词典的体例特征。民国时期不同检字法的创立与应用（平保兴，2014），词典注音对注音字母、国语罗马字的采用，选词注重以教材为依据，释义由浅近文言向白话口语的全面过渡，例证兼有词例、书例和自编例，部分词典标注词性、穿插图表、后附附录等做法都促进了现代词典体例的成熟。同时，因词典编纂中对不同结构要素的侧重也催生出不同的词典类型，如收词释义侧重语文性词语则为普通语文词典；若专以某学段学生为读者对象，收词以其教材为来源，则为学生词典；若结合教学材料，偏重辨析字词的形音义，则为辨析词典；若侧重辨析词性，则为语法词典，民国时期主要是虚词词典；若为学生写作作文，注重词语的同义类聚和词义辨析，则为义类词典。总之，这些根据不同的需求做出的调整，促进了词典类型的丰富。

另外，民国词典编纂在逐渐丰富和成熟的同时，也存在着明显的不均衡性，中小型词典由于编纂难度小、编纂周期短、出版成本低、读者范围广，编纂热情和出版数量相对较高，而大型词典因经费不足、政局动荡、人员流动等方面的影响，出版数量相对较少，像《中国大辞典》《中山大辞典》等宏伟的编纂计划则限于各种原因不得不中断。不仅如此，各编纂出版机构的发行量也有明显差异，民国时期的出版机构以上海、北京、广州和重庆等地居多，不仅出版地区不平衡，各出版机构的发展状况也不均衡。民国词典中出版数量最多的是商务印书馆和中华书局，它们出版的词典也最具影响力。总之，民国期间现代汉语词典从传统辞书向现代辞书一步步转型，奠定了我国现代新式词典的基本类型和形式，促进了我国教育的发展和文化的普及。

第五章　民国时期现代汉语语典编纂研究*

　　汉语中包含类型多样的各类成语、俗语、惯用语等凝固性短语。我国学者对这些熟语单位的关注与整理历史悠久。古代文献已经产生了"语""谚"等不同称名，也有简单的记录和整理，但尚未形成独立的辞书门类和稳定的编纂体例。近代以来，伴随着"字典"称名的普及和"词典"称名的定型，"语典"的含义也逐渐由语法规则义向语汇辞书义转移，成语、俗语、歇后语等不同类型的熟语辞书得以出版，对熟语的整理、现代"语典"的形成和语文现代化建设起到了积极作用。

　　本章在文献史料的基础上，厘清"语典"一词的古今演变脉络，并对民国时期现代汉语语典的出版进行穷尽式搜集、归类和介绍，进而总结该时期汉语语典编纂的时代特点。

第一节　"语典"称名尚不稳定的古代时期

　　早在先秦时期"语"就可用来指称"俗语""谚语"等凝固性较强的短语或小句，如《穀梁传·僖公二年》讲述晋国借道虞国攻打虢国，虞大夫宫之奇一再劝谏，述其话语为"语曰：'唇亡则齿寒'"，其

---

* 本章曾在"近现代出版与新知识传播"学术研讨会（复旦大学，2022）上宣读，并被收录会议论文集《近现代出版与新知识传播》（中华书局，2023）。收入本书有修改。

斯之谓与"。东晋大儒范宁最早为该书作注曰"语，谚言也"，也即"谚语"的意思。再如《商君书·更法》记叙了商鞅在秦孝公时期主张变法的一场辩论，开篇一段话公孙鞅曰："臣闻之：'疑行无成，疑事无功'……语曰：'愚者暗于成事，智者见于未萌。民不可与虑始，而可与乐成。'郭偃之法曰：'论至德者不和于俗，成大功者不谋于众。'……"此段中三句引用即为不同的俗语、谚语，句中"语"字即含此义。

随着"语"使用频次的提高，内部类型划分也逐渐多样，"俗语""成语""谚语""熟语"等称名不断丰富，但在使用中词形和词义尚不固定，还没有发展为词义相对单一的专有名词。早在两汉时期就产生了"俗语"一词，《汉书》卷十六"今俗语犹谓无为耗，音毛"；卷五十一"故俗语曰：画地为狱，议不入；刻木为吏，期不对"。前例指方言土语，后例指通行语句，一词多义。同时，因"语"与"言""话"等词义互通，上述称名在使用中存在异名同实现象，如"俗语、俗言、俗话、俗说、俗谈"，"谚语、谚言"，"成语、成说"等。这些称名内部和称名之间多有混用，词义交叉、词形多样，词汇化程度有待加强。

第二节　同类称名竞争、转型的近代时期

我国传统语言学研究以"字"为单位，集释注解汉字形音义的字书编纂层出不穷，并以《康熙字典》为集大成之作，以至于后世200余年间，"字典"一词成为《康熙字典》的专名缩略词。[①]虽然晚清

---

① 据徐时仪（1988）考证，早在唐僧玄应《众经音义》、慧琳《一切经音义》中就有直接引用名曰《字典》的释义用例，但该《字典》已佚失。

第一位来华新教传教士马礼逊于1815年出版的世界上第一部汉英辞典即以汉字"字典"命名,中文名下英文题为"*A DICTIONARY OF THE CHINESE LANGUAGE*",已显示出不受中国封建思想束缚的异域学者对"字典"称名的推崇和对《康熙字典》的挑战,但真正撼动"字典"称名的专指性却在百年之后。随着民国政府成立,《新字典》(1912)、《新编中华字典》(1914)、《中华新字典》(1914)、《中华大字典》(1915)、《学生字典》(1915)、《国音字典》(1919)等一系列新型字典的出版,《康熙字典》的传统专制地位终被打破,"字典"的称名得以在社会普遍推广,影响至今。近代以来,在西方语言学理论的影响下,"词"观念逐渐兴起,并引发学界对"成语""俗语"等熟语词汇的重视。上述首位来华新教传教士马礼逊在其所编的三部六卷汉英/英汉辞书(1815—1823)中,分别名为《字典》(1815—1823)、《五车韵府》(1819—1820)和 *English and Chinese Dictionary*(1822),编纂体例和收条类型已经突破了中国传统字书的限制。如单字"天",在《字典》中收普通词语43条、专有名词70条、短语小句7条;在《五车韵府》中收普通词语22条、专有名词14条、短语小句1条;在 *English and Chinese Dictionary* 中收普通词语32条、专有名词2条、短语小句64条,专有名词的比例逐渐减少,语文词语和常见语句的比例逐渐增大,向着更为实用的方向发展。其后编者在此基础上,逐渐缩减较为专业和灵活的词语成分,增大常用性语文词语的比例。如我国学者邝其照编纂的第一部汉英词典——《华英字典集成》(1868)中,"天"字下普通词语25条、专有名词仅1条,不收短语小句。该书直接影响到日本近代辞书的发展,并对清末民初我国新型辞书编纂产生了积极的推动作用。

"词典""语典"等新术语在国内的使用与日本近代新型辞书的编纂和中国留日学生的译介密不可分。王力(1957)指出:"中国当时为西洋语言(特别是英语)编词典的人们由于贪图便利,就照抄了日本人所编的西洋语言词典的译名。"由日本学者三浦熙等编著，中国学者徐用锡翻译的《汉译新法律词典》（1905）；日本学者清水澄编著，中国学者张春涛、郭开文翻译的《法律经济辞典》（1907）是国内较早以"词典""辞典"命名的专科辞书。中国学者颜惠庆主编《英华大辞典》（1908）是首部以"辞典"命名的英汉语文辞书，标志着国人对新辞书类型的重视，该书"天"字下收普通词语 78 条、专有名词 18 条、短语小句仅 3 条，条目类型也逐渐稳定和成熟。1911 年上海国学扶轮社出版的《文科大词典》和《普通百科新大词典》是最早以"词典"命名的汉语百科辞书。而且《普通百科新大词典》的主编黄人（字摩西）在序中直言："吾国之仅有字书、类书，而无正当用词之专书也，彼欧美诸国则皆有所谓词典者，名物象数，或立界说，齐一遵用，严以律令，非如字书之简单而游移，类书之淆杂而灭裂。故名实不舛，异同互资，其国势之强盛，人才之发达，此一大原动力焉。"不仅指出了我国传统辞书类型的缺失，也从国家建设层面强调词典编纂对新词定名、文化教育的积极意义。书中将"词书"单立条目，释为："……排列词类一定次序，而解释其意义用法之书籍。与字书略异，盖字书逐字解释，而此则已成词类也。有普通词书、专门词书及对译词书等。或称词典、词汇。我国向无此名，而类书性质与相近，而东西洋人，其名每与字典、字书相混。"这本词典及其释义虽未完全将"词典"名称确立下来[①]，但已从理论和实践上确立了新型词语类辞书的编纂体例，标志着以收词收语为立目单位的新型汉语辞书受到重视。

黄河清在《"词典"考源》（2001）一文中指出，梁启超在为《中华大字典》作序时有言"近代词典，月异日新，博赡精宏"，是当时所见"词典"一词的最早用例。然而，通过上文的分析可知，"词典"

[①] 《普通百科新大词典》的封面名曰"词典"，扉页曰"辞典"，释义中将"词书""词典""词汇"等同，显示出"词典"称名尚不固定。

一词的用例还应提前。但"语典"一词较早地出现在梁启超1902年居日期间于《新民丛报》7号所作《先秦学派与希腊印度学派比较》一文，内中言"中国语言、文字分离，向无文典、语典、Language Grammar之教，因此措辞设句之法，不能分明"，其中"语典"当为"口头语的语言规则"之义，与"文典"所表示的"书面语语言规则"相区分[1]，这显然是受日语使用的影响。在当前日本最大规模的词典类工具书《日本国语大辞典》（第二版）中将"语典"释为："（名）①辞书、辞典。※塩山和泥合水集（1386）「语典にわたらざるは、智者の所谈にあらずと」②文法书、文典。※百学连环（1870—71顷）〈西周〉—「此语典なるものの定义に〈略〉と言へり」。"义项①虽然产生时间较早，但在西学影响下，近代日本对义项②的使用频率更高。经日本国立国会图书馆数据库[2]查询，早在明治维新初，日本学者就连续出版了《英文典直译》（大学南校，1870）、《英文典独学》（户田忠厚，1871）、《通俗英文典》（文泉堂，1872）等书，讲解英语语法；后又出版《皇国文典初学》（文渊书堂，1873）、《小学日本文典》（雁金屋清吉，1874）等书，讲解日语语法；1888年山口直吉所著《语典》（文求堂）阐述现代日语语法，同年林善助《容易英文作法》（增田彦太郎）第一编"语典"后附英文对应译词Grammar，讲述英语词类和变化规则。后来，八杉贞利在《国语学》（哲学馆，1901）第一编在讲述"文典的概念"时就将"文典"与"文法"、"语典"与"语法"对照使用，又在《外国语教授法》一书中将文典（语典）通用，这也影响到中国学者的使用习惯，如1918年北京大学国文门研究所

---

[1] 由民国政府教育部审定，马继桢所著《国语典》（泰东图书局，1920）第一章"总义"首句指出："文典是讲究文言文构造的法子，语典是讲究语体文构造的法子，国语典就是讲究我国通行语体文构造的法子。"《汉语大词典》将"语典"的义项一，直接释为"语法"，释义不确；"文典"只收录了原有义"文籍典册"，义项当补。

[2] 日本国立国会图书馆数据库网址：https://www.ndl.go.jp/。

连续多次在《北京大学日刊》上刊登布告,表明"本所拟着手编纂国语文典(或简称语典)",招募同道。此时正值国语运动,在废文言倡白话,建设新国语的大背景下,二词在表示"语言规则"的意思上逐渐合流,同时被"语法""文法"逐渐取代,并最终稳定为"语法"的称名[①],这与现代语法学的建设密不可分。

作为以凝固性短语为主要收录单位的辞书,"语典"一词在汉语的兴起主要源于汉语词汇学的发展成熟。虽然辞书意义上的"语典"在日本早已产生,但用例极少,多以"××集"代替,如日本兰学时期曾出版《兰例语典》(广川獬,1815)一书,但正文均作《兰例节用集》。至20世纪30年代,北新书局出版《小朋友语典》(1932),《明德女校校友会杂志》发表《语典随笔》(1933),《真光校刊》发表《教育语典》(1934),尽管冠以"语典",但内中条目多为典故词和新术语,词语类型混杂,编写体例不一。之后,方辉绳[②]在评价《辞海》时指出该书对"俗言谚语"的重视,并将专门收录该类"俗谚"的"国文专用辞书"称为"'语'典",但文中将"俗言谚语"与"成语典故"对立[③],进而影响到"语典"定义的科学性。由此看来,现代辞书意义上的"语典"在民国时期并未形成稳定的术语。

第三节 "语典"称名的定型与发展

改革开放以来,虽然"语典"的语法义已不复使用,但其辞书义

[①] 这个话题涉及概念史视角下,"语法"类新术语的创制、引进、竞争与定型等问题,待另文讨论。
[②] 方辉绳《〈辞海补编〉——俗谚之部》,见《国文杂志》,1944年第1期。
[③] 方文中将"那种过去的,已经死了的语句"称作"成语典故",将"活生生的,现在口头上还在应用着的"称作"俗言谚语"。此种界定失之偏颇。

尚不稳定，如汪靖洋主编《写作语典》（江苏教育出版社，1992）收录古今中外名言佳句谚语3万余条，分类编排。鲁越、李淑捷编《中国圣贤启智语典》（中国人民公安大学出版社，1995）按古代圣贤姓名分类收录其名言警句，并加译文。林成西、许蓉生编《语典》（四川人民出版社，2001）分类收入中国古典文献中的哲人慧语、风流隽语、应对妙语等，并为书中每则文字配备了原文、译文和点评。可见，在很长一段时间，学界对"语典"缺乏明晰的界定，进而影响到辞书定名和编纂的统一，这与词汇理论研究和国家术语规范实践明显脱节。

现代汉语词汇学建立于20世纪50年代末。20世纪80年代，伴随着熟语理论研究和熟语辞书的编纂，我国熟语研究已"发展成为相对独立的语言学部门"（符准青，1996），"汉语熟语学"（孙维张，1989）建设已引起学界关注。在辞书规划中，我国正在推进"国家辞书体系优化战略（1988—2000）"，辞书出版日趋繁荣，辞书数量也与日俱增，但也在一定程度上导致出版市场的不规范问题，为此国家质量技术监督局适时修订推出了《中华人民共和国国家标准·术语工作·辞书编纂基本术语》（GB/T 15238-2000），在词典类型中增收"语典"，定义为"以成语、俗语、惯用语等为收录对象的语文词典"，对长期以来熟语类辞书编纂实践和"语典"的称名加以规范。随后，贾采珠、晁继周主编《汉语语典》（汉语大词典出版社，2003）出版，收成语、惯用语、谚语等不同类型的熟语9000余条，以四字成语居多，按照辞书编纂体例，音序编排、单独立目、配有注音、释义和典型书例，至此"语典"一词最终作为熟语专门辞书的正式称名而被学界使用。[①] 与此同时，温端政等（2002）在对熟语、谚语、歇后语等

---

① 在语言教学和研究领域，有学者将一些实用性较强的小句选编成书，名曰"句典"，此称名既套用了汉语中已有的"字典""词典"等称名模式，又体现出其收条单位与已有语文辞书的差异，体现出一定的实用价值。

不同类型的语典编纂基础上，提出"词语分立"的观点，主张"把'语'从词汇中分立出来"，把"'语'的收集、整理和释义，让给'语典'去做，让'语典'成为语汇研究的成果"，"为'语'的研究揭开了新的一页，也为语类工具书的编写开辟了一条新路子"（吴建生，2010）。2022年12月温端政主编的大型语文辞书《语海》出版，该书以"古今兼收，雅俗兼容"为编纂原则，汇集了汉语历代语汇中富有表现力和生命力的成语、谚语、惯用语、歇后语近9万条（付建荣，2023），被誉为"汉语语汇整理集大成之作"①，也必将进一步推动汉语语典类工具书的编纂与出版。②

第四节　民国时期现代汉语语典的出版情况

东汉服虔《通俗文》是我国第一部整理诠释口俗词语的专书著作，"实为以实用为主的通俗词典之先河"（刘叶秋，1983）。③及至宋清，此类专书日渐增多，日趋繁荣，但在编排体例上尚不统一（曾昭聪，2015）。收条类型、注音释义和排检方式多依著者习惯而定，尚未形成稳定成熟的辞书编纂体例。

近现代以来，在西方语言学思想的影响和现代语文运动的推进下，中国学者词语观逐渐明晰，尤其是五四新文化运动中对新文学、

---

① 见"中国辞书学会"微信公众号（https://mp.weixin.qq.com/s/2-mYbu_cx4lpAnoYZ-Z3QQ），2022年10月13日。

② 需要进一步指出的是温端政先生虽然在语典编纂实践上成就卓著，但其"语词分立"的观点尚存有争议，具体可参考《语词分合问题讨论集》（徐时仪、周荐主编，上海教育出版社，2018）及相关论述。本文因只讨论"语典"称名的发展与定型，不涉及该议题，故不再详述。

③ 因《通俗文》一书早已佚失，学界对其作者和性质略有争议，如顾明远主编的《教育大辞典》（上海教育出版社，1990）中就将其定性为蒙学课本。

新国语的提倡，对俗文学、俗词语的重视也日益增高。当前学界尚缺少对民国时期现代汉语语典的专门探讨，研究成果多是对《俗语典》（1922）、《通俗常言疏证》（1925）等典型样本的举例分析，且少数举例尚不符合当代辞书学对"语典"的界定，如《国文成语辞典》（1916）虽曰"仿欧西成语辞典 A Dictionary of Phrases 之例，不列单字"（凡例），但收词以二字及以上词语为主，不限于四字成语，不可被书名中的"成语"误导。[①] 至于将《中原音韵研究》（赵荫棠，商务印书馆，1936）、《敦煌变文字义通释》（蒋礼鸿，中华书局，1959）等著作也看作"语典"的观点则更偏离了其判定标准。

在已有成果的基础上，我们将收录不同熟语，立目和释义兼备的辞书界定为"语典"，并通过已出版的工具书索引、网络数据库和旧书网站等不同渠道，对民国时期现代汉语语典的出版信息进行了较为全面的采集、甄别与整理，建成"民国时期现代汉语语典数据库"，共搜集语典17部，根据编纂特点和收词类型分为成语语典9部、俗语语典4部、歇后语语典2部、谚语语典和隐语语典各1部。

代表性成语语典如：《成语汇编》（1924）以四字成语为收录对象，义类编排，分"天文、地理、岁时"等20门130类。"凡文语上必要之资料，应有尽有，按类以求，可无缺憾"（例言），所列条目"一概详载出处，遇有僻字晦句并加解释"（例言），竖版编排，文言释义。《国语成语大全》（1926）是第一部横版编排、白话释义的语典，收"国语中适用的成语"（例言）3200余条，以四字成语为主，三字至十六字为限，"加以简明的解释，并附拼音字"。正文前附有笔画索

[①] 因民国时期现代意义上的"词"概念尚未确立，"成语"一词既可指二字词，也可指表意较为凝固的三字四字的惯用语、成语，辞书性质也应结合具体收录单位而定。高小方在《中国语言文字学史料学》中将《国文成语辞典》归入"成语典故类"资料，当误。民国时期类似辞书还有《实用成语大辞典》（王士浞，1924）、《中国常用成语辞典》（张则之，1937）等。

引，正文条目按首字笔画排列，"为一般人读书说话的时候实用上查考底便利"（例言），以北京音为标准用注音符号注音，释义通俗易懂，不再引证书例说明来源，新式标点，白话释义，多义成语分列义项，典故成语说明出处，如首字"一"下收"一条鞭、一了百了、一字值千金、一代不如一代、一言既出驷马难追"等成语108个，是民国时期体例最为成熟的成语辞书。其后，严玉潭以《国语成语大全》为基础，参考《辞源（正续编）》，选取较为通行的四字成语4800余条编纂了《四字成语辞典》（1937），按笔画竖版编排，不加注音，白话释义，大多用书例标明出处。还有，《实用成语词典》（1937）"专为中等学生搜检参考之用""以适合中等程度读者为标准"（凡例），收常用成语2000余条，以四字为主，偶有二字；按笔画竖版编排，释义"简洁扼要，并于句旁加标点符号，以便易于明了"，例证"皆注明其出处，或于可能范围以内，举例以示其用法"。《实用成语》（1943）收四字成语3000余条，"不论出自经传或来自谣谚，只要是习常应用的，都加选辑"（例言），依所属义类和使用领域分12类，按笔画排列，简明注释，不举例证。1946年柯槐青编《分类成语手册》在上海新鲁书店出版，"供中等程度学生及一般读者在阅读、作文、写信时参考之用"（编辑大意），共收四字及以上成语6000余条，"按照其含义或描写之对象，分成四门六十六类"，"每一类中，视全句字数之多少与第一字笔画多少而定先后"，所有词条"俱加注释，力求简明浅显，不举出典或引证"。书后，列有12类书信成语和书信用语，"以备读者写信时之参考"；再列"谚语""歇后语""同字异音详解"等8种附录，"足供阅读作文时之参考"。1947年《分类成语手册》出版续编。续编文后列有谚语、双声句解、叠韵句解、虚字复词用法、成语检句表5项附录。1948年潮锋出版社出版的《（求解、措词、写信、作文四用）中国成语大辞典》是民国时期收条最丰富的成语辞典。该书在参考《佩文韵府》《辞源正续编》《辞海》等古今十余种工具书的基础上，"搜集现代流行的成语谚语共计一万余条"（凡例），如首字"一"下收录成语192条，谚语93条，"搜罗之丰富，实超过坊间任何同类书籍之上"（凡例），"每条按字典笔画部首次序排列"，释义"均用白话"，配有书证，"庶一般程度较低之学生及工商从业员皆能领悟，充分应用"，所收谚语在条目下标明"俗谚"，"因均明白易晓，故均不加解释，藉以节省篇幅"。此外，《作文成语辞典》（1947）分自然界之部7类，人事之部47类，义类编排；《（求解、作文）国文成语辞典》（1948，又名《国文成语小辞典》），收二字及以上词语，以四字成语居多，如首字"一"下收四字成语52条，二字三字词语11条，五字及以上词语15条，笔画编排，白话释义，偶有例句，不标出处。

"近时语体盛行，言语一科，稍稍见重，语典一书，实为现时之所需"（《〈俗语典〉序》），伴随着白话文的推行，俗语方言得到重视。《俗语典》（1922）是我国近代第一部"收录颇富、诠释考证翔确并易于查检的俗语词典"（朱一玄等，1989），该书收各类俗白词语8328条，分12集，按《康熙字典》部首编排，部首下只列单字字头，不注音释义，字头下按音节数和笔画数列有该字打头的俗词俗语，如首部列"一"字打头条目198个，短如"一一""一丁"，长如"一尺布不遮风，一碗酒暖烘烘，半夜里做号寒虫"。所收词语均引用书例，说明源头，部分词语加按语，文言释义，说明用法。《上海俗语大辞典》（1924）为民国时期少有的方言俗语语典，收上海俗词俗语1000余条，按首字笔画编排，词目后伴有简明释义，部分词语在释义后用"〇"说明其来源和理据，如"小"释为：妾也。〇小，喻其微贱也，俗有"宁在天上做个鸟，休在人间做个小"之谚。《通俗常言疏证》（1925）收地方俗语近7000条，按"天地、天文、时日、地理"等不同义类分为40类，书前有首字笔画索引，词目释义较少，重在旁征文献标明语词出处和源流，如首类"天地"收俗语32条，首条"开天辟地"释为："《论语》注：天开于子，地辟于丑，人生于寅。清黄周星《补张灵、崔莹合传》：此开天辟地第一吃紧事也。"《俗语考原》（1937）收二字及以上词语1000余条，以四字为主，按笔画编排，全部标明书证出处，大多配有白话释义。

除俗语外，还有专门收录歇后语、谚语、隐语的语典辞书。如《歇后语选录》（1933）收歇后语约1700余条，"谐音的约400则，不谐音的约1300则"，"以各语第一字楷体的笔画多少排列次序，谐音的在前面，不谐音的在后面"（序），条目先列谜面，再解谜底，谐音歇后语或难解处再加说明，释义后标明该语的通行地域，"所占地域达南北十一省之广"，白话释义，通俗易懂。《言子选辑》（1942）收四川话歇后语633条，分会意格、典故格、谐声格、形容格、虚构格、两用格6类，条目前编有序号，白话释义，释义后标明该条目的流行地域、典故来源或参考书籍。清末民初学人史襄哉曾编纂《中华谚海》（1927），收录各类谚语、歇后语1.2万余条，但该书仅列条目，不加释义和例证，为后世相关辞书的编纂提供了参考语表。徐子长、梁达善所编《民谚》（1926）为了"保存民间零碎的文学，供给平民和小学教育的材料"（例言），从"村妇俗子说话时口头的引用""书报上的语句"等搜集各类谚语1500余条，以五字及以上词语为主，条目按字数和首字笔画编排，所选条目"不论含义显晦，一律加以最浅明的解释"，不加注音和书证来源，白话释义，如首字"一"下收"一钱如命""一麦抵三秋""一个鼻孔出气""一人做事一人当""一个和尚提水吃、两个和尚抬水吃、三个和尚买水吃"等谚语74个，该书被收录进王云五主编"小学生文库"第一集（1933）。《（全国各界）切口大词典》（1923）为"中国第一部名为'词典'的隐语行话工具书"（曲彦斌，1995），该书搜集上海江浙地区各行业隐语9125条，按经营领域和人群属性分为"商铺、行号、杂业"等18大类376小类，词目下用简单通俗的语言加以释义，少数词目在释义后附有简单的理据说明或背景知识介绍，书中还收入少数新词语，如商铺类金银业之切口下收录"镑""东洋""法郎""马克"等英日法德货币单位，附有详细释义。

第五节　现代汉语语典编纂的时代特点

民国时期现代汉语语典的编纂和出版是在西学东渐和古今学术转型的时代大背景下进行的。西方进步科技文化推动着中国传统思想文化的现代转型，也推动着语文教育向着更为实用和普及的方向发展。从西方传教士到中国进步官员、学者，再到旅欧留日青年，对汉语的语言维新，甚至语言革命都产生了浓厚兴趣，对汉语方言俗语、俗词俗语也给予了一定关注，推动了现代性汉外词典、汉语词典和汉语语典的编纂出版，也以工具书的形式对不同类型的汉语词汇进行搜集整理，进一步推动了语文现代化建设，也促使了现代汉语辞书编纂类型的丰富和编纂体例的完善，为新中国成立后的语文建设和辞书编纂打下了基础。

相对于字典和词典的出版，民国时期现代汉语语典的出版数量不大，但出版类型较为丰富，对成语、俗语、歇后语、谚语和隐语等不同熟语类型均有整理，且不同类型的编纂规模和出版数量与其自身的发展历史、语言价值密切相关，体现出现代化初期学者们对熟语辞书编纂的自觉和进步。同时，在短暂的民国时期，语典编纂体例逐渐成熟，条目类型渐趋规范，释义语言也由文言向白话转变，部分语典标注国语注音或附列典型例证，语典排检更为便利，附录内容也更为实用，有效地推进了语典类辞书的发展。

中国语文现代化的动因之一便是"语言观老化"（何九盈，2007），这体现在多个方面，从大的方面说是国家通用语言意识的缺乏，从小的方面说是长期囿于传统经典文献的单字研究，没有形成系统成熟的现代词语观念。《辞源》所开创的以字率词编纂体例标志着现代汉语词典编纂理念和国人词语观的初步确立，但词典的收词较为雅正，多为双音词，而《俗语典》等语典类辞书的编纂进一步突破了词典的限制，收条更为通俗，来源更为宽广，标志着国人词语观的深入发展，也促进了语言知识的普及和汉语词汇研究的深化与全面化。

第六章　民国时期古代汉语类辞书编纂研究

伴随着新旧文化的激荡转型和新文化的急切建设，现代语文辞书在民国时期得到了快速发展，不仅摆脱了传统小学的附庸地位，还确立了现代辞书编纂的新体例，现代语文字典、词典和语典都得到了不同程度的发展，促进了新知识的普及和教育的大众化。在现代汉语新型辞书趋于定型和丰富的同时，伴随着考古学新材料的发现、语言学新理论的引进，一批专注于古代字形、专门词语和虚词的古汉语辞书得以兴盛，推动了学术研究的深入。正如林语堂评价说："今日学界最需要者莫如治学工具之书……皆能指示修学门径，节省时间，且可触类旁通，引人入胜，其嘉惠士林，实非浅鲜，不可以编纂不如著作而轻视之。"（《〈辞通〉序》）

限于民国时期独特的文化特点和社会状况，古代汉语语文辞书的编纂虽相对缓慢，但因同处在古今转型的关键节点上，承古纳今、完善体例、垂范后世的辞书史价值仍不可小觑。截至目前，学界尚无对该时期古汉语辞书编纂状况的专门整理和探讨。我们试图通过对已出版的工具书索引和相关网络数据库，对民国时期古代汉语语文辞书的出版信息进行初步搜集与整理，对不符合辞书体例的编纂资料也进行简单汇总[①]，最终获取辞书25部，与辞书有关的补充资料24部。

[①] 我们将立目、释义兼备的编辑成果归入辞书范畴，缺少释义的成果作为辞书编纂的补充资料。

第一节　古代汉语字典编纂研究

我国有着悠久的字书编纂历史和丰富的字书文本，从《说文解字》至《康熙字典》，传统字书体例和规模日趋完善和丰富。民国初期的字典编纂虽对《康熙字典》等传统字书多所借鉴和传承，但由于受新文化、新思想的影响，更多体现了对新字俗字的关注和释义的现代性，如《新字典》《中华大字典》等，都反映出新型编纂理念，所以我们将其归入现代汉语类语文字典。经统计，民国时期共出版古代汉语类字典19部，包括收录解释不同来源、不同形式的专用字典16部，收录古汉语虚字的专项字典3部，显示出独特的时代特点。

（一）古代汉语专用字典

民国时期出版的古代汉语专用字典，包括补充完善《说文》释义的字典3部、整理古籀文字典4部、甲骨文字典4部、金文字典2部、古陶文的字典1部、篆书字典1部、字体字典1部。

东汉许慎《说文解字》作为以辞书形式呈现的经典文字学著作，也必然受到民国学者的重视。丁福保历时30年，以许慎的原书次序为纲，汇集182种1036卷注释和研究《说文》的著作，编辑成66册的《说文解字诂林》（1928），代表了《说文》学的集大成之作。该书前编收《说文》著作的原序、例言以及总论《说文》或六书的论著，后编收录考释《说文》逸字的论著，"聚数百人腹笥渊博之学说于一编，百川洄注，潴为渊海，互相参校，洞见症结"（《〈说文解字诂林〉自叙》）。全书以大徐本为底本，小徐本及清代著作做比较，按《说文》部首编排，每一字下汇集各家观点，以致"揭一字而众证互陈，兴味增添，如睹公堂会审，是非曲直，无不毕露"（吴敬恒《复友人书》），

"检一字而顷刻即得，得一字而各说咸备……此书一出，不仅集许学之大成，实亦治《说文》者最便利之捷径也"（于右任《评语》）。1932年，丁氏又依照原书的体例，收录46种著作，写成了补遗16册。由沙青岩编辑的《（新体）说文大字典》（1931）载《说文》原有字、重文、大徐本新附字及沙氏补字共11000余。全书十册，按《康熙字典》部首分部，以楷书偏旁笔画多少为部次，每部中的字也依笔画多少为序，每字先列篆体，用方框注明对应的楷体字，然后注明四声和直音，没有直音的用反切法注音，再解释字义并引用例证。注释以《说文解字注》为主，以四声音义、经史百家、诸子群言辅之，以便读者能清晰地看出古今文字体制的异同。卫瑜章《段注说文解字斠误》（1935）以校正段玉裁《说文解字注》为主要内容，按部首顺序编排，每字上标注篇数和页数，分为上下两编，上编分为订段误类、衍文类、夺文类、篆误类、倒误类、夺文类补等，下编分为正误类之上、正误类之下两部分，对段玉裁《说文解字注》、冯桂芬《说文解字段注考正》等书中不当之处均加注说明。

清末学人吴大澂（1835—1902）编《说文古籀补》以集录古钟鼎彝器所见文字为主，兼收古鼓文、古币和古陶文，按《说文》体例编排，1883年初刻本收字3500，1895年重刻本增收1200余字，首次借助古文字材料增补匡正《说文》收字。民国学者在此基础上不断增补完善。丁佛言《说文古籀补补》（1924）在延续吴书体例的基础上，收录大量玺印、陶文等3800余字，不仅纠正、补释了吴书的错误和不足，还考释了一些疑难字，纠正《说文》误说（张向民，2007）"就战国文字的考释水平而论，其成绩最为突出"（何琳仪，2003）。强运开《说文古籀三补》（1933）以前两书为基础，增补当时所见的古文、或体、俗书，并加以疏证释读，"于吴、丁二书已有之字凡笔迹小变者补入866字，重文1667字，其所无者，补入460字，重文295字，共补入3308字"（廖序东，1999），但也存在不少误释，以致有学者评价"强氏沿袭吴氏的错误比他自己单独犯的错误要多"（俞绍宏，2008）。徐文镜《古籀汇编》（1934）搜集《钟鼎字源》《说文古籀补》《说文古籀补补》《金文编》《古玺文字征》《殷虚文字类编》等书中之字3万余，可谓集古文籀文之大成之作。全书按《说文》顺序排列，每字以小篆为字头，下注楷体，然后依次列出古文、籀文、金文、甲骨文等字形，考证部分多引《说文》等各家原有解释，奉孔子"述而不作，信而好古"，不增损不复议，一般不发表自己的见解，书前有作者自叙、凡例、笔画检字表，方便检索；书后有附录，将一些暂时无法识别和考释未确的字收入其中。此外，马德璋《古籀文汇编》（1934）收录古籀文1000余，按笔画排列，每字先列楷书今字，后列甲骨文、金文、钟鼎文等古文，并注明古文的出处，书前有作者自序，叙述了该书的编纂缘起及编纂内容等。

在甲骨文的整理和辞书编纂方面，王襄《簠室殷契类纂》（1920）是甲骨学史上第一部甲骨文字典，初版正编收录《说文》正文字头873个，重文2110个；附编收录合文243个，重文98个；存疑收录《说文》所无及难确识字1852个；待考收录存疑字142个。1929年增订本正编增加84个，存疑和待考字变为1808个，新增补录11字和后序一篇。该书所收字形主要来自于《殷虚书契前编》《殷虚书契后编》《殷虚书契菁华》和王氏所藏甲骨，正编和存疑采用《说文》540部首编排，首列小篆字头，其下列甲骨文字形，标明卜辞原文，增加作者注释，这些特点多为后来字典接受。1915年罗振玉著《殷虚书契考释》石印本一册，后又不断增补。1923年商承祚作为罗振玉弟子，在此基础上编纂《殷虚文字类编》（决定不移轩刊刻）。全书共14卷，正编录790字，重文3340字，待问编录785字，共计1575字，主要把考释出来的甲骨文依照许慎《说文解字》部首，分门别类，各字之下注明出处，进行解说，开甲骨文整理工作的先例，有利于初学者了解甲骨文字。朱芳圃《甲骨学·文字编》（1933）为其著作《甲骨学》

的一部分，与《甲骨学·商史编》是姊妹篇，本书收单字841个，补遗80个，按《说文》次序编排，所纂诸字，均按原书摹写，每字之下主要列出各家解释，但不注明出处，一般也不另出己见，虽并未有所发明，但汇集诸家之说颇详细，可供参考。孙海波《甲骨文编》（1933）从《铁云藏龟》《殷虚书契前编》《殷虚书契后编》《殷虚书契菁华》《戬寿堂殷虚文字》等书中辑录单字2116个，每字均按原书摹录，并详注出处，正文按《说文》次序编排，书前有容庚、商承祚、唐兰的序各一篇及作者自序和凡例各一篇，书后附有合文一卷、附录一卷、检字一卷及备查一卷，是研究甲骨文的重要参考书。1965年孙海波继续完善体例，增补新材料新成果，由中华书局出版改订本，共收字形4672个，广为使用。在《甲骨文编》和《金文编》（1925）的基础上，孙氏又编写了《古文声系》（1935），该书依古韵二十二部编排甲骨文、金文字形并解释字义，全书共设字头1458个，释义"合於许书者用许氏说，不合者则依文义为定"（凡例），该书一改之前甲骨文字工具书以《说文》部首顺序排列的做法，转而以古音韵为序进行排列、释义，实现了编排体例的创新和突破（陈子豪，2018）。

在金文、古陶文等不同收字类型的辞书编纂方面，容庚《金文编》（1925）收殷周金文1894字，重文13950字，附录收字1199个，重文985个，按《说文》部首编排，《说文》所无而见于其他字书的字，或有形声可识的字，都附列于各部之末，稍有疑惑即编入附录，其中图形文字不可识的列为附录上，有形声而不可识的列为附录下。1935年容庚又编纂《金文续编》，重在补充《金文编》未收的秦汉金文，体例同《金文编》，正文收字951个，重文6084个，附录收字33个，重文14个。书后附有采用各器物的铭文及楷体笔画检字，对研究汉字隶变和字形简化等有一定参考价值。顾廷龙《古匋文舂录》（1936）收录战国时期古陶文500余，按照《说文》次序编排，每字加注楷体、异文、重文，并录原句，注明出处，加以考释，不认识的图形文字，列入附录约300个，反映了当时研究的最高水平，对了解战国文字具有重要意义，是研究中国古文字重要的参考书。汪仁寿《金石大字典》（1926）"专收金石各体文字，上自籀古，下及玺印，凡仓史以迄与所谓秦八汉六者，靡不分别蒐载"（凡例），全书依照《康熙字典》部首次序排列，正文每字以楷书为字头，用直音或反切注音，再依次列出小篆、籀文、钟鼎文、战国时列国异文、石鼓文以及碑、印、简等文字，并注明各字出处，偶尔也有解说。陈和祥《（真草隶篆）四体大字典》（1926）依《康熙字典》体例，以笔画数为序，每字以楷书为字头，先用反切或直音注音，然后简要释义。正楷采自古碑造像等，草书录自王羲之、米芾、张旭、董其昌等人真迹，隶书取自汉碑，篆书取自《说文》等，对研究汉字形体演变有一定参考价值。

（二）古代汉语专项字典

民国时期编纂的古代汉语专项字典共3部，均为虚字字典。这与当时学者对实字虚字的功能区分密切相关，杨树达《词诠》（1928）"序"首言"凡读书者有二事焉：一曰明训诂，二曰通文法，训诂治其实，文法求其虚"。训诂与文法的二元划分在辞书编纂中即普通辞书与专项辞书的区分。《词诠》"仿《经传释词》之体，辑为是书，上采刘王，下及孙经世、马建忠、童斐之书，凡诸词义、鳃理，务密，畅言无隐"（序），全书按注音字母顺序排列，主要收古书中常用的介词、连词、助词、叹词以及部分实词，每词先标明词类，再解释意义、用法，后举大量古书例证，并注明出处。而杨氏所言"童斐之书"即《虚字集解》（1923），该书收文言虚词80个，大致以音为序，"一字有数用皆列解于字之下，不分字以属文法，而以文法属之字"（绪言），释义先明词类，再引《说文》释其本义，然后再引古籍实例加以说明，一个词如有多个义项和用法，则用"解一""解二""解三"的方式加以分别，释义详细，例证丰富，分析透辟，对虚词用法的分析往往有独到见解。裴学海《古书虚字集释》(1934)收录先秦两汉常见虚字298条，前人已阐明者不收，"前修及时贤之未及者，补之；误解者，正之；是而未尽者，申证之"（自叙）。全书编排仿《经传释词》，以守温三十六字母为序，又分为喉、牙、舌、齿、唇五音排列，先释本义，再释引申义和假借义，并引古籍作例。

第二节　古代汉语词典编纂研究

民国时期编纂的古代汉语词典共6部，包含综合词典1部、专用词典3部、专项词典2部。世界书局出版的《分类辞源》(1926，又名《辞源类典》)，与商务印书馆的《辞源》(1915)以字率词的体例不同，而是按照传统类书的义类体系编排，收二字及以上词语"八万有奇"（凡例），"所摘各词大率采自经文史义以及诸子百家、诗词杂曲，一字一义，皆具来历，俗语及新名词等虽字面典雅者，亦弗羼入"，分为"天文、时令、地理"等33个义类，类中词语按笔画数排列，词条下注明书证，少有释义，为综合性古汉语义类词典。

这一时期古代汉语专用词典的编纂主要体现为对联绵词和诗词曲语词的整理，如符定一《联绵字典》(1943)主要收录六朝以前双声、叠韵、重言联绵词，兼收一些非联绵的双音节词语，按《康熙字典》214部首排列，首字部首相同时按笔画多少排列，词条下先注音，后释义，注音采用反切，释义则分类辑录汉代以来古书注疏中的所有解释，从形、音、义三方面考查联绵词的特点和意义，对于多义词条用"㊀㊁㊂"分别不同的义项，对于旧注未详或有误的问题则附加按语说明。书后附词目索引和注音符号。张相《诗词曲语辞汇释》[①]专收

[①] 该书著成于1945年，1953年由中华书局出版，故将其归入民国辞书。

"唐宋金元明间流行于诗词曲之特殊语辞,自单字以至短语"(叙言),标目537条,收词八百余,附目六百余,"每条排列之次序,大体由诗而词而曲,依次为组,无则阙其一或阙其二,每组之证,亦略依撰人之时代以为次"(叙言),词语如有多个意义,则分立条目,详释意义和用法,有时还由意义的解释推及词源的探讨和语法的分析,是诗词曲阅读和研究的重要参考书。徐嘉瑞《金元戏曲方言考》(1948)收金元戏曲中比较难理解的方言俗语600余条,按笔画编排,主要采用"以曲释曲"的释义方式,即主要以戏曲中的例证来解释说明戏曲中的词语,每个词条下面都做了简明的解释,并多举例证,考释恰当严谨。1956年修订时,补充了必要的例证和新增的方言155条。

"古书语词繁复,未易周知,后人著述,又往往只言训诂本义,或评论文章优劣……惟王伯申《经传释词》,其书晚出,颇便学者,第惜其语焉不详耳。"(《〈文键〉江瀚序》)陈登溮《文键》(1933)既收单字也收复词,文中虚词"共分六类:曰发语词、曰结语词、曰转语词、曰助语词、曰束语词、曰歇语词,篇中亦屡引王氏之说,而条分缕析,较易寻求"(《〈文键〉江瀚序》),每类虚词下如有音义相近的虚词,就归为一组共同释义,如没有则单独解释。释义采用先分类,然后详列各种义项,再引古代典籍、古辞书、训诂注解等加以说明的方式。

朱起凤《辞通》(1934)是一部类聚古代异文别体同义的双音词词典,汇集唐以前古书中各种类型的异形同义双音节词3万余条,以习见词形为纲,把同音异形、音同音近假借、义同通用和形近而讹的词语,收列在一起,博举古籍例证,注明出处,"其引证之详博,搜讨之精审,远胜于《辞源》,实与《经籍籑诂》相伯仲,所不同者,《籑诂》以单字为主,《辞通》以词语为主而已"(林语堂序)。全书将词条按意义关系分为数千组,每组使用一个常见词作为词目,后附相关异形别体词,每组词语或注直音反切,或附有简明释义,最后一般都附作者按语,以说明词语形、音、义三者的流变,多有独到的见解。

第三节　与古汉语辞书相关的其他资料

伴随着清末甲骨文的发现，民国学人的研究成果和成果形式丰富多样，除辞书编纂外，还有以著作或论文呈现的古文字字表、影印拓片、文字描摹等，这些材料也成为辞书编纂可资参考的重要资料，以至于有些专家的研究中也将其归入辞书或工具书。因此，本节将此部分资料加以搜集、整理，作为民国时期古汉语辞书的补充，以资参考。

1903年刘鹗编著的《铁云藏龟》是我国第一部甲骨文资料汇编，民国学者多有续补，如罗振玉《铁云藏龟之余》(1915)、叶玉森《铁云藏龟拾遗》(1925)、李旦丘《铁云藏龟零拾》(1939)。其中以罗振玉的研究成果最为丰富，影响也最大。"甲骨出土后，其搜集、保存、传播之功，罗氏当居第一，而考释之功也深赖罗氏。"(郭沫若，1955)《殷虚书契前编》(1911)是其殷虚书契编著系列的第一部，共收甲骨拓片2229片，与《殷虚书契后编》(1916)为姊妹篇，后书收甲骨拓片1104片，此两书所收甲骨主要为罗氏自藏，《殷虚书契续编》(1933)则遴选刘鹗、王襄所藏甲骨2016片，此三书"虽不敢谓殷虚菁华荟萃于是，然亦略备矣"(续编序言)。此外，罗氏还编著了《殷虚书契菁华》(1914)，收甲骨68片，完整大骨8片，"影照精印"(序言)，堪称精品。在甲骨文的考释方面，《殷虚书契考释》(1914)和《殷虚书契待问编》(1916)是罗氏的代表作，前书主要从文字演变入手对当时出土的甲骨片上的文字进行考证、解释，并考求殷商典章制度，与古籍相印证。全书按类编次，主要分为都邑、帝王、人名、地名、文字、卜辞、礼制、卜法等类，其中初印本考释485字，1927年增订本考释571字；后书收录有疑义的龟甲兽骨1400余片，主要由当时不能识别的一些甲骨文字组成，这些文字有的知其形义而不知其声，有的则知其形声而不知其义，故均编为一集以待问。

刘鹗去世后，其所藏约1000片甲骨流入英人哈同手中，王国维选取653片编成《戬寿堂所藏殷虚文字》（1917），并在此基础上加以考释，首开甲骨缀合的先例，并将"二重证据法"运用到上古文字和上古史的研究中，影响深远。柯昌济《殷虚书契补释》（1921）共考释甲骨文65个，且所释多为前人所未释，颇有见地。王襄《簠室殷契徵文》（1925）是第一部将甲骨分类编排的成果，前两册为甲骨拓片，按事类分为12编，共1225片，后两册为在拓片基础上的文字考释。关百益《殷虚文字存真》（1931）收录甲骨拓片800片，且多为精品，书中拓片全部根据原片大小精工细拓，字迹非常清晰，基本保留了甲骨片的原样，对甲骨文研究有一定价值。吴其昌《殷虚书契解诂》（1934）[①]选取罗振玉《殷虚书契》中的珍贵材料，逐片进行逐字逐句的解析，在释读中非常重视甲骨文的缀合复原、同文互补，并结合殷商风俗、历史等进行详细的解释，不同甲骨片上的文字相互证明。

除甲骨文文字资料外，民国学人对先秦以来不同时期、不同载体的文字形态都进行了整理研究，如华学涑《秦书集存》（1922）是最早的秦文字编，主要收录与秦书有关的古籀文、或体字等，"将秦金石文字，依许氏部次列之，以见相斯之遗迹，且以联络史籀大篆及许氏《说文》也"（出版说明）。每字先将《说文》正篆书于眉上，然后再列该字的古文、籀文、篆文等形体，注明出处，对探求古今文字发展演变有一定的作用，但缺少释义。罗福颐《古玺文字征》（1930）、《汉印文字征》（1930）收集先秦石玺文字和汉印文字，依《说文》次序编排，凡其字见于诸家印谱者，皆摹录于各部之下，分注诸家印谱之名，对不见于《说文》，而可以《汗简》《古文四声韵》及《说文解

---

① 该文自1934年起在武汉大学《文哲季刊》第3卷2、3、4号，第4卷2、4号，第5卷1、4号，第6卷3号连载发表。

字》偏旁考定的汉字，则附于各部之后，对查找和研究先秦古玺文字有一定帮助。清末罗振鋆仿《别雅》体例编《碑别字》五卷，其弟罗振玉校订增补为《（增订）碑别字》（1928），将历代不载于字书的碑别字纂辑而成，所收碑别字按平水韵序编排。每条以"某某，某也"的格式，先列各种碑别字，然后再以"某也"指出其正字楷书，每条注出辑自何碑铭、何墓志等。1939年罗振玉再编《碑别字拾遗》，对前书进行补遗，共收录碑别字1000多个，先列碑文中的别字，再列正字，并注明别字的出处。同年，罗福葆编《碑别字续拾》，收异体别构之字五千余。上海扫叶山房《草书大字典》（1924）收录自汉魏以来著名书法家的草书，以王羲之、王献之法帖及魏晋以来诸名家碑帖、宋元明名家真迹为主，正文每字先列楷体，后列各种古今变体，共收录楷书7000多字，草书49000多个。全书按部首笔画排列，每卷前有目录，每字注书者姓名，不详者注碑帖时代，或书名，书后附拾遗。中国文字研究社《正草隶篆大字典》（1947）共收单字7000多个，每字均列出其楷、草、隶、篆四种字形，其中草书、隶书、小篆等均从历代钟鼎、碑刻及名家书法中收集临摹，注明出处。全书按楷书部首编排，以笔画多少为序。正文前有部首检字表及难字检字表，可供查检。此外，《（正草隶篆）四体千家诗》（1949）则用四种字体摹写《千家诗》。刘复、李家瑞《宋元以来俗字谱》（1930）根据《古列女传》《京本通俗小说》《古今杂剧三十种》等12种宋元以来刊印的小说戏曲中俗字编辑而成。全书按字的楷体部首编排，以表格形式呈现，首列楷书字头，然后分列各书中的俗体，一字如有多种俗体，则一一列出，书前有《检目》，可供检索。张惟骧《历代讳字谱》（1932）分为上下两卷，上卷收录汉代高祖刘邦至清代宣统溥仪等帝王讳字300余，包括帝王之名、帝王之父名、外戚之名等；下卷收录因避讳所改的字690余，包括地名、职业名等，以平水韵的目次排列。

在词语整理方面，琴石山人编《通俗日用稽古录》（1924）是一部按义类编排的俗语词表，编者有感于"平常日用之所习见习闻者，亦懵然莫识其所自"（弁言），遂将日常所见俗语，如"乞巧""抽丰""三脚猫""独眼龙""好好先生""得饶人处且饶人"等"博稽典籍，笔而记之"，共分天时、伦类、人事、礼俗等14类，每词列举书证说明其古文来源，无释义。

除上述缺乏释义内容的汇编性古汉语资料外，在民国学人的著述中也含有对汉字的整理和研究，为辞书编纂提供参考，如：艮思氏《辞征》（1912）以虚字研究为主，兼论实字、半实半虚字、实字虚用、虚字实用、省文、合文等。书前自序"为文之道，不过实字虚字两端而已，实字主义，虚字主声，虚字者所以联合实字以成文词者也"，叙述了该书的编纂缘起和编纂内容，正文前三章为理论部分，主要论述了虚字、实字的定义、来源、用法等；后七章则分类研究了不同词语的意义和用法。陈独秀《字义类例》（1925）重点论述字（词）义发展中的假借、通用、引申、反训等十种现象，结合具体字例分析总结字义演变的规律，"分析字义底渊源，于中学国文教员或者有点用处"（序）。吕叔湘《文言虚字》（1944）收录文言常用虚词24个，通过举例说明它们在语法上的作用，以讲解常见用法为主，特殊用法一概省略。书前有作者的自序和目录，正文将虚词分为12组，结合例证具体说明用法，并附有小练习，书后附有本书的总习题。

此外，还有一些辞书因其收词和体例更趋现代性，故将其纳入现代汉语辞书的分类中进行研究，如孙锦标《南通方言疏证》（1913）收录方言俗词，并释义举例，故归入现代汉语方言专用词典；施括乾《虚助词典》（1923）卷四为"词之通俗"，故归入现代汉语虚词专项词典；吴研因等《辞渊》（1948）语文、百科兼备，注重新词和词性标注，故归入现代汉语中型综合词典，可参看第四章内容，兹不赘述。

第四节　古汉语辞书编纂的时代特点

（1）传承、吸纳我国古代辞书的优秀资源。我国古代有着丰富的辞书编纂理论、辞书编纂成果和小学研究成果，这些都为民国时期古代汉语语文辞书的编纂提供了传承借鉴的资源。以《说文》为例，其归纳字形、编排体例的编纂思想，其对字义的阐释和考释本义的方法，以及自《说文》以来的"《说文》学"研究成果都对民国古汉语辞书的编纂产生了深刻影响。前述《说文解字诂林》便是典型体现，并在其影响下，后代学者编纂了《甲骨文字诂林》（于省吾，中华书局，1996）、《尔雅诂林》（朱祖延，湖北教育出版社，1996）、《虚词诂林》（谢纪锋、俞敏，黑龙江人民出版社，1992）等多种大型"诂林"类辞书。

（2）密切关注新材料，充实辞书编纂素材。清末甲骨文的发现为古文字研究提供了前所未有的素材，同时伴随着学术思想的开放，不同时期的文字材料、文字形体和词汇材料都得到了民国学者的关注，从甲骨文到小篆、从篆书到楷书、从古文字到俗文字、俗词语，乃至联绵词、异形词等都进行了整理研究，既利用、补充和完善了古代辞书编纂成果，又丰富了古汉语辞书编纂和语言研究的素材，推动了语言研究和辞书编纂的进步。

（3）积极吸收新理论，完善辞书编纂类型和体例。西学东渐以来，语言研究和辞书编纂的新理论新方法也应用到民国古汉语辞书的编纂中，如字和词的区分，对俗词俗语、方言词语的重视促使古汉语词典的编纂，以及辞书编纂中文言词语和白话词语的区分。传统小学和现代语言研究中对虚词的关注不仅促使了古汉语虚词词典的编纂，也推动了虚词词典向现代编纂体例的发展，《词诠》在编纂时虽参考了《经传释词》，但全书遵照音序编排的体例，在字头注音、义项分列、词性分类、半文半白的释义语言和文献书例等方面已体现出明显的现代气息。

当然，限于时代文化和学术研究的局限，民国时期古汉语辞书编纂还存在多方面的不足，甚至还存在印刷、排版等低端的技术问题，这都有其特定的历史原因。但正是在这种特定的历史环境下，民国时期的古汉语辞书不仅对原有的辞书资料进行整理，也将新理论、新方法、新材料应用到辞书编纂实践，其传承汉字文明、保存传统文化、开拓辞书编纂新领域的坚韧毅力是永远值得传承和发扬的。

第七章　民国时期现代汉语辞书编纂思想研究[*]

民国时期是我国汉语语文辞书由传统向现代转型的关键时期。《新字典》(1912)、《中华大字典》(1915)、《辞源》(1915)的编纂出版不仅纠正了《康熙字典》"行世二百余年未加增改"(《〈新字典〉序》)、"不适于用，久为世病"(《〈中华大字典〉序三》)的弊端；还创设了现代汉语辞书编纂的新体例，对"国民之语言及思想不无革新之影响"(《〈新字典〉序》)。同时，商务印书馆《〈新字典〉序》(蔡元培)、《〈新字典〉书后》(吴敬恒)、《〈辞源〉说略》(陆尔奎)，以及中华书局《中华大字典》的8篇序言等一系列辞书序跋以及评论的发表也标志着我国现代汉语辞书研究的兴起。[①]此后，辞书研究渐趋丰富，以期刊论文为主要呈现方式，部分辞书序跋也多有见刊，在民国报纸、学人著作和个人文集中也偶见讨论，形式多样、数量可观、影响深远。

据何华连(1995)统计，1908—1948年在杂志上发表的工具书论文有249篇；邹酆(2000)统计，20世纪前半叶我国发表的有关汉语词典编纂论文约220篇，各家统计数据略有差异。目前，学界对

---

[*] 本章曾以"中国现代汉语语文辞书编纂研究(1908—1948)"为题发表于《齐鲁学刊》2024年第5期。收入本书有修改。

[①] 缪荃孙《〈永乐大典〉考》(见《国粹学报》1908年第12期)是我国第一篇在现代期刊上发表的古代汉语辞书研究论文；沈兼士《新文学与新字典》(见《新青年》1918年第2期)虽是独立发表的现代词典学论文，但相比这些在辞书编纂实践基础上有感而发的序言和评论，时间稍晚。

该时期辞书理论研究的成果整理主要集中于《二十世纪中国辞书学论文索引》《二十世纪汉语词汇学著作提要·论文索引》中,且成果来源只限于期刊论文,忽视了已出版辞书中的序跋、凡例、编辑说明等材料,缺少对民国辞书研究成果的全面整理,进而影响到对该时期辞书理论研究的专题探讨。我们在已有成果索引和电子文献数据库的基础上,结合前期在对民国时期汉语语文辞书出版信息全面搜集的基础上建成的"民国时期汉语语文辞书出版数据库"(见第二章),建成了"民国时期现代汉语辞书理论数据库",从民国期刊、报纸和辞书序、跋、凡例等中共获取与辞书相关的学术成果517项,其中期刊论文131篇,辞书序跋等386篇,力求最大程度上反映该时期的辞书理论研究状况。[①]

第一节　辞书的地位与价值

清末新学制的推行、科举制度的废除、封建专制的终结以及民国政府的成立等重大历史事件,为新思想、新学说的交流推广提供了广阔空间。辞书作为知识的载体、教育的工具、文化的象征得到重视,而囿于传统小学的古代字书自然难以胜任新时代的需求,破旧立新、"周乎世用"[②],以及"求是""致用"[③]的现代辞书成为文化出版界孜孜探求的目标,辞书的地位和价值受到社会的关注。

[①] 何华连(1995)指出,本时期辞书理论"探讨的热点集中在工具书的排检法上,专门论述排检法的文章几乎占了文章总量的一半"。严格地说,汉字检字法的研究属于索引学的研究范畴,本章只选取少数与辞书研究直接相关的论文,以致期刊论文数量有所下降,特此说明。

[②] 蔡元培《〈新字典〉序》,见《新字典》,商务印书馆,1912年。

[③] 沈兼士《新文学与新字典》,见《新青年》,1918年第2期。

蔡元培在《〈新字典〉序》（1912）首句就强调语言是人类优于其他动物的重要标志，文字是记录语言的重要手段，而"文字之记载，所以能互相通晓而无误，则字典之功也"，字典"影响于语言、思想者，固未尝不重且大也"，从人类思想文化传承的宏大视野称赞辞书的价值。陆尔奎《〈辞源〉说略》（1915）从国家文化建设的高度指出"一国之文化，常与其辞书相比例"，甚至"国无辞书，无文化之可言也"。王宠惠在《〈中华大字典〉序六》中指出"字典一书，小之系于字学之进步，大之即关于全国文化思想之发达"。瞿润缗（1940）总结说"夫辞书者，通古今方国之语言，释事理名物之疑玄，诚学问之渊薮，文化之总汇也"[①]，显示出辞书在国家文化建设中的重要性。

同时，作为文化产品的辞书，也是辅助教育、答疑解惑、民众自学的重要工具，高凤谦《〈新字典〉缘起》（1912）认为"教育之普及，常识之备具，教科书辞书之功为多""辞书之应用，较教科书为尤普"[②]；万国鼎（1926）指出"字典者，书籍之锁钥而图书馆参考书之初步也"[③]；朱智贤（1930）指出，字典"是自由学习必有的工具"，"是使儿童增长知识的善策"[④]；谢三宝（1934）指出"字典是自学的工具、预习的利器"[⑤]；丁霄汉（1935）指出"就我们普通写作、阅读的情形言之，要以辞书为急切"[⑥]，以致胡适（1925）劝诫大家"少花几个钱，多卖两亩田，千万买部好字典"。[⑦]总之，辞书在国家文化建设和教育教学中的地位和价值受到新旧学人的普遍重视，不仅是"新文

[①] 瞿润缗《〈辞源〉正误》，见《文学年报》，1940年第6期。
[②] 高凤谦《〈新字典〉缘起》，见《新字典》，商务印书馆，1912年。
[③] 万国鼎《字典论略》，见《图书馆学季刊》，1926年第1期。
[④] 朱智贤《儿童字典的研究》，见《中华教育界》，1930年第3期。
[⑤] 谢三宝《检字问题研究材料》，见《江西教育》，1934年第1期。
[⑥] 丁霄汉《〈辞源〉简评》，见《文化建设》，1935年第10期。
[⑦] 胡适《劝善歌》，见《现代评论》，1925年第21期。

学之基础建设"①，也是"整理国故，吸取新知，最系统化的工作"。②为了更好地推动辞书建设，甚至提出"集全国专才，编一详备之大字典，以结数千年字学之总帐"③，"给四千年来语言文字和他所表现的一切文化学术等等结算一个详密的总帐，以资保障而便因革，则具体化的工作惟在辞典，惟在'大'辞典"。④

第二节　辞书的性质与类型

辞书之所以具有如此重要的价值与辞书的工具性密不可分，这主要体现在辞书的检索查考、答疑解惑方面，已成为学界共识，如《(中华)注音国语字典·例言》(1921)指出字典是"备人检查，解人疑惑的书"；《分类字源·说略》(1921)也说"字典诸书，无非备人检查所疑之字耳"；《辞海·编辑大纲》(1936)也说"辞书为一般人治学应用之工具"；张守白(1934)指出"在检籍中，(字典)为最根本而普遍者……为以文字求知所需之'工具的工具'"⑤；心丝(1935)指出普通辞典是"基本工具书"⑥；管思九(1936)认为"字典，大家是认为是解决阅读困难的唯一工具"⑦；王文莱(1937)指出"字典和辞典是普通参考书的一种，应用的时候最多"，"是我们读书治学最重要工具之一"。⑧更有学者将其形象地称作"有求必应的免费

---

① 沈兼士《新文学与新字典》，见《新青年》，1918年第2期。
② 黎锦熙《〈辞海〉序》，见《辞海》，中华书局，1936年。
③ 万国鼎《字典论略》，见《图书馆学季刊》，1926年第1期。
④ 黎锦熙《〈国语辞典〉序》，见《国语周刊》，1936年第261—286期。
⑤ 张守白《中国字典通略》，见《大学(上海)》，1934年第6期。
⑥ 心丝《从中文字典讲到工具参考书》，见《浙江青年(杭州)》，1935年第1期。
⑦ 管思九《民众字典的需要和内容》，见《中华教育界》，1936年第12期。
⑧ 王文莱《字典和辞典利用法》，见《图书展望》，1937年第5期。

先生"[1]，图书参考的"舟车"。[2]

在工具性和查考性之外，辞书因其收录单位的特点和要求还具有规定性、描写性等不同属性，这也直接影响到辞书的具体类型和使用对象。清末以来，古今文化转型，文言式微、白话流行、新词新义不断涌现，以致"积极消极，内籀外籀，皆不知为何语"（《〈辞源〉说略》），"于群言庞杂之中，必一一分别其异同，归纳其类似"，"或综合解释或分项标明，去其重复，合其异同"（《〈辞海〉编印缘起》），尽量对古今词汇进行全面描写。同时，在国语运动的推动下，国语注音的推广、国语辞书的编纂成为学者们关注的重要议题，《国音字典》（1919）的出版标志着现代规范注音字典的诞生，"不论标准不标准，只求先有一部草创的词典出来，普通还可以应用应用，比较没有总好些"（白熊，1922）。据统计，在读音统一会、中国大辞典编纂处的带动下，民国时期以"国音""注音""国语"命名的辞书共57部，占辞书总数的近四分之一，《国语辞典》（1937—1945）将其编纂宗旨明晰为"正音（标准国音）""定词（联绵与否，在注音中写定）"，显示出明确的规范意识。

在欧美现代词典编纂的影响下，商务印书馆在组织编纂《新字典》和《辞源》时已经意识到字典与词典的类型区分，高凤谦直言"（欧洲）所谓字书者，则合单字成语而成，种类繁多，检查便利"[3]；蔡元培也从古今对比中点明我国传统辞书类型的不足，他说"方今书图浩博，识职分功，科学释名，类有专籍，我国作者且别出辞书于字典之外，则字典之范围，狭于往者"（《〈新字典〉序》），字典亟须从解经读经的小学传统中独立出来。陆尔奎在《〈辞源〉说略》中首先对辞书与字书、辞书与类书、普通辞书与专门辞书做了区分，明确指

---

[1] 姚鹏程《毛笔与字典》，见《浙江青年（杭州）》，1935年第11期。
[2] 心丝《从中文字典讲到工具参考书》，见《浙江青年（杭州）》，1935年第1期。
[3] 高凤谦《〈新字典〉缘起》，见《新字典》，商务印书馆，1912年。

出"有字书不可无辞书,有单辞不可无复辞",开创了以字率词的现代语文词典编纂体例。学者们对字典和词典的界定渐趋清晰,如林斯德指出"字典者,只诠释各字之形音义,以便诵读;辞书者,凡关于标识事物可名可言之词,无论为单为复,一一胪列而诠解之,以补参考以用也"①;洪焕椿指出"词典是解释两字以上的词语为主的,字典是以解释单字为主的"②,甚至在现代语文运动的推动下,提出"今后'字典',必当改为'词典'"③的主张,掀起了词典编纂的热潮。民国时期共出版现代汉语语文词典 73 部,占民国现代汉语语文辞书比例的 34.1%,体现出该类辞书从无到有,渐趋稳定的发展历程。

除字典和词典的类型区分外,大类内部也有细分,沈兼士在新文化运动之初就提出了"标准字典"与"文学字典"的区分④;万国鼎指出"字典有普通与专门之分,简易与详备之别。然不论其为何种,要皆以字为重,与百科全书之详物事源委者不同"⑤;张守白指出字典种类"原则上可大别为通用的、特用的、专用的三种"⑥;王文莱也指出"字典有普遍、专门、大小、详略的分别,其内容对于形、体、音义的完备程度,因之而异,其效用也因之而异"⑦。楼云林在《工具书使用法》一书中将字典分为普通字典、专门字典、学生字典、国音国语字典、通俗字典、新法排列字典等六类;将辞典分为普通辞典、专门辞典、新知识辞典、国语辞典、作文辞典等五类⑧,类型划分趋于细化。以王云五主编的汉语语文辞书为例,共包含大型辞书《中山

---

① 林斯德《中文字典辞书解题》,见《图书展望》,1935 年第 1 卷第 3 期。
② 洪焕椿《读书治学的工具:字典和词典》,见《读书通讯》,1948 年第 150 期。
③ 田锡安《汉字改造中词典编辑法的几个提议》,见《国语月刊》,1922 年第 7 期。
④ 沈兼士《新文学与新字典》,见《新青年》,1918 年第 2 期。
⑤ 万国鼎《字典论略》,见《图书馆学季刊》,1926 年第 1 期。
⑥ 张守白《中国字典通略》,见《大学(上海)》,1934 年第 6 期。
⑦ 王文莱《字典和辞典利用法》,见《图书展望》,1937 年第 5 期。
⑧ 楼云林《工具书使用法》,中华书局,1947 年。

大辞典》（未完成）及其样本《中山大辞典"一"字长编》（1938）、中型词典《王云五大辞典》（1930）、小型词典《王云五小辞典》（1931）、小型字典《王云五小字汇》（1935）、新词词典《王云五新词典》（1943）等多种类型。[①]黎锦熙、钱玄同、刘复等语文运动者、读音统一会、《国语大辞典》编纂处等组织的协调下也曾计划编纂多种类型的不同辞书，这都显示出辞书类型理论和编纂实践的紧密结合。

第三节 辞书编纂原则与体例设计

沈兼士较早提出"新字典"的编纂"意在'求是''致用'二者兼顾"[②]，采用最实用的编纂手段，予人最正确的字词信息也就成为现代辞书编纂的整体原则。《辞海·编辑大纲》（1936）直言辞书"自当体察用者之需要，恰如其所需以予之""其职责在揭举固有词类之意义及用法，期供给用者以确切适当之解释，俾遇有疑难立得解决"，明确辞书编纂要关注"用者之需要"，有效地帮助使用者答疑解惑，体现出明确的读者本位原则。刘复在《〈中小字典〉序》中阐述得更为清楚，他说"字典的职务在于就用字典的人的立场，选择一套适于实用的字，在形、音、义三方面，给予明确的指示，又需顾到翻检上的便利，使用者可以不枉费时间"[③]，此句论述将辞书类型和读者需求紧密结合，要求辞书编纂在体例内容和检索编排等方面既要"求是"又要"致用"，最大限度地方便读者使用，满足读者需求。

陆费逵组织编纂《中华大字典》和《辞海》，既为了纠正传统辞

---

① 刘善涛、王晓《王云五辞书编纂与辞书学思想》，见《中国编辑》，2019年第4期。
② 沈兼士《新文学与新字典》，见《新青年》，1918年第2期。
③ 刘复《〈中小字典〉序》，见《国学季刊》，1934年第4期。

书"体例不善、不便检查"的弊端，也在于"欧美诸国之字典，体例、内容之精善，固不待言，其种类之多，亦非吾人所能梦见。即日本区区五岛，近年词书之发行，大有一日千里之观。独吾国寂然无闻，斯亦文野盛衰所由判欤！"（《〈中华大字典〉序七》）。王宠惠指出，英国辞书"无不以订正旧学增益新知为事，且编辑体例有普通专门之分，又有版本大小之异，近更有《奥司佛大字典》（即《牛津英语大辞典》）……可为世界字典之冠"（《〈中华大字典〉序六》）。他认为辞书编纂者必须要坚持"适用"原则，这样"始能逐渐改进，驯至与世界争衡也"。同时，他称赞《中华大字典》既能"矫正前此字典之失"，又能"仿外国字典之体例"，"而为最新适用之书"，"苟善用之而改进焉，则他日吾国之字书，何尝不能步武欧美哉"。我国学者一边对传统辞书体例进行革新，一边借鉴欧美辞书的成功经验，逐步探索出了现代汉语辞书的新型体例。

民国学者已经认识到辞书体例与编纂目的密不可分，明确指出"为用不同，体例亦异"。[①] 在具体编纂实践中呈现辞书体例的具体差异，对辞书体例的研究也多见于所编辞书的凡例部分。"凡例"一词源出晋·杜预《春秋左氏传集解序》"发凡以言例"。中国传统辞书的凡例主要体现为编者对编纂内容的说明，如《康熙字典》凡例18条，民初《新字典》《中华大字典》随意体现出现代辞书理念，凡例设计也更为丰富，前书增至26条，后书进一步细化至40条，但仍限于传统式的逐条说明。按照现代辞书结构组织凡例是在西方辞书的影响下逐步完成的，以大型辞书为例，万国鼎（1926）计划"仿《牛津大字典》之例……编一详备之大字典"；王云五（1939）主编《中山大辞典》"编纂体例与英国《牛津大字典》大致相同"，"仿《牛津大字典》之例，不仅解释意义，并表明各字各辞之历史，故于单字辞语之

[①] 万国鼎《字典论略》，见《图书馆学季刊》，1926年第1期。

意义，莫不穷其演变，溯其源流，具体之法，即按所见典籍之时代而定其意义之先后"。黎锦熙（1947）主编《中国大辞典》"全书内容，系参照英国牛津大学所编之《新英文大字典》'依史则'之特点，全罗国字，广搜古今语文中两字以上连缀之词，每一个字或词，皆依其世代序明其形、音、义变迁之历史"。现代辞书体例的成熟可以《中国大辞典》的阶段性成果《国语辞典》为标志，该书正文前汪怡所作序二已从"注音""释义""收词""排列"等多个方面阐述该词典编写的困难，序后"凡例"按照"总例""收辞""排列""注音""释义""形体"6大类、76次类、96条子类分层进行了详细说明，凡例后还有对"所用符号""类名简称""国音字母"的说明，结构清晰，分类细致，实现了古今辞书体例的现代转型。

第四节 辞书收条、立目与注音

在汉语辞书的历史发展过程中，收词立目是关系到辞书编纂理念和辞书现代化转型的关键问题。我国古代语文辞书只有以收"字"为主的字书、韵书和以收"辞"为主的辞藻类工具书，编纂目的多限于传统小学和解经读经。在西方语言研究和辞书编纂的影响下，我国现代语言研究和辞书编纂也开始起步。在民国时期出版的214部现代汉语类语文辞书中，以收字为主的字典124部，占总数的57.9%；字词兼收的词典73部，占比34.1%；收录成语、俗语等的语典17部，占比7.9%，呈现出我国字书传统和现代辞书转型在民国辞书出版上的时代特点。现代辞书对古代辞书批判和革新的最初关注点和落脚点便是辞书收条，如蔡元培在《〈新字典〉序》中指出《康熙字典》"行世已二百余年，未加增改，不特科学界新出之字概未收入，即市井通用者，亦间或不具"；《新字典·凡例》首条即阐明该书编纂缘因"时代演进，各部有新增之字，各字有新增之义，一国字书，决无二百年而可不增修之理"。新字新义的出现推动了《新字典》的编纂，即使是文化保守主义者也意识到字典收字改革的必要性，林纾称赞《中华大字典》"合旧有者、新增者、输入者，下至俗字，亦匪所不括，俾稗贩之夫，亦得按部数画，向书而求，为益溥矣"（序一）。《新字典》作为《辞源》的单字先行本，商务印书馆能够对原有辞书"进行之程序、编制之方法，皆当改弦更张"（《〈辞源〉说略》），首创编纂字词兼收的新型辞书也是为了改变新词涌现所带来的"新旧扞格，文化弗进"的不良现状。同时，在西方语言学思想的影响和现代语文运动的推进下，学界对俗文学、俗词语的重视也日益增高，"近时语体盛行，言语一科，稍稍见重，语典一书，实为现时之所需"（《〈俗语典〉序》），《俗语典》（1922）是我国近代第一部"收录颇富、诠释考证翔确并易于查检的俗语词典"（朱一玄等，1989），体现出辞书收条范围的扩大。

辞书收条不仅影响辞书类型的划分，还影响类型内部的细分，以字典为例，如商务印书馆《学生字典》（1915）"专供两等小学及中学以下学生检查之用"（编辑大意），收字以"前读音统一会"审音用字为基础，选定七千余字，开现代汉语学习字典先河；《平民字典》（1927）收录"通行的平民千字课、小学教科书和报纸、小说、文件、广告中习见的字"（本书的大意）四千五百多个；《作文辨字典》（1934）依照编者"多年教育经验，从中学生的文课、笔记、日记、试卷中蒐集通常最易犯错的字汇"（内封）2千余条；《破音字举例》（1923）收经籍习见及世所通行的多音字1000余条；《京音字汇》（1913）收常用同音字1万左右等。在词典编纂方面，如《（国音白话注）学生词典》（1924）在"部定小学国文教科用字"基础上选字5000余，收录"小学用各科教科书、儿童课外用书、通行报纸和社会流行的成语等"（编辑大意）3万余条；《（大众实用）辞林》（1936）

"除普通用语外，凡俗语，谚语，成语，学术语，外来语，都尽量收入""至科学名词，凡高中以下所用的，都包括在内"（凡例）；《南通方言疏证》（1913）收录南通方言词语1670条；《新名词辞典》（1932）收录哲学、社会科学等新名词3100余条；《虚助词典》（1923）收虚助字词400余。在语典编纂方面，如《国语成语大全》（1926）专收"国语中适用的成语"（例言）3200余条；《歇后语选录》（1933）收歇后语约1700余条；《民谚》（1926）从"村妇俗子说话时口头的引用""书报上的语句"（例言）等搜集各类谚语1500余条；《（全国各界）切口大词典》（1923）搜集江浙沪地区各行业隐语9125条，这都体现了辞书收条与辞书类型的紧密关系。

辞书立目关系到所收条目的"分合和主次"编排（胡明扬等，1982），它关系到汉语字词的读音、意义、用法和书写规范的协调问题。《新字典》《中华大字典》限于传统字书的部首编排体例，立目处理延续前代做法，对所收汉字"形体虽同而音义并异者，另为一字，复列其次；其义同音异者，止列一字，兼存诸音"（《中华大字典·凡例》），俗字读音虽"不能尽依韵书"，意义虽"与本义无涉"，但均立在同一部首的字头之下。以形为主条，多音异义条目置于其下的处理方式在按部首编排的民国辞书中一直延续，如《新编中华字典》（1914）"通俗之字，或有音而无字，或有字而异音，或因假借而成辞，今均伸引而证释之，以○别之"（凡例）；《绘图白话学生小字典》（1919）"字学浩繁，恒有同字而异音、同音而异义者，是书每字之下，注明某字几音、某字几义，逐一详解，以冀阅者一览而知"（编辑大意）；直至1948年《中华基本教育小字典》仍然坚持"一字数义，用①②③……，最常用的列在最前；一字数音，用㊀㊁㊂……；注音同而四声不同的，用㊀㊁等加在注音字下面"（简单的编例）。这种立目方式即使在按字形排序的新型检字法辞书中也很难有所改观，如以四角号码检字法编排的《王云五大辞典》，该书"字义有二音以上者，分别注明"(凡例)，但仍立于一个字头之下。在音序编排的辞书中，多音立目问题得到较好的解决，《京音字汇》(1913)对"字发音有文俗迥异者……皆详注分明"(例言)，《国语辞典·凡例》(1937)中有8大条，14小类集中说明辞书对多音字词的立目处理方式，兼顾单字与词语、多音与儿化、正音与异音、文白异读等诸问题，体现出辞书立目的成熟。

汉语辞书的注音与汉字注音方式的变革密切相关，近代以来我国学者在西方新学的影响下努力探求新的注音方式，实现了从汉字注音到注音符号再到汉语拼音方案的演变，对辞书编纂和教育普及产生了积极影响。《新字典》《中华大字典》均采用传统的反切和直音注音，伴随着"读音统一会"的成立和《国音字典》(1919)的出版，注音符号在辞书注音中得以推广，新旧注音方案并用为辞书注音和读者识读提供了多重选择，《注音新辞林》(1921)在"编辑大意"中说明"无论单字双字，每字下均加以注音字母"，字头采用反切法或直音法（辅以纽四声法）、注音符号注音，词目采用注音符号，也是最早为词典条目系统注音的现代语文词典。后因罗马式拼音方案的创制，《国语辞典》(1937—1945)单字注音采用注音符号、罗马式拼音方案和直音法，词语注音采用注音符号和罗马式拼音方案，直至《汉语拼音方案》公布之前，初版《新华字典》(1950)依然将传统直音法和现代注音符号并用，显示出辞书现代化历程中条目注音的艰难探索。

第五节 辞书释义、词性标注与例证

民国学人已经认识到"解释字意是字典中最重要的一部分"[①]，而

[①] 刘复《〈中小字典〉序》，见《国学季刊》，1934年第4期。

且是"主干部分"①,"辞书既以解释疑义,必使阅者疑义尽释,方为尽职"(《〈辞源〉说略》)。梁启超(1933)甚至将"字典或辞典之学"称为"字义学",显示出辞书释义在辞书编纂和研究中的重要地位。时任商务印书馆总经理的王云五在《〈王云五大辞典〉序》(1930)中指出该书单字"按照词性分别,一一说明其意义,并随时举例,以显明其功用";蔡丏因在《〈启明辞林〉本书特点》(1940)中也指出"本辞林用语体文解释……单字按照词性分别说明其意义,如说明不足处,补以举例,显示其功用",体现出辞书编者在揭示字词含义方面对释义语言、义项划分与排列、词性标注、例证搭配的关注。

处于古今转型期的民国辞书在释义语言上表现为文言、浅近文言和白话的交织与过渡,民初出版的《新字典》《辞源》《中华大字典》等释义语言仍承袭前代,偏重文言,如将"一"释为"数之始也",上承《广韵》。后伴随着白话文运动的推广,"字典音义多用文言,初学苦难索解"(《绘图白话学生小字典·编辑大意》)的弊端日益显露。《绘图白话学生小字典》(1919)"纯以白话注解"(编辑大意),如释"一"为"一个的一,凡十、百、千、万的数目都从一数起",体现出显著的白话色彩。1924年商务印书馆出版的《(国音白话注)学生词典》和《(国音标准)白话词典》都在凡例中明确宣称"用语体解释",稍后万国鼎(1926)总结说"诂字文体,向惟文言,近年语体文通行,字典之用白话注释者,已有八种"②,显示出民国辞书在释义语言上的转变,"白话注解""释义浅显"甚至成为辞书选择的标准。③同时,辞书释义语言的转型并不是一帆风顺的,万国鼎(1926)认为辞书释义"但求辞达,文言适用,即用浅显文言;有时不能达意,或

---

① 张守白《中国字典通略》,见《大学(上海)》,1934年第6期。
② 万国鼎《字典论略》,见《图书馆学季刊》,1926年第1期。
③ 谢三宝《检字问题研究材料》,见《江西教育》,1934年第1期。

欠明显，则夹用白话，亦无不可"①；刘复（1934）也认为"为了节省篇幅"，辞书释义可以"用浅近文言文，不用白话"②；《国语辞典》的编者也认为"注释用生动的国语自然很好……浅近文言似未尝没有一点便利"③，浅近文言也就成为辞书释义语言演变中的一种过渡状态。

《康熙字典》在释义内容上不仅"直录古代字书"（《〈新字典〉序》），而且"一义之释，类引连篇，重要之义，反多阙漏"（《〈中华大字典〉序三》），民初辞书锐意改革，"每字诸义，分条列证，不相混函""每字各义分条，依次编数，冠以阴文"（《中华大字典·凡例》），在义项切分和编排上渐趋明晰。"辞有引申假借，有沿革变迁，举甲不能遗乙，有委不能无源"（《〈辞源〉说略》），"由源以竟委"也就成为《辞源》编排义项的主要原则。这种义项排列的历时原则也就成为大型辞书义项处理的主要方式，万国鼎（1926）阐述得更为明确，他指出："除本义应先注外，其他引申通假等一切音义，均依发生之先后及引申通假之远近次第排列，每义均注明生于何时，以最先应用此义之书为证。"④这与王云五主编《中山大辞典》、黎锦熙主编《中国大辞典》的"依史则"义项编排原则是一致的，当然也在一定程度上受到《牛津英语大词典》的影响。汉语发展历史悠久，中小型辞书难以完全反映词义发展中的兴衰更替，义项排列多遵守频率原则，单字义项"一字数义，用①②③，最常用的列在最前"（《〈中华基本教育小字典〉简单的编例》）；词语义项"一词有数义的，用（一）（二）（三）等分项解释，其次第以最常见常用的居先"（《〈中华成语词典〉编例》），"但求适当之义，不求详备"（《新式学生字典·编辑大

---

① 万国鼎《字典论略》，见《图书馆学季刊》，1926年第1期。
② 刘复《〈中小字典〉序》，见《国学季刊》，1934年第4期。
③ 徐一士、孙崇义等《答高名君〈国语辞典论评〉》，见《华北日报》，1947年8月14日。
④ 万国鼎《字典论略》，见《图书馆学季刊》，1926年第1期。

意》）。值得注意的是，民国学者也已认识到辞书义项排列的复杂，刘复（1934）曾总结道"字有原意，则以原意居首，意与原意近者次之，远者居后；如无原意，则以最通用之一意居前，与此渐远则渐后"，"从前编字典的，往往把各种字意随便堆砌在一起就算了事，现在希望找出些条理来，使可贯串者贯串，不可贯串者分离"①，改变传统辞书义项排列的弊端，以更为条理、清晰的方式展现词义的发展脉络或使用频率，最大限度地满足读者需求，发挥辞书的文化价值和社会功用。

受印欧语法研究的影响，汉语词类研究也逐渐走向现代化，但将词类理论应用到辞书词性标注却经历了一个漫长曲折的过程。早在《新字典》编纂之初学者们即已认识到欧美国家新编辞书"每字每义标举名、代、动、静等品词"，"本书初稿，亦循是例，惟东西文有语尾变化……我国字体一成不变……故属稿及半，即行削去，非矫同立异也"（例言）。即使在早期的白话辞书中，词性标注也难以实行，《白话字诂·例言》（1920）"本编排列，原依词性分类"，但因词性与词义关系复杂，最终未能对条目标注词性。可见，汉语辞书词性标注理念与具体编纂实践还存在一定距离，万国鼎（1926）的观点比较具有代表性，他认为"西文字典，释义皆分词性"，"分析词性之法，是否宜于中国字典，或是否值得采用，尚属疑问"。②但这并未阻碍民国学人对辞书词性标注的探索，C.P 在《字典标品略说》（1926）一文中指出"字品之于字义，本居系领之位"，在辞书释义中，字品能"助定字义之质，助辨字义之序""助正解文之混，助代解文之穷""本字义域，因品益定；各字义界，因品益划"，从辞书理论上将词性标注推到了总揽全局的地位。稍后出版的《（词性分解红皮新式）中华字典》（1927）是我国最早为字头系统标注词性，并按词性分别义项的字典，该书按照《马氏文通》的词类系统在单字"释义之处，悉依词

---

① 刘复《〈中小字典〉序》，见《国学季刊》，1934年第4期。
② 万国鼎《字典论略》，见《图书馆学季刊》，1926年第1期。

性区别，免致界说混淆"（编辑大意），先分词性，再列义项，实现了上文《白话字诂·例言》中"依词性分类"的想法。此后，《王云五大辞典》（1930）"按照词性分别一一说明其意义，并随时举例，以显明其功用"（序），书中"单字均分别词性，加以解释"（凡例），部分词语也标明词性；《学生新字典》（1933）"为便于文法上的参考，每个单字均注明词性，一个单字随着用法不同而有几个词性的，则分别注明"（编辑大意）；《小学生的字典》（1933）也将单字"词性分别标出，将每一字的意义分别写在词性的下面，条理清晰"；《万字学生字典》（1949）释义中"首列词性，次列字义"，"如某项字义因运用不同而有两种以上的词性时，就在该项字义之上，冠以两个以上的词性标示"（编例），对辞书词性标注进行了有益的尝试。

例证是辞书编纂中不可或缺的重要结构要素，也是补足辞书释义的重要手段。万国鼎（1926）指出："一字动函数义，用法不同，义即有别，故字典释义，宜重例证，否则难明何义用在何处，何处宜作何解。"[①]周铭三编《（京音国音对照）国语词典》（1922）"每句下边先有解说后有举例"（编辑大意），分别用"（解）""（例）"标明，将辞书例证与释义同等对待，分别标明，显示出对辞书例证的重视，正如刘复（1934）所述"因为要指示正确的用法，所以凡遇应当举例的地方，无不举例"。[②]从例证来源分析，辞书例证可分为书例和自编例，在不同类型的辞书中，例证来源也不尽相同。中小型辞书例证"仍用白话及普通文言文中常用的话语，非必要时不引用古书"[③]，"例证在必要时，虽引用常读的古书，或采用习见的语句，但旨在说明用法，不重考证出处"（《〈中华成语词典〉编例》）；大型辞书"各项释义均举引例，举例有数则时，以出自最大之书籍者首列，余依书籍之先后，

[①] 万国鼎《字典论略》，见《图书馆学季刊》，1926年第1期。
[②] 刘复《〈中小字典〉序》，见《国学季刊》，1934年第4期。
[③] 刘复《〈中小字典〉序》，见《国学季刊》，1934年第4期。

顺序排列"①，"以最先应用此义之书为证，并引证嗣后每隔若干时期之书籍，以明有无变化；若该义后已不复通行，则更引证最后应用此义之书，以明止于何时；若但见旧日字书，缺乏例证，亦宜一并标明；倘有现行俗语或成语可为例证者，亦当注入，以明因革"。②

此外，民国辞书在释义内容的语义标示、释义模式、释义元语言等方面也进行了积极探索。以王云五主编的系列语文辞书为例，对词目之间同义、逆序、反义、辞藻关系；词目义项之间引申、比喻、转喻、新旧关系；词目义项内部附属义、搭配义、语用义信息都采用不同手段加以标示，较为全面地展现词义间的各种关系。在释义模式方面，《平民新字典》（1939）尝试使用13种"内定的方式"为词目释义，以收"简单而明白"之效；《国语辞典》（1937—1945）在释义中较多采用"谓""貌""犹""喻"等释义提示词标明词义内涵。在释义元语言方面，以《中华基本教育小字典》最具代表性，该书在洪深《一千一百个基本汉字》的基础上增补500字做成"千六百生字表"，"用1600字来解释这本书里一切的字"，"注解只以1600生字为限"（编例），体现出先进的辞书编纂理念。

第六节 辞书插图、符号与附录

蔡元培在《〈新字典〉序》中指出《康熙字典》的最大缺点之一是"全书不附一图"，欧美辞书"对于实物，多附插图以助说明"③，"图之重要，不减例证"④，"插图能增加检字典者的兴趣，并可帮助注

---

① 王云五《编纂〈中山大辞典〉之经过》，见《东方杂志》，1939年第1期。
② 万国鼎《字典论略》，见《图书馆学季刊》，1926年第1期。
③ 戴镏龄《字典简论》，见《文华图书馆学专科学校季刊》，1935年第1、2期。
④ 万国鼎《字典论略》，见《图书馆学季刊》，1926年第1期。

解的不足"①，民国辞书在插图设置上大多有所改观。《〈辞源〉说略》单论"辞书之图表"，明确指出"图表以助诠释，辞书中自不能少"，"他国辞书，莫不有图，且分体合体、平面剖面，图因说立，图愈详，说愈明显"，我国辞书虽"骤难仿效"，仍附"六百余图"，以助释义。《新字典》"重要实物，皆附图画，其应表明位置者（如栋梁等字）则为合图，凡是所依据，皆参考精准"（例言）；《中华大字典》"日月星辰、山川河岳、鸟兽草木、昆虫衣冠钟鼎等字，悉为之图，或附见各字各训之下，或总辑载诸卷末"（凡例）。《绘图白话学生小字典》（1919）"凡遇实字，如人物器械、草木鸟兽之类，悉附以图"（编辑大意），"俾儿童心理上容易迎合、容易领悟"（序）。

"我国古籍多不加标点，而其文之难以句读者，聚讼纷纭，千百年无定案"（《〈辞海〉编印缘起》），"符号""标点"均为近代新词，辞书中较为系统地使用不同符号和标点也是在古今转型中逐步完善起来的。注音方面，从传统的单字直音或双字切音向注音符号和国语罗马字转变，符号标音已成为全民共识。《中华大字典·凡例》从多个方面介绍该书符号的使用情况，包含数字符号，如"每字各义分条，依次编数，冠以阴文"；标点符号，如"所引书名及按语，概施括弧，句读均加圈点"；自创符号，如"各条义解中，遇其本字，皆写作～"；英文单词，如"字义涉外国事物及地名人名，译音译义多歧者，并附注英文"等。《新式学生字典·编辑大意》（1917）指明该书"特设种种符号，附于行间"，从汉字形音义的区分、人名地名朝代名的标示、新式标点的使用等多个方面介绍了 10 余种符号。《（新式标点）白话学生新字典》（1927）不仅用白话释义、较多使用插图，还将"新式标点"置于书名前，凸显其创新性。新式符号和标点的使用已成为 20 世纪 30 年代新编辞书的一致选择，并在书末附录注音符号表、国语文法表、标点符号表、度量衡币表等。至《辞海》"变更方

---

① 管思九《民众字典的需要和内容》，见《中华教育界》，1936 年第 12 期。

针""改加新式标点"和新式符号,"全书条数在十万以上,全部字数约七八百万","即就标点计之,全书点号约二百万,标号则人地名书名线约五十万,引号称是"(编印缘起),显示出现代符号、标点在辞书中使用的成熟。

"字典附录,诸家不同,俱见一览表,虽属附庸,有时殊关重要。"① 附录在辞书中虽处于附属地位,但对增进读者新知起到促进作用,在民国辞书中逐渐完善定型。《新字典》正文后附有拾遗、中外度量衡币表和中国历代纪元表;《辞源》"凡遇有纲有目,数列多项者,皆为列表,其尤繁者,则载于附录"(《〈辞源〉说略》),正文后附有勘误、世界大事表、现行行政区域表、本国商埠表、中外度量衡币表和化学原质表,附录体例渐趋定型、附录内容逐渐丰富。《王云五大辞典》(1930)将其丰富的附录作为词典特色,正文后"附入极多的参考表""计三十种,共一百五十四页,任何科学、任何知识,均括入其中,对于学生修学、教师教学和一般人参考,都有极大效用"(序),"普通人可借为增进知识之用"(凡例),《启明辞林》(1940)也称赞自身附录丰富,"任何科学,任何知识均扩入其中,堪称辞典中最完善之附录"(凡例),最大限度地发挥辞书的知识汇集和查检功能。

第七节　辞书装帧、评价与宣传

万国鼎(1926)指出"字典为常用之书,时供检阅,故纸张宜用坚韧洁白者""装订宜求牢固""印刷宜用铅印",开本、版式、字体、排版均要"视所遇情形,妥为分配,不忘美观、便查、耐用诸事"②。朱智贤(1930)将"字的排列""字体大小""标点图画""装订和外

---

① 万国鼎《字典论略》,见《图书馆学季刊》,1926年第1期。

② 万国鼎《字典论略》,见《图书馆学季刊》,1926年第1期。

观""版本大小""订价贵贱"等内容作为字典编纂和选择的形式标准。[①]洪焕椿（1948）从"版本状况""版式标记""印刷质量""样式装订"等14个方面系统分析了辞书的"鉴别与选择"标准。[②]可见，民国学人对辞书编排、装帧等外在形式的重视。"内容繁简得宜，卷帙大小适中，定价又甚低廉，而为一般学生所能购备者"（《〈学生小辞汇〉序》），辞书版本、装帧和价格也成为辞书竞争的重要手段，如《新字典》发行后又出版《缩本新字典》（1913）；中华书局在《中华大字典》的基础上删减改编为《中华中字典》（1916）、《中华小字典》（又名《新学生字典》，1917）。《辞源》（1915）初版在发行时包含售价20元的甲大本（上等连史纸质、绸函丝订、十二册）、20元的乙大本（加重洋纸、布面皮脊装订、二册）、14元的丙大本（上等洋纸、布面金字装订、二册）、7元的丁中本（上等洋纸、布面金字装订、二册）、5元的戊小本（上等洋纸、布面金字装订、二册）；中华书局《辞海》（1936）在出版时也分为甲乙丙丁四种装帧风格，售价分别为24元、20元、12元、10元不等，显示出两家出版社在同类产品上的装帧与价格竞争。中华书局《国语普通词典》（1923）是我国第一部两栏横排，将分词连写、国音字母注音、白话释义、新式标点、附录设置和推销广告等多种创新手段融为一体的现代语文词典。

民国时期的辞书学思想异彩纷呈，对新编辞书的评价文章也异常丰富，辞书评价也渐趋独立和成熟。《〈新字典〉序》分别对《康熙字典》的缺点和《新字典》的优点进行评价；《中华大字典》的八篇序从不同侧面对我国古代辞书和中外新型辞书进行评价。除辞书序跋外，丁文江《商务印书馆〈新字典〉商榷》（1912）从释义、注音、排检对新型字典编纂问题进行探讨，可看作较早独立发表的辞书评价论

---

① 朱智贤《儿童字典的研究》，见《中华教育界》，1930年第3期。
② 洪焕椿《读书治学的工具：字典和词典》，见《读书通讯》，1948年第150期。

文。之后，随着国语运动和白话文运动的开展，辞书的文化改良功能得以重视，白熊《看了周铭三先生底〈国语词典〉之后》(1922)从收词、立目、释义、例证、检索等多个角度对《国语词典》存在的不足进行批评，对其京音、国音并注，例证生动活泼的优点进行赞扬，文中明确提出了词典编纂应"把词为单位"的词本位观，不失为一篇按照现代辞书体例架构的辞书学专论，"实现了从古代辞书评论向近代辞书评论的转变"（高兴，1997）。万国鼎(1926)在对《康熙字典》和38种新出版字典分析评价的基础上，最终提出其"大字典"编纂设想[1]；戴镏龄（1935）从更为宏富的角度对字典的称名、中国古代辞书发展史、新型辞书编纂状况和100余部现代英语辞书加以介绍评价[2]；王力（1945）从"中国字典的良好基础""古代字书的缺点和许学的流弊""近代字书的进步""现存的缺点"等5个方面对我国古今辞书做出评价，标志着民国辞书评价逐步进入"成型自觉的发展阶段"（王晓、王东海，2012）。

辞书具有文化产品和经济商品双重属性，"营业者两利之事，职兼贸利与改良，二者完，即营业之道德也"（《〈新字典〉书后》）。商务印书馆率先开创现代辞书编纂体例，出版《新字典》(1912)、《辞源》(1915)、《学生字典》(1915)等一系列现代性语文辞书固然出于"昌明学术、开启民智"的文化担当，也是适应社会需求，追求经济利润的商业考量。中华书局、世界书局等出版机构在现代辞书出版上的开拓创新与激烈竞争也存在文化和经济的双重因素。从某种角度看，辞书评价也是辞书宣传的一种手段，但不如简练、直观、褒扬的商品广告更为直接有效。间接或直接的辞书宣传也成为民国辞书的一大亮点，邀请名人题词、作序，并登报见刊，同时借助辞书样张的展示、精美的广告、使用者的阅读评价等多重手段，有效地形成了立体

---

[1] 万国鼎《字典论略》，见《图书馆学季刊》，1926年第1期。
[2] 戴镏龄《字典简论》，见《文华图书馆学专科学校季刊》，1935年第1、2期。

式宣传网络，促进了辞书的推广和销售。如《新字典》就邀请时任教育总长的蔡元培作序，并于出版的同时将序分别刊于《东方杂志》（1912年第6期）和《教育杂志》（1912年第6期）；另外，《进步》（1912年第1期）刊有其"新书介绍"；《余兴》（1916年第22期）刊有其样张；《妇女杂志》（1916年第3期）刊有其读者评价。同时还在商务印书馆出版的大量作品中插入了其精美的推销广告（见图7-1），直到1925年《上海商业名录》还刊有其销售广告。而《中华大字典》早在出版前就已在《直隶教育界》（1913年第2期）和《国学荟编》（1914年第10期）上刊登了辞书介绍和部分序言，字典扉页分别为大总统袁世凯和副总统黎元洪的题词，后有各界名流所作序言八篇（分别为林纾、李家驹、熊希龄、廖平、梁启超、王宠惠、陆费逵、欧阳溥存），连同销售广告（见图7-2）发表于各类报刊。

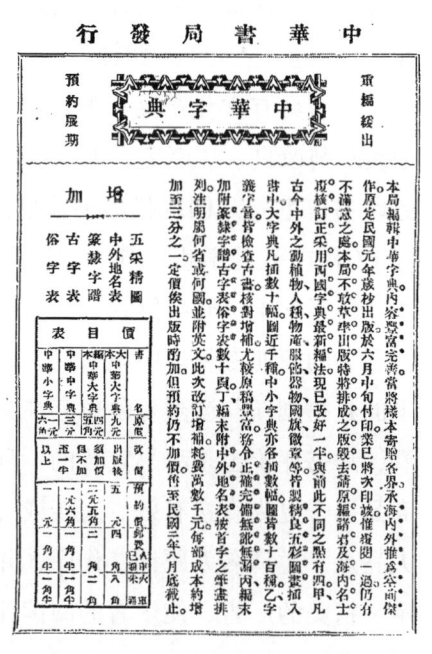

图 7-1 《新字典》销售广告　　图 7-2 《中华大字典》销售广告

第八节　民国辞书研究与辞书学的构建

英国辞书学家罗伯特·伯奇菲尔德（1980）指出，"每一部词典都反映了一套语言、社会、教育和政治方面的理想和信仰"，辞书编纂和研究受到各种因素的影响。自两次西学东渐以来，中国现代学术体系在中西交融的复杂背景下开启了艰难、漫长的现代化探索。在商务印书馆的开创下，中国现代出版渐趋成熟，并有效地推动了中国现代学术的发展。商务印书馆出版的《马氏文通》（1898）使中国语言学逐渐独立，其所编纂的新教材也促进了现代知识体系的普及与建构。在商务印书馆的影响下，伴随着民国政府的成立而创办的中华书局、世界书局等出版机构又进一步推动了中国现代出版和现代学术的发展。在这种时代背景影响下，辞书编纂与辞书研究也逐步开启了现代化之路，辞书学的学科独立地位逐步受到重视。

伴随着新型辞书的编纂和新文化运动的推进，胡适在《〈国学季刊〉发刊宣言》（1923）中曾尖锐地指出"古韵的研究、古词典的研究、古书旧注的研究……都只是经学的丫头"，若想"自成一种专门的学问"必须"脱离经学的羁绊而独立"。[①] 文中提出使用历史的、系统的、比较的方法对"语言文字史"进行"结账式的整理"的构想与陆尔奎、万国鼎、黎锦熙、王云五等人的辞书编纂思想紧密呼应。之后，辞书学、字典学、词典学的称名不断被学界使用，中国辞书学的学科建设也逐渐明晰。1927年胡适的同事兼好友，国语运动的主将之一刘复在向北京大学研究所国学门提出《编纂〈中国大字典〉计划概要》首句即言"字书之学，吾华发达最早"，计划"博采现代各国字

---

① 胡适《〈国学季刊〉发刊宣言》见《国学季刊》，1923年第1期。

书中最进步之方法,另行规划,以成一部极完备之字书"。1929年刘复又在《〈中国大辞典〉编纂处第一次报告书》中提出在借鉴中外各类辞书材料的基础上,"荟萃钩提、自创体例,拟撰成《字典学》一书,此为从来中外学术界未尝从事之作"。[①]1934年在其遗作《〈中小字典〉序》中进一步重申"编辑字典是一种专门学问",始终坚持用辞书思想指导辞书编纂,构建中国辞书学。1945年王力在《理想的字典》中使用了"字典学"的称名,1946年朱光潜也指出"西方字典学比较发达,某字从某时代变更意义或新起一意义,常有例证可考"。[②]1958年周祖谟将"词典学"作为"词汇学"的分支,定义为"研究编纂各种类型的词典的原则和方法",得到了吕叔湘(1961)、王力(1962)等学者的认可;1982年周祖谟又指出"在研讨编纂符合实际需要的词典和字典的过程中,科学的词典学(Lexicography)也就逐渐建立起来";1987年周氏更进一步提出,将"词典学"作为"一种专门的学问""一门有系统的科学"。由此,汉语词典学逐渐独立起来。

在古今学术转型和动荡不安的社会环境中,民国时期的辞书编纂和辞书研究异常艰辛曲折,《辞源》在编纂时"往往因一字之疑滞,而旁皇终日;经数人之参酌,而解决无从;甚至驰书万里、博访通人,其或得或失,亦难预料"(《〈辞源〉说略》);《辞海》的编纂历时21年,"时作时辍""选辞之难""解释之难""引书篇名之困难""标点之难""校印之难",虽"费时而难成",但仍不改初心,"天如假我以年,吾当贾其余勇,再以一二十年之岁月,经营一部百万条之大辞书也!"(编印缘起),奈何时局动荡,即使像《中山大辞典》《中国大辞典》这样付诸实践的宏大编纂计划也遭遇无情夭折。

---

① 见黎锦熙《国语运动史纲》,商务印书馆,1934/2011年,第328页。
② 朱光潜《谈文学》,开明书店,1946年,第207页。

第八章　民国时期汉语语文辞书编纂中的注音探索与实践[*]

甲午战争后，中国进步之士开始从制度和文化上救亡图存。在欧美和日本近代化思潮的影响下，语文改良运动由此展开。晚清至民国时期先后掀起了切音字运动、注音字母运动、国语罗马字运动和拉丁化新文字运动，推动了汉语拼音化进程。总体来看，受社会环境和主导者身份的限制，早期探索阶段的晚清切音字运动影响不大，研究方案虽然种类多样，但也缺乏一定的科学性和实用性。民国政府成立之后，伴随着国内政治环境的统一和国家对国语建设的重视，在行政力量和社会团体的共同参与下，注音字母运动、国语罗马字运动和拉丁化新文字运动涌现出一批理论探讨和实践推广的成果。辞书作为开启民智、普及教育的重要工具，系统体现了汉语字词的读音、意义和用法，在实践、推广新拼音方案，促进字词读音规范化和辞书编排体例的现代化等方面发挥了积极作用，见证并助推了汉语拼音化探索的艰辛历程。

当前学界对民国时期汉语拼音化的相关研究，如王尔敏（1982）曾就近代以来国人的汉语注音探索与国语建设、国家近代化探索等进行整体分析；王理嘉（2002）论述了注音符号、国语罗马字和拉丁化

---

[*] 本章曾以"民国时期汉语注音方案在语文辞书编纂中的探索与实践"为题发表于《辞书研究》2022年第5期。收入本书有修改。

新文字与汉语拼音方案的历史渊源关系，主要从语音角度对相关方案进行了对比；冯志伟（2004）对汉语拼音运动的历程进行了梳理，指出"《汉语拼音方案》是我国三百多年拼音字母运动的结晶，是60年来中国人民创造拼音方案经验的总结"，同时对汉字拼音化的发展方向展开了探讨；元末霞（2016）以民国时期的汉字注音政策为研究对象，对注音字母、国语罗马字和拉丁化新文字语言政策的颁布原因、内容和意义进行了分析，指出"语言政策的成功执行离不开国家政府的大力推动，也离不开广大群众的支持"，同时强调"民国时期的语言政策对当今汉语拼音方案的实施和推行提供了历史借鉴"。总体而言，学界对拼音化运动各阶段讨论并不平衡，研究中关于切音字运动的相关文章最多，且多就部分成果进行列举分析，对于民国时期的集中性研究偏少，对民国时期注音方案与辞书编纂实践的探讨不够充分。由此，本章在辞书史料的基础上着重论述注音字母（符号）方案、国语罗马字方案和拉丁化新文字方案与民国时期辞书编纂的互动关系，展现拼音化探索过程中的辞书编纂面貌。

第一节　注音字母方案影响下的辞书编纂

传统的汉字注音多采用以单字注字音的直音法、读若法和以双字注字音的反切法，标准不一。16世纪末，意大利传教士利玛窦为了学习汉语编写了《西字奇迹》一书，第一次用拉丁字母标注汉字读音，开启了以传教士为主体的汉字注音字母化的长期探索，代表有马礼逊拼音（1815）、萨默斯拼音（1863）等，以翟理斯（Herbert Allen Giles）所编《华英字典》（1892，*A Chinese-English Dictionary*）中使用的改进后的威妥玛-翟理斯式拼音（Wade-Giles romanization）最具代表性。随后率先接触西方语言文化的进步国人在清末时期兴起了切音字运动，陆续发布了拉丁字母式、汉字笔画式、自创符号式和数码式等多种字母形式的切音字方案，方案种类虽然多，但多数没有在社会上产生较大影响，还有一小部分方案没有公开出版，不过每一位学者的关注与付出都推动了汉语拼音化进程，为民国政府成立后注音字母运动的开展和注音字母方案的发布奠定了基础。

学界通常把注音字母方案放在国语运动的大背景下进行研究，探讨其推行状况，于锦恩（2003）对注音字母颁布过程进行了分析，强调政府力量和社会力量对政策颁布的影响；刘晓明、郭莹（2014）指出注音字母的成功推行主要来源于自身体系的科学与调整、符号的民族化形式和辅助汉字的学术定位；孙英芳（2014）探析了注音字母在山西的推行情况；杨伟东（2021）对注音字母运动在教育领域的推行情况进行了分析；刘晓明、郑振峰（2021）探讨了注音字母运动对汉语语音研究和语法研究所产生的影响。关于注音字母方案与当时辞书的互动关系研究甚少，我们通过对民国时期辞书进行整理分析，发现注音字母方案影响了辞书编纂的注音方式和排序方式。

1912年民国政府成立，次年读音统一会召开，第一步就是审定国音，共审计了6500余字的国音，拟定了一套"记音字母"；第二步是根据《读音统一会章程》的有关内容，从征集和调查来的"西洋字母的、偏旁的、缩写的、图画"[①] 符号中采定字母。与会学者就注音字母的采用与确立有过很长时间的争持，难以达成共识，最后在马裕藻、许寿裳、周树人等的提议下通过了以章太炎"记音字母"作蓝本的"注音字母"方案。1913年"读音统一会"北京话代表王璞率先出版了标注北京音的同音字典《京音字汇》，代表了官方注音字母公布前的个人注音尝试。读音统一会闭会后，王璞等人积极参与推动"注音字母"的颁布，于1915年先后组织成立了"读音统一期成会"，创

---

① 黎锦熙《国语运动史纲》，商务印书馆，1934/2011年，第265页。

立了注音字母传习所，出版了一些注音书报和刊物。1916年，国语研究会在北京成立，陈懋治、朱文熊、黎锦熙等人号召文字改革，主张"言文一致"和"国语统一"。

1918年，"注音字母"由教育部正式公布，共计39个字母，其中声母24个、介母3个、韵母12个，声母排列次序大致依据"三十六字母"，以"见溪"开始，"来日"结束。1919年商务印书馆出版的《国音字典》是20世纪中国政府第一次正式公布的注音方案，标志着现代规范注音字典的诞生，为辞书注音和编排检索提供了重要依据，1921年再版为《校改国音字典》，1923年至1926年间又对《国音字典》进行了增修，但未正式出版。1928年成立的"中国大辞典编纂处"中设立"增修国音字典股"，执行具体"增字"与"改音"的任务，成为《国语同音字典》[①]的初稿（钟少华，2017）。

注音字母正式公布两年后，教育部规定初级小学教授注音字母，统一国语读音，促进了中小型国语规范学生字典的出版。1920年上海崇文书局出版许德邻主编的《国语学生字典》；1921年中华书局从字表到字典，从小型到中型连续编纂了《国音小检字》（1921）、《国音小字典》（1921）、《中华国音新字典》（1921）、《（中华）注音国语字典》（1921）等。其中《国音小检字》（1921）率先按照注音字母声母的音类排列，以"ㄓ""ㄔ""ㄕ"为始，在每一个音的下面将同音字按照阴、阳、上、去、入五调的次序分列若干行，供读者快速查阅。《国音小字典》（1921）在注音字母后标注五调。《（中华）注音国语字典》（1921）在例言中指出"注音用国语注音字母"。此外，中华书局还出版了多部以注音字母注音的纯注音字典，如《国音分韵检字》（1922）、《中华国音新检字》（1922）、《国音入声字指南》（1926）等。

---

① 后续不断修订，于1932年编成《国音常用字汇》。1949年出版第五次的《国音字典》就是在第三次增修本的基础上订补完善而成的。

其中《国音分韵检字》以注音字母韵母为序，每一韵母下又以1919年排序后的注音字母声母为序，在书前还附有字母声韵对照表和拼音一览表，方便读者查询。《中华国音新检字》同样依照1920年12月教育部公布改正的国音编列。《国音入声字指南》根据1922年教育部公布的《注音字母书法体式》，将注音字母标在汉字之上，同时使用标调符号注明声调。1930年，民国政府常务会议决议把"注音字母"改称为"注音符号"，官方的名称是"国语注音符号第一式"，进一步巩固了注音字母的官方地位。如《国音常用字汇》(1932)按注音字母顺序编纂，同时以注音字母和国语罗马字注音；其他的如《作文辨字典》(1934)、《国语三千字通》(1943)等也均以注音字母注音。

除字典外，1921年，中华书局出版了第一本以注音字母系统注音的词典《注音新辞林》，该书对所收录的单字采用反切和注音字母注音并标示平上去入声调，复词纯用注音字母注音，不标声调，如"丁 ㄉㄧㄥ 低婴切「平」""中国 ㄓㄨㄥ ㄍㄨㄛ"，多音字的不同发音均列出以示区别，如"中 ㄓㄨㄥ 陟弓切「平」●ㄓㄨㄥ 陟仲切「去」""串 ㄔㄨㄢ 枢绢切「去」●ㄍㄨㄢ 古患切「去」"。《(国音白话注)学生词典》(1924)单字以部首笔画为纲，反切和注音字母注音，多音字置于同一字目内，字下词语以字数和笔画数为序，采用注音字母注音。《国语辞典》(1937—1945)在正文前附有注音字母音序检字表，正文以注音符号的声母为纲，以韵目为目，文中单字及复词也均按这一原则排列，是我国第一本用注音符号顺序排列单字和复词的词典，也是我国第一部严格意义上的音序词典。

第二节　国语罗马字方案影响下的辞书编纂

1916年赵元任在《留美中国学生会月报》上发表的《吾国文字

能否采用字母制及其进行方法》，成为后来发表国语罗马字方案的草案（倪海曙，1948）。1918年，钱玄同在《新青年》（四卷四号）发表了《中国今后之文字问题》，主张"汉字革命"，称"请看日本四十年来提议改良文字之人极多，而尤以用罗马字拼音之说为最有力"，陈独秀在回信中称"惟有先废汉文，且存汉语，而改用罗马字母书之"，主张使用罗马字。1922—1923年，许多报纸杂志也加入了讨论，例如《国语月刊》中有讨论词类连书的，有解释国语罗马字相关问题的，也有编造罗马字拼音制度的。1923年国语统一筹备会第五次常年大会召开，钱玄同提议在使用注音字母的同时兼采罗马字母，将罗马字母作为国音字母的第二式。与此同时，黎锦熙提出公议一种罗马字母的拼法制度，组织"国语罗马字拼音研究委员会"，随后筹备会发布公告，请求将罗马字母与注音字母同时推行，进一步推动了国语罗马字的确立与发布。1928年7月，国语统一会向大学院提出《国语统一会计划书》，内容包括增修《国音字典》、编纂《国语大辞典》，设立国语专修学校和语音学测验所，印刷注音字母和国语罗马字的读物等，并请示先行公布《国语罗马字》。9月，大学院公布国语罗马字，作为国音字母第二式，命名为"国语罗马字拼音法式"。

　　学界关于国语罗马字相关问题的讨论主要集中于对国语罗马字来源和推行情况的考察，如陈升祥（1981）对国语罗马字方案产生的来龙去脉进行了探寻；刘振平（2012）对国语罗马字的制定背景进行了考察，指出清末切音运动、新文化运动和语言学家们的支持对国语罗马字的诞生起了关键作用；刘晓明、陈雅军等（2016）认为国语罗马字方案体系复杂，加之政府支持力度不够、拉丁化新文字的冲击等因素导致传播情况不佳。目前尚缺少将国语罗马字与辞书相结合的研究，通过对民国辞书进行整理发现，由于在国语罗马字发布之前注音字母已经被许多辞书采用为注音方式，因此单独使用国语罗马字注音的辞书数量较少，大部分兼采注音字母和国语罗马字。

国语罗马字于1928年9月由大学院公布后，大量辞书开始以国语罗马字作为注音方式。民国时期以其注音的纯注音字表词表如《国语罗马字常用字表》(1930)、《罗马字母缀法字典》(1934)、《(北方话)新文字小字典》(1936)、《国音字汇及电码书》(1937)、《拉丁化检字》(1938)、《粤音韵汇》(1938)和《国音电报词典》(1947)等。《国音常用字汇》(1932)在《国音字典》(1919)基础上重修而成，是第一本按照"新国音"用"注音字母"注音的规范化"字书"(周有光，1989)，以注音字母和国语罗马字注音，注音字母按声调符号标调，如"去[ㄆㄚpah]怕 帕"，在正文前还附有"教育部布告第三零五一号"和"公布两式国音字母的令"(包括"教育部公布注音字母令"和"大学院公布国语罗马字拼音法式令")，落实了罗马字母与注音字母同时推行的方针，正式确定了北京音为全国的标准音，对推行"国音"起到了一定推动作用。后来的《学生小辞汇》(1937)、《模范学生字典》(1944)等都以其为蓝本。

部分辞书在结合最新读音研究成果的基础上也保留了传统注音方式，如《王云五大辞典》(1930)以国民政府最新公布的注音字母方案和国语罗马字方案为执行标准，选取最为简单直接的直音法，对于没有同音字或同音字较为偏僻的被注字则用纽四声法加以标示，既便于民众接受学习，在宣传和推动汉字拼音化方面也起到了一定的作用。《(新标准注音)学生国音字汇》(1934)按部首笔画编排，采用直音、注音符号和国语罗马字三种方式注音；《(标准国音)学生字典》(1936)按部首编排，字头下按直音、注音符号和国语罗马字顺序注音。《标准语大辞典》(1935)是商务印书馆出版的我国第一部官方规范词典，该书是"全国国语教育促进会国语建设工作之一""专供研习、检查标准语的应用"(凡例)，采用注音符号和国语罗马字注音，多音字在字头下分别注音释义，读音前用"【正】""【变】"标明部分单字的正音和变音变调情况，词语不注音。

《国语辞典》（1937—1945）"于注音方面极为注意，全部条目均逐字用第一式暨第二式国音字母标注读法和声调，单字并附有汉字直音，旧入声及尖圆等之分亦为标明"（总例）。对于多音字，在字头下分义项分别注明，如"打㊀ㄉㄚˇ daa ㊁ㄉㄚˊ dar"，声韵调均不同的多音字也按义项分别标示。此外，该词典不仅给单字注音，对所收录的二字、三字、四字、五字词语也一并注音，例如"名字 ㄇㄧㄥˊㄗˋ mingtzyh""打电话 ㄉㄚˇㄉㄧㄢˋㄏㄨㄚˋ daa diannhuah""披散着头 ㄆㄧ·ㄙㄢ·ㄓㄜ ㄊㄡˊ pi•sann•je tour""倒抽一口气 ㄉㄠˋㄔㄡㄧㄎㄡˇㄑㄧˋ dawchou i koou chih"，并且在复音词中采用拼音连写。该书在收词上注重口语词，在注音上也有所体现，词典中对"伯伯"这一词条的注为"ㄅㄛˊ·ㄅㄛ bor•bor（亦呼ㄅㄞ·ㄅㄞ bai•bai）"（序），可以发现，其注音包含书面语读音和口语读音，在查询国音、日常正音方面具有很强的实用性。对于汉语词典来说外来词是注音的一大难点，该书对所收录的外来词主要采用注音符号注音，兼采原英文单词或英文加罗马字母的拼音形式，原英文单词用斜体以示区别，例如"伯明罕 ㄅㄛˊㄇㄧㄥˊㄏㄢˇ *Birmingham*""波义耳定律 ㄅㄛㄧˋㄦˇㄉㄧㄥˋㄌㄩˋ *Bayle Dingliuh*"，体现出收词注音的多样化。

第三节　拉丁化新文字方案影响下的辞书编纂

"拉丁化新文字"是在切音字方案和国语罗马字方案的基础上发展而来的，在规范性和难易程度上都做了进一步考量和改进，其传播和推行也取得了明显成效。1929年10月瞿秋白写成我国第一个中文拉丁化方案《中国拉丁化的字母》，规定了拉丁字母汉字的具体内容和写法，随后经过中文拉丁化委员会研究商议，在此方案的基础上拟订了"中国的拉丁化新文字方案"。1931年9月,在海参崴召开了中国文字拉丁化第一次代表大会,确定了"北方拉丁化新文字"的拼写原则,该方案正式确立。方案公布后,全国多地开办了学习班、讲习所,也出版了大量课本、读物和工具书。

学界关于拉丁化新文字的相关研究成果较少,刘丹丹(2008)较为系统地论述了拉丁化新文字运动的产生、经过和推行情况,但偏重史实梳理,未就其辞书应用状况做探讨。拉丁化新文字为拉丁字母的形式,是对国语罗马字的进一步改进和发展,因其拼写简单便捷被越来越多的人接受,在社会上引起了很大反响。从拉丁化新文字与辞书的角度来看,方案发布后得到了辞书编者和出版社的积极响应,《拉丁化检字》(1938)、《吴音辣体字典》(1940)等均以拉丁字母表次序作为正文编排方式,且均以拉丁化新文字作为字头,为后来的辞书提供了新的排序途径。

1944年,上海世界书局出版了《(连写、定型、注调、分部)国语拼音词汇》,这是我国第一部用拉丁化新文字拼写国语拼音的词表,虽以笔画作为检字方法,但在单字的排列上采用了拉丁化a、b、c、ch、d……的顺序,单字和复词均采用拉丁化新文字注音,多音字词分义项标示,同音字区分标记,如"mi^1[mì],sh.密""mi^2[mì],m.Mitang.蜜""diantou[diǎn—tóu'],d.点头",书后有拼音方案一则。《实用大众字典》(1948)按首笔四部"丿一、丨"及笔画编排,注音"依照北方音为标准,用(拉丁化—注)新文字字母拼音及同音汉字并注",多音字在同字头下另起一行处理。《新文字单音字汇》(1948)按拉丁字母次序编排,以拉丁化新文字注音,依据《国音常用字汇》(1932)、《拉丁化检字》(1938)和《国语拼音词汇》(1944)汇编而成,对与国语罗马字有出入的发音都做了注明,例如在"zian"底下有"箭""渐"等字,注明"国罗作gian","gian"底下也有"箭""渐"等字,注明"拉化作zian"。我国拉丁字母式的拼音方案

《汉语拼音方案》吸取经验、结合现实，于1958年应运而生，成为现代辞书排检和注音的基础。

第四节　汉语拼音化在辞书注音中的演变

汉语拼音化是国人探索和改良汉字的途径，民国时期的汉语辞书注音和排序是拼音化探索的产物和缩影。自清末切音字运动开始，到后来的注音字母运动、国语罗马字运动和拉丁化新文字运动，都将汉字表音作为研究对象，陆续颁布了多个方案和提议，音义并重的规范性辞书不断涌现，先后出版以"国音""注音"命名的普通语文辞书，一定程度上推动了中国语文现代化的进程。伴随着拼音化运动的开展，民国时期的汉语辞书在注音方式上也发生了较大的变化，经历了从直音、反切到以注音符号、拉丁字母标音的阶段，见证了由汉字注音到字母注音的跨越式发展，辞书的编排方式也不再拘泥于依照传统音韵和部首笔画，拉丁字母开始被各大辞书采用，为国人学习汉字、普及文化提供了很大便利，也对汉语的推广起到了促进作用。

注音符号是拼音化运动中的重要成果，不仅是民国时期辞书的主要注音方式，也影响了中华人民共和国成立后的辞书注音，《国音字典》（1919）采用注音字母为注音方法，随后的《注音新辞林》（1921）、《学生国语字典》（1921）、《（京音国音对照）国语词典》（1922）、《（国音白话注）学生词典》（1924）等相继以注音字母注音，而《国语辞典》（1937—1945）和《国语拼音词汇》（1944）等不仅给单字注音，也给复词注音，后来的《现汉》《现代汉语规范词典》等词典也延续了这种方式。1928年国语罗马字公布后，《（四角号码）学生字汇》（1928）采用注音字母和国语罗马字注音，《王云五大辞典》兼采直音、注音符号和国语罗马字三种注音方式，《学生辞源》

（1931）、《国音常用字汇》（1932）、《学生国音字汇》（1934）、《标准语大辞典》（1935）、《辞林》（1936）和《国语辞典》（1937—1945）等辞书也把国语罗马字作为注音方式之一。随后的《吴音辣体字典》（1940）、《新文字单音字汇》（1948）等以拉丁化新文字注音。1958年，《汉语拼音方案》由全国人民代表大会通过，这是迄今为止最严密、最权威的汉字注音方案，其声母和韵母借鉴于国语罗马字和拉丁化新文字，标调方法来自于注音字母，是对拼音化运动成果的总结和完善。此外，从《京音字汇》（1913）按音序编排开始，到《国音小检字》（1921）采用国音音类编排，再至注音字母方案公布后，音序检字法逐渐成为我国汉语辞书主要的编排方法，《国语辞典》作为我国第一部严格意义上的音序词典，为《现汉》及其他现当代语文词典的编排提供了借鉴，影响深远。

第九章　民国时期汉语语文辞书收词、释义和例证的演变

1986年3月英国埃克塞特（Exeter）的词典研究中心召开了"词典学史研讨会"，参会学者对不同地区、不同类型的辞书编纂史进行了集中探讨，并由中心主任哈特曼（R.R.K.Hartmann）主编出版了会议论文集《词典学史》。该次会议在词典理论方面的代表性成果便是罗伯特·伊尔森（Robert F. Ilson）发表的《词典考古学：比较同一家族的词典》（*Lexicographic Archaeology: Comparing dictionaries of the same family*），文章开篇即对这一新概念进行了界定，明确指出其概念来源、研究内容和理论意义。稍后，哈特曼和詹姆斯（G.James）在《词典学词典》（*Dictionary of Lexicography*, 1998）一书中将该称名改为"Dictionary Archaeology"，从词源意义上明确了该术语的研究对象，将其总结为"通过研究不同辞书的内容、历史和谱系关系来揭示它们之间的内在联系"，并将其作为辞书批评和辞书史研究的重要组成部分。

该理论的提出不仅在国外产生积极反响（于屏方、杜家利，2016），也被国内学者采纳和使用，杨慧玲（2012）对比勾画了马礼逊、卫三畏、翟理斯汉英词典发展谱系，刘善涛、王晓（2015、2020d）以《王云五大辞典》为基点对民国时期汉语语文辞书的发展演变进行分析，王东海及其辞书研究团队不仅对该理论进行专门介绍

（2018），还主持申报了国家社科基金项目"百年汉语语文词典谱系的词典考古研究"（19BYY015），对《现汉》《新华字典》《国语辞典》等两岸代表性辞书的发展演变进行了专门研究。前人研究为本课题提供了重要参考，但当前成果尚缺少对民国时期汉语语文辞书编纂状况的历史谱系梳理。

民国时期被看作我国汉语语文辞书的演变与改革时期（刘叶秋，1983）、承上启下的新旧转型期（徐时仪，2016），"掩映着国学余晖和西学晨曦"（张志毅、张庆云，2015），为汉语语文辞书发展过程中承上启下的重要节点，涌现出一批具有开创意义的代表性语文辞书，古今辞书体例的演进和典型辞书的蓝本效应推动了现代化初期汉语语文辞书的编纂与出版，呈现出典型的历史意义和现实价值（刘善涛、王晓，2020b）。前人时贤多从宏观视角对该时期的辞书特点进行概括，本章在丰富的真实辞书文本的基础上选取有代表性的57部辞书，以辞书中"一"字的处理状况为切入点，从微观角度探讨民国时期现代汉语语文辞书的发展谱系，以便更为细致地了解该时期的辞书编纂特点和时代价值。

"一"字因其简易的书写笔画、丰富的文化意蕴和强大的构词能力一直是研究者关注的对象，《说文解字》首字便是"一"，民国语言学家刘复（1932）在着手编纂《中国大辞典》之初曾从"形、音、义、词四部分"试编《"一"雅》一书，并将"一"字释义独立发表，共列举义项39条；出版大家王云五主编《中山大辞典》的最终成品《"一"字长编》（1938）收录"一"字义项58条，"一"字打头词语5564条；日本《大汉和辞典》（1960）收录义项23条，词语2708条；台湾《中文大辞典》（1968）收录义项51条，词语3417条；改革开放后，大陆出版的《汉语大字典》（1990）收录义项20条、《汉语大词典》（1994）收录义项24条，词语1803条。除辞书释义和收词外，对"一"字及其构词的研究更是不胜枚举，陈望道（1950）曾简单讨论过"一"字的用法;陈原(1980)也曾以《释"一"》讨论过词典中相关词语的收词、释义问题;徐仁甫《广释词》(1981)一书专收"一"字虚词义项16个;最近华学诚(2022)则以"一"为例讨论了《汉语大词典》修订本的释义修订情况。另外,还有学者从哲学、文化学、语法学、翻译和二语教学等不同角度对"一"字及其相关结构进行了分门别类的研究,丰富了"一"字的研究内容,也体现出了"一"字研究的独特价值。

第一节 所选辞书样本的特点分析

《康熙字典》(1710—1716)不仅"集古今切韵之大成"(凡例),而且"搜罗之备、征引之富,尤可谓集字书之大成"(张元济,1949),是"我国第一部收字最多、规模最大、价值最高、影响最广的大型汉语字典,是汉语字典史上一块巍峨的丰碑"(丰逢奉,1988),影响后世二百余年,是中国古代字典分析的典范样本。《新字典》(1912)被誉为"吾国欧化以来第一次之辞书也"[①],"我国第一部收有现代科学新字的字典"(曹先擢、陈秉才,1992),"中国现代辞书史上的第一部汉语语文辞书"(金欣欣,2007);《中华大字典》(1915)是20世纪80年代以前收字最多的汉语字典,它的出版标志着"中国旧字书的终结,宣告了我国辞书编纂已步入现代字(词)典时期"(李开,1990),两部字典在汉语语文辞书发展史上发挥着承前启后的重要过渡作用。《辞源》(1915)被誉为"我国第一部兼收语文、百科的综合性新型大辞典"(陈炳迢,1985),首次明确了"以字率词"的现代辞书编纂体例,为词典编纂树立了典范。在字典和词

---

① 丁文江《商务印书馆〈新字典〉商榷》,见《独立周报》,1912年第5期。

典两大辞书类型框架下，各子类型辞书不断丰富。如，《学生字典》（1915）开汉语学习字典之先河；《国文成语辞典》（1916）为现代汉语普通语文词典的首次尝试；《（绘图白话）学生小字典》（1919）在释义语言和插图设置上努力贴近读者需求；《（词性分解红皮新式）中华字典》（1927）是我国最早为字头分义项系统标注词性的字典；《标准国音中小字典》（1937）明确按历时演变顺序排列义项；《中华基本教育小字典》（1948）是我国最早明确使用释义元语言思想编纂的现代字典；《（增订注解）国音常用字汇》（1949）是新中国成立前对汉语单字的最后一次官方正音成果，其音序编排体例和义项处理方式已与现今字典无实质区别。在词典编纂方面，《注音新辞林》（1921）是最早采用注音字母为词典条目系统注音的现代语文词典；《（京音国音对照）国语词典》（1922）专收北京话中的常用词语，国音京音对照注音，推动了新国音标准的制定和辞书收词释义的口语化；《国语普通词典》（1923）是我国第一部全书采用横排编写和新式标点的普通语文词典；《王云五大辞典》（1930）为部分字词标注词性的综合性中型词典；《标准语大辞典》（1935）是国语运动推广中汉语规范词典的早期代表性成果，而《国语辞典》（1937—1945）则代表了国语运动在词汇整理、词典编纂方面的最高成就。

汉语语文辞书的现代化演进是众多辞书共同参与，缓慢推进的过程，除上述代表性辞书外，也有一些辞书在不同层面、不同程度上体现出一定的创新性，成为辞书现代化链条上不可或缺的组成部分，如《新编中华字典》（1914）以"保存古义，灌通新理为宗旨"（凡例），重视"科学之字""通俗之字""社会习用新名词"的收录；《中华新字典》（1914）的编纂"一在厘正旧字旧义，一在增加新字新义"（序），以补《康熙字典》"引证繁琐，无裨实用"之憾；《实用学生字典》（1917）和《新式学生字典》（1917）进一步充实了汉语学习字典的数量；《学生国语字典》（1921）、《（中华）注音国语字典》（1921）进一步推动了学生规范字典的发展；《（国音白话注）学生词典》（1924）和《（国音标准）白话词典》（1924）都宣称"用语体解释"，促使释义语言的文白转型；《标准国音学生字典》（1935）、《（大众实用）辞林》（1936）、《中华国语大辞典》（1940）等后续辞书在注音、收词、释义等方面逐渐成熟，也成为辞书现代化发展中可资参考的重要样本。本研究中，我们共搜集整理了民国时期较有影响力的现代汉语类辞书56部，下面以这些辞书中"一"及其构词的编纂收录等状况为样本进行分析，以便对该时期的辞书谱系演变进行全面系统的研究。

第二节　样本辞书中"一"字编纂的整体情况

除《康熙字典》外，在56部民国辞书中，包含现代汉语字典33部[①]，现代汉语词典23部[②]。我们将辞书中字头"一"和以"一"字打

---

① 书目如下：《新字典》（1912）、《新编中华字典》（1914）、《中华新字典》（1914）、《学生字典》（1915）、《中华大字典》（1915）、《实用学生字典》（1917）、《新式学生字典》（1917）、《实用大字典》（1918）、《（绘图白话）学生小字典》（1919）、《学生国语字典》（1921）、《（中华）注音国语字典》（1921）、《中华民国最新字典》（1922）、《（新体实用）学生字典》（1923）、《中华新式字汇》（1924）、《中华万字字典》（1926）、《新式大字典》（1927）、《（词性分解红皮新式）中华字典》（1927）、《平民字典》（1927）、《（注音符号）学生国语字典》（1931）、《标准国音学生新字典》（1933）、《大众字典》（1934）、《标准国音学生字典》（1935）、《学生标准字典》（1935）、《小学生模范字典》（1936）、《标准国音中小字典》（1937）、《国音小学生字典》（1940）、《模范学生字典》（1944）、《实用新字典》（1947）、《少年字典》（1947）、《中华基本教育小字典》（1948）、《（新部首索引）国音字典》（1949）、《（增订注解）国语常用字汇》（1949）、《（四角号码）学生小字典》（1949）。

② 书目如下：《辞源》（1915，简称C1，下同）、《国文成语辞典》（1916，C2）、《注音新辞林》（1921，C3）、《（京音国音对照）国语词典》（1922，C4）、《国语普通词典》（1923，C5）、《学生辞典》（1924，C6）、《（国音标准）白话词典》（1924，C7）、

头的词目的编纂信息加以数据化处理，建成"'一'字样本数据库"，包含古文字形、小篆字形、字头注音（多个注音分为"音1""音2"……）、字头注音方法（分为"法1""法2"……）、字头本义、字头义项（多个义项分为"义1""义2"……）、义项数量、字头词性标注、字头释义语言、字头释义方式、字头例证类型、词目注音、词目注音方法、词目义项、词目释义语言、词目释义方式、词目例证类型等17大项53小项属性信息。不同时期、不同类型的辞书体例和释义存在较大差异，在义项分析过程中将相近义项加以归并有助于更为条理地把握不同辞书的释义状况。对"字头义项"中首列本义的辞书标明"字头本义"，不同辞书相同义项标记在同一数据序列中，同时在不同义项前标明该义项在辞书中的编排序号，便于如实展现辞书义项的排列原貌，分析辞书义项的编排方式。

从"样本库"可知，民国辞书对上述属性信息的处理整体上逐渐趋于现代化，但在个别属性信息的改进中也伴有反复，体现出辞书现代化与时代环境和编者理念的紧密关系。如《新字典》（1912）已不再收录"一"的小篆和古文字形，但1914年的《新编中华字典》和《中华新字典》均有收录，后出辞书虽大多不再收录小篆字形，但1947年的《实用新字典》却再次收录。与《康熙字典》不同的是，民国时期有17部辞书单独立项收录古文字形"弌"，但其中11部将该字形与"壹"和"1"一起解释，共同说明"一"字在不同场合的写法。在注音方面，《康熙字典》在释义后又列举了"一"的两个叶音，

（接上页）《（国音白话注）学生词典》（1924，C8）、《新式学生辞林》（1925，C9）、《王云五大辞典》（1930，C10）、《小朋友词典》（1935，C11）、《标准语大辞典》（1935，C12）、《（大众实用）辞林》（1936，C13）、《辞海》（1936，C14）、《中国常用成语辞典》（1937，C15）、《中学生辞林》（1937，C16）、《国语辞典》（1937，C17）、《启明辞林》（1940，C18）、《中华国语大辞典》（1940，C19）、《学生（求解、作文、成语、辨字）四用辞汇》（1942，C20）、《学生白话大辞林（依新标准国音订正）》（1943，C21）、《辞渊》（1947，C22）、《词典精华》（1947，C23）。

民国辞书已将其摒弃,只标注一个读音,并在1949年出版的《(新部首索引)国音字典》和《(增订注解)国音常用字汇》的释义最后标明"一"字的变调情况,表明辞书对活语言的重视。在注音方法上,除7部词典只收词,不收字,未给"一"字注音外,共有45部辞书采用传统直音、反切方法,34部辞书采用注音符号,17部辞书采用国语罗马字为"一"注音。古代字书大多在释义前引用《说文》说明单字本义,民初《新编中华字典》(1914)、《中华大字典》(1915)也是如此,但其他辞书已不再遵循此例,大多(46部)将"最小的正整数"作为初始义项。在"样本库"中,各辞书的义项数差异较大,最多有32个义项(如《中华大字典》),最少只有1个义项(如《国语普通词典》),多数辞书(28部)的义项数集中在3到6个。我国古代学者虽然很早就开始关注古汉语虚字的研究,但没有形成系统的汉语语法学,《康熙字典》未标明"一"字词性,《新字典》开始使用"统括之词""或然之词""助辞"等术语标明虚词词性,自《(词性分解红皮新式)中华字典》(1927)起,辞书开始为单字义项系统标注词性。民国时期共有19部辞书明确标注单字词性,早期主要关注虚词词性,后期有5部辞书系统标注实词和虚词词性。辞书中加注词性表明编者开始对单字语法功能进行关注,同时也显示出我国辞书义项排列开始由重视字义演变的历史顺序、语义频次的频率顺序向语法逻辑顺序的演变。辞书释义语言的文白转型也是民国辞书现代化的显著标志,"样本库"中有22部辞书使用文言释义,27部辞书使用白话释义,并且随着时间的推移,由文言向白话的转型日趋明朗和稳固,辞书释义方式也由早期字词间的直训向更为科学的义界发展(王宁,1996)。"样本库"中以直训为主的辞书15部,直训、义界并用的辞书10部,义界为主的辞书24部。在例证设置中,《康熙字典》以书例为主,民初《新字典》则书例、词例并用,后出辞书逐渐向词语例证、自编小句例证转型。数据库中除9部小型辞书未设置例证外,有15部辞书设有书例、35部辞书设有词语例证、5部辞书设有自编句例。

整体来看，民国时期编纂的现代汉语语文辞书基本不再列举小篆字形，古文字形多作为义项内容附列其后，辞书注音状况与注音方案的推行互相推进，辞书释义方式和例证设置也不断向更加科学和实用的方向进步。因为释义是辞书编纂的核心，配例是辞书释义的延伸，也是辞书编纂中不可或缺的重要结构要素，以下我们主要从样本库中"一"字释义、配例和立目词语的处理状况分析民国辞书编纂体例的演变。

第三节　辞书中"一"字义项设置的演变

我国古代字书虽伴有词的收录和释义，但多穿插在字义中，造成单字释义的繁杂。《康熙字典》"一"字下虽列有17个义项，但"百一""三一""尺一"等5个义项为专有名词；《中华大字典》设有32个义项，但"一人""一日""一切"等7个义项也是"一"字词语。我们将辞书中包含的词语义项排除，参考《汉语大字典》《汉语大词典》的释义共归纳出"一"字义项33条[①]，关涉民国辞书49部，义项数量与辞书数量对照关系如表9-1：

---

① 义项如下：1.最小的正整数；2.序数的第一位；3.确数，一个；4.唯一的、独有的；5.一部分；6.少、精；7.平均、均匀；8.表示动作一次或短暂；9.不定代词，某；10.每；各；11.全、满、整体；12.相同、一样；13.齐一、一致、联手；14.统一、使统一；15.专一；16.纯一不杂、纯正；17.初次、第一次、开始（的时候）；18.另、又；19.独；20.事物有几个方面，指其中的某个方面；21.副词，都、一概；22.副词，一直、始终，表示动作不间断，情况不改变；23.副词，乃、竟然，表示出于意料；24.副词，一旦、一经；25.副词，逐一；26.副词，表示突然的动作或现象；27.副词，用在重叠的动词之间，表示动作是短暂的或是尝试性的；28.连词，与"便"或"就"连用，表示两种动作时间上的前后紧接；29.助词，用以加强语气；30.哲学概念，道也、善也、无敌也、不变也、空虚无形；31.中国古代乐谱记音符号；32.不同情况下的字形书写形式；33.姓氏。

表 9-1　民国辞书"一"字义项数量与关涉辞书数量对照表

义项数	1	3	4	5	6	7	8	9	10	11	13	14	15	18	19	32
辞书数	1	7	9	7	5	4	4	2	1	1	1	1	1	3	1	1

由表 9-1 可知，民国辞书中"一"字义项数大多在个位数，注重义项的高频性和常用性，说明民国辞书的编纂以中小型语文辞书为主，《辞源》也仅设置了 9 个义项，并在后编辞书中得到传承。义项数量较多的辞书集中在中华书局编纂的《中华大字典》《实用大字典》《辞海》和中国大辞典编纂处编纂的《标准国音中小字典》《国语辞典》《（新部首索引）国音字典》《（增订注解）国音常用字汇》，这是民国时期有代表性的两大辞书家族，辞书内部显示出明显的谱系关系，但前者的义项数由 32 到 19 再到 13，义项减少的主要原因在于对上述"一"字词语不当义项的逐步舍弃，显示出辞书编纂观念的逐步完善；后者的义项数则由 15 增加到 18，显示出历时辞书义项在逐步丰富，辞书间的谱系关系更加稳定。同时，在我们归纳的 33 个义项中，不同辞书的设置状况不同，不同义项在民国辞书中的设置情况也不尽相同，具体见表 9-2。

表 9-2　"一"字不同义项在民国辞书中的设置状况数据表[①]

义项	Y1	Y2	Y3	Y4	Y5	Y6	Y7	Y8	Y9	Y10	Y11
辞书数	45	1	21	9	1	1	6	5	6	3	9
义项	Y12	Y13	Y14	Y15	Y16	Y17	Y18	Y19	Y20	Y21	Y22
辞书数	41	3	16	36	10	3	3	2	4	32	3
义项	Y23	Y24	Y25	Y26	Y27	Y28	Y29	Y30	Y31	Y32	Y33
辞书数	20	24	2	3	4	4	5	2	4	25	7

由表 9-2 可知，不同义项在民国辞书中的设置存在较大差异，Y1"最小的正整数"和 Y12"相同、一样"的出现频次最高，上承

---

① 表中及以下文中和表中"Y1、Y2……"表示"义项1、义项2……"，具体义项所指内容见第 159 页脚注。

《康熙字典》；Y15"专一"和Y21"副词，都、一概"则是民国辞书的新增义项，早在《新字典》中即以单独立项；Y32表示"一"在不同环境下的书写变体，不能看作释义内容，《新字典》和《辞源》未设立该义项，《中华大字典》《辞海》则沿用《康熙字典》的做法为其立项，同时增补繁体字形或数字符号，两种不同的处理方式可谓势均力敌，影响参半。比如在改革开放后，《汉语大字典》采纳了《新字典》的做法；第一版《汉语大词典》则采纳了《中华大字典》的意见，而在最新的《汉语大词典》征求意见稿中则又删除了该义项。上述各辞书高频义项在民国辞书中的共现状况，见表9-3：

表9-3 民国辞书高频义项共现状况数据表

义项	Y1、Y12	Y1、Y12、Y15	Y1、Y12、Y15、Y21	Y1、Y12、Y15、Y21、Y24	Y1、Y12、Y15、Y21、Y24、Y3	Y1、Y12、Y15、Y21、Y24、Y3、Y23	Y1、Y12、Y15、Y21、Y24、Y3、Y23、Y14	Y1、Y12、Y15、Y21、Y24、Y3、Y23、Y14、Y16
共现辞书数	36	31	23	11	7	5	3	1

由表9-3可知，因各辞书的义项设置状况各有差异，常用义项的共现数越多，所关涉的辞书数量越少，而同时设立前9个高频义项（Y32除外）的辞书只有1部，即《辞源》，包含了《辞源》的所有义项，这就意味着《辞源》不仅开创了我国现代词典的编纂体例，在义项设置上也成为后世辞书参考的典型蓝本，是现代语文辞书谱系的代表性源头。

高频义项值得关注，低频义项也不容忽视，《康熙字典》为"一"字设"少"义（Y6），《中华民国最新字典》（1922）沿用，《汉语大字典》亦然；Y2"序数的第一位"、Y5"一部分"为民国辞书的新设义项，被《汉语大词典》沿用。再如Y22、Y26、Y27的副词义，Y28的连词义直至《标准国音中小字典》（1937）、《国语辞典》（1937—

1945）才得以重视，单独立项，但现已成为当代辞书的常设义项，反映出民国辞书谱系发展的当代延续。

第四节　辞书中"一"字释义语言和释义方式的演变

不论是高频义项还是低频义项，尽管释义中的核心义素并未发生变化，但释义语言却体现出明显的文白转型。同时，释义语言的变化对辞书释义方式由直训到义界的发展又产生了积极的推动作用。下面我们以《辞源》中的义项为对象探析释义语言的变化状况，《辞源》义项1与《新字典》一致，承自《康熙字典》"数之始也"，但又补充"凡物单个皆曰一"。[①] 至《（绘图白话）学生小字典》（1919）释为"一个的一，凡十、百、千、万的数目都从一数起"，《学生国语字典》（1921）释为"起头的数目，单个的事物都叫一"，《国语普通词典》（1923）释为"整数中最小的单位数"。由此可见，样本库辞书对该义项的释义均采用定义式义界法，《辞源》释义虽比《康熙字典》丰富，但同样为文言释义，《（绘图白话）学生小字典》等后续辞书采纳了白话释义方式，使释义内容更加完善，释义方式更为科学。

《辞源》义项2采用我国古代字书最常使用的单字同义直训方式，释为"同也"，至《学生国语字典》（1921）释为"同样的事物"，语言俗白，但与被释词的词性不对应；至《平民字典》（1927）释为"相同的意思"、《王云五大辞典》（1930）释为"[形]一样的，（例）及其成功一也"，义项处理渐趋成熟。

《辞源》义项4"统一也，《孟子》：'定于一'"，是相较《康熙字

[①] 部分辞书将该释义内容独立为义项，我们遵照《辞源》义项设置的实际情况，作为义项1的部分内容进行分析。

第九章　民国时期汉语语文辞书收词、释义和例证的演变 | 163

典》和《新字典》的新增义项，词语直训，用例为书例，至《(词性分解红皮新式)中华字典》(1927)释为"(动)是合并为一的意思，如统一国语、统一河山"；《标准国音中小字典》(1937)释为"含有'统一'或'使之统一'义，《孟子》：'天下恶乎定？定于一。孰能一之？'"；《国语辞典》(1937—1945)释为"整饬均齐，合于某种则律或型式，即统一之意，如'定于一'，见《孟子》"。在释义语言不断丰富的同时，释义方式也由直训演变为定义式义界，更为翔实、清晰。①

除5个实词义项外，《辞源》还收录了4个虚词义项，均为《康熙字典》所不曾有的新增义项，如义项8："助词，乃也，《淮南子》'伯乐喟然太息曰：一至此乎'。"《新字典》虽也设立了该义项，但并未释义，至《国语辞典》(1937—1945)增加"竟"义，"乃；竟然"的等义直训方式一直沿用至《汉语大字典》《汉语大词典》。②"一"字的助词义项最早见于《辞源》义项9，释为"发语词，《国策》：'一何庆吊相随之速也'"。至《辞海》(1936)释为"语中助词"，《国语辞典》(1937—1945)释为"助词"，但均未明确说明该义项"加强语气"的用法，还需在后续辞书传承中继续完善。

综上可知，民国辞书释义语言的文白转型和释义方式的丰富优化在整个时间发展链条上是一个缓慢推进的过程，《辞源》因其编纂理念、编纂体例和编纂实践的开创性成为现代辞书初期的代表性参照母本，后起的《中华大字典》《(绘图白话)学生小字典》《(词性分解

---

① 《汉语大字典》释为"统一；划一"，《汉语大词典》释为"统一"，又回到了传统的同义直训，似有不妥。
② 《新字典》在该条释义中只标明了词性和用例。另，虽然在《新字典》编纂初，编者们已经注意到"近来新编字典，每字每义标举名、代、动、静等品词，本书初稿，亦循是例"(《新字典·例言》)，但限于特殊的学术环境，编者对词类的标注主要沿用了中国传统文人的虚字研究成果，直至《(词性分解红皮新式)中华字典》(1927)才系统采纳《马氏文通》的词类体系，至《王云五大辞典》(1930)使用《新著国语文法》的词类体系。

红皮新式）中华字典》《王云五大辞典》《国语辞典》等辞书承续并完善了《辞源》的现代性理念，也构成了辞书现代化谱系中不可或缺的环节。

第五节　辞书中"一"字义项配例的演变

辞书例证的使用也是考查辞书古今转型的重要因素，古代字书和历时性辞书较多使用书例，现代中小型辞书较多使用词例和句例，词例有助于组词，扩充使用者的词汇量；句例大多是自编小句，能够更好地体现字义在具体语境中的使用情况。词例又可细分为双音节词例、成语例和自由短语例三小类，凝固性逐渐减弱，向更为灵活的小句例过渡。

如上文所举"一"字"同也"义，《新字典》《辞源》《中华大字典》的例证与《康熙字典》均为："《孟子》'先圣后圣，其揆一也'。"商务印书馆最早编纂的内向型学习字典《学生字典》（1915）中仍为书例，但在稍后改编的《实用学生字典》（1917）中则改为词例"一律、一致"，之后的《中学生辞林》（1937）举例"一般、一式"；《模范学生字典》（1944）举例"始终如一"；《（四角号码）学生小字典》（1949）举例"一色、一样、始终如一"。伴随着辞书对学生群体实用性的关注，词例类型也更为丰富。

《康熙字典》未对"一"字设"专一"义，《新字典》立项"专也，如言一味、一意，《礼》'欲一以穷之'"，同时使用了词例和书例；《学生字典》（1915）、《实用学生字典》（1917）则删掉了书例，只保留词例；《中华万字字典》（1926）、《（词性分解红皮新式）中华字典》（1927）等均举例"一心一意"，由双音节词例向成语例发展；《国语辞典》（1937—1945）举例"一往直前、一直走去"，向更为灵活的自由短语例发展。

再如"一"字"全；满"义最早见于《中华新字典》(1914)义项8："满也、全也，《韩（愈）文》'一座大惊'。"该义项并未引起同时期辞书编者的关注，也可反知该辞书的影响不大。直至《大众字典》(1934)义项5"作'全'字解，如一力、一腔、一股脑儿、一网打尽"；《标准语大辞典》(1935)义项3"统括全体的词，（例）一天的星星、一地的瓜子皮儿"；《国语辞典》(1937—1945)义项2"满、整、全，如'一脸的汗'"，该义项和例证才逐渐稳定下来。"一"字做代词"某、某个"义最早见于《（大众实用）辞林》(1936)义项7"作不定词用，如一天"；《标准国音中小字典》(1937)举例"一唱百和"；《国语辞典》(1937—1945)举例"一天，他又来了"。"一"字做副词表示"突然的动作或现象"义最早见于《国语辞典》(1937—1945)义项12"表实际乍行某事或乍有某种现象之意，如'用手一摸''天气一凉''甩手一走'"。可见，伴随着白话文运动的深入推进和白话地位的逐步确立，现代语文辞书对口语常见义项的发掘和编纂更为重视，不仅释义语言更为通俗、全面，词例和句例的使用也更为多样和成熟，20世纪30年代《标准语大辞典》《国语辞典》的出版可以作为现代语文辞书发展的新起点，构成了新中国成立后中小型语文辞书编纂的谱系源头。

第六节　字头"一"下立目词语的设置与演变

数据库中共收词典23部，共立词目1317条，共设义项1741条，其中《国语辞典》的收词数和义项数最高，分别为557和883条；《学生（求解、作文、成语、辨字）四用辞汇》的收词数和义项数最低，分别为20和29条。从收词数和义项数的比例来看，《启明辞林》收词

29条，义项59条，二者比为1∶2.03，每词平均2个义项，多义词居多;《中国常用成语辞典》的收词数和义项数均为56，占比100%，即都是单义词，各词典收词数、义项数和二者比例如图9-1：

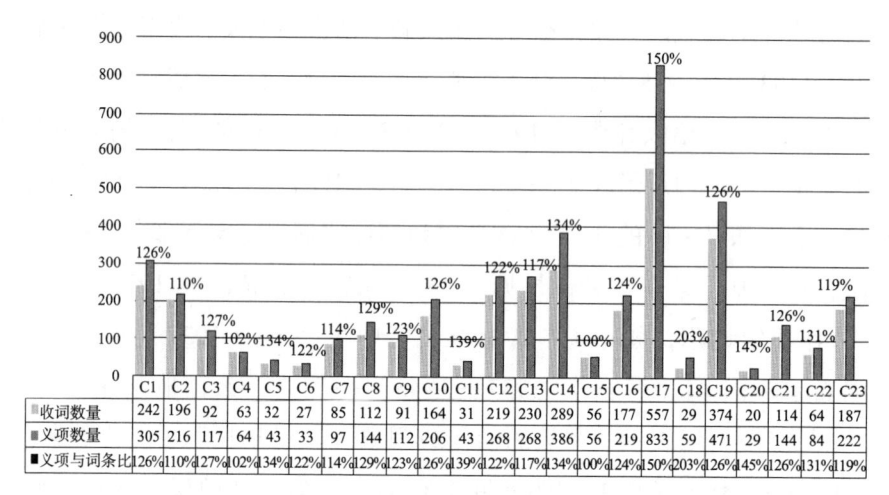

	C1	C2	C3	C4	C5	C6	C7	C8	C9	C10	C11	C12	C13	C14	C15	C16	C17	C18	C19	C20	C21	C22	C23
收词数量	242	196	92	63	32	27	85	112	91	164	31	219	230	289	56	177	557	29	374	20	114	64	187
义项数量	305	216	117	64	43	33	97	144	112	206	43	268	268	386	56	219	833	59	471	29	144	84	222
义项与词条比	126%	110%	127%	102%	134%	122%	114%	129%	123%	126%	139%	122%	117%	134%	100%	124%	150%	203%	126%	145%	126%	131%	119%

图 9-1　民国词典"一"字收词数、义项数和二者比例图

由图9-1可知，字头"一"下立目词语数高于200的民国词典有6部，100以下的词典11部，其余6部的收词数居中，这也就意味着民国词典以中小型为主。部分词典收词量大，主要缘于民国时期白话文运动的推广，词典编纂对口语、俗语、口头表达的重视，这也就造成词典中独有词和独有义项的数量增加。据统计，民国词典共有938个词语的1018个义项只出现过一次，《国语辞典》收词庞大，独用词目数和义项数也最高，分别为332和390，占该词典的半数左右，收词失之宽泛，描写性特点非常明显。正因如此，数据库中"一"字词目和义项共现次数最高的词典也是《国语辞典》。该词典中共现数超过10次的词目数为70条，义项数为79条，这也显示出该词典的稳定性和规范性特点，表9-4为"一"字词目数超100的民国词典的义项数、单次词目数和义项数、超10次词目数和义项数的数据情况：

表 9-4 "一"字词目数和义项数、单次词目数和义项数、超 10 次词目数和义项数数据表

词典名称	出版时间	词目数	单次词目数	超10次词目数	义项数	单次义项数	超10次义项数
国语辞典	1937	557	332	70	833	390	79
中华国语大辞典	1940	374	165	52	471	176	57
辞海	1936	289	84	64	386	89	73
辞源	1915	242	46	63	305	50	73
（大众实用）辞林	1936	230	39	67	268	39	77
标准语大辞典	1935	219	22	63	268	22	68
国文成语辞典	1916	196	92	38	216	92	44
词典精华	1947	187	31	42	222	33	43
中学生辞林	1937	177	7	61	219	7	71
王云五大辞典	1930	164	12	66	206	12	70
学生白话大辞林	1943	114	0	59	144	0	69
（国音白话注）学生词典	1924	112	2	58	144	2	68

与《国语辞典》相比，《中华国语大辞典》的收词数和义项数、独用词目数和义项数均位居第二，但该词典中多次共现的词目数和义项数不高，稳定性较弱。再结合辞书的初版时间来推测其影响力，我们可以发现《辞源》收词和义项的稳定性、承传性都非常强，词目数较大，但独有词目不多，低于后编辞书对其沿用的次数，在一定程度上优于《辞海》。这反映出两部辞书在初版时就已经有了语文性与百科性的类型差异。到了 20 世纪 30 年代，有影响力的词典逐渐增多，既承续前代《辞源》的现代体例、收词和义项，又继续推进辞书发展的现代化，促进收词、释义的口语化和规范性，为新中国成立后的辞书编纂奠定了基础。

第七节　现代化初期汉语辞书发展的谱系化探讨

汉语语文辞书的现代化演进是一个缓慢推进的过程，有新理念新手段的创新探索，也有对传统辞书优缺点的借鉴改进，虽然不同时期不同类型的辞书、辞书中的不同义项、义项中实词义项和虚词义项的处理方式略有不同，甚至伴有反复和不足，但整体发展历程呈现出曲折发展、螺旋上升的态势。

作为文化产品的辞书，民国辞书在传承中守正，在借鉴中创新，在复杂的社会背景和学术背景下，开创并推动了汉语语文辞书的现代化，或显或隐地展现出辞书发展的谱系脉络。清末民初，"社会口语骤变，报纸鼓吹文明，法学哲理名词，稠叠盈幅，然行之内地，则积极消极，内籀外籀，皆不知为何语"，进步学人"欲毁弃一切，以言革新"，而"所以充补知识者，莫急于此（新式辞书）"[1]，《新字典》《辞源》《中华大字典》应时代所需，不但系统整理了新知新义新词语，还开创了现代语文字典和词典编纂的体例，"其体例纲领将为后之从事于此者所取法"[2]，成为现代语文辞书谱系链上的直接源头。初版《辞源》因其"列字头、分音项、排词语、出释义、列书证、详出处"的现代辞书意识"首创中国化辞书独特体例"（王宁，2015），成为我国现代语文辞书的早期典型蓝本。之后，伴随着白话文运动的持续推进，古今语言转型对新语言现象的发现也推动了新词义的发掘、释义语言的白话和辞书例证的丰富，汉语语文辞书的类型和数量不断丰富，学生辞书、国音辞书、白话辞书、辞书删节本和改编本不断涌

---

[1] 陆尔奎《〈辞源〉说略》，见《东方杂志》，1915 年第 4 期。

[2] 丁文江《商务印书馆〈新字典〉商榷》，见《独立周报》，1912 年第 5 期。

现。这其中又分化出不同的辞书谱系类型，如以《学生字典》《（国音白话注）学生词典》等为代表的内向型学生辞书谱系；以《（绘图白话）学生小字典》《（国音标准）白话词典》等为代表的国语注音辞书谱系；以大型出版机构（如商务印书馆、中华书局）及编纂机构为代表的系列辞书谱系，甚至还有以《王云五大辞典》为底本缩编而成的《王云五小辞典》《王云五小字汇》的专人系列辞书谱系。同时，现代语文辞书在理论研究和编纂出版方面也渐趋定型，大型词典《辞海》、中型词典《（大众实用）辞林》、规范词典《标准语大辞典》、规范兼描写词典《国语辞典》、学生词典《中学生辞林》等从不同角度充实了辞书谱系的家族成员，为新中国成立后当代语文辞书的谱系发展提供了参考蓝本。

第十章　百年《辞源》研究与"《辞源》学"建设*

《辞源》始编于1908年，1915年正式出版，是我国第一部现代性新型综合辞书。新中国成立后，在周恩来总理和国家第一次辞书规划的推动下，《辞源》四卷修订本于1979至1983年陆续出版；1988年又推出合订本。《辞源》第三版的修订被纳入"2013—2025年国家辞书编纂出版规划"，并在何九盈、王宁、董琨三位先生的主编下于2015年顺利出版，展现出百年辞书的现代魅力。

"国无辞书，无文化之可言也。"（陆尔奎，1915）《辞源》是我国现代辞书之母。她将我国辞书从传统小学的附庸中解脱出来，发展为查考解疑工具，成为"便于翻检参考之书"（陆尔奎，1915），开创了我国现代辞书编纂的科学范式，是20世纪初中国文化转型期的标志性成果（王宁，2015），极大地推动了我国现代辞书的发展和完善，其历史地位和学术价值不可估量。以我国辞书史上的经典之作为研究对象，以百余年来复杂的文化学术背景为依托，在多维视角下对《辞源》的编纂背景和体例特征、不同版本的结构差异，以及《辞源》的蓝本价值和现实意义等进行多角度探讨，有助于丰富"《辞源》学"的研究和辞书强国的建设。

---

* 本章主要内容曾以《"〈辞源〉学"建设刍议》为题发表于《中国社会科学报》2018年9月18日。

第一节　百年《辞源》研究概述

百年《辞源》不断修订完善，编修出不同的版本，参编者600余人，发行数量800余万册，研究成果500余部/篇，极大地推动了我国辞书事业和文化事业的发展，学界对其研究主要集中在以下5个方面：

（1）从不同结构要素对辞书文本加以分析。这类成果比重最大，既有对《辞源》收词、注音、释义、例证等结构要素的探讨，也有就单个条目编写情况的分析。如田忠侠的《辞源考订》（1988）、《辞源续考》（1992）、《辞源通考》（2002）按条目顺序对《辞源》（1983版）逐一考证；史建桥等编的《〈辞源〉修订参考资料》（2011）按辞书结构对195篇相关成果进行了分类整理，极具参考价值；赵海燕《〈辞源〉单字释义研究》（2021）对《辞源》中所收录的单字进行了比较分析，对《辞源》修订具有借鉴意义。

（2）对《辞源》性质和编修方法的介绍总结。各版主要编修人员根据自身的编修实践进行总结归纳，如陆尔奎《〈辞源〉说略》（1915）、方毅《〈辞源〉续编说例》（1931）、刘叶秋《纠谬、补缺、充实——〈辞源〉修订散记》（1981）、史建桥《〈辞源〉建国60周年纪念版的出版与再修订》（2009）、王宁《百年〈辞源〉的现代意义》（2015）、乔永《〈辞源〉的修订与编辑加工》（2016）、乔永、周远富《〈辞源〉（音序版）编辑方案的研究》（2023）等。

（3）对《辞源》版本和编修情况的史料梳理。百年《辞源》伴随着我国社会文化的变化经历了不同的发展阶段，自修订版始，学者们就对其发展历程进行梳理，如刘叶秋《〈辞源〉的历程》（1983）、许振生《〈辞源〉八十年》（1989）、沈岳如《〈辞源〉修订史略》

(1996)、乔永《〈辞源〉编修一百年》(2010)、《辞源史论》(2016)、丁希如《〈辞源〉版本的百年流变》(2011)、高小方《〈辞源〉修订匡改释例》(2019)等。

（4）基于《辞源》的辞书对比和辞书评论。作为我国现代辞书的典范，《辞源》与其他优秀辞书的对比，以及基于辞书的文本分析和辞书评论从未间断，如裘锡圭《〈辞源〉〈辞海〉注音商榷》(1985)、何九盈《〈辞源〉午集释义商榷》(1990)、董志翘《〈辞源〉（修订本）书证刍议》(1990)、郭良夫《〈辞源〉修订本简评》(1990)、杨文全《中国新型汉语大词典的滥觞：〈辞源〉述论》(1998)、徐从权《〈辞源〉与〈现代汉语词典〉音节表比较研究》(2012)、王彦坤《〈辞源〉地名修订拾零》(2016)等。

（5）基于《辞源》的词汇研究。《辞源》为词汇研究提供了丰富的语料，推动了相关研究的深入，如张天望《古汉语褒贬同形词的性质及成因——兼评新老〈辞源〉对这类词的释义》(1987)、乔永《〈辞源〉修订与古汉语研究》(2010)、赵晓驰《从类义词角度谈〈辞源〉的修订》(2014)、苏天运《论典故词典义的横向平列性特征——兼谈〈辞源〉对典故词的处理问题》(2015)、凌丽君《从寅集"宀"部看〈辞源〉（第三版）对异形词的相关修订》(2016)、沈国威《〈辞源〉(1915)与汉语的近代化》(2017)等。

整体而言，《辞源》的研究虽然成果丰富，但也有明显的不足，体现在以下3个方面：

（1）研究主题分散，研究成果单薄，系统集中的研究成果偏少。《辞源》因其历史长、收词广、影响远，不同学科的学者根据自身的研究兴趣对其加以研究，最终形成就个别问题进行研讨的单篇论文，而《辞源》体例丰富、篇幅宏大，也就造成了对其进行系统、深入的研究成果偏少的缺陷。

（2）研究视角单一，研究内容微观，宏观立体的研究成果偏少。

现有成果主要是从辞书学、词汇学的角度进行切入，多集中在对某一版《辞源》中单个条目、单方面结构特征的分析上，而作为文化产品的《辞源》，其百年编修是在文化学、社会学、语言学等多学科的推动下进行的，对其编修史的梳理、历史价值和现实意义的挖掘需要从多维立体的角度加以分析。

（3）对《辞源》的首创意义、文化功能、蓝本效应和时代价值挖掘不够。《辞源》正编首创现代辞书体例，续编增订新词新语，合编简编丰富辞书编纂方式，修订二版的转型与提高，新修三版的坚守与创新等，各版本都重视辞书的文化贮存功能，在我国现代辞书发展中产生了积极的蓝本示范作用，体现出独有的时代价值，对其研究既要"返回原点、回归历史"，也要"照应现代、面向未来"，挖掘各版本的创新之处、版本间的谱系关系与对当前辞书建设的现实意义。

改革开放以来，我国的辞书编纂和辞书研究成果斐然，逐渐形成了以《现代汉语词典》为代表的"《现汉》学"（苏新春，2007；李斐，2008），以《辞海》为代表的"《辞海》学"（巢峰，2014），以《辞源》为代表的"《辞源》学"（乔永，2016），基于典型辞书的学术研究蔚然成风，这从学科内部要求深化对《辞源》的研究。近年来，《辞源》研究在国家社科基金立项中也从无到有，如蔡梦麒《汉字今音审订研究——以"〈辞源〉再修订"为平台》（2011）、赵海燕《〈辞源〉单字释义研究》（2014）、彭小琴《〈辞源〉百年编修出版研究》（2016），体现出国家社科发展规划的宏观导向。再者，盛世修典，2013年国家新闻出版广电总局印发了《2013—2025年国家辞书编纂出版规划》，2015年百年《辞源》适时推出新修三版，对当前的辞书建设和辞书研究产生了积极影响，"随着《辞源》新版行将问世，《辞源》学必因波涛汹涌的'源头活水'而更显勃勃生机"（李开，2015），对《辞源》的多维研究势在必行。

第二节　对《辞源》属性的再认识

百年《辞源》之所以能被奉为经典，不仅在于它作为查考工作的现代辞书学价值，还在于它在百年编修中所记录和反映的我国社会文化发展状貌，以及它在不同历史时期对其他类型辞书编修的参考和借鉴价值，因此对《辞源》的属性需要从以下3个方面进行重新判定：

（1）作为辞书成品的《辞源》研究，从辞书的结构特征出发，对初版《辞源》和历版《辞源》进行对比分析，归纳异同，系统总结《辞源》编纂体例的创新之处，开创性体现，以及修订中的坚守和创新。

（2）作为文化产品的《辞源》研究，从文化学、社会学、语言学等多维视角系统分析影响《辞源》编修的外部因素，以及《辞源》编修对社会文化发展的促进作用。

（3）作为典范蓝本的《辞源》研究，挖掘《辞源》对我国现代语文辞书编纂的蓝本意义，描绘以《辞源》为起点的现代语文辞书发展演变的谱系脉络。

第三节　"《辞源》学"建设的五个方面

"《辞源》学"建设的整体思路是"以《辞源》文本的描写和对比为中心，同时兼顾对编修背景、谱系脉络和时代意义的多维探究"，在参考借鉴已有成果的基础上，集中探讨前人研究中的薄弱领域，对已有研究中较为成熟的版本流变、词条辨析等问题不做过多分析。具体说来，以《辞源》为中心，对其结构特征、版本差异、编纂宗旨、历史价值等逐一进行分析和对比，同时又上下求索，向上探求《辞源》编纂之初的学术背景，分析影响现代辞书兴起的复杂因素；向下挖掘《辞源》编修对汉语语文辞书发展和辞书强国建设的现实意义，从"源""始""异""本""价"多维视角力求对百年《辞源》做出系统、立体的分析。

（1）《辞源》之"源"——《辞源》的编纂缘起和学术背景。《辞源》始编于1908年，当时的中国正处于社会文化转型的关键时期，中外文化交流碰撞、维新改良思想涌动，《辞源》的编纂建立在对我国传统辞书，西方传教士、外交官、进步学人所编汉外辞书，欧美日本等国所兴起的现代语文辞书等不同类型辞书的批评、借鉴和吸收的基础之上，受到了古今中外优秀辞书范本的影响，最终实现了以中国辞书为"体"、欧美日辞书为"用"的现代辞书编纂体例创新。新时期"《辞源》学"建设需要对这些复杂的学术因素加以整理分析，描写探究以《辞源》为代表的我国现代辞书兴起发展的多"源"学术背景。

（2）《辞源》之"始"——《辞源》初版的结构特征和首创意义。在多"源"借鉴下，《辞源》首创了我国现代语文辞书的编纂体例，并为后世辞书的编纂树立了典范，初版《辞源》最为突出的历史意义在于将我国辞书从传统小学的附庸中解脱出来，发展成为查考解疑的工具，"便于翻检参考之书"（陆尔奎，1915）。这具体体现在辞书结构的诸多方面，如收词上字词兼收，更重常用和新词；立目上以字带词，依序排列；注音上多音分注，音义兼统；释义上语义释义，源委沿革，简明释疑；例证辅助释义，标明出处；同时，外置索引，内设参见，后加附录，"图表以助诠释"（陆尔奎，1915）等。限于《辞源》收词广博、体积庞大，新时期"《辞源》学"建设可以在对《辞源》初版文本加以抽样的基础上，建立"《辞源》初版结构信息库"，对上述创新性体现逐一进行分析。

（3）《辞源》之"异"——各版本间的文本对比和传承关系。百年《辞源》多次增修、版本多样，依次经历了正编（1915）、续编（1931）、正续编合订本（1939）、简编（1949）、修订稿（1964）、修订本（1979—1983）、合订本（1988）、纪念版（2009）、第三版（2015）等不同的发展阶段，在不同历史时期发挥了不同的作用。纵观《辞源》的不同版本，正编本属于首创，收词横跨古今，以语词为主，兼收百科；续编本重在查漏补缺、纠错订误，增补新词新义，订正原本错误；正续编合订本和简编本则是对前两者的加减增删，依托主体还是正编本。新中国成立后，新的语言文字政策将《辞源》定性为"大型综合性古汉语辞书"，再次加以修订，修订本在国庆三十周年时开始出版；纪念版为纪念国庆六十周年而编。2015 年，在第三次全国辞书规划和辞书强国建设的大背景下，《辞源》推出第三版。限于百年《辞源》版本较多，部分版本间差异较小，新时期"《辞源》学"建设可以选取民国时期的正编本、改革开放后的修订本和新修的第三版，这三个历史时期的代表性文本为主要研究对象，在抽样的基础上建立"多版本《辞源》对比信息库"，对辞书结构特征进行对比分析，梳理《辞源》编纂性质和体例的历时传承关系。

（4）《辞源》之"本"——《辞源》的编纂宗旨和文化价值。《辞源》编纂之初正值中国新旧文化激荡碰撞与吸收转型时期，"社会口语骤变，报纸鼓吹文明，法学哲理名辞，稠叠盈幅""预知国家之掌故，乡土之旧闻，则典籍志乘，浩如烟海"，社会民众急需一部能"钻研旧学，博采新知"的新式辞书，《辞源》初版就是在这一编纂宗旨下完成的。初版《辞源》虽"新旧名辞，中外典故，无不详备"，但"世界之演进，政局之变革，在科学上名物上自有不少之新名辞发生"，1931 年《辞源》续编出版。将正续编《辞源》相比较，"一则注重古言，一则广收新名，正书为研究书学之渊薮，续编为融贯新旧之津梁"，可见《辞源》续编旨在增补新词汇。新中国成立后，1958 年开始启动《辞源》修订工作，将其定位于"用来解决阅读古籍时关于语词典故和有关古代文物典章制度等知识性疑难问题"的古汉语词典。2015年出版的《辞源》第三版收录的全部是中国经、史、子、集等典籍中实际用过的词语，解释的全部是这些词语在文献语境和思想建构中具有的本来意义，将其明确定位为"以古代典籍的语词及其解释为信息载体的中国传统文化知识库""通往传统文化的桥梁"（王宁，2015），这是对《辞源》文化功能和文化价值的充分认可。新时期"《辞源》学"建设需要进一步挖掘《辞源》百年来守本拓新的时代价值。

（5）《辞源》之"价"——《辞源》的蓝本效应和现实意义。《辞源》之所以被称为"经典"，不仅在于其自身编纂体例上的创新，还在于对后世辞书，尤其是大型语文辞书编纂的蓝本价值，以及对当前辞书研究和辞书强国建设的现实意义等方面。百年《辞源》的编修与我国现代语文辞书的发展息息相关，初版《辞源》的发行开启了现代语文辞书谱系的新篇章，不仅为民国时期的辞书编纂提供了参考借鉴的体例框架，同时因其收词广博、释义准确，也为辞书的词条处理提供了借鉴，甚至成为中小型语文辞书选词释义的直接参照，带动了民国时期汉语语文辞书类型的丰富、编纂数量的增加、辞书体例的完善。其后涌现出的《王云五大辞典》（1930）、《标准语大辞典》（1935）、《辞海》（1936）、《国语辞典》（1937—1945）等一批辞书无不借鉴《辞源》。新中国成立后的《辞源》修订本虽然在辞书性质上有所转型，但在推动原有辞书的修订和新型辞书的编纂方面仍然功不可没，推动了《辞海》的修订与《现代汉语词典》《汉语大字典》《汉语大词典》等辞书的编纂。进入21世纪，在新的辞书编纂环境下，《辞源》三版适时而出，在编纂方法、编纂经验等方面也为新辞书的编纂提供了参考样本。可以说，我国现代语文辞书的编纂体例、编纂原则和方法是在《辞源》的基础上逐渐发展完善起来的，新时期"《辞源》学"建设需要进一步梳理《辞源》百年的编修背景、版本变化和辞书发展的谱系脉络，丰富辞书学的研究内容，为当前辞书强国建设提供参考。

第四节 "《辞源》学"研究的主要方法

（1）描写法。立足具体历史现状和学术环境，结合具体辞书文本和结构差异，描写分析《辞源》编纂的学术背景、结构特征、版本异同和传承关系等内容。在具体操作中，结合相关的研究内容，描写法的运用又分为宏观与微观相结合，如对《辞源》编纂背景和整体结构面貌的宏观描写与具体状况的微观分析相结合；共时和历时相结合，如对《辞源》某个版本的共时分析与历次版本的历时对比相结合；个案和群像相结合，如对《辞源》的编纂研究与整个现代辞书发展的群体特征相结合。

（2）对比法。包括两个层面：一是就《辞源》自身的编纂宗旨、体例状况、结构面貌、文本差异、文化功能等进行对比；二是将《辞源》与其他代表性辞书进行对比，如《康熙字典》《商务书馆华英字典》《辞海》《国语辞典》《现代汉语词典》《汉语大字典》《汉语大词典》等。前者是为了揭示《辞源》性质、体例和编纂法的变化，后者是为了探究《辞源》的编纂缘起、首创体现和蓝本效应。

（3）谱系法。作为文化产品的辞书，《辞源》是我国现代文化转型初期的标志性成果，百年《辞源》的影响贯穿于整个辞书史发展的链条之中，国内外先进辞书的影响、辞书理论的继承创新、典型辞书的蓝本效应、后编辞书的完善深化、辞书类型的丰富成熟等因素共同交织推动着我国语文辞书谱系的发展。

（4）计量法。语料库语言学认为，语言知识可以通过有限的语言文本来反映，现代辞书研究也越来越摒弃主观枚举法，通过对辞书文本加以标注而建立的辞书信息库（如"《辞源》初版结构信息库""多版本《辞源》对比信息库"）能够使定性研究和定量分析相结合，为辞书文本的分析对比、辞书历史地位的揭示、文化词语的分析等相关研究提供真实科学的依据。

第五节 "《辞源》学"建设的目标和价值

"《辞源》学"建设的主要目标可以归纳为：(1)从宏观多维视角综合分析影响《辞源》编纂的多"源"因素，对《辞源》体例的创新源泉和开创价值有更为清晰的认识，同时也能为当前的辞书编纂和创新提供参考；(2)在抽样的基础上，建立带有标注的、成熟的信息库："《辞源》初版结构信息库"和"多版本《辞源》对比信息库"，为研究提供科学依据；(3)在信息库的基础上，以辞书结构要素为框架，对《辞源》的初版面貌和不同版本间的差异进行科学系统的研究，挖掘《辞源》的首创性、传承性和时代性的具体体现；(4)梳理以《辞源》为源头的现代语文辞书发展演变的谱系脉络，总结《辞源》在辞书研究、词汇研究和辞书强国建设方面的学术价值和参考意义。

"《辞源》学"的建设不仅是对百年《辞源》研究的深入和完善，也是汉语辞书学和辞书现代化建设的需要。(1)它丰富了"《辞源》学"的研究内容，在研究中对作为辞书的《辞源》进行全方位分析，对《辞源》的"源""始""异""本""价"进行多维探究。(2)它促进了"辞书学"的建设发展，它重点关注前人研究中的薄弱环节，如《辞源》编纂初期的学术推动因素、初版《辞源》的首创性表现、不同版本《辞源》的传承关系、现代语文辞书的谱系演变脉络等问题。(3)它深化了对"辞书现代化"建设的理论认识，《辞源》所体现的并非单单是一本词典，更是我国辞书现代化建设的一个侧面，现代性语文辞书的起源、发展和成熟与《辞源》的编纂、修订和创新密不可分，反观历史，重新审视《辞源》有助于辞书现代化的理论建设。

（4）通过剖析探究《辞源》在百年来编纂、修订中的经验和方法，建设带有标注的辞书文本信息库，能够更好地为当前的辞书研究、辞书编纂和我国辞书强国建设提供参考，体现出一定的应用价值。

针对前人研究的不足和"《辞源》学"建设的需要，在具体研究中将牢固树立辞书研究的历史观，回归历史原点，直描辞书文本，归纳影响《辞源》编修的历史因素，总结《辞源》的历史地位；树立辞书研究的系统观，从宏观多学科视角和辞书内部多维结构系统全面分析《辞源》百年的编修背景和结构特征；树立辞书研究的谱系观，从汉语语文辞书发展史的角度梳理《辞源》的蓝本价值，以及我国大型语文辞书的谱系演变脉络；树立辞书研究的时代观，《辞源》的价值不仅体现在现代辞书史的百年历程中，也投射在当前和以后的辞书建设中，研究必须体现时代意义和应用价值。在研究方法的使用上，始终秉持传承传统，开拓创新，将传统的描写法、对比法与现代的谱系法、计量法相结合，以《辞源》为中心，立足辞书史，旁射文化史，在信息库的基础上，描述《辞源》的编纂背景、结构面貌、版本差异、发展谱系和时代价值，力求全面、系统、科学地展开研究。只有这样才能使当前的研究为辞书理论研究提供参考，为辞书编纂实践提供借鉴，为辞书强国建设添砖加瓦，最终服务于当前的辞书强国建设。

第十一章 《国语辞典》编纂研究[*]

  《国语辞典》是"《中国大辞典》之具体而微者"（汪怡序），是我国第一部"已经有了'词'的概念的语文性辞书"（王宁，2008），也是国语运动"最显著的标志"（张志毅、张庆云，2015），对新中国成立后的辞书编纂产生了积极影响。该词典1937年至1945年由商务印书馆出版平装八册，1948年增补合订为平装四册，1957年经修订、简编后，出版为一册本《汉语词典》。1958年开始编写，并于1978年正式出版的《现代汉语词典》，也充分参考了《国语词典》，汲取其精华。台湾地区1975年至1981年修订出版了《重编国语辞典》，1987年至1994年在又出版了《重编国语辞典（修订本）》，现已修订至网络6版。可以说，《国语辞典》直接影响了海峡两岸的现代汉语语文辞书编纂，具有较高的研究价值。另外，初版《国语辞典》作为民国时期语文辞书的代表，吸收融汇前期现代辞书思想和编纂实践，"首创用音序排列的排检法，注意注音和定词，重视现代口语，是我国第一部现代语言描写性规范性辞书"（林玉山，2001），具有典型的样本意义，本章以初版《国语辞典》四册本为研究对象，对该辞书的研究状况、体例结构和编纂特点进行分析。

---

[*] 本章在王梓赫硕士学位论文《初版〈国语辞典〉编纂状况与体例结构研究》（曲阜师范大学，2021，指导教师：刘善涛）的基础上修改完成。

第一节 《国语辞典》研究现状

通过文献检索发现，有关《国语辞典》的研究主要体现在三个方面：对初版《国语辞典》的辞书学研究；对后续版本及相关辞书的对比研究；基于不同版本和不同辞书的词汇研究。

（一）初版《国语辞典》研究状况

《国语辞典》黎锦熙序一、汪怡序二和牛文青跋分别对该书的编纂缘起、体例特点、增补状况和客观缺陷等做了较为详细的说明。该词典出版后，1947年高名在《大公报（上海）》分两期对其注音、收词、释义状况进行了点评，最后总结说"在完全国'语''辞'典未出以前，这是一部比较可用的国'音''语'汇"。[1] 随后词典编辑部的徐一士、孙崇义、王述达、徐世荣、何梅岑、傅严、牛文青等七人联合署名发表《答高名先生评〈国语辞典〉》[2]进行回应。这对我们全面地认识该词典有一定帮助。1948年多位日本学者在一场关于《国语辞典》的座谈会上，就《国语辞典》编纂过程和词典内容进行了讨论，指出词典存在常用读音标示不明确、助词的说明有些复杂等问题。[3] 当代学者中，林玉山（2001）称《国语辞典》"是我国第一部现代语言描写性规范性辞书"；雍和明（2006）称其"首创中国汉语辞

---

[1] 见高名《国语辞典（上）》，《大公报（上海）》，1947年7月9日，第9版；《国语辞典（下）》，《大公报（上海）》，1947年7月23日，第8版。
[2] 该文分别刊于《大公报（上海）》1947年9月3日，第8版和《大公报（天津）》1947年11月21日，第6版。
[3] 《关于中国国语辞典的座谈会：战时中国伟大的出版物之介绍与批评》，见《华文国际》，1948年创刊号，第10、11页。

典以符号注音和音序排列的方式，是中国第一部严格意义上的音序词典"，同时指出其在收词、释义和例证方面存在不足；符淮青（1996）肯定了《国语辞典》释义的进步性，指出其"避免互注""开始注意用例句显示用法"等创新之处；张志毅、张庆云（2015）对《国语辞典》词性标注和对子义项[①]释义的关注表示肯定；世界华语文教育会所编《国语运动百年史略》（2012）一书也对《国语辞典》的编纂经过和不同版本的基本状况展开了论述，同时指出其字词注音标明轻重与儿化、采用注音字母排序法等特色；潘雪莲（2000）将《国语辞典》定义为"汉语规范型词典的滥觞"，对《国语辞典》注音、收词和释义方面的进步性进行了论述，同时也指出词典存在例证较少、注文过于简约等不足，对《国语辞典》的评价相对全面客观。

刘艳丽（2008）将《国语辞典》和《现汉5》的声韵调系统进行比较分析，发现从20世纪初至今北京音系基本没有太大的变化，同时指出两本词典的特有同音字组变化量较大，共有同音字组的变化量较小。陈茜（2013）对台湾国语推行现状和国语使用情况进行了考察，对《国语辞典》和《重编国语辞典》进行了对比介绍，指出《重编国语辞典》在注音上增加了耶鲁式拼音，收词比《国语辞典》更为广泛，在对单字的解释上也增加了对词性的分辨等创新之处。周荐（2006）通过对《国语辞典》《重编国语辞典》和《现汉》中的条目、词汇释义和例证进行举例分析，认为《现汉》与《重编国语辞典》都有对《国语辞典》的继承和发展。李娜（2014）也从词典释义研究入手，对《国语辞典》中226组异序词和《现汉6》中342组异序词的释义方式进行了归纳总结，发现《国语辞典》对异序词只是当作一个个独立的词来解释，并未关注词形的相似性与意义之间的密切关系。

---

① 指主义项派生的泛指义。

（二）《国语辞典》后修版本及相关辞书研究状况

高秀丽（2020）、岳雯（2020）分别对1957年修订出版的一册本《汉语词典》中三音节词语和四音节词语的释义情况进行了总结分析，前者从释义提示词、释义方式、释义内容等方面探讨了三音节词语释义的路径；后者从释义义项、释义典故、释义的"表情性"特征语言分析了释义内容"喻……"类四字词语的生成路径，在总结《汉语词典》释义简洁、准确的同时，也指出了其收词和参见的不足。钟安妮（2006）以《重编国语辞典》中的专有名词为研究语料，将词典中收录的专有事物名词分为行政区域名、地理名称、种族名、天文现象等共七大类，主要展现了台湾地区的语言文化。马霏（2012）通过对比《现汉6》和《重编国语辞典（修订本）》，总结出二者具有同源性和语文性兼百科性，指出了《现汉》对《国语辞典》体例的继承和创新，肯定了吕叔湘和黎锦熙对辞书理论建设所做的贡献。邱燕林（2014）对《重编国语辞典（修订本）》与《现汉6》共有的四字成语的释义进行对比研究，分析二者差异及差异产生的原因，并对海峡两岸合编综合性语文词典提出了建议。刘珺、徐德宽等（2014）以《重编国语辞典（修订本）》和《现汉6》为例对现代汉语常用动词释义进行对比研究，从宏观角度阐述了两部词典的收录情况，从微观角度对差异开展举例分析，进而反映出大陆普通话和台湾"国语"在动词方面的不同。此后，徐德宽、何保荣等（2016）又立足复杂网络视角对两部词典常用动词的释义元语言展开研究，通过分析所建立的字同现网络节点总数、总字频、边数和平均度，推测得出《重编国语辞典（修订本）》比《现汉6》的释义要更简明，但《现汉6》的释义方式更为多样化、释义用语更为详尽。

（三）基于《国语辞典》的词汇研究状况

苏新春（2006）以宏观和微观的视角对《现汉》与《重编国语辞

典》的词汇进行比较研究，对二者中的同收词、异收词举例分析，同时探讨了《国语辞典》《现汉》和《重编国语辞典》三部词典的词语变动情况，反映了20世纪汉语词汇发展的面貌。白云（2009）以《汉语词典》（1957）和《现汉5》为例对20世纪以来现代汉语表"外貌形状"类词汇的演变开展研究，同样根据同收词、异收词进行分类研究，探讨词汇系统的特征和演变过程，展现了20世纪以来的外形类词汇发展演变的整个脉络。高明（2012）对《国语辞典》和《现汉》同收的数理化条目进行定量分析研究，总结其词义变化情况和义项增长方式，在一定程度上反映出了数理化学科术语在现代汉语词汇词义演变中存在的规律和特点。胡长虹（2013）通过对比初版《国语辞典》至《现汉6》的常用多义动词义项，阐述了二者常用多义动词义项分合变化的类型及义项处理差异的原因。王丽娟（2013）对《汉语词典》和《现汉5》中的词缀进行整体概貌描写和计量反映，对比分析两本辞书中的词缀及其构词情况，推测出词缀以及词根词缀化倾向的三个发展趋势。此外，也有多个对词典收录的专业术语进行对比研究的成果，如樊小菲（2013）对《国语辞典》及《现汉6》两部词典同收军事用语进行了对比分析，席兴凤（2018）对《国语辞典》与《现汉7》同收和异收的女性词语进行了对比探讨，辛飞飞（2018）对《国语辞典》与《现汉7》同收称谓词进行了对比研究，陈国宁（2018）以《国语辞典》与《现汉7》同收和异收的医学词语为研究对象，分析了两部词典医学词语的释义状况，并进行了相关语义泛化研究，杨艺（2019）则聚焦于《国语辞典》和《现汉7》所收录的政治词语，将同收词语和异收词语进行分类对比，并探讨收录情况产生变化的原因。

综合来看，近年来学界对《国语辞典》所收词汇和词义方面的语料价值越来越重视，因其收词的系统性和代表性，以其为材料进行民国词汇的共时研究、历时分析、两岸词汇对比，以及词义的共时对比与历时演变等方面的研究比重最大，这些研究多为词典基础上的词汇研究。相比之下，对《国语辞典》自身的词典学研究不够系统，从词典结构角度和现代语文词典发展史的角度对其收词、义项、例证、编纂特点等问题未有较多涉及，很多领域的研究也还没有开展。从研究对象的版本选择来看，版本选择极不平衡，《重编国语辞典》和《重编国语辞典（修订本）》因其现实性强，网络检索便捷，最受研究者青睐，而初版《国语辞典》由于在语料处理方面有较大难度，所以研究者较少。从研究成果的类型来看，已有研究成果多为学位论文，缺乏专书专论，同质性研究高，研究成果的模式化倾向比较明显。总之，当前对《国语辞典》的研究虽然类型丰富，但因研究者的研究兴趣和分析角度存在差异，研究成果的分布不均，系统性不强，对辞书本体的关注不够，不利于《国语辞典》历史价值和现实意义的全面揭示。

第二节　初版《国语辞典》的体例特点

据黎锦熙（1936）《〈国语辞典〉序》所言，早在1917年他就在上呈教育部的《国语研究调查之进行计划书》中提出了"国语辞典之编辑"的建议。1919年，该《计划书》被教育部采纳，并在"国语统一筹备会"成立大会上通过了刘复提出的《编纂国语辞典案》，随后"国语辞典编纂委员会"作为分支机构成立，直至1923年正式成立"国语辞典编纂处"，开始搜集编纂材料。由于牛津大学《牛津英语大词典》等大型辞书的传入，以及受这些西方辞书编纂思想的影响，黎锦熙、刘复、钱玄同等国语统一会的主干成员于1928年又组织成立了中国大辞典编纂处，立志编写一部"规模务求大、材料务求多、时间不怕长、理想尽高远、全然学术化"[①]的"依史则"大型历时语文辞书《中国大辞

[①] 黎锦熙《国语运动史纲》，商务印书馆，1934/2011年，第297页。

典》，以"对于中国文字作一番根本的大变革""给四千年来的语言文字和它所表现的一切文化学术等等，结算一个详密的总帐"①，并在此基础上编纂一系列辞书、词表和国语调查资料，包括在大型辞书基础上继续编写一部供中等文化读者使用的《国音普通辞典》，并交由汪怡主持编纂。但受时代形势、财力和人力的影响，宏大的《中国大辞典》编纂工作被迫停止，继而决定在原有语料基础上继续完成《国音普通辞典》，并更名为《国语辞典》②，可谓一波三折，历尽艰辛。

《国语辞典》正文前信息丰富，包含扉页、序、凡例及多种图表。其中序有两则，第一则黎锦熙序主要论述了中国语文演进的七个阶段，称"以耳治不以目治"是语文原始的第一阶段、"指事""象形""会意"是第二阶段、"假借"是第三阶段、主"形"为第四阶段、简体字是语文演进的第五阶段、注音汉字为语文演进的第六阶段、国语罗马字是第七阶段，从而指出语文工具革新的工作主要是汉字改良、汉字改换和汉字改革，而后叙述了《国语辞典》编纂的经过和用处，最后交代了变调、定词和释义方面的不尽之处；第二则汪怡序阐述了词典在注音、释义、收词、排列和其他方面的困难③，凡例对词典的收词范围、排列顺序、注音、释义和形体进行了说明，正文前图表涵盖类名简称表、国音字母表、国音字母表说明、国语罗马字拼音法式、国语罗马字声调拼法表、国语罗马字连书词读法、检字表（音序检字表、部首索引、部首检字表）和西文译名索引。

---

① 黎锦熙《国语运动史纲》，商务印书馆，1934/2011年，第297页。
② 关于中国大辞典编纂处及其工作情况可参看汪家熔《我国近代第一个词书专业机构——中国大辞典编纂处》，见《出版科学》，2008年第2期。
③ 两篇序均发表于《国语周刊》第11卷第261—286期，黎序分三篇发表，分别题为："六书"新说和中国语文"音""形"对立演进的七大阶段（《国语辞典》序上）、《国语辞典》编纂的经过（《国语辞典》序中）、《国语辞典》的用处（《国语辞典》序下）；汪序题为：《国语辞典》序。在最初发行的八册本中只有汪序，内容比《国语周刊》文章略微详尽，后在四册本汪序前增添黎序，两序内容与《国语周刊》文章相同。

《国语辞典》正文以注音符号顺序排列，采用注音符号和国语罗马字两种拼音标示，放于"[ ]"之内。辞典体例如下：字头置于"【】"之内，之后自左至右标注注音符号拼音、国语罗马字拼音和直音。字头之下为释义，释义后为例证。类名简称在释义之前用"[ ]"标注。多音单字以"㊀㊁"区分不同读音，多义项单字以"①②③"区分义项。在此之下为以该字为词头的词语，按注音符号顺序依次排列，先注音符号注音，后国语罗马字注音，其下为释义及例证，多义项以"①②③"作区分，示例如图11-1：

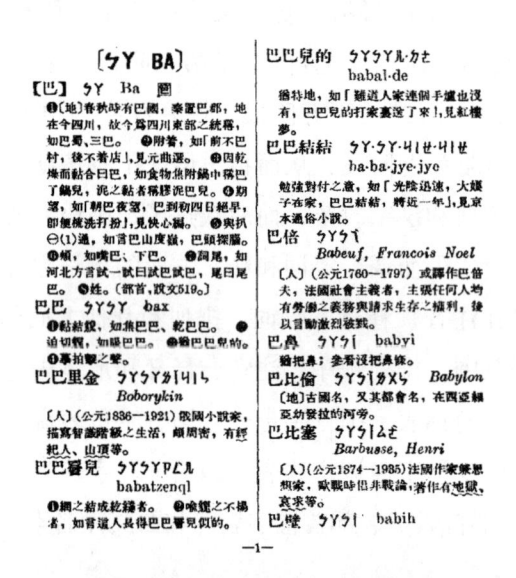

图 11-1 《国语辞典》正文内页图

词典在正文后有附识和跋各一则。附识对该四册编本的增补情况进行了说明，增补了一定数量的国语口头语词和千余条新词，也增加了部分新义，并作了标示。跋则对词典的编印历程进行了回顾梳理，指出词典编纂之际正逢战事，编纂与印刷面临的种种困难等。

《国语辞典》集中体现了以黎锦熙为代表的国语运动人士的现代汉

语普通语文辞书编纂理念。如前文所述,《国语辞典》标志着现代辞书体例的成熟,除序言对辞书编纂体例的简单阐述外,词典凡例则以"总则""收辞""排列""注音""释义""形体"6大类、76次类、96条子类对辞书的体例特点分别详细说明,我们据此对其体例特点加以总结。

(一) 收词、立目方面

在对"词"的界定上,黎锦熙认为"字就是一个一个的'单字'。词就是说话的时候表示思想中一个观念的'语词'。有时一个字就是一个词如'人'等;有时要两个字以上组合起来才成为一个词如'鹦鹉'等。"(黎泽渝、刘庆俄,2001)黎锦熙认识到了"词"与"非词"的不同,重视对词典中"词"的区分与划定,因此《国语辞典》成为"我国第一部已经有了'词'的概念的语文性辞书"(王宁,2008),这种明确"词本位"意识对之后的辞书编纂产生了深远影响。在选词方法上,黎锦熙说"我们决不能用从前编纂字典的方法,只就已有的字书(《尔雅》和《说文》以下)韵书(《广韵》以下)等,抄录排比,酌增新字;现拟参照英国牛津大学所编之《新英文大字典》的第一步工作,'另起一座文字的炉灶',所以本处起首四五年间,竭全力从事于材料的'搜集'"(黎锦熙,1957)。因此《国语辞典》在选词上从头开始,下大力气搜集第一手材料,对做出的二百多万张卡片整理排序,打牢了词典编纂的基础工作,"是过去收词最多的语文词典"(张涤华,1980)。在选词范围上,十分重视近代语词,黎锦熙曾说"近来继承清代朴学家,更应用科学的方法,而从事于中国之'语言文字学'卿者,其取材仍偏重上古先秦与中古隋唐,或参以现今之国语与方言,未免抹煞近代宋元至清约九百年间一大段。此大段实为从古语到现代语之过渡时期,且为现今标准国语之基础"[①],因

---

① 黎锦熙《中国近代语研究提议》,《新晨报副刊》,1928年10月10日。

此在选词上收录了大量"五代北宋之词，金元之北曲，明清之白话小说"①这些"均系运用当时当地之活语言而创制之新文学作品"②，体现了尊重语言实际的收词态度。在对词语类型的划分上，形成了较为全面的分类思想，根据语义领域划分了46个大类，涵盖动物、植物、政治、经济等多个门类。此外，黎锦熙认为"把脑子里的观念说出声音来了或者更写出文字来了就叫作'词'"（黎泽渝、刘庆俄，2001），可见黎锦熙认为词不仅包含书面词，也包含口语词，《国语辞典》中便收录了大量口语色彩鲜明的词，由于当时选择以北京话作为国语的基础，因此描写性的《国语辞典》体现出一定的北京话面貌。

在条目排序上，《国语辞典》是我国第一本用注音符号顺序排列单字和复词的词典（涂建国，1997），一改先前常用的形序和义序，较为系统地使用了拼音索引，"依据国音，其顺序以注音符号之声母为纲，韵母为目，始于ㄅㄚ，终于ㄩㄥ，单字及复词等均准斯编列，检查时可就注音符号次第，开卷即得，实能节省时力不少"（凡例），黎锦熙不仅致力于《国语辞典》的音序法实践，还预言了我国辞书排序的未来，称"今后的中国字典，以依音排列为唯一之合理的办法"③，具有前瞻性。在立目方面，《国语辞典》虽继承了《辞源》以字率词的体例，但因其音序编排体例，字头下的词语条目根据笔画数进行排列，提高了查检字词的效率。在对立目字词的字体字号选择上，将单字以"【】"括于其中，字号明显大于释义和词条，起到醒目的统领作用。"单字除楷书正体之外，兼缀异体简体"（凡例），供民众查阅时对照参考。以上做法都体现出词典在收词立目方面的进步性。

---

① 黎锦熙《中国近代语研究提议》，《新晨报副刊》，1928年10月10日。
② 黎锦熙《中国近代语研究提议》，《新晨报副刊》，1928年10月10日。
③ 黎锦熙《国语运动史纲》，商务印书馆，1934/2011年，第276页。

（二）注音、义项方面

在注音方面，《国语辞典》不同于同时期的其他辞书，不仅对单字注音，也对词目注音，在注音方面积极运用注音方案成果，将理论运用到实践中，采用注音符号和国语罗马字标注读法和声调，单字附有汉字直音，体现出辞书注音的时代性。《国语辞典》的一大目标是"定音"，因此十分重视对读音的标注，对儿化和轻声也加以标注，"较偏于古而为文言所用的固应加以书本上的考订；较偏于今而为白话所用的又应加'活口'的参照"（凡例），体现了对国语的重视和语音标注的严谨性。此外，黎锦熙重视生动的方言俗语，他在给汉语词汇定音时，大量联系古今方言俗语，对方言词及其发音予以说明。在注音形式上，《国语辞典》率先采用"分词连写"，黎锦熙认为"汉语语法的基本单位是词"（杨庆蕙，2002），因此对词典中的多音节词语分词连写注音，虽然词典对词的界定和划分可能跟我们今天的观点有一些分歧，但是这种将理论付诸实践的精神值得肯定。

黎锦熙指出词典标注词类的必要性，"就我历年编字典、辞典的小小经验说来，例如一个单音词'人'字词典里是不是应当注明它的'词类'呢？"（杨庆蕙，2002）虽然《国语辞典》未系统标注词性，仅对"有必要的"虚词进行了标注，但这种词性标注的意识对未来的辞书编纂具有启发意义，比如《现汉5》已做到了系统标注词性。在义项设置上，《国语辞典》善于借鉴国外辞书编纂经验，在义项排列原则上采用《牛津英语大辞典》"依史则"的方法处理"一词多义"，将较早的出处置于义项前位，体现了兼采中外的做法，既注重词义的历时演变，也兼顾词语的使用频率。

（三）释义、例证方面

释义是辞书编纂的灵魂。《国语辞典》立足读者本位，考虑到释义过长不利于读者理解和使用,"释义文字只可稍从简括,但对于意义之明了及应用之便利,仍为顾及"(汪怡序),遵从"简而不漏,浅而不陋"(黎锦熙序)。因此,《国语辞典》释义内容多较为精炼,但在释义方式、释义语言、例证类型等方面都体现出一定的创新意识和现代气息。黎锦熙及国语运动进步人士积极宣传"言文一致",提倡"国语统一",主张书面语用白话文代替文言文,使口头语和书面语一致,因此释义语言文白兼并为主,也出现了具有白话色彩的释义,许多释义呈现短句多、长句少的特点,富有口语化特色。在释义方式的选用上有一定的传承作用,古代辞书较多使用同义词对释,以字释词,《国语辞典》不仅运用了对释释义方式,也采用了更加现代化的定义释义方式,使释义方式更加丰富,同时在条目释义中也设置了参见,使得词典的条目间的联系更为密切。

在例证的选择上,《国语辞典》包括书例、词例、短语例和自编小句。在古今义项的例证配置上略有区分,对古已有之的义项例证取材于原始出处,多为古代诗词,例证类型为书例,对于新生义项,则多采用简洁生动的自编小句,具有较强的口语性。《国语辞典》不仅为单音节条目设立例证,也为双音节和多音节条目设立例证,根据例证的有无必要程度,有的例证较为完整地反映语源出处,有的则以书名或篇名作为表示,有的则不加例证。因此,《国语辞典》释义和例证生活气息浓厚、口语性强,便于民众理解,反映出一定的进步性,是辞书向现代化方向发展的体现。

总之,《国语辞典》以现代语言理念和辞书理念为指导,描写与规范兼顾,力求全面系统地收录现代汉语常用词汇,将国语注音方案运用到辞书编纂实践,优化辞书编排和立目,释义语言虽夹有文言词汇,但整体上呈现出显著的白话色彩,辞书义项兼顾历时和频率原则,并在释义中完善条目和义项之间的参见,将丰富的书例、词语例和自编例运用到辞书例证中,完善辞书编纂体例,体现出现代辞书体例的定型，为新中国成立后两岸汉语辞书的编纂提供了积极的借鉴价值。

第三节 《国语辞典》的收词与立目

《国语辞典》正文总计4485页，收词10万余，很难展开全量的系统研究，为了使研究更加科学可信，我们对初版《国语辞典》四册本进行了抽样分析，从第1页开始，每隔45页抽取一页，共100页，关涉2345个单字和词语条目，总计2897个义项，建成"《国语辞典》文本数据库"，从条目、注音、释义、释义方式1、释义方式2、释义提示词、例证类型和例证详细程度为"文本库"构建了8项属性信息，作为研究的数据支持。

（一）词典收词情况分析

早在筹备《中国大辞典》时，黎锦熙就决心改变"把唐诗、宋词、元曲、明清白话小说以及现代的方言、俗词、各阶级人的用语等一律拒收"[①]的状况。因此，《国语辞典》在收词上"凡独立成词，自具一义，为文籍及口语中习用互见者，无论古今雅俗，概事收罗，对于近世以来常用之活语言尤为注重，如宋元明清以迄今日之白话，尽量自语录、说部、词曲中搜求之"（汪怡序）。

《国语辞典》将单字、复词，包括短语、成语、俗语等一并收入，如"三茶六饭""刖趾适履""挂羊头卖狗肉"等。《国语辞典》在白话文学书面语的基础上，广泛收集白话口语词，成为"我国第一部以古今常用词为主，以现代汉语正在使用的动态词为主要对象的描写性

---

① 黎锦熙《国语运动史纲》，商务印书馆，1934/2011年，第297页。

词典"（王宁，2008）。因此，口语词和短语的收录是辞典的一大亮点，如"打铁的""捞毛的""看街的""有钱儿的"等，对儿化词也予以收录，如"美人儿""多会儿""打挺儿"等，可儿化可不儿化的词也加以标示，如"加油（儿）""打盹（儿）""论调（儿）"等。此外还收录了一些常用俗语，如"失心疯""三岔路""馋眼孔""三尺布"等，也收录了一些粤语方言词，如"猪仔"。

1. 词语的语义领域分析

根据词典正文前所提供的"类名简称表"可知，词典所收词语涵盖政治、经济、物理学、伦理学等46个领域。我们通过对"文本库"统计，检索出613个词语的义项中有类名标记，类名数量共40种，具体数据如表11-1：

表11-1 《国语辞典》类名数量统计

类名	数量	占比	举例	类名	数量	占比	举例
地	143	23.33%	峿、襄城	算	21	3.43%	个位、劣弧
动	54	8.81%	猪、蜻蜓	理	10	1.63%	分光镜
植	72	11.75%	地衣、茼蒿	医	13	2.12%	关节炎
人	84	13.70%	宋江、梭伦	梵	8	1.30%	迦蓝、菴罗
书	25	4.08%	词苑丛谈	音	2	0.33%	提琴、旋律
佛	19	3.10%	灭度、庵寺	天	4	0.65%	轸、白露
法	35	5.71%	地役权	军	4	0.65%	编队、各放
化	6	0.98%	几丁质	史	8	1.30%	辛亥革命
日	6	0.98%	不景气	哲	5	0.82%	个人主义
文	7	1.14%	禁体诗	生	1	0.16%	发生学
教	11	1.79%	道尔顿制	经	5	0.82%	共同保险
心	3	1.15%	普通感觉	商	4	0.65%	分红、海损
语	3	0.49%	塞擦声	工	1	0.16%	旋盘
政	4	0.65%	社会政策	伦	1	0.16%	权力说
宗	4	0.65%	地狱、禁食	满	2	0.33%	谙达

续表

类名	数量	占比	举例	类名	数量	占比	举例
社	7	1.14%	中等阶级	矿	3	0.49%	白榴石
体	1	0.16%	普通体操	农	1	0.16%	轮作
论	10	1.63%	个差、论据	中医	8	1.30%	水胀、泄泻
地理	1	0.16%	海岸线	地质	6	0.98%	地层、地热
生理	9	1.47%	上膊筋	地文	2	0.33%	雨量

通过表11-1可知，《国语辞典》在收词上"繁富已过于现有之一般辞典"（汪怡序），收词涵盖社会生活领域和专业领域，涉及面非常宽泛。《国语辞典》在收词上不同于专科词典，收词较多的领域与人们的日常生活更为密切，使用群体相对更广泛，体现出词典的语文性，有助于被更多读者接受。

通过《国语辞典》的类名分类可知，部分词语在产生之初有其学科来源，具有特定的语义使用领域。例如"失主"一词，《国语辞典》将其标记为法律词汇，初版《辞源》也在释义中说明其为"法律名词"，随着时代发展和汉语语义演变，"失主"一词突破了语义限制，1978年《现汉1》已取消对其法律学科归属的说明，词义泛化为语文性词语。又如"分化"一词，《国语辞典》标记为"动""社"，意在表明其兼属于动物学和社会学领域，该词在《辞源》和《标准语大辞典》中均未被收录，《现汉1》中并未说明其具体的类别归属，也已泛化为语文性词语。《国语辞典》不仅收词丰富，也注重对词语语义领域的说明，为查检词语学科来源、探究语义演变提供了参考依据。

不过，《国语辞典》也存在类名漏标和误标的情况，漏标体现在两个方面，一种是词典中存在虽未标记类名，但用释义语言体现类属的情况；另一种是既未标记类名，也未在释义语言中体现。第一种情况通常在释义中以"×名"的形式体现，在单音节条目中有7

处，在双音节条目中有 46 处，三音节及以上音节条目中有 17 处。如"蛤"释为"虫名，见尔雅"，"卢龙"释为"山名，在江苏江宁县西北"，"山桃花"释为"花草名，樱桃类，花紫状，状如垂条海棠"等，释义中"虫名""山名"和"花草名"体现了被释词的动物学、地名和植物学的学科归属。第二种情况通常需要根据释义内容进行判断，如"词性"释为"文法上谓词所涵之性质，就此以决定其所属之词类"，释义中未明确说明其类属，根据语义可知该词用在文学领域，因此作为文学术语，应当标记［文］。词典中的误标主要体现在植物类名和中医类名界限不清，词典对可作中药材的植物有的标记为［中医］，有的标记为［植物］，例如"梨松"释为"［中医］杂草类，产生湾岛中，果实状如肥皂，可治疗疮"，但是对同可作为中药的"山奈""旋花"等标记为［植］，词典应当明确规范跨类词语的类属划分标准。

2. 词语音节数量分析

音节是能自然感到的最小的语音单位，通过对词语音节数量的分析，可以体现编者的收词倾向和汉语词汇系统的发展倾向。"文本库"中不同词语的音节状况如表 11-2：

表 11-2 《国语辞典》词语音节数量统计

音节结构	数量	所占比例	举例
单音节	261	11.13%	换，宅，液
双音节	1519	64.78%	共同，交代
三音节	356	15.18%	海岸线，穿不起
四音节	180	7.67%	兴高采烈，塞尔维亚
五音节	21	0.90%	换汤不换药，一元方程式
六音节	7	0.30%	挂羊头卖狗肉，海牙和平会议
七音节	1	0.04%	斯塔哈诺夫运动

通过表11-2分析可以发现，双音节条目数量最多、占比最高，单音节、三音节和四音节条目也有相当数量，五音节、六音节条目数量较少，七音节条目也有所收录。这反映出双音节词是《国语辞典》的主要部分，这也符合现代汉语词汇双音化的发展规律。民国时期《国语辞典》所收词语的音节比例与新中国成立后《现汉》的音节比例大致相当，"《现汉》（1996）收条凡58481个，其中双字词汇单位有39548个，约占67.63%，三字词汇单位有4828个，约占8.40%"（周荐，2006），反映出现代汉语词汇发展的连续性。同时，因《国语辞典》的描写性更强，对口语、俗语的重视，在三字词的收录比例上比规范性的《现汉》要高出一些。

3. 词语词性分布分析

在《国语辞典》出版之前，《虚助词典》（1923）、《（词性分解红皮新式）中华字典》（1927）、《王云五大辞典》（1930）等辞书已经尝试标注词性。《国语辞典》编者注意到了词性标注的重要性，但并非对词目进行系统标注，仅对"各词中有注明词性之必要者，均于释义中分别注明之"（凡例），如"于"释为"叹词，与'吁'通，如'于嗟麟兮'，见《诗经》"，"居"释为"表疑问之语末助词，如'何居，我未之前闻也'，见《礼记》，又'谁居？其孟椒乎'，见《左传》"等，主要对所收虚词标注词性。这与《现汉5》之前版本的处理相似，如《现汉1》就是对部分"有标注必要的"虚词加以标注，直到《现汉5》开始较为全面地标注词性。

我们以"文本库"为依托，根据词语结构类型和释义对单音节和双音节条目的词性进行了划分。单音节条目中的词条有87个，非词条目有174条；双音节条目中词条有1505条，非词条目有14个。我们去除188个非词条目，以1592个词条作为词性考察对象。具体情况如表11-3：

表 11-3 《国语辞典》词性统计

词性 音节数	名词	动词	形容词	代词	副词	介词	拟声词	数词	连词	叹词	量词
单音节	38	32	6	1	1	1	2	1	1	2	2
双音节	939	431	109	3	15	3	5				
总数	977	463	115	4	16	4	7	1	1	2	2
占比（%）	61.37	29.08	7.22	0.25	1.00	0.25	0.44	0.06	0.06	0.13	0.13

从音节结构看，单音节词所具有的词性最为丰富，包含 7 种实词、4 种虚词，双音节词中没有数词、连词、叹词和量词。从不同词类的比例分析，词性数量最多的前四位均为实词，名词具有绝对优势，占比 61.37%，其次是动词和形容词，分别占比 29.08% 和 7.22%，三个词类的分布比约为 9:4:1。虚词数量相对较少，只有 14 个，而在虚词中数量最多的是拟声词。同时，为了考察《国语辞典》的词性分布是否客观合理，我们将《国语辞典》与《现代汉语语法信息词典》(简称《语法词典》，下同)[1] 和《现汉 6》新增词[2] 进行对比，对比结果如表 11-4：

表 11-4 《国语辞典》词性对比统计

词性 词典	名词	动词	形容词	代词	副词	介词	拟声词	数词	连词	叹词	量词	总数
《国语辞典》	977	463	115	4	16	4	7	1	1	2	2	1592
	61.37%	29.08%	7.22%	0.25%	1.00%	0.25%	0.44%	0.06%	0.06%	0.13%	0.13%	
《语法词典》	35203	14496	2857	205	1174	108	66	165	203	146	456	58255
	60.43%	24.88%	4.90%	0.35%	2.02%	0.19%	0.11%	0.28%	0.35%	0.25%	0.78%	
《现汉 6》新增词	7672	5488	1103	8	142	5	39	15	20	2	26	17416
	52.82%	37.79%	7.59%	0.06%	0.98%	0.03%	0.27%	0.10%	0.14%	0.02%	0.18%	

---

[1] 《语法词典》总库共收现代汉语词语 73879 条，除去 5264 条成语、3031 条习用语、7223 条语素、11 个前接成分、43 个后接成分和 52 个标点符号，共收词 58255 条。
[2] 指《现汉 6》较《现汉 1》的新增词，统计数据来自孙萍《〈现代汉语词典〉第 6 版与第 1 版词语比较研究》，新疆师范大学硕士学位论文，2016 年。

由表11-4可知，在《现汉6》的新增词语中名词、动词和形容词占较大比重，虚词中拟声词占最大比重，与《国语辞典》所收词语各词性分布形式一致，在分布占比上，名词、动词和形容词数量对比约为7∶5∶1，较《国语辞典》相比，名词和动词的数量差距缩小。《语法词典》中名词、动词和形容词占绝对优势，数量对比约为12∶5∶1，名词和动词的数量差距较《国语辞典》略微扩大，二者与形容词数量的差距也略微扩大，此外，虚词中副词占比最大。在词典对比中，表现出《国语辞典》与其他词典词性比例分布的大致一致性，体现出《国语辞典》词性分布比例得当，具有一定的合理性。

（二）词典立目情况分析

《国语辞典》收词繁富，尽力做到了应收尽收，"选定其常用间用之词，及罕用而须备查考之词，汰其绝对不用或不成词亦非习用的成语者"，"凡高级中学以下各科术语大都采入"，以及"凡独立成词，自具一义，为文籍及口语中习用互见者，无论古今雅俗，概事收罗"（汪怡序）。词典在立目方面清晰简洁，查阅便利，同时不仅为词立目，非词的语素和短语也一并收录并立目。本节我们主要探讨《国语辞典》对所收短语、同音同形词和异音同形词的立目情况。

1. 短语立目情况分析

由于民国时期"词"的界定及其与"短语"的区分问题尚不明朗，"文本库"中所收双音节短语有14条，占双音节条目0.92%；三音节短语有9条，占三音节条目2.5%；四音节短语有139条，占四音节条目77.22%；五音节及以上音节短语有2条，占五音节及以上音节条目8%。由此可知，《国语辞典》所收短语以四音节占主体，此类短语又包含并列、动宾、定中等不同结构。一个短语包含两个（或两个以上）部件，词典对短语的立目可能出现四种情况：①整体立目，左右两个部件也立目。如："成家立业"与"成家"和"立业"都立目；②整体立目，左右部件只有一个立目。如"宁死不屈"与"不屈"立目，左部件"宁死"不立目；③整体立目，左右部件都不另外立目。如："眼高手低"立目，"眼高、手低"两个部件均不立目。④整体不立目，但左右两个部件分别立目。如："规章制度"不立目，"规章"和"制度"分别立目（杨金华，2012）。

通过考察《国语辞典》三音节短语，发现对整体立目和其部件均立目的有7个，占三音节短语数77.78%；四音节短语中整体立目和其部件均立目的有31个，占四音节短语数22.3%。通过与《标准语大辞典》（1935）、《现汉1》（1978）、《现汉7》（2016）的对比可知，《国语辞典》侧重描写性，所收短语具有生活色彩，收录了一定数量的口语短语，如"交买卖"，还为"唱高调"标注了儿化。《国语辞典》不仅为短语整体立目，也为其部件立目，收录短语较先前的《标准语大辞典》（1935）更丰富。随着词汇发展，部分短语结构逐渐紧密，趋于固化，如"开玩笑""眼高手低"等，《现汉》收录并立目。可以说，《国语辞典》在短语的收录立目上更具开放性，《现汉》以此为基础对部分短语保留收录，也舍弃了一些未完全固化的短语，更加规范严谨。

2. 同形词的立目情况分析

曹炜（2003）、符淮青（2004）、徐国庆（1999）等学者认为同形词分为同音同形词和异音同形词两大类，调查可知"文本库"中《国语辞典》同形词数量较少，共28组，其中同音同形词26组，异音同形词2组。

同音同形词指字形和字音相同，但意义毫无联系的一类词，在词典条目设立上应当为其独立立目。"文本库"中《国语辞典》对同音同形词的处理不统一，既有单独立目的情况，也有同一条目分义项处理的情况。以双音节词为例，共检索出同音同形词26组，单独立目的有3组:"换头""人家"和"交代";不分别立目的有23组:"巴巴""白果""不经""不拘""蟾蜍""分号""系辞""猎师""女奴""普罗""山东""系臂""编辑""扶风""海盐""牢城""牢固""词源""词藻""词韵""梨树""猎户""喳喳"。

我们以上述26组词与《标准语大辞典》(1935)和《现汉1》和《现汉7》对比可知,《标准语大辞典》(1935)没有为同音同形词分立条目,"海盐""系臂"等没有被收录,"白果(儿)"和"编辑"均只有一个意义,"交代"和"人家"在同一条目下分设义项;《国语辞典》对"交代"和"人家"分别立目,"白果(儿)""编辑"和"海盐"在同一条目下分设义项;两版《现汉》中的"海盐"减少了地名义项,只收录了一个义项,不再作为同音同形词。《现汉1》对"编辑"和"交代"没有分别立目,"白果(儿)"和"人家"分别立目;《现汉7》对"交代"没有分别立目,"白果(儿)""编辑"和"人家"均区别立目处理。由于时代发展和语言演变,《国语辞典》中的同音同形词"不经""换头""系辞""猎师""女奴""普罗""山东""系臂""扶风""牢城""梨树"在《现汉》中不再被收录,"巴巴""不拘""蟾蜍""分号""海盐""牢固""词源""词藻""词韵""猎户""喳喳"也不再作为同音同形词。

结合具体释义内容来看,"白果(儿)"一词的两个义项所指代的"银杏果"和"鹅卵"无意义关联,对两个义项分别立目更为合适,上述四部词典自《现汉1》起分别立目。《现汉7》根据词性把"编辑"的两个义项分为动词性和名词性,"人家"分为"名词"和"人称代词",并分别立目,在义项划分和条目设立上有一个明确统一的标准。受时代环境和收词标准差异,"海盐"的地名义仅有《国语辞典》标明,但就义项内容和关联度而言,"海盐"一词的两个义项应当分别立目。《国语辞典》对"交代"进行了分别立目,并在义项中设立了参见，条目二中的义项实为对条目一中义项的引申，各义项可以放在同一条目下，不必分列条目。

异音同形词指字形相同，发音和意义都不同的一类词。以双音节词为例对"文本库"进行检索，得到异音同形词2组，《国语辞典》对此分立条目，具体如下：

完了　wanleau 完结，完毕。
　　　wan·le ①已毕，已尽。②谓事务已失效至无望。③谓人之生命危险以无望。④谓人之名誉扫地，不可收拾。
发行　faharng ①出售或批。②发批发之行家。
　　　fashyng 发布通行，如发行纸币、发行书报。

对此类词的处理，《标准语大辞典》（1935）不给词注音，没有为异音同形词分立条目，《现汉1》中"完了"仅收 wánliǎo，在《现汉7》中则为 wán·le 和 wánliǎo 分立条目，"发行"一次则一直保留《国语辞典》的做法，分别立目。由此可知，《国语辞典》已经具有了同形词的区分观念，这比前期的《标准语大辞典》（1935）更为进步，但因学术研究不充分，词典编纂中未能完全贯彻和区分该理念，在之后的《现汉》中得到进一步完善。

综上可知，《国语辞典》收词种类丰富，注重对词语语义领域的划分和标示，所收词语以双音节结构为主，也兼收四音节及以上音节数量的词语，口语、俗语一并收录。《国语辞典》词、语均收，并且予以立目，所收的词主要为名词、动词、形容词和副词，所收短语以四音节为主，采用部件立目和整体立目，对同音同形词尚未形成系统的分立条目处理原则，但也存在分立条目的情况，对异音同形词已采用分立条目。同时，《国语辞典》也存在语义领域标示不系统，立目处理不当的情况。

第四节 《国语辞典》的注音与义项设置

（一）词典注音情况分析

传统的汉字注音采用以字注字的直音法、读若法和反切法。民国政府成立次年，读音统一会召开，审定了6500余字的国音，拟定了一套"记音字母"，此后根据《读音统一会章程》的有关内容，从征集和调查来的"西洋字母的、偏旁的、缩写的、图画"[①]符号中采定字母。与会学者就注音字母的采用与确立难以达成共识，最后决定以章太炎"记音字母"作为"注音字母"方案的蓝本。1918年，"注音字母"由教育部正式公布，1930年，民国政府常务会议决议把"注音字母"改称为"注音符号"，官方名称是"国语注音符号第一式"。1923年国语统一筹备会第五次常年大会召开，钱玄同提议在使用注音字母的同时也兼采罗马字母，将罗马字母作为国音字母的第二式。1928年9月，大学院公布国语罗马字，作为国音字母第二式，命名为"国语罗马字拼音法式"。

《国语辞典》原名《国音普通词典》，编纂旨趣包括"一，正音（标准国音）；二，定词（联绵与否，在注音中写定）；三，略释用义"[②]，词典字音根据《国音常用字汇》(1933)的国音标注，属于"活语言"的复合词和成语根据口语发音标注，各词均逐字采用第一式暨第二式国音字母标注读法和声调，单字并附有汉字直音，标明旧入声和尖圆，儿化和轻声也加以标示。叠音词的第二式注音中其重

---

① 黎锦熙《国语运动史纲》，商务印书馆，1934/2011年，第265页。
② 黎锦熙《国语运动史纲》，商务印书馆，1934/2011年，第266页。

叠的字（形、音相同）的第二个字以"x"代替，如"巴巴 bax""月月竹 yuehxjwu""雨星星 yeushingx""辛辛苦苦 shinx kuux"等。拟声词也多为叠音词，采取同样的注音方式，如"关关 guanx""吁吁 shiux""喳喳 chax""肃肃 suhx"等。下面分多音字词、专有名词和四字成语三类来作具体分析。

1. 多音字词注音情况

汉语中包含一定数量的多音字词，通过检索"文本库"可知，《国语辞典》兼采古音和今音，多音的单音节条目有 63 个，如"台""射""感"等，占单音节条目总数的 24.14%，多音的双音节条目有 5 个，如"车子""画眉""齐肃"等，占双音节条目总数的 3.29%。

在按部首编排的词典中，多音字在同一字头下标为不同的反切，很少单立条目，多义混杂，如《辞源》(1915)、《辞海》(1936)等。但这种情况也引起了部分编者的注意，如按笔画编排的《(国音白话注)学生词典》(1924)把多音字的不同读音设在同一字头下，并分设义项进行区分，以"三"为例，具体形式为"㊀思甘切平●数名。㊁三去●再三。"；按四角号码排检法编排的《王云五大辞典》(1930)将不同的多音字列于同一字头之下，用数字序号标记不同的读音，以"参"为例，词典具体形式为"1.(餐)ㄘㄢ Tsan 2.(深)ㄕㄣ Shen 3.ㄘㄣ Tsen 4.(三)ㄙㄢ San"。整体来看，这种做法都不够彻底，也影响读者查检。

《国语辞典》对于多音多义的字"将诸义分注各音下，不使混淆"（凡例），即对多音字按音序编排，同一字头下分别标注，作序号以示区分，以"披"为例，具体形式大致为"㊀ㄆㄧ pi 批 ㊁ㄆㄟ pei"。对多音单义的字又分为三种处理方法，其一为"读书之音与口语之音有别者，两音兼收，注以'读音''语音'字样，如以读音为主，则释义列读音下，于语音下只标'语音'，不再加释义，以语音为主者，以此类推"（凡例），例如"液"注音为"yih"和"yeh"，释为"（读音)",又如"捞"注音为"lhau"和"lau",释为"(语音)";其二为"两读音皆颇习用,未便举一废一者,则两音兼采,于其一注'又读'"(凡例),如"矿"注音为"kuanq"和"goong",在"goong"之后标注"(又读)";其三为"单字有意义不改而在某复合词中成特别之音者,于此音下注以'于某词',如'黑㊁ㄏㄟㄟˇheei(于黑豆)'是"(凡例)。

关于多音字下词条的注音,《王云五大辞典》(1930)、《王云五小辞典》(1931)等不对复词注音,因此其词条不以注音区分多音,采用数码标明该多音字在词中的读音,但也出现了本应根据读音分为不同的词目,却分成了两个不同义项的情况。《(国音白话注)学生词典》(1924)和《国语辞典》虽都对复词进行注音,《(国音白话注)学生词典》(1924)将多音单字在同一字头下分义项区分注音,不同读音的词条也都列在同一字头下,不区别顺序,不归类处理,具体读音均在注音中表明,如"中"下的词条"中毒"注音为"ㄓㄨㄥˊㄉㄨˋ""中秋"注音为"ㄓㄨㄥ ㄑㄧㄡ"。《国语辞典》多音字在同一字头下分别标注不同读音,其下各读音及其对应词条按照音序顺序排列,即词条与读音对应分类,清晰直观,相较《(国音白话注)学生词典》(1924)更具备科学性和系统性。除了在多音字条目设置方面具有科学性之外,《国语辞典》在多音词的处理上也值得借鉴,《国语辞典》采用与多音单字同样的处理方法,分序号区别标示。例如"齐肃"一词,词典处理为"㊀ㄑㄧˊㄙㄨˋ chyisuh ㊁ㄓㄞㄙㄨˋ jaisuh",同时在不同注音下分别立目。这种多音字词平等处理的编纂方式体现了《国语辞典》对复词处理的关注和对多音现象的重视,也反映了在辞书编纂法上的创新。

2. 专有名词注音情况

音译外来词第一式仍按所译汉字注音,第二式多取自原文,不再用国语罗马字转拼所译汉字,但用斜体排印,以别于国语罗马字,如

"巴比塞ㄅㄚˊㄅㄧˇㄙㄜˋBarbusse, Henri"等。若外来词中所译汉字为多音字，注音标调依据原英文发音音译。如塞内冈比亚（Senegambia）、塞拉热窝（Sierra Leone）、塞尔维亚（Servia）中的"塞"均注音为"ㄙㄜˋ"，"斯堪的纳维亚（Scandinavia）"中的"的"注音为"ㄉㄧˋ"。半译音半译义的词，第一式照汉字注音，译音与译义部分分写，第二式译音部分直取原文（用斜体排印），译义部分仍用国语罗马字。如"冰激淋ㄅㄧㄥㄐㄧˊㄌㄧㄣˊBing cream"。译音的梵文，第二式用梵语罗马字标注，用斜体排印，如"头陀ㄊㄡˊㄊㄨㄛˊdhuta"，又如"般若ㄅㄛㄖㄜˇprajna"。部分译音的词，一部分按梵语罗马字标注，如"优昙华ㄧㄡㄊㄢˊㄏㄨㄚUdumbara hua"。

中国人名第一式姓与名分开，第二式姓名中间加连号，姓与名首字母均大写。如"钱谦益ㄑㄧㄢˊㄑㄧㄢㄧˋChyan-Chianyih""辛弃疾ㄒㄧㄣㄑㄧˋㄐㄧˊShin-Chinjyi"等。西洋人名，第一式照汉字注音，第二式直取原文（用斜体排印），如"巴勒特ㄅㄚㄌㄜˋㄊㄜˋBarrete, Elizabeth"、"泰戈尔ㄊㄞˋㄍㄜㄦˇTagore, Rebinagh"等。

中国地名、河流山川名第二式首字母大写。如"赣榆Gannyu""庐江Lujiang""多伦Duoluen"等。特有名词与普通名词结合所成之特有名词，两式注音均分写，第二式首字母均用大写，如"泰山Tay Shan""月牙泉Yuehya Chyuan""道县Daw Shiann"等。动植物名、官职名和法律名第二式均为小写形式。如"山桃花shantaurhua""扶留fwuliou""斑马banmaa""白鹭bairluh""提辖tyishya""车府jiufuu"等，法律名和个别动植物名按词分写注音，如"一院制iyuann jyh""三尺法sanchyyfaa""社会契约说shehhuey chihiue shuo"和"旋木雀shyuanmuh chiueh"等。

书名、事件名和协议名和简称等分词注音，第二式各词首字母均大写。书名如"菌谱""词苑丛谈 Tsyryuann Tsorngtarn""宋高僧传 Sonq Gauseng Juann""编行堂杂剧 Bianshyngtarng Tzarjiuh"等，事件名、协议名如"辛亥革命 Shinhay Germinq""辛丑和约 Shinchoou Heriue""中德协约 Jong De Shyeiue"等，简称如"美洲 Meei Jou""泰斗 Tay Douu"等。词曲牌名、帝号、年号等第二式首字母大写。如"山亭柳 Shantyngleou""雁过沙 Yannguohsha""中大通 Jongdahtong""中大同 Jongdahtorng"等。帝号在注音时采用分词连写，如"宋高宗ㄙㄨㄥˋ　ㄍㄠㄗㄨㄥ Sonq Gautzong""宋徽宗ㄙㄨㄥˋ　ㄏㄨㄟㄗㄨㄥ Sonq Hueitzong"等。

3.四字成语注音情况

如其编纂旨趣所述，《国语辞典》在注重注音规范的同时也注意"定词"，主要方式就是分词连写，主要表现在三音节及以上音节数量的词语上。具体表现为语义连接较为紧密的词不进行分词连写，采取整体连写的方式，语义连接灵活的成分则以空格分写。以下以四字成语为例，分析其分词类型，具体如下：

（1）A+A+A+A 式。这种形式体现了成语内部各自成词的特点，在各分词形式中比重较小，例如"蓬生麻中 perng sheng ma jong"，从成语结构来看，结构关系层层嵌套，其中包括了主谓结构、动宾结构、中补结构，不易拆解组词，因此四个字在分词注音上各自独立。又如"各不相谋 geh buh shiang mou"从成语结构来看，包括了主谓结构、状中结构，词典也处理为 A+A+A+A 形式。

（2）A+A+AA 式。运用这种形式的成语中含有双音节词，因此在注音时将其作为词连写注音。例如"美中不足 meei jong buhtzwu""失之交臂 shy jy jiaubih""灭此朝食 mieh tsyy jaushyr""各奔前程 geh benn chyancherng"等。

（3）AA+AA 式。这种形式的使用最为广泛，主要存在于并列式结构的成语中，"AA"多为主谓、动宾、定中结构的双音节词。例如"三长两短 sancharng leangdoan""人杰地灵 renjye dihling""穿壁引光 chuanbih yiinguang""听天由命 tinqtian youminq""蓬头垢面 perngtour gowmiann"等。

（4）AA+A+A 式。这种形式的成语中第三个字常用连词"而"或"之"起到语义连接的作用，例如"不胫而走 buhjinq erl tzoou""不期而遇 buhchyi erl yuh""车笠之盟 jiulih jy meng""诛心之论 jushin jy luenn"等。

"分词连写"给"词"做了界定，开当时辞书注音形式之先河，也给了后来辞书以启示，但是其划分也存在一定的不足，例如"交臂失之"与"失之交臂"在分词时出现了"jiaubih shyjy"与"shy jy jiaubih"这两种不同的分法，又如同样结构类型的"不绝如缕"与"囊空如洗"分词形式分别为"buhjyue ru leu"和"nangkong rushii"，在"如"的界定上划分不一，可以说词典在分词连写的应用上还不是非常系统。后来的《现汉》对多音词、词组和成语的注音分写连写进行了规范，并在注音中体现。

整体上看，《国语辞典》是国语运动长年推行的成果，因其"正音""定词"的编纂宗旨，在辞书积极采用注音符号和国语罗马字注音，既借鉴前人词典多音字处理经验，对多音字清晰标注，率先在按音序编排的词典中实践多音字区别标示，同时考虑到读书音与口语音可能存在的差异，进行说明标注，此外，对多音词区分标注，分别立目，不同读音参见对照，体现了辞典"于注音方面极为注意"（黎锦熙序）的编纂原则，对多音字词、专有名词和不同结构的成语注音都给予了充分关注，不仅有利于规范读音，还有助于厘定词语，反映了辞书编纂的规范性和先进性，也为后来现代辞书的多音字词处理提供了积极借鉴。

（二）词典义项情况分析

1.《国语辞典》词语义项数量分析

义项数量可以在一定程度上反映词典的编纂特点和释义的丰富程度，词典凡例没有对辞典义项的数量情况进行说明，我们以"文本库"中的音节数为参照，对义项数量进行统计，如表 11-5：

表 11-5 《国语辞典》词语义项数量

义项数 音节数	1	2	3	4	5	6	7	8	11
单音节	150	50	31	9	6	9	2	3	1
双音节	1299	177	30	11		2			
三音节	349	5	2						
四音节	172	8							
五音节	21								
六音节	7								
七音节	1								

统计结果发现，单音节字词的义项数分布最为多样，从单个义项到多个义项，义项数最多达 11 个，但义项数量与被释字词数整体上呈反比关系，单义项字词数量最多，占比 57.5%，四个及以上义项的字词数则相对较少。同时，伴随着词语音节数的增加，义项的分布和数量也逐渐降低，双音节词语最多 6 个义项，单义项词语占 85.5%，数量最多；三音节词语最多 3 个义项、四音节词语最多 2 个义项，五音节及以上词语均只有 1 个义项，且都以单义项占优势，由此可知，《国语辞典》在义项设置上以单义项为主。

2.《国语辞典》词语义项排列情况分析

词典义项排列通常分为历史顺序、逻辑顺序和使用频率顺序（黄建华，1987）。大型辞书《中国大辞典》所设想的义项排列顺序是典型的历史顺序，它要求"每一个词（包单字说），都要顺着它的时代

(就可能的范围说,是从公元前16世纪的甲骨文字到现在的国语和方言,绵亘约三千六百年),叙明它的'形''音''义'变迁的历史"(黎锦熙,1934/2011)。然而,中型辞书《国语辞典》的"主旨在于正音,故于义训变迁,语源考证,则不详叙"(汪怡序)。我们以"文本库"中的261个单音节条目为考察对象,除去其中7个儿化词,最终选取254个单音节字词,在参照《说文解字》《尔雅》的基础上,统计得出被释条目第一个义项或唯一义项为本义的有167个,占比65.75%,如例(1)、(2)、(3),非本义的有87个,占比34.25%,如例(4)、(5)、(6)。结合辞书的释义语言和例证综合分析,《国语辞典》在传统字书释义的基础上,采取了以历史原则为主,频率原则为辅的义项排列方式。

例(1):依　① 倚靠。
　　　　　　《说文解字》释为"倚也"。

例(2):敛　① 收,聚。
　　　　　　《说文解字》释为"收也",《尔雅》释为"聚也"。

例(3):琀　谓死者口中所含之玉
　　　　　　《说文解字》释为"送死口中玉也"。

例(4):龛　① 塔;一说塔下室。供佛之小室曰佛龛。
　　　　　　《说文解字》释为"龙貌也"。

例(5):堪　① 可。
　　　　　　《说文解字》释为"地突也"。

例(6):谡　① 翁敛貌。
　　　　　　《尔雅·释言》释为"起也"。

3.《国语辞典》词语义项划分情况分析

词义是体现在各种用例中的共同的意义,因而具有高度的概括性（胡明扬、谢自立等，1982）。义项根据词义设立，通过对义项间的考察，可以反映词典义项的区分情况和释义的准确性。我们将《国语辞典》与《辞源》的共收条目进行对比发现《国语辞典》的义项较《辞源》呈现三种情况，分别是义项减少；义项增删并存；义项数不变，内容或有调整。如"惠"字《国语辞典》删减了《辞源》中的"顺也"和"三隅矛也"两个古僻义，《国语辞典》保留了"恩也"和"仁爱也"两个义项，并合并为一个义项"恩，仁爱"，这是典型的义项减少；再如"金"在《辞源》中有9个义项，在《国语辞典》中有8个义项，删减了"所以计货币之数量也""深也""与噤通"3个义项，新增了"八音之一"和"喻坚固"义，这是增删并存；又如"交代"一词，《国语辞典》删减了《辞源》"前后官相接替"义，增加了"嘱咐""应付、卸责""做毕，收束"和"收束终了之节文"4个义项，较《辞源》更为全面，也反映出随着社会的发展和时代的进步，人们对事物认识的程度也随着时间的推进在一步步地加深。因此，从义项的划分的角度来看，《国语辞典》的义项划分较《辞源》有所改进，如删减旧义，使义项数量更加精简；添加新义，使义项内容更贴合时代；合并义项，使义项的释义概括性更强。

总体而言，《国语辞典》在注音方面积极实践国语运动的注音成果，采用注音符号和国语罗马字标注读法和声调，单字附有汉字直音，对儿化和轻声也加以标注，体现出词典的国音教育价值，其中"分词连写"的注音方法在当时具有开创性，多音字词在同一字头下分别标注不同读音，清晰直观。义项主要为单义项设置，单音节条目的义项数量种类最为丰富，从规模上看符合中型词典的体例。词典在义项排列顺序上体现了"依史则"的编纂原则，对本义有一定重视，同时，对于难以确定本义和常用词语也有选择地使用了义项排列的频率原则，将常用的高频义项排列在前，有助于读者更好地理解词义。

第五节 《国语辞典》的释义与例证处理

(一)《国语辞典》主要释义方式分析

词典释义方式多种多样,汪耀楠、祝注先(1982)列举了"语词式、说明式、描写式、定义式、插图式、综合式等"方式。张在德(1983)认为"汉语语文性辞书使用释义方式大致可以分为五种类型:语词对释式、定义式、描写和说明式、图表式、综合式";胡明扬(1982)把释义方式分为对释释义方式和定义释义方式两大类,其中对释释义方式分为同义词对释、词语交叉对释、反义对释和限制性同义对释四种,定义释义方式分为逻辑定义释义和说明定义释义两种。黄建华(1987)与胡明扬观点基本一致,不过在类别上划分更加详细。我们以胡明扬的观点为参照,兼采各家,对"文本库"中的词语释义方式进行分析。

1. 对释释义方式

"文本库"中单音节条目中采用对释释义方式的有 257 条,占义项总比 50.20%;双音节条目中有 332 条,占义项总比 18.44%;三音节条目中有 61 条,占义项总比 16.49%;四音节条目中有 21 条,占义项总比 11.17%;五音节、六音节和七音节条目中没有采用对释释义方式。

(1)同义词对释。同义词对释是我国传统的释义方式,在《国语辞典》中也被广泛采用。单音节条目中使用同义词释义的有 230 例,主要有以下三种形式,一种是单字同义词对释,如例(1);第二种是在原来单字的基础上加语素,组成双音节词,如例(2);第三种是选择更日常、更为熟知的双音节词来释义,如例(3)、(4)。

例（1）：诖　①误。②欺。

例（2）：穿　贯穿。

例（3）：圂　厕所。

例（4）：庐　屋舍。

在双音节条目中，同义词释义是对释释义方式中释义数量最多的类型，有 305 例，具体可分为以下三类：

A. 直接以单音节词或双音节词语作释词

运用这种形式的义项有 111 条，占义项总比 36.39%。如：

打点　收拾。　　　　打胎　堕胎。
发愁　忧愁。　　　　牢固　坚固。

B. 释义提示词 + 某某

这种形式所包含的释义提示词主要有"同""即""犹"和"犹言"等，本质上与上一类无较大差别。"同"和"即"表明了释词与被释词的等同关系，"犹"和"犹言"也表明了释词与被释词的相近关系。运用这种形式的义项有 172 条，占同义词释义义项总比 56.39%。如：

书仓　同书库。　　　捞捎　犹捞本儿。
隽誉　犹言美名。　　庐舍　犹言田舍。

C. 词头 + 义项序号

这种形式不加释义提示词，直接引出条目的义项序号，表示该双音节词语与其他单音节词或双音节词语有词义重叠的情况，其中大部分为单音节词，这与汉语双音节化过程有关，该形式使用数量较少，有22条，占同义词释义义项总比7.14%。如：

　　梳子　梳（2）。　　　完纳　完（7）。
　　失却　失（1）（2）（3）。箱子　箱（1）。

三音节及四音节条目中同义词释为主要对释释义方式，分别为57条和19条。如：

　　打图书　盖章。　　　牢笼计　圈套，诡计。
　　失之脱节　失闪，如"要看势头，休要失支脱节"，见《水浒传》。

（2）词语交叉对释。词语交叉对释指的是用两个或两个以上的词来注释，利用词义交叉来补充或限制词义范围。这种形式在一定程度上比同义词对释更准确，但是运用起来也更有难度，如下例中"论"释义中"辩论"和"评论"语义相近，但语义程度、语义范围和使用对象不同；"踶"释为"踏"和"踢"，二者同样既有共性又有差异，二者交叉限定词义范围。词语交叉对释易混淆不同词义的界限，因此《国语辞典》在单音节条目中使用较少，有26例。如：

　　谙　知，熟悉。
　　论　辩论，评论。
　　踶　踏，踢。

双音节条目中词语交叉对释有27例，处理方式主要体现在以下两点：一是对词条中的两个字进行拆分，各找同义词或近义词进行替换，由此作为释义，释义中的这两个词也是相似但不相同的关系；二是在对词条中的两个字进行拆分后，对单字进行重新组词。如：

  编制 排列，组织。
  发展 开展，进步。
  扶助 帮助，援助。

反义对释不如同义对释更加简单实用，使用更少。单音节条目中采用反义对释的有1例，将"憾"释为"不快"，三音节及以上条目未检索出反义对释。

2. 定义释义方式

"文本库"中有253条单音节条目使用定义释义，占49.41%；有1468条双音节条目使用定义释义，占81.56%；三音节条目中使用定义释义方式的有309条，四音节条目中使用定义释义方式的有167条，五音节及以上条目中使用定义释义方式的有29条。

（1）逻辑定义释义。逻辑定义释义用来指出释义对象所属的类及其属差，多用语句释义，往往带有百科性质。《国语辞典》单音节条目中使用逻辑定义释义的有44条，多为名词，双音节条目中采用逻辑定义释义的有408例，占定义释义方式义项总比27.79%。如：

  猪 ［动］属脊椎动物之哺乳类，头大，鼻与口吻皆长，其肉可食。
  鹌 ［动］鸡属，与鹑同类异种，状亦相似，惟羽无斑点，类脚皆长，俗混称鹌鹑，参看鹑条。
  斑驴 ［动］奇蹄类，产于非洲，体肥大，有黑褐色斑纹。
  地榆 ［植］多年生草，茎高三四尺，叶为羽状复叶，秋间开花，色紫或红白，其嫩叶可食。
  斑蝥 ［动］虫名，长五六分，性有毒，可入药；亦作斑猫，蟹螯。

可以看出，逻辑定义释义多为小短句组合长句的形式，表明了被释词所属的类别、外形、产地、外貌、花季等，也有一部分并列释义，如"斑蝥"释文中，用定义式短句组合"虫名，长五六分，性有毒，可入药"来详细描述语义类别、外貌特征、性状、功能等，其后用"亦作斑猫，蟹螯"与被释词构建联系。

三音节词语中逻辑定义释义形式比重最大，共有275条，这可能与三音节词语的性质有关，三音节词语中专业术语占比较高，对释义的准确性有更高要求，因此通常采用逻辑定义的释义形式。四音节条目中逻辑定义释义有94条，五音节、六音节和七音节词语中逻辑定义释义占较大比重，共25条，这也与多音节词语多专业术语、专有名词等类型有关。如：

　　泰戈尔　[人]现代印度大诗人，生于公元1861年，曾留学英国，所为诗译成英文，颇为欧美所欢迎。
　　换质之换位　[论]换位之一种，谓换否定之质为肯定，然后再行换位之法，如自"某甲非乙"之命题，换质成"某甲乃非乙"，然后再换位为"某某非乙者，甲也"。

（2）说明定义释义

说明定义释义主要用来描述和形容所指的事物，单音节条目中有209条，单音节动词和形容词释义通常采用这种形式。双音节条目中采用说明定义释义的有1060例，占定义释义方式义项总比72.21%。如：

　　骧　马疾行时昂首貌。
　　差　比较而生之区别。
　　咂　谓以舌掠物而食之。

白乾儿　亦作白干儿,谓高粱酒之纯粹者,又为高粱酒之通称。

　　不久　表时间短促之意,如"他来不久就去了,但不久还得回来"。

三音节条目中采用说明定义释义的34条,四音节条目中有73条,二者中多包含成语、俗语、典故等,因此含义多通过说明来解释表达。如:

　　囊中颖　喻士之怀才未遇,语本《史记》所记毛遂事。
　　多钱善贾　喻有凭藉则事易为,见《韩非子》。
　　完璧归赵　谓以原物还人,语本战国蔺相如事。

此外,单音节条目"龛"由于义项没有作区分,在同一义项内出现重叠释义,即兼有同义词释义和说明定义释义这两种形式,其义项为"塔;一说塔下室,供佛之小室曰佛龛",义项中"塔"为同义词释义,其后释义有补充延伸的性质,有说明定义释义的特点,因此,根据此划分标准来看,该义项采用同义词对释和说明定义释义。

总之,《国语辞典》既继承了传统辞书的以字、词对释,也采纳了现代辞书的定义释义,在不同类型的词语中释义方式的使用各有差异。从释义方式的使用分析,《国语辞典》注重使用同义词对释、反义对释和词语交叉对释,限制性同义对释涉及相对较少,专业术语等多采用逻辑定义释义,俗语、口语词等多采用说明定义释义。从被释词的音节数分析,《国语辞典》单音节和双音节条目在释义方式的选择上多采用同义词释义和说明定义释义这两种形式。值得注意的是,伴随着汉语双音化的趋势,描述性双音节词语越来越多,辞典在双音节词语的释义上更加倾向对词语意义的说明和解释,注重意义的准确性,因此定义释义是辞典双音节词语的主要释义方式。对三音节及以上词语而言,难以找到比较合适的单音节词或双音节词语与之对释,而且同义词对释也极易影响释义的准确性,因此三音节词语的释义主要采用定义释义方式,由于四音节词语中包含很多成语、俗语,对释语义不容易完全匹配,也主要采用定义释义方式。

(二)《国语辞典》释义提示词分析

释义提示词就是在释义中采用的具有提示性和引导性的语言,主要用来说明意义的使用范围、用法、语体色彩等。我们通过对"文本库"中的词语进行整理考察,发现《国语辞典》释义提示词使用广泛,共有1152条义项使用了释义提示词,其中单音节条目义项中共有75条释义提示词,双音节条目义项中共有840条释义提示词,三及以上音节条目义项中共237个释义提示词,主要分为以下几类:

1. 谓

"谓"是古代汉语中的一个常用词,在《现汉7》中释为"说"。在《国语辞典》中,"谓"用来承接具体的释义内容,主要起到引出释义的作用,有"就是,就是说"的意味。通过检索"文本库"得知,"谓"共出现了706处,占释义提示词总数61.28%,其中单音节条目中48处,双音节条目中520处,三及以上音节条目中138处。如:

　　崥　谓山之不平者。
　　斋　谓施食于僧。
　　挨打　谓受打。
　　编贝　谓牙齿洁白整齐若贝之排列。
　　水蒸气　[理]谓水受热变成之气体。

此外，也有"某谓"形式，即在"谓"前边加上限定词，这种形式限定了被释词的使用语境，包括"俗谓""意谓"等类型。如：

成了　俗谓修仙成道，如他修炼成了。
插板儿　俗谓商店关闭歇业。
挨人儿　俗谓妍度曰挨人儿，亦称挨亲家儿。
恰不道　意谓却不知道，如"既是你聪明伶俐，恰不道长嫂为母"，见明人小说。
道学先生　俗谓古板之读书人。

由示例可知，"俗谓"提示词标志着被释词具有口语属性，被释词多为白话词，"意谓"表明被释词不是日常常用词语，多出自明清小说，释义通俗。综合来看，"谓"所引出的释义通常为文言语体，"某谓"引出的释义多为白话语体。从句法位置来说，释义提示词"谓"和"某谓"都处在句首。

2. 称

"称"主要对被释词的含义起引导作用，具有指称性，常与称谓词语相关联。检索"文本库"得知，"称"共出现了214处，占释义提示词总数18.58%，其中单音节条目中21处，双音节条目中147处，三及以上音节条目中46处。如：

馋獠　称贪食之人，如"非若世俗作庖中物，特使馋獠生涎耳"，见宣和画谱。
上部　称在上面之部分。
修士　称操行纯洁之士。
啬壳子　称悭吝之人。
清吟小班（儿）　北方称上等妓院。

从被释词的词性来看，被释词通常为名词。从"称"的句法位置来看，"称"位置较于"谓"更加灵活，多处在句首，也可处在句中。从提示词功能上看，释文开始前的"称"多用于指示被释词的语义内容，释文中的"称"起到承前启后的过渡作用，"称"之前有限定词，"称"的使用可以保证语义的连贯性。

此外，也有"某称"形式的释义提示词，即在"称"之间加限定词，"某称"种类丰富，包括"泛称""或称""旧称""又称""亦称""俗称"等，对被释词的语义解释起到一定的补充作用，使得语义内容更加完整丰富。如：

有劲　俗称有趣动人。
禁中　旧称天子所居。
钱龙宴　长安妓于三月三日结钱如龙，号钱龙宴，亦称钱龙会，见《妆楼记》。

3. 喻

"喻"意为"打比方"，主要用来引领被释词的比喻义，多用于典故词语的释义，若"一词有普通义及特殊义者，重在注明特殊义，其普通义就字面一望可解者，或从省不注"（凡例），因此，"喻"及其引领的释义也可作为独立义项出现。检索"文本库"得知，"喻"共出现了43处，占释义提示词总数3.73%，其中单音节条目中1处，双音节条目中17处，三及以上音节条目中25处。释义提示词"喻"之前通常不加限定词，释义形式包括单纯的比喻释义、比喻义加出处、比喻义加参见等形式。如：

完璧　喻人物之完美无缺者。
雨集　喻众多，语见王褒文。

泰山颓　喻所尊者死，失所瞻仰。参看下条。
画龙点睛　喻文中著一二要语，使全篇得神。
换汤不换药　喻形式变换，内容仍旧。
挂羊头卖狗肉　喻表里不符，狡诈欺骗。

4."犹"和"犹言"

"犹"在《现汉7》中释为"如同"，作释义提示词表示类比关系，即释词与被释词之间存在同义性。检索"文本库"可知，"犹"共出现了112处，占释义提示词总数的9.72%，其中单音节条目中3处，双音节条目中94处，三及以上音节条目中15处。如：

道儿　犹道子。
分解　［中医］犹疏解，如言分解分解。
加意　犹注意。
有其限　犹有限。
提心在口　犹提心吊胆，如"唬的我战兢兢提心在口"，见《元曲选》。

"犹言"是古汉语词，意为"好比说，等于说"，在古籍注疏中较为常见，在《国语辞典》中也有一定数量的使用。检索"文本库"得知，"犹言"共出现了77处，占释义提示词总数的6.68%，其中单音节条目中2处，双音节条目中62处，三及以上音节条目中13处。如：

敛怨　犹言积怨、丛怨。
恰限　犹言正遇着，如"恰限今日专等天子来，哪里敢接别人"，见《宣和遗事》。

灭良心　犹言昧良心。

上不来　犹言不能上来。

依人篱下　犹言寄人篱下；谓依庇于人。

　　对比发现，"犹"和"犹言"的使用情况相似，二者引出的具体释义通常为词或短语的形式，不加句子，语体色彩多口语化。此外，由于"犹"和"犹言"为古汉语词，作为释义提示词的出现，在一定程度上也体现了《国语辞典》释义语言的文言色彩。

　　综上可知，"谓"是《国语辞典》最主要的释义提示词。通过检索《现汉 1》发现，《国语辞典》中具有文言色彩的释义提示词"谓""犹""犹言"在《现汉》中不再使用，"称"在《现汉》中仍在使用，提示词"喻"改为"比喻"，添加了"指""表示""形容"等提示词。"比喻""形容""指""称""表示"也是《现汉》第 5 版和第 6 版的五大类释义提示词（袁世旭、许蒙蒙、郑振峰，2021）。可以说，《现汉》的释义提示词是在《国语辞典》基础上的延续和发展，但较于《国语辞典》更加现代化。

（三）《国语辞典》释义语言分析

　　清末"新文体"、五四时期的"白话文"和20世纪30年代的"大众语"推进了由文言向白话的转变，但这种转变不是一蹴而就。辞书释义语言的选择和使用与辞书的服务对象、编纂宗旨、编者的语言观和语言习惯等因素密切相关。《国语辞典》阐明其释义语言为"简明浅近之文言或语体"（汪怡序），体现了一定的白话色彩，但也尚未完全脱离浅文言的语言习惯束缚。

　　《国语辞典》释义语言的文言性主要体现在释义提示词"谓""犹"和释义用词"之""者""曰"等的使用，以及定语后置、状语后置等文言句式，如"组合"释为"数人谋利益之均分而合出资本合管事业曰组合","梳拢"释为"谓娼家处女初次荐寝于人"的释义语言均在一定程度上体现了浅文言的色彩。但是，释义中的文言现象并不妨碍辞书在收词、释义和例证上的整体白话性，体现出20世纪30年代后期中国语文现代化进程中，白话占据主导的发展态势。

同时，汪怡（1936）也指出《国语辞典》"释义用语，务求简明适当，力矫旧日训解含混不清之弊"，释义语言力求简洁明了，用相对较少的文字表达出必要的信息，如《辞源》采用下定义的方式将"梨"释为"果木名。叶作卵形。端尖。夏初开花。五瓣色白。实为浆果。大而圆。至秋成熟。皮有细点。以产于直隶之河间山东之莱阳者为最良。本为乔木。以年年采梨。屈曲其枝。或芟刈之"。《国语辞典》释为"果木名，叶卵形，端尖，花五瓣，色白，实为浆果，形圆而大，味甘可食"。相比之下，后者虽承自前书，但更为简洁，白话性也更强。一个句子中修饰、限制成分相对较少，短句多、长句少，是口语化的一个重要表现。《国语辞典》释义简洁明了的其他例子，如将"猪秧秧"释为"[植]一年生草，生于田野间，茎细长柔软，平卧者多，有细刺，能钩著于他物上，叶狭长，论生成膚，春夏间，叶腋开小白花"。释文内容较为详细，而且由10个短句组成，每一短句语义清晰，语气停顿明显，口语化色彩突出。又如将"空钟"释为"玩具名，以竹木制，两端其二圆盘，中有横木，以绳纽搭而抖转，即嗡嗡作声"。释文先交代所属类别"玩具名"，随后解释制作材料、形状、玩法等，6个短句先后排列，逐步完善词条含义，符合人们"不善用长句"的口语表达习惯。

（四）词典例证情况分析

例证一般放在释义后，用来帮助释义、验证义项、展示用法等。《国语辞典》"各词注释，有举明出处或引例之必要者，均分别举引之"（凡例），不仅为单音节字目设立例证，也为多音节词目设立例证。"文本库"不同音节词语的例证数和义项数统计如表11-6：

表11-6 《国语辞典》例证数量

音节数 例证数	单音节	双音节	三音节	四音节	五音节	六音节	七音节
例证数	132	413	45	36	3	0	0
义项数	511	1800	371	188	21	7	1
占比	25.83%	22.94%	12.13%	19.15%	14.29%	0	0

从词条的音节数量来看，各音节词条的例证数量不同，单音节和双音节条目的义项所引例证数量占比最高，三音节、四音节和五音节条目例证数量占比较低，《国语辞典》例证与义项比要低于《现汉》。

《国语辞典》例证"酌量注明出处或引举例句"（汪怡序），因此词典并非对所有词目加设例证，释义清晰的词目不再加设例证补充说明。就例证类型而言，《国语辞典》包含书例、词例、短语例和自编小句，"文本库"中不同音节词语的例证类型如表11-7：

表11-7 《国语辞典》例证类型

类型 音节数	书例	词例	短语例	自编小句
单音节	94	25	5	8
双音节	359	8	23	21
三音节	30	8	1	9
四音节	30	2	2	2
五音节	0	1	0	2
总数	513	44	31	42

通过表11-7可知，六音节和七音节条目中未包含例证，单音节、双音节及三、四、五音节条目均包含例证，书例为各类词语的主要配例方式，词例在单音节条目中具有较大比重，在各音节条目的例证中

均有一定数量的自编小句。

　　书例是古代字书最常见的配例方式。《国语辞典》虽以书例为主，但并非死板地引经据典，处理方式更为灵活。在引用原文时采用原文加书名或诗名的形式，如"恰待要"释为"犹言正要，如'恰待要安排心事传游客'，见《西厢记》"；对于"至仅言典实所本者，则用'本于'或'语本'字样"（凡例），如"坦腹"释为"谓壻，本于晋王羲之坦腹卧于东床事"。在例证出处的标注上，"凡出处多但举书名，其篇名卷次等则从略"（凡例），"所引之书名，若有通行之简称者，用简称，如《通鉴》即《资治通鉴》，《世说》即《世说新语》"（凡例），例如"谡谡"释为"高挺貌，如'李元礼谡谡如劲松下风'，见《世说》"。在例句形式上，"凡引例但明辞用，不尽根据成书，皆以求简明也"（凡例），如"囊底智"引例为"吾扣囊底智足以克之"，出自《晋书》，原文为"吾且投老，扣囊底智，足以克之……"，词典在引用时将主语后移，省略原文非核心部分，使得例证语句更加凝练。又如"巴巴儿的"引例为"难道人家连个手炉也没有，巴巴儿的打家里送了来"，出自《红楼梦》第八回，原文为"好说就看的人家连个手炉也没有，巴巴儿的打家里送了来"。词典中以"难道"代替"好说就看的"，语句更加简洁。在书例的来源方面，相对传统字书专注经典文献用例外，《国语辞典》补充了一些俗文学文献和现代文学作品，如"川禽"释为"谓鱼，如'斜照窥帘外，川禽时往还'，见李嘉祐诗"；"梳裹"释为"梳发裹巾帻，如'终日厌厌倦梳裹'，见柳永词"；"多管"释为"大概，如'多管他来请柴大官人入伙'，见《水浒传》"；"编派"释为"亦作编排，谓捏造是非，如'我就知道你是编派我呢'，见《红楼梦》"；"成裹"释为"完成之，如'一眼就看见太太坐在挨窗户在那裹成裹帽头儿呢'，见《儿女英雄传》"等。书例来源丰富多样，突破了传统字书的用例限制。

《国语辞典》在词例和短语例的选择上重视现代性和时代性，善用现代汉语词汇为例。词例如"新"释为"俗于结婚时各事物每以'新'字称之，如'新房''新娘'等"；"巴巴"释为"黏结貌，如焦巴巴、干巴巴"。短语例如"发行"释为"发布通行，如发行纸币、发行书报"；"发生"释为"事件或情形之新有，谓之发生；如发生事件、发生问题、发生某种情形等"。可见，词例和短语例通常列举两个及以上，对释义的补充更加全面。同时，《国语辞典》例证中还有相当数量的口语性自编小句，体现出现代辞书编纂对活语言和典型用法的重视，如"个儿"释为"个数，如'这梨论斤卖，不论个儿'"，"直勾勾"释为"谓眼神板滞，乃急怒、惊恐、痴傻之貌，如'两眼直勾勾的看着大家'"，"三长两短"释为"谓意外之变，如'万一有个三长两短'"，可以看出，自编小句多为短句，语言简洁生动，风格上富有生活气息。

（五）词典中观结构分析

中观结构是指通过特定的参见符号、说明和注释把词典中的条目联系起来，它"好似词典整体框架元素之间的纽带和黏合剂，能使词典纷杂的信息之间保持清晰的关联网络，大大提高词典的使用效果"（章宜华、雍和明，2007），主要体现为词典的参见、说明和插图等。《国语辞典》无插图用例，在"文本库"2897个义项中包含参见释义的义项有218条，占总义项数7.53%。有的参见可以通过义项标号直接体现，这种情况的参见义项有29条，占总参见义项的13.3%，例如"仓房"释为"仓（1）"，参见至单音节"仓"的第一个义项，此种参见方式直接将词条串联，并且对应到具体义项，清晰直接。

《国语辞典》中的参见体系从参见用语而言主要分为"见下""见……条""同""与……通""详（见）……条""即"和"参看"这七类，具体情况如表11-8：

表 11-8 《国语辞典》参见用语及数量

参见用语	数量	占参见总数比例	示例
同	51	23.39%	斑白：同"班白"
即	88	40.37%	班史：即《汉书》。
见下	17	7.80%	菡：见下。
与……通	18	8.26%	頷：与"领"通
见……条	30	13.76%	侄：见侄侗条。
详（见）……条	4	1.83%	芸：草名，详芸香条。
参看	10	4.59%	泰宁：谓地；参看泰清条。

通过表 11-8 可以看出，词典参见用语类型多样，使用状况差异较大，"即"和"同"使用数量最多，"详（见）……条"使用数量最少。单就《国语辞典》而言，"即"以最简洁的表述引出相关字条和词条，例如"空竹"为"即空钟"。此外还可参见至具体义项，使得释义形成对应，如"唤春"为"即唤起（1）"。通过检索"文本库"发现，"同"可用作为异形词的处理方式，对字形进行区分，如"班白"释为"同'斑白'"，"诖误"释为"同'罣误'"等。也可用作简明释义的方式，对释义进行区分标明，在标注上同样简洁直观，如"拣"释为"同捡（2）（3）（4）"，检索"捡"可知，"捡"义项（2）（3）（4）分别为"掇取""取得他人所遗弃之物为捡""不劳而获或侥幸而得曰捡"，义项（1）"查捡"不作参见，由此体现了"拣"与"捡"词义的异同之处，区分细致，参见得当。

参见用语"见下"简洁明确，条目之下一定有词条相接，如"芃"释为"见下"，其下词条为"芃芃"，释为"草木盛貌"；"侃"释为"见下"，其下列"侃侃"和"侃尔"。当该字头为词中首字时，"见……条"中的"……"大多位于该单字之下，如"哏"释为"见哏哆条"，"哏哆"为"哏"字统领之下的词条，释为"谓以恶声申斥"，当该字头非词中首字时，"见……条"仍适用，如"蜊"释为

"见蛤蜊条"。可见，"见……条"参见的使用在一定程度上减少了单字释义的重复性和不准确性，在这种情况下单字不具有语素义，只起组词作用。此外，"见……条"也为专有名词提供了意义的参考，使释义在形式上更加简洁，在内容上更加完备，如"赣"释为"①江西省别名。②［地］见赣县等条。③水名，见赣江条"。

与"见下"和"见……条"有所不同的是，"与……通"使用较少，《国语辞典》"惠"中有一义项为"与'慧'通"，体现了古代文言的用字通假。"参看"的使用也较少，但在释义的系统性和完整性上发挥着重要作用，通常在对词条的具体解释后作为补充，如"鹖"释为"［动］鸡属，与鹑同类异种，状亦相似，惟羽无斑点，类脚皆长，俗混称鹖鹑，参看鹑条"，因"鹖"与"鹑"为同类异种的动物，但常合称"鹖鹑"，因此在释义中作此说明，并将"鹑"作为参见，可见"鹑"释为"［动］鸡属，体茶褐色，杂以黑白之小斑，头小尾秃，嘴脚均短，性好搏斗，有驯养之以为战者"，通过二者释义发现，"鹖"与"鹑"的释义区分度较好，语言简洁。在双音节词"鹖鹑"下，释为"［动］见鹖、鹑各条。"与"鹖"和"鹑"互为参见，具有一定的系统性。

通过对比发现，《标准语大辞典》没有参见释义，《辞源》《国语辞典》和《现汉》均有一定数量的参见。以"惠"为例，《辞源》8个义项中有2个使用了参见，表述为"⑥通作'慧'"和"⑧与蟪通。详下惠蛄条"，《国语辞典》改进了参见用语，改为"与'慧'通"和"见惠蛄条"，《现汉1》中明确标示"〈古〉又同'慧'"。可见，《国语辞典》延续了《辞源》的参见内容，但改变了参见用语，《现汉1》保留了与"慧"的参见释义，删除了"见惠蛄条"的参见，不设"惠蛄"词条，在"蟪"字头下设立"蟪蛄"词条。通过"惠"释义内容可以发现，《现汉》在说明"同'慧'"时加注了古义标记，既采用了更现代的表述"同",也表明了其含义来源,《国语辞典》则保留了"与……通"的表述方式。此外,《辞源》中的"见……条""参看"等在《国语辞典》中也有相当数量的使用,体现了对《辞源》的延续,《现汉1》中出现了更加简化的"见"。"《现汉5》在解释词目时,常用'见某''参看某'"(谢永芳,2009),可以说《国语辞典》在参见方面积累的经验仍被《现汉》传承。

总之,《国语辞典》兼用对释释义方式和定义释义方式,释义指示词多具有文言色彩,"谓"是最主要的释义提示词,释义语言简洁多短句,开始体现出白话色彩,但是仍保留了大量文言表达。例证类型丰富多样,包含了书例、词例、短语例和自编小句,体现出一定的进步性,但例证数量不多,并非对所有义项都加设了例证。《国语辞典》的参见包含七种参见用语,类型丰富,初具规模,较《辞源》更为简洁、直观,对《现汉》也有一定的借鉴意义。

第十二章　王云五系列语文辞书编纂研究 *

在中国社会由传统向现代转型的过程中，曾被誉为"亚洲第一大出版社"的商务印书馆始终发挥着积极的推动作用。王云五自1921年9月进入商务印书馆编译所主持编译工作，到1930年1月担任总经理全面主持商务，直至1946年5月辞职从政，在商务印书馆辛勤工作了25年。在军阀混战和抗日战争的艰难时期，王云五能够为商务印书馆，甚至中国近现代文化力挽狂澜，坚韧地推动着中国近现代文化事业的发展，在出版学、管理学、目录学、辞书编纂等方面，都做出了重要贡献。王云五一生主编和参与编纂的辞书不计其数，在推动汉语语文辞书现代化方面成就巨大，需要我们加以详尽细致的研究。

第一节　王云五研究概况

王云五是推动商务印书馆，乃至中国近现代文化发展的核心人物之一。但由于一些非学术性因素，海峡两岸对其评价却迥然有别。在台湾，王云五是一个备受推崇的名字；在大陆，他曾经是一个遭到谴责和忽视的名字。虽然学者们在对中国近代出版史、商务馆史以及张

---

* 本章曾以"王云五辞书编纂与辞书学思想"为题发表于《中国编辑》2019年第4期，收入本书时有修改。

元济、胡适等方面的研究中偶有涉及（这也是无法避开的），但多是零星含蓄的只言片语。近三十年来，随着学术氛围的逐渐宽松，学术空间更加包容以及学者们对晚清民国学术研究的逐渐重视，王云五也成了学界感兴趣的研究课题。首先，王云五的著作得到不断翻印，从文选到论著和全集的出版逐渐兴盛，如《旧学新探：王云五论学文选》（学林出版社，1997）、《读书与求学》（百家出版社，2000）、《我怎样读书：王云五对青年谈求学与生活》（辽宁教育出版社，2005）、《岫庐八十自述》（上海人民出版社，2007；江西教育出版社，2011）、《王云五谈编辑出版》（中国书籍出版社，2019）等，2006年江西教育出版社将《王云五文集》申报为《"十一五"期间（2006—2010年）国家重点图书出版规划》，至2011年共出版六卷，2013年九州出版社又从台湾商务印书馆引进了二十册的《王云五全集》，可见出版界对王云五的重视程度逐渐提高。其次，关于王云五的专题论著也不断涌现，如其生平传记的研究有《王云五评传》（郭太风，上海书店出版社，1999；北京师范大学出版社，2015）、《王云五传》（朱小丹、欧初，广东人民出版社，2005）、《文化奇人王云五》（金炳亮，广东人民出版社，2006）、《王云五评传：多重历史镜像中的文化人》（周荐，上海辞书出版社，2019）；王云五与商务印书馆的关系研究有《文化的商务：王云五专题研究》（王建辉，商务印书馆，2000）、《王云五与商务印书馆》（李辉，山东友谊出版社，2009）；王云五的出版学思想研究有《近代出版人的文化追求：张元济、陆费逵、王云五的文化贡献》（汪家熔，广西教育出版社，2003）、《王云五的出版经营管理思想与实践》（朱永刚，华东师范大学出版社，2009）等。另外，对王氏的研究论文也有显著突破，从最初只限于四角号码检字法的研究到目前关于其出版学、管理学、图书馆学、教育学、经济学等各方面的期刊论文和学位论文不断出现。

辞书是普及教育、传播文化的重要工具，王云五正是在特定历史背景下，充分认识到辞书的重要作用才不懈地编纂出版各种类型的辞书著作的。因此，了解王云五的辞书编纂状况，研究其辞书学思想，对全面认识民国辞书编纂理论和实践，以及对促进汉语语文辞书的现代化都有着积极作用。学界对王云五辞书的关注始于20世纪90年代，符淮青在《汉语词汇学史》（1996）中对《王云五大辞典》的白话释义和词性标注进行了简要介绍；随后万艺玲（1998、2017）对《王云五大辞典》《新华字典》《现代汉语词典》三部辞书的动词释义状况进行抽样对比分析，指出了各自的特色和不足。进入21世纪，随着学界对辞书词性标注问题的关注和《现规1》《现汉5》词性标注的实践，辞书学界开始注意到《王云五大辞典》的重要性，尤其是它在词性标注实践上的积极意义。但是由于王氏辞书已经历时半个多世纪，新中国成立后从未翻印，学者们的研究大多只是简要提及其词性标注方面的贡献，缺少对王云五辞书文本的深入分析。目前，王云五辞书研究的主要成果是周荐的《〈王云五大辞典〉的词性标注问题》（2012）和《文化达人王云五对汉语辞书学的贡献》（2013），前文用现代语言学和词典学的理论与方法将《大辞典》《现规1》和《现汉5》的词性标注情况进行对比，指出其间词性标注的差异和《大辞典》词性标注的不足，点明《大辞典》的词性标注受当时语法研究中"依句辨品、离句无品"理论的影响，有着一定的时代印记和时代缺憾；后文从宏观视角整体介绍了王云五的生平、探讨了四角号码检字法的发明过程和学术影响，以及《大辞典》的编纂特色，最后对辞书编纂的创新点进行了总结，从不同角度对王云五的辞书编纂进行专题研究。

第二节　王云五辞书编纂的时代背景

梁启超在《中国近三百年学术史》中说："有思潮之时代必文化昂

进之时代也。"晚清民国时期独特的时代环境为王氏辞书学思想的形成提供了重要的外部因素，商务印书馆的工具书编纂传统为其辞书学思想的形成提供了良好的平台，同时，王氏自身所具备的优秀学识等是促使其辞书编纂活动和辞书学思想形成的重要内因。概括起来主要有以下四个方面：

（1）政治文化社会背景。1912年中华民国的成立使国人的国家意识和独立思想有所增强，留学人员陆续归国服务于国家建设，在为国家建设带来了先进的科学技术的同时，还带来了先进的民主与科学思想。再加之不久后爆发的第一次世界大战，欧美各国无暇东顾，为我国经济的发展赢得了短暂的黄金时期，工商阶层在中国社会中的地位有所提高，民营出版机构得到迅速发展。1919年北洋政府在"巴黎和会"上的外交失败直接引发了五四运动，将积蓄已久的"反传统、反孔教、反文言"的新文化运动和反对帝国主义、封建主义的五四爱国运动交织在一起，把"民主"与"科学"思想推向新的高潮。1928年北伐战争胜利，南京国民政府正式统治全中国，并由此开启了国家经济文化建设的"黄金十年"。各种进步思想得以交流、辩论，并付诸实践，王云五辞书的编纂和出版也主要集中在这一时期。1937年中日战争全面爆发，文化建设陷于停滞，王氏此前已拟定的辞书编纂计划也就此搁浅，甚至遭到破坏。

（2）教育学、语言学等学科背景。在新思想、新文化逐渐引入我国的同时，传统的教育制度和观念也在发生变化。甲午战争后，在民族救亡和"以日为师"的思想下，有识之士努力以日本教育为模式改革传统教育。近代教育理论、教育学说、教育观念第一次得到较为广泛的传播，不仅为中国近现代教育系统的初步建立奠定了基础，还培养和造就了中国最早一批具有现代意识的教育理论家和实践家。民国初年，归国留学生成为全国最高教育行政机关的核心力量，法政教育、实业教育和普通教育得到较大程度的发展。随着新文化运动和五四运动的兴起，西方教育理论、教育制度影响的日益加深，教育改革也逐渐深化，强调教育的平民性、实用性、科学性，以及教育对象的主动性和自觉性，平民教育、实用主义教育的思想得到广泛传播，国语运动和教材教法改革运动也相伴进行，为教科书和工具书的出版提供了发展空间。

随着国人对西学的逐步重视，洋务开明人士马建忠为了"揭示华文义例之所在"以节省童蒙的学习时间和精力，在参照拉丁语法体系和中国小学研究的基础上，以古汉语为研究对象，编纂了《马氏文通》，并由商务印书馆于1898年正式出版。这标志着中国现代语言学的诞生。现代语言学中的语法学由此开始建立，随后出现了一批模仿马氏体系或参照英语语法而编写的古代汉语语法著作。1906年章太炎明确提出"中国语言文字之学"。民国成立后，尤其五四新文化运动后，白话、口语、通俗的新文学得到普遍推广，对国语的研究得到学界重视。胡适《国语文法概论》（亚东图书馆，1922）从宏观上指出了国语文法研究的重要性；黎锦熙《新著国语文法》（商务印书馆，1924）在参照纳斯佛尔德（Nesfield）《英语语法》的基础上创建了以"句本位"为体系的现代汉语语法研究系统，对汉语语法研究的深入和语法知识的普及起到了积极作用。与此同时，白话文运动、汉语拼音运动、国语统一运动取得了官方的正式认可，得以在全社会普遍展开，为现代教材和辞书的编写提供了广阔的空间。

（3）辞书编纂和辞书研究背景。辞书作为一种文化产品和查考工具，其发展状况与辞书内部的传承性和外部社会环境的变化密切相关。虽然我国辞书编纂历史悠久，但是封建社会的体制和小学研究的传统只能使传统辞书按照《说文》类字书和《尔雅》类词书两条主线加以简单扩充，在收词释义等方面都呈现出较大的局限性。明清以来，在西方新学的影响下，传统辞书的编纂目的、编排体例、研究旨趣都开始呈现出现代转向，但其发展历程与社会政治、文化学术的发展及波动呈现出一定的同步性。为我国辞书编纂吹进新风的是肇始于明朝中晚期传教士们的手稿汉外辞书编纂，新教入华后，尤其是鸦片战争以后传教士的辞书编纂开始对中国社会产生广泛影响。英美国家工业的发展、印刷工具的改进、西方新式辞书的编纂，以及新教徒们灵活的传教方式和创新精神大大提高了汉外辞书的编纂数量、水平和在中国国内以及邻国日本的影响力。此时由于洋务运动的兴起，国人也开始自编辞书，但主要集中在地质、化学等理工类专科辞书的编纂上，对辞书编纂思想的变革影响不大。甲午战争后我国开始全方位学习日本，介绍翻译日本的新学著作。辞书作为汇编各种新学知识的载体得到国人的普遍重视，编译日语辞书成为当时辞书界的主流，一大批百科辞书、专科辞书和专门辞书被译成汉语，日本近代辞书的新型编纂理念以及辞书中所收录的新词新语被大量输入到中国，对我国现代汉语的形成和汉语辞书的现代化产生了重要影响。及至民国政府成立，对国民教育、平民教育的重视，以及三大语文运动的推动，我国学界开始认识到原有《康熙字典》等传统辞书的诸多弊端和编纂现代新型语文辞书的紧迫性，辞书编纂队伍迅速壮大，出版机构纷纷跟进。首先开启汉语语文辞书近代化历程的是"中国近代第一位辞书编纂家"（舒池，1991）陆尔奎主编的《新字典》和《辞源》。紧随其后，一大批与新政体、新文化、新学术相对应的新式辞书不断涌现，虽然编纂水平参差不齐，但对于巩固已经初步形成的现代辞书编纂范式有一定积极意义。

（4）商务馆对文化建设和辞书编纂的重视。陈叔通（1960）在对商务印书馆的总体评价中写道："在商务诞生之前有书商无文化价值，商务诞生以后引起很多文化出版家，这是商务有开风气的作用。"1899年颜惠庆等人编写的《商务书馆华英字典》开商务印书馆辞书编纂之先河。其后陆续推出的《华英音韵字典集成》（1901）、《中德字典》（1906）、《英华大辞典》（1908）、《汉译日本法律经济辞典》（1909）、

《汉英辞典》(1912)、《新字典》(1912)、《辞源》(1915)、《学生字典》(1915)、《植物学大辞典》(1918)等也都是我国辞书史上的代表辞书。在《新字典》书后，吴敬恒指出："印刷业为文化之媒介，印刷之品改良尤重于物物。商务馆愿以改良之品物，不计贸利之微薄，补助于文化，斯重营业之道德，以求营业之发达者与。"点明了《新字典》在辞书文化中的创新价值，以及商务印书馆在出版印刷界中的改革精神。1919—1937年间，商务印书馆的辞书编纂和出版也进入了一个繁盛时期，适应文化普及需要的语文辞书出版数量明显上升。王云五在辞书出版中的推动作用不可忽视。据统计，自1923年王氏主持分科辞书编印起，到1938年止，商务印书馆新编工具书175种，其中字典、辞典61种（张锦郎，1985）。

第三节　王云五辞书编纂的个人因素

作为辞书编纂的倡导者和领导者，王云五辞书编纂还与王氏自身优秀的个人因素密不可分，主要体现在以下6个方面：

（1）勤奋好学，善于钻研的治学精神。王云五出生于上海一小商人家庭，童年时上过几年私塾，14岁时由于王父的迷信思想便让其辍学习商，由此也就开启了王氏半工半读的自学之路。王氏的学习经历坎坷不平，倘若没有他的勤奋与钻研精神，根本不可能兼顾学习和工作，也不可能把握住一次次的学习机会，更不可能用三年时间通读三十五巨册的《大英百科全书》，并最终成为上海同文馆、中国新公学的英语教师，成为商务印书馆的总经理。

（2）广泛涉猎，博古通今的学识素养。王云五（1967）在自述《大英百科全书》的阅读经历时说道："我平素爱书成癖，对于任何一项新科目，在入门之际都不敢言什么困难。因而自该书购到之日起，接连约三年内,几乎每日都把该书翻读二三小时……由于博而不专的习惯养成,使我以后约莫二十年间常常变更读书门类的兴趣,结果成为一个四不像的学者。"对自身的学习方法和知识体系做出了真实的归纳。

（3）不惧困难,敢于创新的工作魄力。王氏天生就有一种知难而进的精神,他坎坷的自学经历,对商务印书馆的改革和科学管理方法的实施,对中国近代文化建设的努力,以及《中山大辞典》《中国百科全书》等创造性出版物的编纂都体现出他不惧困难,敢于创新的工作魄力。

（4）昌兴文化,普及教育的责任意识。王氏在这商务印书馆25年时间里,坚持以"教育普及、学术独立"为出版方针,在教科书和工具书的出版外,还积极编辑各类丛书,创办东方图书馆和各类杂志等都为我国近代文化教育事业做出了大量贡献。

（5）善于计算,利益最大的经营理念。王云五（1967）曾评价自己一生的特点为"擅长计算……无论做任何事,须要计算其利害得失,究竟利与害孰多,借为判断的标准"。王寿南（1967）也有类似评价:"对于任何事都运用'算盘专家'的态度,处处打算。"商务印书馆是当时国内最大的私营出版业,倘不能赢利,自身的发展也无法保障。王氏工作中每遇重大选题必将和商务同人反复商讨,以计算利亏。王氏的可敬之处就在于做到了经济利益和文化利益的平衡,既为商务印书馆的发展谋得了利润,也为文化事业的建设做出了贡献。

（6）推广四角号码检字法的实践。辞书的编译和出版向来是商务印书馆的重要工作内容。因有感于汉语辞书检字的困难,王云五在1924到1928年间展开了对四角号码检字法的研究,并一举成名,至今仍被使用。同时,王云五是一位敢想、敢做、敢于"已所欲则施诸人"（王云五,1967）的行动家。四角号码检字法毕竟只是一种检字方法,要想被更多的人接受必须通过辞书的出版和使用。因此在该检字法发明完成后，王云五便立即将之前按传统部首检字法排列的《学生字典》（陆尔奎、方毅，1915）和《国音学生字汇》（方毅、马瀛，1919）按照四角号码重新排版印刷。结果由于这两本字典"沿用多时"，"世人狃于习惯"而不愿采用新法（王云五，1939）。加之这两本字典"所载均以单字为限，于读者阅报时遇着不明白的词语便无从索解"（《〈王云五大辞典〉序》）。于是，"笔者遂转念，别编一种工具书，体例与向有者不同，即按四角号码顺序，以新法排列新稿，籍瞻其效用……自时厥后，笔者于编纂辞书之兴趣，日益浓厚，与其对检字法之研究无异"。①

第四节　王云五辞书编纂概况

纵观王云五的一生，他所主持编纂的汉语语文辞书共有六部，主要集中在20世纪三四十年代，涵盖了字典和词典，普通语文词典和新词语词典，小型、中型、大型甚至巨型辞书的不同类别。

（1）《王云五大辞典》（简称《大辞典》），1930年7月由上海商务印书馆印刷发行。《大辞典》是王云五主编的第一本语文辞书，编纂的直接动因是推广和检验四角号码检字法，同时也是为了改进原有辞书的诸多弊端。它本着"检查便捷""取材充分适宜"和"解释明白切当"（序）三大原则，从"高中以下各科课本和四百余种补充读物"中统计分析各类词语的出现频率作为辞典的选词依据，按照第二次改订的四角号码检字法依次排列，用"语体文"释义，并区分单字的不同词性和词语的不同义项，"以与人正确观念"，旨在"以极便利极经济方法将万有的知识贡献于一般人"（序）。因此，《大辞典》最

---

① 王云五《编纂〈中山大辞典〉之经过》，见《东方杂志》，1939年第1期。

后还附入了三十种参考表,"任何科学,任何知识,均括入其中,对于学生修学,教师教学,和一般人参考都有极大效用"(序)。在结构安排上,《大辞典》包括四角号码歌、目录、本书排列法说明、四角号码检字法、序、凡例、正文、附录、笔画索引、版权页等内容,增订本还有"增订版序"。

（2）《王云五小辞典》(简称《小辞典》),1931年7月由上海商务印书馆印刷发行。《小辞典》分为初版、第一次增订版、第二次增订版三个不同的版本,后两次增订只是在初版的基础上补充了一些词目,扩大了该书的读者范围,也为以后出版《综合词典》打下了基础。《小辞典》除了具备《大辞典》编纂的所有特点外,为了避免与前者过于重复,增设了两处特点,一是"在结尾的词语之下,有入同字的接头语",即在单字下专门列出以该字结尾的逆序词;二是"在单字之外,兼列其同训异义字",即在单字下专门列出单字的近义字。如"议"字条目下列出接头语"建议、密议、参议、抗议、会议、和议、拟议、众议、协议";同训异义字"计、谋、图、商"。

（3）《王云五小字汇》(简称《小字汇》),分为普通本和硬纸面本两种,前者1935年8月出版;后者1939年3月出版。《字汇》原是明人梅膺祚等编的一本大型字典,因其体例新颖,对《正字通》《康熙字典》等后世字书的编纂产生了较大影响,所以被人们熟知,民国年间即有不少字典以此命名。《小字汇》实为"《王云五小辞典》的简编,换句话说,就是采取那本书全部的单字,而删去其中的词语"(序),按四角号码顺序依次排列,标注词性,并将《小辞典》中提到的创新点,即字头的"同训异义字"列在释义内容之下。初版所收单字七千余条,实际也是《小辞典》的收字数。增订本的收字数量"增至九千六百余条,表面上计增二千余字,但同字之读音不同而意义互异者,检查便利起见,作为新字排列;因此一项增出之字不下五百,故实际增加之字为千六百有奇"(增订本序)。增订本实际上将同音字单独列为条目，体现出字典编纂的创新和辞书编纂的现代性。

（4）《王云五综合词典》（简称《综合词典》），1950年1月香港华国出版社印刷发行。1949年2月，王云五迁居香港，4月得蒋介石资助创办了华国出版社。该公司"在台湾登记，在香港印制，分别在台港两地发行"，"以工具书为维持营业之基础，教科书副之"（王云五，1967），《综合词典》的出版便是在这一背景下完成的。《大辞典》自1930年出版以后一直未作修订，而《小辞典》虽是前者的删节本，但出版后"迭经增订，凡原编大辞典未收入的新资料。先后加入者甚多，其性质已不再是大辞典的节本，其用途也超过了小学生的范围"（自序）。加之当时台湾和香港缺少工具书，两本词典也有修订翻新的必要。华国出版社出于自身发展考虑，将它们"合并统编，按目前之需要与最新之资料重新编著"（自序），"删去不甚需要或失时效者，并尽量增入最新十年来的各种新资料"（凡例）。该词典除保留了以前两本词典的特色外，在"各单字类语对语之下，辟词藻一栏，就该单字为首之简明词语，检取同一意义之典雅词语或其他成语，以助作文炼句"（凡例）。如"真"字下列出"类语：信、诚、固、允、良、洵；对语：假、伪；词藻：真伪不分＝玉石混淆、真才＝真金不镀、真相难见＝庐山面目、真相显露＝水落石出"。

（5）《王云五新词典》（简称《新词典》），1943年11月在重庆印刷发行。在《新词典》出版之前较少有专门收录和整理新词语的辞书，王云五有感于当时流行的许多新名词，国人或以为"传自日本"，或认为"初期传教士与译书者所创用"，或视若"著作家或政治家之杜撰"，其实"追溯来源，见于古籍者不在少数"，只是所谓新词的意义"有与古籍相若者，有因转变而大相悬殊者；且古今应用不同，名同而实异者亦比比皆是"（自序）。针对国人对新词来源和意义含混不清，王云五"就所藏《佩文韵府》摘取看似新名词之词语，述其来源，并附以今古不尽同之释义，计得三千七百余条，汇列一册"（自序）编纂成书。该书目的在"追溯新名词之来源，各举其所见之古籍篇名与辞句，并作简单释义，其有数义者分别列举之。至现今流行之意义与古义不同者，于各该条下附述今义，而以［今］字冠之"（自序）。如：

【主教】 主管教化。（周礼·设官分职疏）天官主治，地官主教。
　　　　［今］天主教中主持传教之一种教职，位于神父之上。
【便衣】 寻常的衣服。（汉书·李陵传）陵便衣独步出营。
　　　　［今］（1）同上。（2）非军装的（例）便衣队。

（6）《中山大辞典"一"字长编》（简称《一字长编》），1938年12月香港商务印书馆出版。中国的辞书编纂向来有求大的传统，但是传统辞书的释义原则不够明确，义项排列也较为凌乱。而《大辞典》出版以后，王氏并没有满于现状，一直在搜罗资料，以备增订之需，"计自民国十七年迄二十六年八一三以前，九年之间，无日不从事于此"。① 民国二十五年（1936年）春，中山文化教育馆的相关人员"就彼时已搜集之资料卡片六百余万纸，详加检视"，然后提议利用此项资料，资助王氏编纂一部与"英语《牛津大字典》大致相同"的大辞典（王云五，1939），即《中山大辞典》。《中山大辞典》是王氏以辞书的形式为社会提供可资参考的综合性大型工具书的一种体现，也是王氏眼中的"创造性出版物"（王云五，1973）之一。用王云五自己的话说"《中山大辞典》之编纂，实肇端于不自满与不自量"。② 原定为"四十巨册，合五千万言，并由该馆与商务印书馆订约，稿成由商

---

① 王云五《编纂〈中山大辞典〉之经过》，见《东方杂志》，1939年第1期。
② 王云五《编纂〈中山大辞典〉之经过》，见《东方杂志》，1939年第1期。

务印书馆陆续付印"。王氏随后起草了该辞典的编纂计划，就辞典的体例与内容、编纂与印刷、经营、编纂处的组织、补充资料、编纂原则、单字编纂、词语编纂、条文排列等各项内容进行了较为详细的说明。奈何"夫以如是庞大之工作，成于如是忙乱之时期，误漏冗滥，岂能幸免"，加之"八·一三"沪战中，纸版铅字尽毁，中山教育馆也暂停资助，《中山大辞典》编纂搁浅。王氏不忍多年的辛苦工作就此淹没世间，力排万难，在香港出版了《一字长编》。

王云五一生的辞书编纂是绚丽壮观的，除上述六本汉语语文辞书外，王云五在上海商务印书馆工作期间还参与了英语类辞书的编纂，主编了《（英汉对照）百科名汇》（1931），校对了《现代汉英辞典》（王学哲主编，1946）。还曾计划编辑过《中国百科全书》和《古体大字典》，前者将近完成一半，后者也已陆续"发交制版"，但都分别被"一·二八"和"八·一三"的战火无情焚毁。移居台湾后，王云五除编纂了前述《综合词典》外，还编写了《中国史地词典》（华国出版社，1968）、《英汉双解英文成语新词典》（华国出版社，1982）。在主持台湾商务印书馆时，还编辑出版12册的《云五社会科学大辞典》（1970—1971）、10册的《中山自然科学大辞典》（1972—1975）、10册的《中正科技大辞典》（1978—1979）三部大型百科辞书，既完成了其本人编纂大型汉语百科工具书的夙愿，也为我国的辞书编纂做出了重要贡献。

第五节　王云五系列语文辞书的体例特征

辞书编纂是一项系统的工程，包含收词立目、注音释义等多个相互联系的环节，本节即按照辞书结构划分对王氏的辞书学思想进行微观分析，探讨不同结构要素所包含的辞书学思想。

（一）收词立目方面[①]

1. 王系辞书收词立目的整体特点

王云五进入商务印书馆编译所工作后，辞书编纂和出版是他的重要工作内容。他对我国传统和现代两类辞书的优劣有比较清醒的认识，如《〈大辞典〉序》所言："我国字典词典向来有最大权威的，当推《康熙字典》和《辞源》两种。《康熙字典》搜罗单字最多，可以说是最完备的字书，因此二百余年来握着字典界的牛耳。《辞源》于单字外，增加词语，合字典词典而为一书，可以说是我国词典界的鼻祖，因此十余年来也就成为词典界的巨擘……《康熙字典》的权威自从新学兴起以来便渐渐的衰落了，《辞源》的编辑在新学兴起以后，应时势的要求……取《康熙字典》的地位而代之。但是该书检查方法仍不免有许多困难……新名词、语体的词语也有补入的必要。"该序文客观评述了以《康熙字典》为代表的传统字书和以《辞源》为代表的新型辞书的历史地位，同时也从两部辞书的收词立目，释义检索等方面指出二者的不足，认为其最为突出的缺陷是辞书收词立目不能及时反映语言实际，古代字书不收词语，现代辞书漏收新词，对口语词关注不够，进而影响到辞书的实用价值，这为王系辞书的编纂提供了一定的经验教训。同时，时代剧变，新学兴起，我国在语言文化方面发生了巨大变化，王云五辞书的编纂和出版必然打上时代的烙印，主要体现在以下三个方面：

（1）辞书收词立目的"词本位"观。自《马氏文通》出版以来，作为新兴独立学科的语言学逐步得到了认可，1907年，章士钊在《中等国文典》指出"泛论之则为字，而以立法规定之则为词"，将字与词作初步区分。1915年，傅斯年明确指出"语言是表现思想的器具，

[①] 具体可参看刘善涛等《王云五系列语文辞书的收词立目研究》，见《枣庄学院学报》，2020年第4期。

文字又是表现语言的器具",汉语"应以词为单位,不以字为单位",对传统小学研究中的字本位加以否定。1924年黎锦熙《新著国语文法》对口语词汇进行了系统的分类研究,把"词"作为辞书收词立目主要处理单位的做法也得到认可。王云五作为商务印书馆的领导者,在收词立目上紧密结合最新的语言研究成果,以词为主,字词兼顾,率先为字词标注词性,并对不能独立使用的汉字标明其构词状况,如《大辞典》"荣"字的释义为:"［名］茱荣＝乔木名,有吴茱荣,食茱荣两种(各详本条)。"

（2）以白话词语为主要收词对象。在民国初期的语文运动中,切音字运动、国语运动、白话文运动相继展开,辞书在记录标准国音国语中的辅助性作用得以彰显。结合当时的社会环境和辞书编纂背景,以"语体的词语"(即"白话词语")为主要收词对象,标注国音,语体文释义,为不同阶段的学习者或教师提供多种类型的查检工具是王系辞书编纂的主要目的。《大辞典》在"序"中指出"从形式说起来,文体语体和流行较广的各地方言及外来语都一并列入",《小辞典》和《小字汇》也依此例。《新词典》则以"近来国内流行的许多新名词"(自序)为收词对象,词语的口语色彩较强。

（3）词频统计方法在辞书收词中的应用。民国政府成立,平民教育和国语教育成为学界关注的重要内容,近代西方教育实验理论和方法得以推广,语文学科是教育改革的重头戏,陈鹤琴、王文新、傅葆琛等学者在桑代克（1921）英语词表（*The Teacher's Word Book*）的影响下对汉字进行了字频统计和民众基本字研究。王云五则修正了当时学界过于注重字频统计,忽视词频统计的做法,针对汉语"常用语","就高中以下各科课本和补充读物计四百余种,分别各级程度,将所有词语,无论文体语体,一一选取,并记其经见次数"(《〈王云五大辞典〉序》),为辞典编纂提供了可靠的条目来源。

2. 王系辞书收词立目的类型差异

王云五结合不同类型辞书的编纂宗旨和服务对象在收词立目方面有着不同的认识，体现出辞书编纂中的类型学思想。

（1）对《大辞典》收词立目的认识。在序中，王云五认为一部理想的辞典应该具备"检查便捷、取材充分适宜、解释明白切当"三方面条件，第二个方面主要阐释了他对选词立目的认识。《大辞典》的编纂目的在于"供高中以下高小以上程度一般人的参考"，有着明确的使用对象。遵此，词典选词"应以对于某程度充分适宜为标准：过少既不足以供参考，过多也未免徒耗篇幅"，具体操作为"根据着这种程度的各科读物，把一切有用的词语收集起来，完全从客观方法着手，和个人任便取舍的主观方法所得数据不可并论""凡望文生义，而无待解释的词语概不收入，以免多占篇幅"，即在封闭的材料范围内，采用统计的方法选择适合读者文化水平的适量成词词语。原则明确、方法科学，最终所选词语"从形式说起来，文体语体和流行较广的各地方言及外来语都一并列入。就性质说起来，社会科学、自然科学和文艺名词，以及重要的人名、地名、书名、年号等，也无一不包罗在内"。

（2）对《小辞典》《小字汇》收词立目的认识。《小辞典》的编纂源自小型语文辞书的不足，当时"我国出版界专为儿童编印的参考书虽也不少，但大都对于单字加以解释，很少顾到词语方面"，因此，该书"以小学生的种种读物为对象""凡小学生读物中一切常见的词语，莫不搜罗在内""分量虽然仅及《大辞典》五分之一，然于小学生读书求解的困难，已完全给与相当的解决"。《小字汇》则单以"字"为收录对象，选字范围主要来自小学生读物，共计单字七千余，为一部小型字典。使用对象不同，编纂目的各异，辞书类型、收词范围和数量也不尽一致。

（3）对《中山大辞典》收词立目的认识。《中山大辞典》是一部被王云五称作"创造性出版物"的工具书，虽然因战乱搁浅，最终只出版了《一字长编》，但在汉语辞书史上的地位不可忽视。受传统大型字书和西方大型辞书编纂的影响，自《大辞典》出版后，王云五"于编纂字书之兴趣，日益浓厚，与其对字之研究①无异。于是继续搜罗资料，备增订《王云五大辞典》之需。计自民国十七年迄二十六年'八·一三'以前，九年之间，无日不从事于此"②，对大型辞书编纂的决心可见一斑。《中山大辞典》的编纂体例参照英国《牛津大字典》，收词原则为"集我国单字辞语之大成，无论古典与通俗，辞藻与故实，新知与旧学，固有与外来，靡不尽量收罗"。选词来源以王氏"历年收集之资料六百余万条为基础"，包含"我国字书类书221种，中外字书辞书百科全书等239种，其他图书1388种，报纸杂志127种"，来源广博，条目详尽，单字"除尽收两书（注：《康熙字典》《集韵》）单字外，旁及新字及俗体字，全部不下六万"，词语"六十万，十倍于《辞源》"，最终规模"全书单字辞语合六十六万，连解说举例，约共五千万字……约等于《辞源》之二十倍"。《中山大辞典》可谓迈越千古，为一部巨型的学术性汉语工具书，至今也很难被完全超越，只可惜"以如是庞大之工作，成于如是忙乱之时期"，最终因战火被迫终止。

（4）对《新词典》收词立目的认识。民国时期为我国现代新词的涌入期，《新词典》的编纂体现出王氏的文化自觉，其目的在于更正常人对于"新词"的认识，"是书所收名词，皆为一般人乍看以为来自日本或外文翻译者所译之新名词，实则皆早见于我国古书"，但"国人觉此类名词之生疏，辄视为日本所固有，似此数典而忘祖，殊非尊重国粹之道"。对于这类词语，王云五并没有一味地认为是汉语词，他从词义角度出发判别词语的形义新旧关系，"意义有与古籍相若者，有因转变而大相悬殊者，且古今应用不同，名同而实异者亦比比皆是"，他以《佩文韵府》为选词来源，对词语进行划分，对"意

---

① "对字之研究"即四角号码检字法。
② 王云五《编纂〈中山大辞典〉之经过》，见《东方杂志》，1939年第1期。

义有与古籍相若者"则标明其所出例句,对"至现今流行之意义与古义不同者,于各该条下附述今义,而以(今)字冠之",有意识地区分词语的形义关系,总计收词 3745 条。

3. 王系辞书词条类型的定量分析

本节将在适量的封闭域内,采用计量方法对王系辞书的词条类型进行数据分析。对《大辞典》加以抽样分析,方法是《大辞典》正文共计 1384 页,每隔 14 页抽取 1 页,共得 99 页,以这 99 页中所包含的字头及其所统领的词目为最终的文本分析对象,既保证了辞书条目抽样的完整性,也为本研究提供了一个适度的封闭域。对《一字长编》和《新词典》中的词条,我们则全部录入数据库。《小辞典》《小字汇》为《大辞典》的删减本,未对其进行数据处理。

数据库中《大辞典》共收条目 4288 条,其中单字 665 条,占总数的 15.51%,如"赢、糗、丫"等;双字格数量最多,共 2842 条,占66.28%,如"让步、谆谆、浦江"等;三字格 429 条,占 10%,如"店小二、话匣子、新西兰"等;四字格 318 条,占 7.42%,如"齐大非偶、新陈代谢、五卅惨案"等;五字格 23 条,占 0.61%,如"庐山真面目、新石器时代、启罗立脱尔";六字格 7 条,占 0.16%,如"一不做二不休、新达尔文学说、一等有期徒刑";七字和八字格各有 2 条,各占 0.05%,如"一失足成千古恨、威斯特法里亚和议"。依此比例可以推断《大辞典》中收字九千左右,收词五万左右,比《现代汉语词典(试印本)》(1960 年)四万余条的收词量略高。

《一字长编》中除单字字头"一"外,共收录词语 5564 条,比《汉语大词典》"一"字所收的 3484 条多 2080 个,足见其收词之丰。其中双字格 1632 条,占 29.33%,如"一端、一刻、一元"等;三字格 1151 条,占 20.69%,如"一方面、一元论、一乘教"等;四字格数量最多,共 1831 条,占 32.91%,如"一尘不染、一瘸一跛、一硫化汞"等;五字格 471 条,占 8.47%,如"一言以蔽之、一二八事变、一面梯形堆"等；六字格 252 条，占 4.53%，如"一而再再而三、一只筷子吃藕、一统舆地全图"等；七字格 104 条，占 1.87%，如"一夜夫妻百夜恩、一手难掩天下目、一元二次方程式"等；八字及以上组合共 124 条，占 2.23%，如"一波未平一波又起、一巴掌遮不住太阳、一硝基对称三甲苯"等，最长是 20 字组合，共两个，为"一切佛摄相应大教王经圣观自在菩萨念诵仪轨、一切如来大秘密网未曾有最上为妙大曼拏罗经"。

《新词典》因其收词的特殊性，在词条长度上集中表现出双字组合的倾向，全书共立 1297 个字头，收词 3745 条，平均每个字头引领 2.887 个词条。其中双字格 3737 条，占词语总数的 99.79%，如"证据、意志、离心"等；三字格 6 条，0.16%，如"主人翁、十字架、木乃伊"；四字格 2 条，0.05%，如"不可思议、彻头彻尾"。

在所收条目语法单位的性质上也呈现出辞书类型的差异，《新词典》以词为主，间杂少数成语，不收语素。《一字长编》词、语兼收，成语（如"一意孤行、一言九鼎"）、惯用语（如"一窝蜂、一家言"）、歇后语（如"一只筷子吃藕、一个半斤一个八两"）、谚语（如"一寸光阴一寸金、一人不敌两人智"），甚至自由短语（如"一欠身儿、一龙戏二珠汤、一二三四五六七"）都囊括在内。《大辞典》条目单位的类型划分较为多样，语素、词、短语三级单位，多级划分同时兼顾。所收语素类条目既包括自由语素（如"赢、店、话"），也包括黏着语素（如"庐、厕、厮"）。所收词目既有单音节词，也有双音节词（如"基业、基督、蓟县"）和多音节词（如"喷雾器、威海卫、启罗克兰姆"）；既有固定短语（如"拉皮条、吟风弄月、一失足成千古恨"），也有自由短语（如"钻火、矿物学、罐头食物"）等。

4.《大辞典》词条立目分析

立目是在"词目选定以后，确定某些有关联的词目正式进入词典时的分合和主次"（胡明扬等，1982），"是词典编纂实质性的第一步"

（章宜华、雍和明，2007）。辞书类型不同，选词立目的标准不一，但整体上看，辞典在立目时应该把握两个基本原则：立目的闭环性和同一性。闭环性指辞书所收词语和释义用词都应立目，以免造成读者在使用辞书时的查检和理解障碍，如《大辞典》中"霸"字及其词目的处理：

1052₇霸（巴去）ㄅㄚˋ　　Bah

　　［名］❶諸侯的領袖。❷領袖。

　　［副］強横的，（例）霸佔。

【—府】藩府。

【—王】❶霸與王。❷強大的國王。

【—術】權術。

【—業】領袖諸侯的事業。

【—道】輕仁義而尚權術的政策。

【—縣】［地］縣名，在河北省。

【—略】霸主的政策。

该字条及其词目共用汉字40个，词语14个，这些字词在《大辞典》中都加以收录，并立为条目，较好地体现了辞典编纂的闭环性原则。但是这一原则在《大辞典》中并没有得到完全贯彻，如"疮"字释义和举例共用29个汉字和10个双音节词，经查阅，所用汉字都立为字目，但所用词语只有"皮肤、人民、疾苦"被立为词目，剩余七个词语都没收立目。可见，限于中国字书编纂传统和语言学研究中"词"的界定不足，《大辞典》对字的收录较为全面，但在词的收录方面不够系统。

语言学研究中的"同一性"指"把话语中复现的语言项目归并为同一个语言项目"（戚雨村等，1993），辞书立目的同一性所关注的是"若干有联系的个体所形成的集合归根结底是'一'还是'多'的问题"（于屏方、杜家利，2010），它关涉到汉语字词的读音、意义、用法和书写等各方面。就异体字的立目来说，《大辞典》以当时简便易写、普遍流行的字形为正条，书写烦琐、使用频率不高的字形为副条，正条和副条之间用"="参见。如：

0010_4 堃＝坤

4510_6 坤（昆）ㄎㄨㄣ　Kuen

　　［名］❶卦名，含有地的意义。❷(喻)婦人，(例)坤範。

2222_7 耑　❶＝端。❷＝專。

0212_7 端（短平）ㄉㄨㄢ　Duan

　　［形］正直的，(例)端正。

　　［名］❶事物的起首，(例)造端。❷頭或尾，(例)兩端。❸原因，(例)無端。❹姓氏。

5034_3 專（甎）ㄓㄨㄢ　Juan

　　［形］誠一，(例)專心一志。

　　［副］獨，(例)專美。

　　［動］擅，(例)自專。

经统计，数据库中共有异体字 51 组，包含 102 个单字，占单字条目总数的 15.34%，如"贏＝骡、箇＝个、景2＝影、齊3＝斋"等。

与异体字相比，异形词的研究起步较晚，在民国时期没有引起学者的过多关注。《大辞典》把这类词看作同义词处理，有的在不同字形之间用"="标明同义关系，有的则分别释义，前者一般出现于首字相同的异形词之间，后者则因首字不同，在编纂中参见于不同字条之下，无法相互兼顾，试以"保""因/茵""贏/盈""辯/辨"下的相关词目为例：

　　【保標】＝保鏢。

【保鏢】替旅客護送行李，抵擋盜賊的武士，（引）私人的保衛者。

【保姆】＝保母。

【保母】❶古時專任撫育子女的婦人。❷現今幼稚園的教師。

【因塵】＝茵陳。

【因陳】＝茵陳。

【茵陳】［植］多年生草，葉似胡蘿蔔，春日抽莖長二尺上下，花綠色，莖葉均可入藥。

【贏餘】收入支出相抵後多餘的錢財。

【盈餘】營業所得的餘利。

【辯士】能言善辯的人。

【辨士】❶能言善辯的人。❷pence 的譯音，係英國一種銅幣，約值我國銀洋四五分。

【辯學】論理學的別名。

【辨學】論理學的別名。

上例中"保標/保鏢"和"保姆/保母"以及"因塵/因陳/茵陳"为异形词，用"="加以标示，互相参见。而"贏餘/盈餘""辯士/辨士"和"辯學/辨學"则分别释义，无法参见，即使有些词语的释义完全相同，也没有标明其间的等义关系，这说明《大辞典》对异形词的参见设置不够系统。

（二）注音和词性标注方面[①]

在注音上，王氏辞书与同时期的其他辞书存在一个共同特点，即

---

① 具体可参看刘善涛等《〈王云五大辞典〉注音研究》(《萍乡学院学报》，2015 年第 5 期)、《民国时期汉语语文辞书词性标注研究——以〈王云五大辞典〉为例》(《北方论丛》，2020 年第 1 期)。

只对单字注音，词目不注音，因此只收录新词新语的《新词典》没有注音；而《大辞典》《小辞典》和《小字汇》因辞书编纂的源流关系，在注音体例是一致的，"单字均按国民政府大学院颁布之新国音，分别以注音符号、国语罗马字，以及汉字直音表出之"（《〈王云五大辞典〉编辑凡例》），体现出辞书注音的时代性和承传性。《中山大辞典》为历时性大型语文辞书，"关于声音，每字依其先后，分注《玉篇》《唐韵》《集韵》《韵会》《正韵》《佩文诗韵》及现今之国音，俾明其声读之源流与演变"。[①] 在对多音字的处理上，王氏在同一字头之下用数字标明序号，再分别释义和举例，对部分多音词也尽量分立条目。

1.《王云五大辞典》对同音、多音字的处理分析

同音同形异义字（简称"同音字"）是指读音和书写形式都相同，但意义不同的字。传统字书以古代经籍文献为选字释义范围，汉字演变历史相对较短，古代书面语成分较强，对俗字俗义的关注程度不够，因此对这类字的研究和关注力度较小，在古字书中也没有给予应有的重视，多在同一字头之下分列释义。晚清以来随着对俗字、方言字和新造字的逐步重视，汉字中同形同音异义现象也越来越突出，《大辞典》对这类字并没有分立条目，而是作为多义字或多性字进行处理，多义字是在同一字头之下标为不同的义项，多性字则先区分不同词性，再划分不同义项，如"男、米、偶、艾、生"等。

6042₇ 男（南）ㄋㄢˊ　Nan

　　[名]❶"女"字的对面，（例）男子。❷封爵的第五等，（例）男爵。❸兒子對父母的自稱。

9090₄ 米（靡）ㄇㄧˇ　Mii

　　[名]❶去皮的穀。❷米突（公尺）的略語。

---

① 王云五《编纂〈中山大辞典〉之经过》，见《东方杂志》，1939年第1期。

2622₇ 偶（嘔）ㄡˇ　Oou

[名] ❶雕塑的像。❷同伴的人，（例）配偶。

[形] 雙數的，（例）偶數。

[副] 料不到的。

4440₀ 艾（愛）ㄞˋ　Ay

[名] 多年生草，莖高四五尺，葉長卵形，背生白毛甚密，花淡褐色。

[形] 美好，（例）少艾。

[動] ❶止，（例）憂未艾。❷盡，（例）夜未艾。

2510₀ 生（升）ㄕㄥ　Sheng

[動] ❶活（死的對面），（例）生存。❷產出，（例）產生。

[名] ❶性命，（例）人生。❷生物，（例）眾生。❸生存的時期，（例）此生，平生。❹士人。❺學生。❻戲劇腳色名，（例）小生，正生。

[形] ❶未稔熟的，（例）生番。❷未煮熟的，（例）生菜。❸未習熟的，（例）生客。

指称爵位的"男"与表示性别和自称的"男"；指称谷物的"米"和表示计量单位的"米"属于同音关系，应该分立条目；"偶"和"艾"在《大辞典》中为多性词，但二字的不同义项之间也不具有意义上的联系，也应该分立为不同的字目。上述同音字因词性项和义项关系相对清晰简洁，在辨别上较为容易，对词性和词义关系相对复杂的汉字，《大辞典》在处理时也体现出一定的规律，如汉字"生"下的有3个性项，11个义项，可分为三个不同的汉字：一是表示"生存、生活"的"生"，包括动词性下的两个义项和名词性下的前三个义项；二是用来指称人的"生"，包括名词性下的后三个义项；三是"熟"

的对称，表述不熟，生疏之义，包括形容词下的三个义项，三个汉字之间的义项安排较为紧凑。由此可见，《大辞典》虽没有对同音字进行明确的区分，但由于字头性项划分和义项标注较为明晰，在一定程度上能够发挥提示作用。

异音同形异义字（简称"多音字"）指字形相同，读音和意义不同的字。在按部首编排的古代字书中，这类字在同一字头下标为不同的反切，多音并举，多义混杂；在按音序编排的现代辞书中则分别不同的字目，并设置参见。《大辞典》按形序编排，不同的多音字列于同一字头之下，用数字加以标记，对多音字的标示较之古代辞书有了明显的进步，如"凡例"（七）所述：

本書字義有二音以上者，分別注明。如：

使　1.（始）　ㄕ　Shyy
　　［動］❶令，（例）使人畏懼。
　　　　　❷用，（例）使用。
　　［副］假設，（例）設使。
　　2.（事）　ㄕ　Shyh
　　［名形］奉國家鳴出外當代表的人，（例）公使。

在《大辞典》样本数据库中所标记的多音字共计76个，占字目总数的11.43%，可分为36组，其中一字两音现象32组，如"亡、亟、弹、处、便、绥、儌、俯、仰、冯、澄、泻、汨、泊、涸、迎、渗、堇、蝎、唯、景、咻、喋、嗟、肚、臊、且、居、錞、羹、钻、少"；一字三音现象4组，如："齐、契、孀、句"。相比同音字的处理，多音字因读音上的差异使得不同汉字能够义随音分，易于分立，《大辞典》在传统字书的基础上对不同汉字用数码加以明确标记，然后再分别释义，成为后世按形编排辞书所采用的主要处理方式。

2.《王云五大辞典》对同音、多音词的处理

如上节所述，王云五辞书只对字头注音，词条一律不注音，但对于汉语中的多音词问题还是给予了一定的关注，对于不同多音字领属的词条仍按原数码标记，以示区分，如《大辞典》对"好"分列为"1.（蒿上）ㄏㄠˇ Hao"和"2.（號）ㄏㄠˋ Haw"两个不同的读音，其下的相关词条分别处理为：

【～色】［名］美色。

（2）

【～色】［動］愛慕美色。

【～事】［名］喜事。

（2）

【～事】［動］喜歡生事。

【～事多磨】（喻）好事不易成就。

（2）

【～事者】喜歡找事做的人。

可见，《大辞典》已经注意到了多音字在构词中的区别作用，对读音2的领头词分别加以标示，在词条的第一个汉字之上用原数码标明该字的读音，以示区分，再如"弹"字下的词条"弹章""弹劾""弹劾权""弹词"；"契"字下的"契刀""契舟求剑""契阔"也按照这种方式分别标明多音字在词中的读音。"好"字下"好色""好事"的分别标示则代表了《大辞典》对多音字在构成的多音同形多义词的编排方式，体现出辞书编纂法的创新。

但是，由于汉语字词读音现象的复杂性和辞书编纂的系统性，《大辞典》的这种处理方式在辞书中没有得到彻底的贯彻，如多音字"便"在《大辞典》中分列为"1.（下）ㄅㄧㄢˋ Biann"和"2.（骿）

ㄆㄧㄢˊ Pyan"两个不同的读音,其下的多音词"便宜"一词在处理上本应分为不同的词目,但却分成了两个不同义项"【～宜】❶價廉的。❷公私兩利的。"

同时,《大辞典》的这种多音标记方式只考虑到以多音字领头词的读音区分,当词目中间或结尾的汉字为多音字时就会表现出两个方面的问题:一是该多音字所在字目与所构词语不在同一字头之下,多音字的数码标记无法发挥读音识别的作用;二是即使能够使用数码标记,但由于《大辞典》只标记二、三读音下的部分数码,并且对读者的查检辨读也造成一定困难。因此,《大辞典》最终只在极少数条目标注了读音序号,对大多数条目忽视了这种标注,如上文"使"字下的"设使、出使、公使、大使"等;"弹"字下的"导弹、子弹、反弹、对牛弹琴"等都无法区分不同读音。这种缺陷在以多音字结尾的多音同形词中也同样存在,如"发"字头下的"发行":

【～行】[商]❶ 批發的行家。❷ 出售。

《大辞典》对"行"的注音为"1.(形)ㄒㄧㄥˊ Shyng""2.(性)ㄒㄧㄥˋ Shinq"和"3.(杭)ㄏㄤˊ Harng",音2为异读音,音3下收录词语"【行家】❶ 有经验的人。❷ 批发的商人",所以上述"发行"的义项一为音3,义项二为音1。

《大辞典》在编纂时,语言学研究者还很少注意汉语中的轻声现象,所以《大辞典》对于词语的轻声现象也没有加以明确标注,如"琢磨""土地""斯文"等:

【～磨】雕磨玉器,(轉)精研學術。
【～地】❶ 地面和土壤。❷ 里社的神。
【～文】[名]❶ 禮樂制度。❷ 儒士。

［形］文人的樣子。

　　三个词对不同义项的处理方式各不相同，但"琢磨"的转义，"土地"的义项❷和"斯文"的形容词义项都读作轻声，在《大辞典》中都没有做出标注。

　　《大辞典》对同形同音异义词（简称"同音词"）的处理和同形同音异义字相似，都没有分列为不同的词目，大都被看作词的多义现象，以"東"字头下的相关词条为例：

【～方】❶亞洲的別稱。❷姓氏。
【～京】［地］❶漢時稱洛陽。❷五代時稱汴州。
　　　　　❸宋時稱開封。❹日本的國都。
【～家】❶東隣。❷居停主人。
【～臺】［地］❶縣名，在江蘇省。❷湖名，在安徽壽縣境。

　　从词义关系上分析，上述词语的各义项都不具有意义上的关联，属于同音词关系，理论上应该分立为不同的词目。但在辞书编纂中为了节省空间，有时也会将这样的百科条目合立为一个词目，《现汉6》即将"东方"的三个义项并在一个条目之下，如"①方位词。东❶：～红，太阳升。②（Dōngfāng）指亚洲（习惯上也包括埃及）。③（Dōngfāng）姓。"倘若辞典对百科同音条目的合并尚有一定的技术原因的话，对语文性条目则应当尽量分立为不同的词条，以"生"字下的相关条目为例：

【～意】❶生機。❷商賈交易。
【～財】❶生利。❷商店的器具及裝飾。
【～氣】❶萬物生長發育。❷發怒。❸活潑。❹不朽。

上述词目中的义项在意义上没有明显的联系，辞书在处理时应该分立条目，《现汉6》所收录的"生意"、"生气"都处理为两个词条。再者，按照《大辞典》的释义，"生意"的义项❶为形容词，义项❷为动词；"生财"的义项❶为动词，义项❷为名词；"生气"的前两个义项为动词，后两个义项为形容词，这些不同性项本应分别标示，以示区别，但都被处理成了多义词，忽视了词语之间的词性和词义差异。

3.《王云五大辞典》的词类划分依据

我国学者对汉语词类的系统研究始于《马氏文通》，但该书以古代汉语为研究对象，词类研究实为对字的语法分类。我国第一部系统完整的现代汉语语法著作为黎锦熙的《新著国语文法》（商务印书馆，1924），该书在总结归纳国语语法特点的基础上，形成了一套影响深远的教学语法体系。自《马氏文通》出版近30年后，我国产生了第一部标注词性的白话学生字典《（词性分解红皮新式）中华字典》（1927），《大辞典》则为我国第一部为字词标注词性的白话词典。两书虽都为汉字标注词性，但所采用的词类划分系统不尽一致，前书采用马氏的词类系统，后书基本上采用黎氏的词类系统。王云五在"凡例"中对该书词类状况进行了简要介绍：

（四）本書單字均分別詞性，加以解釋，詞性略語如下：
名＝名詞　動＝動詞　代＝代名詞　形＝形容詞
副＝副詞　接＝接續詞　前＝前置詞　歎＝感歎詞　助＝語助詞

黎锦熙在《新著国语文法》中将汉语词也分为九类，九种词类之下含有不同的子类。《大辞典》在"凡例"中虽没对词类划分依据进行说明，但在附录11专设"国语文法表"，两相对照可以看出除了在介词、连词的命名上王云五分别称作"前置词""接续词"，在词语小类的划分上有细微差异外，王氏和黎氏的词类划分大体一致。可以说

《大辞典》的词类标注体系以黎氏为基础，这一方面显示出黎氏语法在语言研究中的影响，另一方面也反映出王氏辞书在词类划分中密切结合最新的研究成果，积极采用最能体现白话语法体系的词类系统，为白话文运动和国民教育服务。

4.《王云五大辞典》的词性标注的特点

（1）对逐字标类原则的贯彻。如"凡例"所述："本书单字均分别词性"，这包含两层意思，一是没有释义的字头都没有标注词性；二是单字不区分其意义和用法，只要有注音和释义就予以词性标注。《大辞典》中只列字头，没有释义的情况分为两种：一是异体字，二是四角号码容易检错的字。除此之外，所有字头均标明词性并释义。根据汉字在构词中的表义作用可将汉字分为有义汉字、无义汉字和弃义汉字（周荐，2003），有义汉字一般对应汉语中的语素，包括自由语素和黏着语素，辞书对有义汉字标注词性可以展现语素的构词作用和语法意义，对于全面理解字目意思极为必要。但是对于一些不能独立使用，只起构词作用的弃义汉字或无义汉字来说，词性标注和对单字的释义就显得有些不妥。《大辞典》在编纂中已经注意到此类汉字不能独立成词的特点。如：

1660₀ 硇（鐃）ㄋㄠˊ Nau

　　［名］硇砂＝綠化銨鑛物，易溶於水，加熱則變氣體，可作工業原料。

1660₀ 砂（沙）ㄕㄚ Sha

　　［名］極碎的石。

4641₀ 妲（達）ㄉㄚˊ Dar

　　［名］妲己＝殷紂的妃名。

1771₇ 己（幾）ㄐㄧˇ Jii

　　［代］自身，（例）舍己從人。

[名]記時符號"天干"的第六位。

2621₁ 貔（皮）ㄆㄧˊ Pyi

[名]貔貅＝猛獸，（喻）勇士。

2429₀ 貅（休）ㄒㄧㄡ Shiou

[名]貔貅＝猛獸，（喻）勇士。

9901₁ 恍（慌）ㄏㄨㄤˇ Hoang

[副]恍惚＝不清楚的樣子。

9703₂ 惚（呼）ㄏㄨ Hu

[副]恍惚＝看不清楚的情形。

《大辞典》在释义中往往先列出这类汉字所构成的词语，然后对词语进行整体释义，上例中"硇砂"的"硇"、"妲己"的"妲"都是无义汉字，《大辞典》的处理与有义汉字"砂""己"有所不同。单纯词"貔貅""恍惚"等中的汉字都不能独立使用，《大辞典》则在每个汉字下都列出所构词语，在不同字头下对同一词语进行重复释义。可以看出，《大辞典》对于无义汉字的词性和义项标注考虑到了该字的构词作用，对此类字的词性标注和词义解释也即对该字所构词语的词性和义项说明。但是，因编者语言观和辞书编纂经验的不足，《大辞典》在处理此类汉字时还存在明显的缺陷，首先是无义字和有义字在编纂设计中的区分不够明显，如"叩"释为"［动］叩头＝以头触地，系旧日的最敬礼"，这就使有义字"叩"在设计体例上与上述无义字没有形成有效的区分。再者，《大辞典》在每个无义字下都列出所构词语，并标明词性和义项，造成了辞典编纂空间的浪费，可以利用参见加以关联。

（2）一字多类、一字兼类现象突出。马建忠（1898）从意义的角度出发，认为"字无定义，固无定类"，主张"依义定类，随义转类"，字义不同，词性也不尽相同。黎锦熙（1924）则主张"依句辨品，离句无品"，"国语的九种词类，随它们在句中的位置或职务而变更，没有严格的分业"，二人都主张宽泛意义上的"词无定类"。受汉语本体研究的影响，《大辞典》在编纂中"一字多类、一字兼类"的现象比较突出。除异体字和四角号码易错字不标注词性外，《大辞典》对剩余字目一律标明词性和义项。根据辞典对字头词性的标注类型，以及词性与义项的对应关系可分为如下五种情况：

A. 单性单义，即所立字目只标注一个词性和义项，此类字头共279个，占字目总数的41.95%。如：

0021₇ 廬（庐）ㄌㄨˊ Lu
　　　［名］屋舍。
2722₀ 勿（務）ㄨˋ Wuh
　　　［副］不要，（例）非禮勿言＝不要說非禮的話。
9154₇ 叛（判）ㄆㄢˋ Pann
　　　［動］離背，（例）群臣離叛。

B. 单性多义，即所立字目只有一个词性，但词性之下对应多个义项，此类字头共125个，占字目总数的18.8%。如：

0026₁ 店（電）ㄉㄧㄢˋ Diann
　　　［名］❶出賣貨物的鋪戶。❷旅館。
2294₇ 緩（歡上）ㄏㄨㄢˇ Hoan
　　　［形］❶舒遲，（例）緩急。❷寬的。
6406₅ 嘻（西）ㄒㄧ Shi
　　　［歎］❶悲歎聲。❷驚懼聲。

C. 一字多类，即所立字目有多个词性，不同词性之下对应数量不等的义项，此类字头共 129 个，占字目总数的 19.4%，其中两个词性的字头 112 个，三个词性的字头 16 个，四个词性的字头 1 个。如：

0021₇ 贏（盈）ㄧㄥˊ Yng

[形] 有餘的。

[動] 得勝。

0022₂ 序（緒）ㄒㄩˋ Shiuh

[名] ❶ 東西的房屋，（例）兩序。

❷ 古代的學校，（例）庠序。

❸ 先後的順次，（例）次序。

❹ 總括全書概要，排在書籍起首的文，（例）序文。

[動] 分別順序，（例）序齒。

1325₃ 殘（蠶）ㄘㄢˊ Tsarn

[名] 惡，（例）賊義者謂之殘。

[動] 殺害，（例）傷殘。

[形] ❶ 短缺的，（例）殘缺。

❷ 剩餘的，（例）殘粥。

0022₃ 齊 1.（其）ㄑㄧˊ Chyi

[形] ❶ 整齊端正。❷ 相同，（例）齊心。

❸ 一般的，（例）齊民。

[副] ❶ 完全，（例）齊全，齊備。

❷ 共同，（例）齊集。

[名] ❶ 朝代名，於公元後 549 至 577 年，統治中國北部。

❷ 周朝國名，在現今山東省。

[動] 整理妥當，（例）齊家。

D. 一字兼类，即同一字头的某一义项前同时标注不同词性，此类字头共 31 个，占字目总数的 4.66%。如：

1740₇ 孑（吉ㄆ）ㄐㄧㄝˊ Jye

　　　　［形名］單獨。

2760₄ 各（個）ㄍㄜˋ Geh

　　　　［代形］每，（例）各人，各種。

9689₄ 燥（造）ㄗㄠˋ Tzaw

　　　　［動名形］乾燥。

2123₆ 慮（呂去）ㄌㄩˋ Liuh

　　　　［動名］❶謀思。❷猶疑。

1822₇ 矜（今）ㄐㄧㄣ Jin

　　　　［動副］❶憐惜，（例）矜憐。❷誇張，（例）
　　　　矜誇。❸莊重，（例）矜持。

6701₆ 晚（宛）ㄨㄢˇ Woan

　　　　［名形］❶日暮。❷將盡的時候，（例）歲晚。
　　　　❸後輩的謙稱＝晚生。
　　　　❹遲後，（例）君何見之晚。

E. 多类和兼类现象的交叉，即在同一字头的不同义项中分别标示了多类和兼类词性，此类字头共 12 个，占字目总数的 1.8%。如：

2094₈ 絞（皎）ㄐㄧㄠˇ Jeau

　　　　［動］扭緊。

　　　　［動名形］縊死。

2793₃ 終（中）ㄓㄨㄥ Jong

　　　　［名］❶結局。❷極點。

[形動]❶完畢。❷死亡。

4282₁ 斯（思）厶 Sy

[代形] 此，（例）斯人，如斯。

[助] 就，（例）濁斯濯足。

[動] 析離，（例）以斧斯之。

字头的词性标示是对该字头语法功能的显性说明，它是对该字语法义的一种解释，宽泛地说也属于字目释义的组成部分。辞书中字头义项的设立可分为单义义项和多义义项两种情况，单义义项只对应一个词性，多义义项既可能对应一个词性也可能对应多个词性，这要依该字的语法功能而定，因此上述四类中的一字一类和一字多类都是成立的，这种做法在现代辞书中也依然被采用。但是，受当时"词无定类"思想的影响，《大辞典》中同一义项标注多个词性的兼类现象致使该字的用法无法确定，进而也影响到该字释义的准确性，成为辞书编纂无法避免的硬伤。

（3）词语标类原则存在分歧。整体上看，《大辞典》对字目的词性标注原则较为统一，但对词目的词性标注却表现出一定的分歧，词性标注数量少，标注标准不统一，漏标现象较为严重，主要表现在两个方面：

A.单性词条一般不标注词性，但也有少数例外。与对单字条目的逐字标类原则不同，《大辞典》对词语条目的词性标注不够重视，单性词条，不论其有一个义项还是多个义项大都没有标注词性。《大辞典》数据库中共收多音条目3623个，其中单义多音词目3282条，占总词目数的90.59%，这些条目中只有三个词目标明了词性。如：

【裙帶】[名] 縛裙子的帶，（喻）婦女的。

【大方等】[名] 大乘經的通名，所說義理方正平等。

【大乘經】［形］發揮大乘佛法的經，共五種：（1）華嚴經；（2）大集經；（3）般若經；（4）法華經；（5）涅槃經。

可见，《大辞典》对单义词的标注有着很强的随意性，并且还存在明显的错误，如上例中的"大乘经"本为名词，与"大方等"相同，却标为形容词。

B.多性词条标注词性，但数量较少，选词的主观性太强。单义词条只有一个词性，倘若《大辞典》认为其词性辨别相对容易，辞书编者为了节省辞书空间，不进行词性标注，尚能自圆其说，但对于辞书中的多义词，尤其是表示不同词性的多义词，词性标示就成为辞书编纂中不可或缺的体例。经统计，数据库中共包含341条多义条目，占总条目数的9.41%，数量不高，词性标注的工作量也不大，但词典样本中只有17条词目之下标明了词性，占多义条目数的4.99%，占总词条数的0.47%。可见《大辞典》对多义词的词性标注数量不高，类型性不强，主观随意性较为明显。如：

【交代】［動］❶把經手的事移交別人。❷吩咐，（例）再三交代。

【啟蒙】［動］啟發兒童的蒙昧。

　　　［形］最淺近的。

【因緣】［動］❶憑藉。❷依據。

　　　［名］❶彼此結合的緣分。❷機會。❸＝因果。

【大方】［名］有名的大人物。

　　　［形］❶不吝嗇的。❷不拘束的。

【果然】［副］真的。

　　　［名］長尾猴。

【一頭】［形名］❶一隻，（例）一頭牛。❷一端。

　　　［副接］一面，（例）一頭搖櫓，一頭唱歌。

在《大辞典》中,"交代"为多义单性词;"启蒙"的两个义项对应不同的词性;"因缘"的五个义项分组对应两个词性;"大方"本为同形词,形容词词性为轻声,《大辞典》处理为多性多义词目;"果然"本为同音词,不相干的两个义项也被处理为多性多义词目;"一頭"因为意义和用法的复杂性,被处理成兼类多义形式。《大辞典》在词性标注中虽注意到了多义词目不同义项之间的语义和语法差异,但因各种原因,辞书在处理时没有形成较为系统规则的编纂体例。

(4)字词词性、义项标注不统一。《大辞典》受其所处的时代特点和编者的学术水平、业务素养等因素的影响,在词性标注和义项解释协调统一上存有不足,即使在当代辞书编纂中也或多或少地存在这方面的问题。首先,《大辞典》对字目和词目的释义语言较为简略,再加之汉语词类研究的不足,容易造成词性标示和释义语言不统一的状况,如字头"廝"的释义为"[名]❶供使役的人,(例)小廝。❷扭在一團,(轉)胡亂。"从释义中可以看出义项❷中的"扭在一团"为动词义,词义发生转义后的"胡乱"为副词义。该字所领词目"廝役、廝養"为名词;"廝混、廝殺、廝吵"为动词,从构词上也能看出"廝"应同时具有名词和副词两个词性,《大辞典》在标注中显然漏标。其次,理想的词典释义是一个义项只表达一种语法功能,对应一个词性,否则这种释义就会存在歧义,但辞典中大量存在的兼类标注现象反证了义项和词性标注之间的矛盾。

《大辞典》中字词词性、义项标注不统一的另一个表现是字头与词目在词性、义项设置上不能衔接对应,字头词性、义项的缺失问题,这属于词典词性、义项编排的系统性问题,如"工"在《大辞典》中释为"[形]巧妙。[名]❶匠人。❷勞動者。❸官吏,(例)臣工。❹中國音律的第四聲。"其下词目有30个词语,其中"巧妙"义对应"工筆";"音律四声"义对应"工尺";"官吏"义除"臣工"外基本不用,"匠人"义稍显陈旧,在当时已经发展出现代意义上的

"专职技术人员"义,如"工部、工程師、工程隊、工兵"等;"劳动者"义稍显宽泛,应为专门从事工业生产的劳动者,如"工頭、工運、工界、工人、工會、工黨"等。此外,还有从事劳动的"工作"义,如"工廠、工率、工程、工作、工資、工力、工藝、工藝品、工廠、工夫、工具、工錢"等;"工业"义,如"工商部、工科、工業"等。可见,"工"不仅原有释义不确切,还缺少名词性的"工业"义和动词性的"工作"义。

(三)释义和例证研究方面

1.《王云五大辞典》的释义方式[①]

辞书编纂理念不同,对辞书功能的认识不同,辞书中字词释义的方式也有分别。我国古代语文辞书以单音节的汉字为主要释义单位,尤其是古典文献中书面性较强的单字,释义语言也多是简短精练的书面语,对俗字俗词和口语方言的关注力度不大。古代辞书的形训、声训、义训三种主要训释方式与汉字的自身属性密不可分,是立足形音义不同的角度对字词意义的探讨,在具体释义中不可分割。对汉语字词来说,字形是其外在的书写标志,读音是其表达的语言外壳,意义才是其所要表示的核心,因此现代训诂学从被释词和释义语言之间的语义表述关系出发将辞书释义方式分成直训和义界两大类,直训包括单训、互训和对举三小类;义界则包括定义式义界、嵌入式义界和比况式义界三种形式(王宁,1996),下文则以此为理论基础对《大辞典》的释义方式进行分类研究。

(1)直训释义法在《大辞典》中的应用分析。直训是指被释词和释义语言之间是直接的对应关系,被释词和释义词在语言单位上多为

[①] 具体可参看刘善涛等《〈王云五大辞典〉的字词释义方式研究》,见《鲁东大学学报(哲学社会科学版)》,2019年第3期。

同级关系。单训的被释词一般为下位词、方言词、书面语词等，释义词一般为所对应的上位词、通语词、口语词等，因此用释义词去解释所对应词目能够达到以大释小、以通释俗、以口释书的效果，但二者之间不能互换位置，否则无法发挥释义的作用。如"恢"在《说文》《玉篇》《广韵》《辞源》等辞书中释为"大也"，《大辞典》《国语辞典》直接释作"大"，《新华字典》释为"大、宽广"，但"大"的语义范围要远比"恢"广，属于以上位词释下位词。此外，在现代汉语中，"恢"是书面语词，"大"是口语词，属于以口语词释文言词，二者不可互换。作为字词兼收的普通辞书，《大辞典》在对词目的释义中也存在单训释义方式，如"恢"字词目"恢诞"释为"夸大"，但"夸大"的语义范围较广，只有那种完全不切实际，荒诞无边的"夸大"才叫"恢诞"。同样，语言、文字、神情的"含蓄"才叫"蕴藉"；程度非常高、难以忍受的"口渴"才是"焦渴"，这些释义词和被释词之间都属于上下位关系。而"头里"释为"从前"；"搂白相"释为"开玩笑"；"床虱""壁虱"释为"臭虫"是用通语词解释方言词。"居第"释作"住宅"，"烟霭"释作"云气"等则是用口语词解释书面语词，释义词和被释词之间都不能互换位置。

互训即互相训释，被释词和释义词之间可以两两互换位置或辗转层递互换位置，后者又被称为递训。普通语文辞书在释义中因追求简明精练，所以会选择一些近义词语互相训释，尤其是那些较为常用，易于理解的普通词语，如《玉篇》"奢"释为"侈""侈"释为"奢"，二字互训，《大辞典》亦然。再如"迎/接""遇/逢""每/各"等。互训中还有一种递训的释义方式，如《说文》"议：语也""语：论也""论：议也"，由于汉字字义的演变和汉语复音化的趋势，这种以字释字，层层相递的单字释义方式在《大辞典》中已很难找到。但对于词目的释义，两种情况都存在，如"兴趣/趣味""空手/徒手""景物/风景"等属于两词互训，"自在/任意/随意""抗拒/反抗/抵抗""终究/毕竟/究竟"等则属于多词递训。

对举是直训的变式，它是在释义词前加上否定词来表示被释词的意思，根据其释义特点可以看出对举释义主要用在形容词和动词的释义中，如"少"字在《说文》《玉篇》《广韵》《辞源》中释为"不多也"；《大辞典》《国语辞典》中直接释作"不多"，再如《大辞典》中"闹：不静""斜：不正"等。同时《大辞典》在对举释义中还对某些形容词性字头的释义后加"的"，以明确其词性，如"逆：不顺的"，"恶：不好的"；还有的在释义中使用"×的对面/反面"的释义格式，如"大：'小'的对面"，"善：'恶'的反面"等。《大辞典》中词目的释义也使用了对举的方式，如"轻"字头下的"轻率：不慎重"，"轻薄：❶不庄重。❷不谨厚。"等词目都采用了对举释义的方式。

直训的特点在于将具有核心语义特征的字词进行对释，体现了词语之间的同义或反义关系，但这种字字或词词对释的释义方式也存在一定的不足，因为"在同一历史时期以内，同一语言内部绝少等义词，所谓同义词一般都是近义词，因此用同义词对释，不可能十分准确，并且还会引起误解"（胡明扬等，1982），如《大辞典》"床笫：枕席"，"枕席：寝具"，"寝具：卧具，如被褥等"但未对"卧具"立目释义。再者，同义对释还容易造成释义词难于被释词的弊端，以古释今，以方释普，以生僻释常用等现象常有发生，最终不仅无助于读者的答疑解惑，反而会增加词义理解的难度，如"急：❹躁""打水：汲水""夹杂：犹言掺混"等。王氏辞书处于汉语辞书的转型期，传统直训法在《大辞典》的释义中也有一定改进，字词释义在追求简洁明了的同时也采用一定手段尽量避免直训的弊端，如字头的释义体现出以词释字的特点；词目释义中设置参见标记，尽量避免释义词训而不释的情况；单训、互训、对举等多种释义方法的综合运用。如上文所举《说文》中"议、语、论"三字在《大辞典》中则处理为"议：❶言论，（例）议论。""语：❶说话。❷对答。""论：研

究事物，说明其是非，（例）议论、公论。"用词或小句对单字进行释义，与《新华字典》《现汉》等后世辞书的处理非常相似，体现出《大辞典》释义的现代性。如"聋"《说文》"无闻也"，《辞源》亦然，《大辞典》"耳朵听不见声音"，通俗易懂，与《现汉》释义一致。如"讯"《大辞典》"[动]❶查问。❷审问。[名]信息，（例）音讯。"比《现汉（试用本）》"❶讯问：审～。❷消息；信息：通～|音～|电～|新华社～。"的释义更丰富；与《现汉》六版"❶询问：问～。❷审问：审～。❸名消息；信息：通～|音～|新华社～。"的释义近乎一致，体现出《大辞典》释义的现代性。

《大辞典》在用单训法解释对应词目时分为两种情况，一是释义词和被释词处于同一字头之下，《大辞典》先用等号（"="）关联两词，作为同义词处理，标明参见关系，然后在相应四角号码下解释释义词，如"编纂=编辑""编辑：搜集材料，编排成书"；"居忧=居丧""居庐=居丧""居丧：在丧守制"；"处子：❶=处女。❷=处士。""处士：不出仕的学者""处女：未出嫁的女子"，由于两词在同一字头之下很容易避免训而不释的弊端。二是释义词和被释词分居不同字头之下，《大辞典》在有的词目下用"="关联，视为同义词，如"矜寡=鳏寡""鳏寡：老而无妻的人，和老而无夫的人"；在有的词目下则不用"="关联，如"准备：预备""预备：事前准备"；"徒步：步行""徒行：步行""步行：用脚走路，不是骑马或坐车"等，这一定程度上避免了词语之间的互训，与《现汉》的处理相似。但是因为释义词和被释词之间没有明显的对应关系，所以在词典中很容易陷入无法彻底释义的弊端，如"准许：许可""安好：平安"等，但《大辞典》未给"许可""平安"立目，没有注意到选词立目的系统性，需要在后世辞书中进一步发展完善。

（2）义界释义法在《大辞典》中的应用分析。为了避免直训释义的不足，我国古代辞书较早就采用了以短语、小句来注解被释词的做法，这种通过下定义、做描写、打比方等方式展现字词所包含的语义内容，进而把被释词与其相关字词或相关义项的语义内容展现出来的释义方式叫作义界。典型的义界是"义值差+主训词"的定义式义界，"主训词"一般是直训中共时共域的同义词或上位词，"义值差"则是主训词旁的描写修饰成分，如名词"坯"《说文》"瓦未烧"，《广韵》"未烧瓦也"，《辞源》"陶瓦未烧"等释义都采用定义式义界，主训词为"瓦"，义值差为"未烧"，说明"瓦"的状态，表达"未烧之瓦"的名词性意义，但上述释义语言在语法结构上与"坯"的名词义不符，《大辞典》"未烧过的陶器"，《国语辞典》"未烧过之陶器"，在语言表述上较为合理，《新华字典》"没有烧过的砖瓦、陶器"，语言更加口语化，《现汉》"砖瓦、陶瓷、景泰蓝等制造过程中，用原料做成器物的形状，还没有放在窑里或炉里烧的，叫作坯"，在字义内涵和语言表述上更为成熟。再如形容词"俊"，《说文》"材千人也"，主训词为"材（才）"，义值差为"千人"，补充说明"才智"达到的程度，《辞源》释为"才智过人者"，为名词性结构，《大辞典》分为两个义项"［形］才智过人的。［名］才智过人的人。"《国语辞典》和《现汉（试用本）》只有名词性义项，前者"❶谓才智胜人者"，不如《大辞典》通俗；后者"❷才智出众的人：～杰｜少年英～。"与《大辞典》名词义项一致，但该义项在现代汉语中已不再使用，所以《新华字典》《现汉5》只选取了形容词义项，前书释为"才智过人的：～杰｜～士。"；后书释为"❷才智出众的：～杰｜英～｜～士。"两书释义和《大辞典》一致，可见《大辞典》在使用并完善定义式义界上的进步性。

相对字头释义，《大辞典》在词目释义中对定义式义界法的使用更为显著，并在释义中使用多个义值差，以增强释义的准确性，以"导"字下所收的五个词目为例，"导言：书籍（义值差）的引论（主训词）""导火线：药（义值差）线（主训词），（喻）乱事（义值差）

的本源（主训词）""导体：［理］善于传电（义值差1）或传热（义值差2）的物体（主训词）""导管：［植］木质（主训词）的一部（义值差1），由此吸引水分上行（义值差2）""导师：❶［佛］引导众生（义值差1）去迷就正（义值差2）的人（主训词）。❷校中（义值差1）辅导（义值差2）学生（义值差3）的教师（主训词）"。可见，"导言"只有一个义项，一个义值差和主训词；"导火线"在释义中用"喻"分为两个义项；"导体"的义项中有两个义值差，一个主训词，并标明词目的语用领域；"导管"的主训词位于释义开端，义值差居后，补充说明"木质"的特点；"导师"则分义项，多个义值差诠释词目意思，使释义更加确切。从上述五个词语义项的设置，引申义的标示和义项中定义式义界的使用可以看出《大辞典》在词目释义上的现代性。

在部分词语的释义中，尤其是对汉字字头的释义，由于主训词难以选择，或义值差难以表述，或其他原因最终使得被释字词嵌入释义语言中的训释方式叫嵌入式义界，《大辞典》主要体现在对字头的释义中，如"弦"，《说文》《玉篇》《广韵》释为"弓弦也"，将字头嵌入释义中，《辞源》释为"❶弓弦也，胶丝条或麻为之"，在继承传统释义的基础上补充说明了"弦"的材料，《大辞典》《国语辞典》为追求简洁，释为"❶弓弦"，是对传统释义的一种反复，未能阐明"弦"的语义内涵，《新华字典》"❶弓上发箭的绳"，用定义式义界简单说明了"弦"的所指，《现汉》"❶弓背两端之间系着的绳状物，用牛筋制成，有弹性，能发箭"，不仅解释了"弦"的所指，还说明了其材料、特性和功能，使释义更加翔实。再如"久"，《唐韵》《集韵》释为"暂之反也"，用反训对举的方式对该字进行释义，《辞源》亦然，《大辞典》释为"时间久"，用嵌入式义界说明了该字所指称的对象，《新华字典》"时间长"，《现汉》"❶时间长（跟'暂'相对）"，在《大辞典》基础上用定义法将该字释义进行了完善。

由于古人在释义中追求简洁，并且对事物的认识也不深入，因此在解释某些字词时会婉转地采用打比方或拟人化的方法形象地描绘被释对象的特点，使人通过联想去认识被释词所表示的语义内涵，这就是比况式义界释义法。这种方法主要体现在古人对专业词语的释义中，如"驴"，《说文》《玉篇》"似马长耳"，《慧琳音义》"似马而小，长耳，牛尾"都是用比况法进行释义，形象但不科学，《大辞典》作为一本普通辞书，选取典型特征，将定义法和义界法结合释为"兽名，形状略似马，而身体较小，耳颊特长，性驯，能负物"。"虎"在《说文》中用拟人式比况法释为"山兽之君"，过于主观，不够科学，《大辞典》将比喻式比况法和定义法相结合，释为"猛兽，形似猫，身长五六尺，毛色黄，带有黑色条纹"，《新华字典》舍弃了《大辞典》"形似猫"的比况法，直接采用定义法，释义更加科学。

总之，《大辞典》在追求释义简明的同时，对传统直训法也有一定改进：字头的释义体现出以词释字的特点；词目释义中设置参见标记，尽量避免释义词训而不释的情况；单训、互训、对举等多种释义方法的综合运用。在义界释义方法的使用中，《大辞典》以定义式义界为主，使用多个义值差或综合运用嵌入式义界、比况式义界，丰富字词释义的语义内涵，增强释义的准确性，在古今辞书释义方式的转变中发挥了承上启下的过渡作用。

2.王系辞书的义项处理[①]

（1）王系辞书中的义项概括。义项的概括和分合是一件事情的两个方面，在语言材料的基础上，按照辞书编纂宗旨，对字词所包含的语义内容进行科学概括和分合是辞书释义的重要方面。词义是客观存在，而释义则是辞书编者在客观材料基础上所做的主观归纳，字词义

---

① 具体可参看刘善涛等《民国时期汉语语文辞书的义项处理研究——以王云五系列辞书为例》，见《武陵学刊》，2020年第4期。

项归纳与概括的科学性与编者对辞书功能的定位和对字词所反映的客观事物，所体现的语言功能等方面的认识密切相关。我国古代辞书背负着"行道利市"的重任，服务于解经读经和封建思想的阐发，辞书编纂的最终目的在于经义的阐释和王政的维护，影响到古代辞书义项概括的科学性，现代新型辞书则需要加以纠正。

首先，表现在天文地理和思想道德类词语的释义上。如：

"天"为会意字，本义"头顶"，《说文·一部》"巅也，至高无上"。该字作为中华文化信仰体系中的核心字早就人格化为一切主宰物，段注"天亦可为凡颠之称，臣于君、子于父、妻于夫、民于食皆曰天"，将"天"的释义和封建等级联系在一起。在新学思想的影响下，《辞源》分列 10 个义项，囊括传统义和现代义、专业义和语文义、生僻义和常用义，《大辞典》只分出了两个词性，六个义项："［名］❶ 日月星辰所罗列的空间。❷ 万物的主宰。❸ 宗教家以为神所居的地方。❹ 日，（例）一天。❺ 时节气候，（例）热天。［形］自然的，（例）天然，天真。"删除了《辞源》中的封建道德义"❼ 古谓君曰天""❽ 妇人谓夫曰天"，临时语境义"❾ 凡必不可无者曰天"，生僻不用义"❿ 黥额为天"，并将义项"❷ 自然之结果"处理为形容词，使释义更加科学准确，《新华字典》《现汉》的处理与之相似。

其次，作为文化产品的辞书，在义项概括方面不仅受到时代文化背景的影响，还与编者对字词所反映的客观世界和语言世界的认识密切相关。在以小农经济为主体的封建专制社会，厚古薄今、重农抑商和中央帝国的观念严重阻碍了人们思想的解放和科学技术的发展，学人对客观世界的认识多停留在粗浅的感知和形象的比附层面，对义项的归纳也较少触及词义的科学内涵，在新学背景下发展起来的现代辞书需要在释义中树立科学观念，这主要体现在专科词语的释义中，如"电"，《说文》《玉篇》《广韵》"阴阳激耀也"，"雷"本作"靁"，《说文》《玉篇》"阴阳薄动，靁雨生物者也"，段注"阴阳相薄为靁,阴激阳为电,电是靁光,按易震为靁,离为电,月令靁乃发声,始电。"可见,古人对"电"与"雷"的释义仍是主观感性认识和封建思想相结合,不能准确解释其含义。《辞源》释义已基本摆脱了封建思想的影响,但较为繁杂。《大辞典》:"电:[名]❶宇宙所具的一种感应力,分为阴电、阳电,或正电、负电。这两种电不得其均势时就起发电作用,生出光热。❷电报的略称。[动]明察,(例)呈电。""雷:[名]❶电激空气所发的大声。❷军事炸药,(例)地雷。[动]击打,(例)雷鼓。"《大辞典》不仅科学阐释了两词意思,还按照辞典编纂宗旨,从常用性出发分列词性和义项,与《新华字典》《现汉》的处理大致相似,体现出辞书编纂的现代意识。

  再次,汉语虚词的研究古已有之,但是中国古代没有形成对语言的科学描写和分析,辞书对虚词义项的概括也多有不当,主要特点便是从声气的角度解释虚词的意思,将语气词和其他类型的虚词相混同,如《说文》"乎:语之余也,从兮,象声上越扬之形",段注"意不尽,故言乎以永之,象声气上升越扬之状",《助字辨略》"语已之辞也""咏叹之辞""不定之辞",都将"乎"简单对应于某种语气,没能恰当地概括出该字的语义内涵。《辞源》从具体语境出发,分作"疑词""语助词""呼声""咏叹词""于也""与呼同"6个义项,细化了"乎"的语义分类,体现出义项概括的现代性。《大辞典》将"乎"分列两个字头:"乎1:[助]❶疑问的助词,(例)欺天乎(欺骗上天吗?)。❷叫人的尾声,(例)童子乎(童子啊!)。❸嗟叹的口气,(例)荡荡乎(广大啊!)。[前]和"于"字同一用法,(例)举动须合乎规律。""乎2:[助]=呼,(例)于乎=呜呼。"从字头的设立,词性的划分和义项的概括等方面较为科学地阐释了"乎"的语义内涵。但也存在明显的不足,"前"的标注显然不符合释义和例证的说明,当为"后",这为该字的词缀用法起到了一定的提示作用。《新华字典》的释义与之大致相同,《现汉》则分列了三个字头,六个义项："乎1：〈书〉助词❶表示疑问或反问，跟'吗'相同。❷表示选择的疑问，跟'呢'相同。❸表示揣度，跟'吧'相同。""乎2：❶动词后缀，作用跟'于'相同。❷形容词或副词后缀。""乎3：〈书〉叹词，跟'啊'相同。"（例略）细化了《大辞典》中"乎1"的助词义、嗟叹义和词缀义，《现汉6》又将"乎1""乎3"合为一个字头，叹词义修改为表感叹的助词，与《大辞典》的分类大致相似。

（2）王系辞书中的义项分合。义项概括是将散见于不同语境中的字词意义进行抽象归纳，而义项分合则是在义项概括的基础上，根据辞书的编纂宗旨，对理性义上具有不同区别特征的词义分列出不同义项，对于字词的多个义项来说，不同义项既是在抽象概括基础上的归纳也是抽象概括的最终表现形式。在我国辞书编纂史上，《说文》率先开创了义项分合的体例，其释义内容中的"一曰""或曰""又曰"等为义项分合的初始标识，如："场，祭神道也。一曰田不耕。一曰治谷田也。从土昜声，直良切。"到明代辞书《字汇》中稳固地形成了用"又"字作为义项分合的界标，直至清代的《康熙字典》仍以此作为义项分合的标志。

通过以上分析可以看出，《大辞典》的义项处理符合辞书自身的编纂宗旨。虽以《辞源》为基础，但并非简单模仿，而是在辩证分析的基础上给予科学的归纳，并按照词性和义项划分原则加以分合，有着一定的创新性，比同时期的其他辞书更为科学，对后世辞书的义项概括和分合有一定参考价值。本部分主要就王系辞书中的其他成员在义项分合上的特点进行分析，归纳王系辞书义项分合的类型学思想。"一般说来，通俗、普及性质的小型字辞书，义项建立从简、从浅、从小、从今，具体而又细腻。中型字辞书义项则是古今兼顾（中型现代辞书例外），但古不如大型全面完备，今不如小型具体齐全。大型辞书则是全面地从形音义三方面反映字词义源流纵横的历史发展。根据辞书类型的不同，义项建立容许有适合于各自特点的伸缩性"（邹鄘，1980）。我们首先分析普通语文辞书（《大辞典》《小辞典》《小字汇》）在义项分合上的特点，然后分析大型辞书（《中山大辞典》）对义项分合的处理情况。

动词"伐"在《辞源》中有"征伐也""击也""功也""明其功""自称其功""攻杀击刺""兵器名""参星之异名"8个义项，13个词目。《大辞典》分列为四个义项："[动]❶征讨，（例）伐罪。❷打击，（例）伐鼓。❸斫斩，（例）伐木。❹自夸，（例）孟之反不伐。"字头下收录"伐谋、伐毛洗髓、伐生、伐鼓、伐阅、伐善"6个词目。《小辞典》的字头设立，义项分合和例证设置与之相同，字下词目只有"伐谋、伐毛洗髓"两个，词目释义也与之相同。《小字汇》的字头设立，义项分合和例证设置也与之相同。《国语辞典》有"征伐""击，砍""攻""自夸"四个义项；《新华字典》《现汉》有"征讨""砍伐""自夸"3个义项，舍弃了《大辞典》中的"打击、敲击"义，保留了其他3个义项。

名词"头"在《辞源》中有"首也""最上之等级""物之端也""首领也""牲畜数也""一人""一筵""语助辞"8个义项，33个词目。《大辞典》分列出两个词性，5个义项："[名]❶人体最高的部分。❷物的两端，（例）棍的两头。❸牲畜的个数，（例）牛五头。❹一群的领袖，（例）工头。[形]最上的，（例）头等。"字头下有27个词目，《小辞典》中的义项分合与之相同，但只保留了8个词目，《小字汇》中"头"字的义项分合也与《大辞典》一致。相比《辞源》，《大辞典》的释义更为通俗常用，但也有所不足，《辞源》中的"语助辞，如眉头、舌头、山头"的释义和例证说明了"头"的后缀用法，被《大辞典》所忽视。同时，因受《辞源》义项分合的影响，《大辞典》的义项处理也过于笼统，《现汉》中共分出了16个义项，显示出后世辞书义项分合的细致程度。

虚词"殆"在《辞源》中有"危也""疲也""疑也""近也""始

也""助词，犹乃也""恐也""几也""仅也"9个义项。《大辞典》分列两个词性，5个义项："[形]❶危险，（例）病殆。❷疲乏，（例）车马殆烦。[助]❶恐怕，（例）殆不可及。❷仅，（例）殆存而已。❸将近，（例）殆成。"字头下没有词目，《小辞典》《小字汇》的义项分合与之相同。《新华字典》《现汉》只保留了现代词语中仍在使用的"危险（例：百战不殆）""几乎（例：敌人伤亡殆尽）"两个义项。

可以看出，在王氏普通辞书的编纂中，《大辞典》《小辞典》《小字汇》字头义项的分合是一致的，只是在词目数量上有所差异。我们对比了《现汉5》和《现代汉语小词典（第五版）》，发现两部现代权威辞书在字词义项分合的处理方式上与《大辞典》《小辞典》一致，小型辞书字头义项与其母本基本一致，只是词目数量上有所删减。可见，王氏普通语文辞书在不同规模的字词义项处理上是合理的，对现代辞书也有着一定的参照作用。

《康熙字典》"一"字头下共罗列了18个义项，《辞源》分列"数之始也""同也""统括之词""统一也""或然之词""专也""纯一也""助词，乃也""发语词"9个义项。相对于《辞源》和其他语文辞书，《中山大辞典》在义项分合上更为细致，"一"字头下共列出58个义项，远远超过了《康熙字典》和《辞源》。可见《中山大辞典》对于"单字辞语——溯其源流，穷其演变，不仅详释意义，且表明一字一辞之历史"①的不懈追求。但通过与后世同类辞书的对比也可以看出《"一"字长编》在义项分合上的不足。台湾地区1968年出版的《中文大辞典》在"一"字头下列有51个义项；大陆出版的大型字典《汉语大字典》（1986—1990）列有20个义项。即使是日本学者诸桥辙次历时35年编纂的《大汉和辞典》也只有25个义项。经过对比可以发现，王氏的一些义项在这些辞书中或不存在，如"阳也""人

---

① 王云五《编纂〈中山大辞典〉之经过》，见《东方杂志》，1939年第1期。

之真也""冲虚之德也"等义项；或释义过细，如将"空也""无也""少之极也"；"始也""数之始也""宇宙万物之始也"等分列义项。在义项分合上存在一定的主观性。

（3）王系辞书的义项排列。辞书中字词义项的安排总是按照一定顺序完成的，义项分合是义项排列的前提，释义内容的展现总是以组织有序的义项排列为最终结果的。辞书义项的排列只是将客观存在的抽象词义系统按照某种主观认定的排序规则将其具体呈现出来，在辞书编纂中具体使用哪种排序方式要根据辞书的编纂宗旨而定，如雅努齐（Lanucci）所述"各种排列顺序都是可能的，决定因素在于词典为谁而编，为哪个用场或哪些用场而编"（转引自兹古斯塔，1983）。首先是辞书义项排列的历史原则在王系辞书中的运用。近代以来，随着欧洲国家民族意识的增强、对本民族语言的重视和历史比较语言学研究的深入，大型历时辞书的编纂成为新兴国家民族文化建设的重要内容，德国《德语词典》，英国《牛津大词典》，甚至日本《言海》《大言海》等相继组织编纂，这都对我国近代学人的辞书编纂理念形成了较大冲击。在这种时代背景下，一批思想先进的近代学者也开始参照西方国家的辞书编纂经验组织编写新型大型语文辞书。首先是在辞书体例上，王云五（1939）指出《中山大辞典》之编纂体例与英国《牛津大词典》大致相同"，全书"集我国单字辞语之大成，无论古典与通俗，辞藻与故实，新知与旧学，固有与外来，靡不尽量收罗"，对于字词释义则"单字辞语一一溯其源流，穷其演变，不仅详释意义，且表明一字一辞之历史"。对于字词意义演变历史的梳理，王氏则"按所见典籍之时代而定其意义之先后"，并制定了六条古籍年代确定标准，同时还确定了241种真伪难辨古籍的参考顺序，为辞书义项历史顺序的确定提供了参考依据。

其次是辞书义项排列的频率原则和逻辑原则，前者指按照不同义项在语言使用中的频次加以排列，这种方法使读者略去对古义、生僻义的查阅，能够快捷地检索到该条目的常用义项，但它不便于展现词义之间的演变关系，并且在义项排列的具体操作上对语料的规模和时域都有一定限制；后者指义项按照一定的逻辑类别关系加以排列，多数学者将这种逻辑关系限定于"以类相从"（胡明扬等，1982；黄建华，1987）的语义关系，主要体现为义类词典的编纂，除此之外我们认为还包括按类分列的语法关系，如俞士汶等学者编纂的《现代汉语语法信息词典详解》（清华大学出版社，1998年）。

《王云五大辞典·凡例》虽未对义项排列方式予以明确说明，但从整体上看，《大辞典》义项排列坚持以频率顺序为主，以逻辑顺序为辅的原则，对于不同类型的多义情况，辞书义项排列方式又有所不同。对于单性多义词目而言，辞书义项排列的频率原则展现得最为直观。如：

6702₀ 叩（扣）ㄎㄡˋ kow

[动] ❶ 叩头＝以头触地，系旧日的最敬礼。

❷ 击，（例）以杖扣其胫。

❸ 发问，（例）叩其两端而竭焉。

9181₄ 烟（胭）ㄧㄢ ian

[名] ❶ 物被火烧变成上升的气体。

❷ 气体。❸ 烟草，（例）香烟。

❹ 煤炱，（例）松烟。

5750₂ 击（及）ㄐㄧˊ jyi

[动] ❶ 相扑，相触，（例）技击。

❷ 敲打，（例）击鼓。

❸ 攻，（例）将匪击退。

❹ 排斥，（例）攻击。

❺ 看见，（例）目击。

从上文所举"叩、煙、擊"不同义项的排列情况可以看出《大辞典》对单性多义字目的释义基本遵守频率顺序，对单性多义词语的释义也是如此。如：

【訊問】❶法官审问被告的口供。❷和朋友通信。
【安置】❶安放。❷發遣犯官到邊遠地方。❸處理。
【君子】❶才德出眾的人。❷品行端正的人。
　　　❸在朝做官的人，（例）無君子莫養小人。
　　　❹丈夫，（例）未見君子，憂心忡忡。

对于多性词目，且不同词性下只对应一个义项，辞书义项排列也以频率原则编排不同的词性和义项。如：

0266₄ 話（化）ㄏㄨㄚˋ huah
　　　［名］言語，（例）白話，閒話。
　　　［動］談論，（例）話舊。
4282₁ 斯（思）ㄙ sy
　　　［代形］此，（例）斯人，如斯。
　　　［助］就，（例）濁斯濯足。
　　　［動］析離，（例）以斧斯之。
3126₆ 福（扶）ㄈㄨˊ fwu
　　　［形］吉祥，（例）福地。
　　　［名］吉利的事，（例）多福。
　　　［動］婦女行禮。

《大辞典》对这类词的处理与单性多义词目相同，也是按照字词意义的熟悉程度依次排列不同词性及其义项。

对于多性多义词目而言，辞书义项排列则综合运用了频率顺序和逻辑顺序，首先按照频率顺序对字词的不同词性加以逻辑分类，然后对各词性的不同义项再按照频率顺序进行排列。如：

0292₁ 新（心）ㄒㄧㄣ shin

　　［形］❶陳舊的反面，（例）新法。

　　　　❷開始的，（例）新年。

　　［動］改過，（例）自新。

　　［名］漢朝王莽篡國後所建的國號。

2633₀ 息（西）ㄒㄧ shi

　　［名］❶呼吸，（例）氣息。❷利錢，（例）本息。

　　　　❸子女，（例）子息，弱息。

　　［動］❶休止，（例）休息。❷歎氣，（例）太息。

0022₃ 齊 1.（其）ㄑㄧˊ chyi

　　［形］❶整齊端正。❷相同，（例）齊心。

　　　　❸一般的，（例）齊民。

　　［副］❶完全，（例）齊全，齊備。

　　　　❷共同，（例）齊集。

　　［名］❶朝代名，於公元後549至577年，統治中國北部。❷周朝國名，在現今山東省。

　　［動］整理妥當，（例）齊家。

从上文对字词义项排列顺序的分析可知，《大辞典》主要按照频率原则编排义项，对多性条目则兼用频率原则和逻辑原则。同时，为了方便对字词意义演变规律的把握，《大辞典》部分条目下还使用了义项排列的历史顺序，尤其是"转""喻""引"的义项标记。如：

　　【預算】事前估計，（引）事前估計財用出入的額。

【千古】千年，(轉)❶長久的時候。❷頌揚已死的人留名永久。

【雌黃】❶[鑛]與雄黃同類的黃色顏料。

❷古人用黃紙寫字，有錯誤就塗以雌黃重寫，(轉)❶改易文字。❷譏評。

【碧玉】❶緻密而不透明的石英屬。❷青色的美玉。

❸(喻)貧寒的女子。

《大辭典》对上述条目都是先指明其最初义项或词语来源，然后说明词语的不同引申义，便于读者更为全面地理解词义。

《大辞典》义项排列的频率顺序主要源于编者对字词意义熟悉程度的心理感知，首先选取日常使用中最为常见的义项和词性，然后按照熟悉程度、词性差异和古今区分依次编排其他义项和词性。同时辞典中部分条目下义项排列的历史顺序也是为了更为全面地展现字词语义发展演变的历史脉络，最终目的在于方便读者对字词意义的理解和掌握，这种做法对后世辞书编纂产生了积极的影响。当然，由于各方面的限制，具体到不同的词条可能会出现义项排列的不规则现象，这在现代汉语辞书发展初期也是难以避免的。

3. 王系辞书的语义标示[①]

辞书编纂中字词义项的处理除了义项概括、义项分合和义项排列外，编者为了更为系统明确地呈现条目的语义内容还会在释义过程中加注某些语义标示，以体现释义的完整性。我国古代辞书已经初步形成了语义标示的观念，在释义过程中采用一定的手段标注条目之间及其内部的意义关系，如用"案"字说明被释字的语义内容及与他字的关系，《字汇》中还形成了用"○"分割不同的同形多音多义字的做法，但这

---

① 具体可参看刘善涛等《民国时期王云五系列语文辞书的语义标示研究》，见《鲁东大学学报（哲学社会科学版）》，2021年第3期。

种做法相对粗陋，在辞书编纂中还不够完善，并且辞书中对词语各种语义关系的表述主要靠文字来完成，既浪费辞典空间，也无法形成醒目简洁的语义提示，不便于读者对词义的查询、理解和掌握。按不同层级划分，词目的语义标示可以分为词目间的不同关系标示、词目义项的标示和词目义项内部的标示三类。这三类语义标示在王系辞书中得到了一定体现，将其作为辞书编纂中不可分割的结构要素来看待，并在辞书修订中不断完善，对现代辞书编纂有一定启发和借鉴作用。

（1）词目之间同义、逆序、反义、辞藻关系的标示。民国时期，汉语语文辞书在全民教育普及中的作用日益得以重视，如何使学习者便捷地掌握词义、扩充词汇量成为辞书编者关注的课题，王云五在这方面发挥了积极的模范作用。《大辞典》的编纂目的在于"供高中以下高小以上程度一般人的参考"（序），在辞书立目中使用"="标明条目间的同义异体关系，附录参考表10为"同训异义字表"[①]，将书中有同义关系的字列出"本字"和所对应的"同训异义字"，将同义字加以整理归类。《小辞典》虽为《大辞典》的简编，但并非原书的简单删减，在字目同义关系的标示上有一定创新之处，该书"凡例"第14条明确说明了这种同义标示体例。

（14）本书每字之外，往往并列其同训异义字，例如：
"此"字之下列

同训异义字 之，是，斯。

这说明《小辞典》已经将字目同义关系的标示作为辞书编纂的常规体例和必备要素，这种编排体例一直保存在《小字汇》和《综合词

[①] "同训异义字"的名称源于日语，是民国时期及现今台湾地区部分学者对同义字的称谓。

典》中。以《小辞典》为例，该书不仅为部分汉字字头标明相应的同义字，同时在标示过程中能够辨明同一汉字不同词性和义项所对应的不同同义字，分条列出，细化了同义标示的语义单位，比古代辞书不加区分的囫囵式同训释义有所进步。如：

0014₇ 瘦（受）ㄕㄡˋ show

　　［形］肌肉消减，（例）瘦削。

　　|同训异义字| 瘠，羸。

0460₀ 讨（叨上）ㄊㄠˇ tao

　　［动］❶征讨有罪的人。❷研究，（例）讨论。❸索取，（例）讨债。

　　|同训异义字|（1）伐，征，打。（2）寻，原，究。（3）索，乞，丐。

0021₇ 赢（盈）ㄧㄥˊ yng

　　［动］得胜。

　　［形］有余的。

　　|同训异义字|（1）胜、克、捷。（2）余、羡、剩、賸。

2024₇ 爱（艾）ㄞˋ ay

　　［动］❶亲爱。❷吝惜，（例）百姓皆以为我爱也。

　　［名］恩爱，（例）遗爱。

　　|同训异义字|（1）亲。（2）吝，啬，惜，悭。（3）恩，惠。

"同训异义字"因《小辞典》字词兼收，则位于该字所率词目的下方，因《小字汇》只收单字，则位于字头释义之下。同时该类字在字目不同词性、义项之下的对应关系也有所分别：① 单性单义字，其词性、义项单一，所列"同训异义字"直接与字目对应，如"瘦"；② 单性多义字，只有一个词性，但有多个义项，所列"同训异义字"

按序号依次标明与不同义项的对应关系，如"讨"；③多性多义字且不同词性只有一个义项，这类字的"同训异义字"则按照所分词性和义项顺序依次列出，如"赢"；④多性多义字且不同词性下有不止一个义项，这类字则综合前两类的处理方式，按照词性和义项的处理顺序按序依次列出不同的"同训异义字"，如"爱"，显示出王氏对于"同训异义字"处理的类型划分。

除"同训异义字"的标示外，《小辞典》还特别重视辞书对逆序词（王氏称作"接头语"）的收录，《小辞典》"凡例"第13条对这一体例专门进行了说明。

（13）本书每字于接尾词语之下，往往附列其接头语，例如：
　　接头语 天主，地主，公主，君主，木主，神主。

再如上文所举"讨""爱"字下不仅有"同训异义字"，还有"接头语"，分别为"攻讨、探讨""友爱、仁爱、自爱、恩爱、博爱、割爱、敬爱、慈爱、亲爱、宠爱"。这些逆序词在一定程度上扩充了读者的词汇量，但与"同训异义字"一样也存在不足之处：一是逆序词的列举具有随意性，如"讨"字下有"攻讨、探讨"却没有"征讨、声讨、商讨、研讨、乞讨"等；二是逆序词的读音标示，如多音字"行"有三个读音，其下逆序词有"力行、印行、孝行、奉行"等12个，但具体对应何种读音，词典中未加明确标注。

（2）词目义项之间引申、比喻、转喻、新旧关系的标示。在辞书义项的设列中，梳理字词语义演变的脉络，标明字词意义发展的类型既可以完善辞书释义的系统性，也能方便读者对字词意义的理解和掌握。王云五在借鉴传统训诂研究的基础上，把字词义项之间的引申义、比喻义和借代义作为辞书释义的重要体例，纳入普通语文辞书的编纂之中，既呈现出其辞书学思想的先进性，也对后世辞书的编纂产生了积极影响。《大辞典》《小辞典》《小字汇》对字词义项之间的引申义、比喻义和借代义都进行了标注,《大辞典》《小辞典》的"凡例"中对其介绍如下:

(二)本书词语所用略语如下:

喻＝譬喻　转＝由一意义转为他意义

引＝由一意义引申为他意义

(十)本书词语由一义转为他义者,先举其原义,次述其现行意义。

(十一)本书词语由一义譬喻而成他义者,先举其原义,次述其现行意义。

经统计,《大辞典》样本数据库中共收条目4288条,其中有9个词目标明了字词义项的引申关系,占词目总数的0.21%;有64个词目标明了字词义项的转喻关系,占词目总数的1.49%;有250个词目标明了字词义项的比喻关系,占词目总数的5.83%。

辞书在对此类字词的义项处理时,较为完整的方式是先说明该字词的源出意义,然后再用符号标明其"引/转/喻"之义。如:

【碧血】[庄子]苌弘死于蜀,藏其血,三年而化为碧,(引)殉难烈士的血。

【一路顺风】祝航海的人遇着顺风,(转)办事顺手。

【五体投地】头与两膝两肘都着地,(喻)最恭敬的跪拜礼。

经统计,《大辞典》中此类标注模式,"引申"共8条,"转喻"共63条,"比喻"则有100条。可见,对于引申和转喻,《大辞典》基本上都给出了该条目词义演变的源出意义,对于比喻则只有部分词语

义项中说明了词义演变的源出意义。除了这种处理方式外,《大辞典》在部分条目下直接引出"引 / 转 / 喻"之义。如:

【子弟】(引)❶ 后辈的人。❷ 年轻的人。
【一冷一热】(转)天气不调和。
【鸾凤】(喻)❶ 善类。❷ 英俊。❸ 夫妇。
【庐山真面目】(喻)不易窥见真相的事物。

词语语义标注以比喻义占多数,其原因主要在于:① 从构词上看,有些词语在语义上本就含有比喻关系,如"梯阶""鸟趋雀跃";② 在词语的使用过程中,有些词的原始义已经无从探寻或不易说明,如"鸾凤"的三个比喻义项各因该事物本身的不同特征形成,并且该词在语言中已不常用,在释义中如若一一说明势必会浪费辞书篇幅。

《新词典》的编纂宗旨在于"追溯新名词之来源,各举其所见之古籍篇名与辞句,并作简单释义,其有数义者分别列举之。至现今流行之意义与古义不同者,于各该条下附述今义,而以(今)字冠之"(自序),显示出王云五明晰的汉语词义发展观,对后世普通语文辞书新词义项的关注和新词语辞典的编纂起到了示范作用。《新词典》共收词条 3745 个,王氏将彼时看似新词语的词条在释义过程中分作三种情况:① 该词语及其义项在汉语中早已产生,现今仍在使用;② 该词语在汉语中虽早已有之,但旧义项已不再使用,语言中又产生了新义项;③ 该词语在汉语中原是多义词,现今仍在使用其中的部分义项,但新产生的义项也在使用。第一种情况也即汉语中的原有词,这类词语在《新词典》中的比重最高,共计 2492 条,占词条总数的 66.54%,如:"主婚:主持结婚典礼。(《宋书·礼志》)无命戚属之臣为武皇父兄主婚之文。"这类词在汉语中古今通用,王氏未加标注,后两种则在通行义前标为"[今]"。由于王系辞书编纂时,语言研究和辞书编纂中对同形词,尤其是同音同形词还没有形成明确的区分，因此第二种情况为旧词新义或新旧同形词，总计754条，占词条总数的20.13%。如：

【主脑】做领袖的人。（朱子语类·大学一）有主脑，便是有君臣。
　　［今］事物的主要部分。
【主席】主管筵席事务之人。（史记·绛侯世家）绛侯心不平，顾谓尚席取蓆（注）尚席，谓主席者。
　　［今］（1）会议时主持会场的人。（2）委员制行政机关之领袖。

第三种情况与第二种情况类似，只是此类中的原有义项为多义，在部分义项现今仍在使用的同时，有的词形又产生了新的义项，共计499条，占词条总数的13.32%。如：

【乡里】（一）故乡。（汉书·疏广传）广既归乡里。（二）同乡人。（世说·贤媛）许允为吏部郎，多用乡里。（三）夫妇互称。（沈约诗）还家问乡里。
　　［今］（1）同（一）。（2）同（二）。
【上乘】（一）良马。（左传·哀六年）不入于上乘。（二）深远之教义。（传灯录）是上乘禅。
　　［今］（1）同（二）。（2）上等。

此类词语又可以分作两种类型，一是现今使用的义项古已有之，该词形并没有产生新义，如"乡里"等共计104条；二是古代义项部分地保留下来，现在又产生了新的义项，如"上乘"等共计355条。

（3）词目义项内部附属义、搭配义、语用义的标示。词义是一束语义特征的集合，在字词意义的构成中，除理性概念义外，还会呈现出不同的附属色彩义，这一点对于实词来说尤为突出。对虚词而言，这类词在释义时"与其说是表达词目的含义，倒不如说是说明它的语法功能"（黄建华，1987），因此句法搭配义构成了虚词释义的核心内容。同时，有些词在使用中经常出现在某一特定语境，对字词使用领域的说明也构成了字词释义中不可缺少的语义要素。我国古代辞书由于释义语言简单，对上述语义内容的关注不够，王云五辞书在对字词义项的处理中已经注意到对附属义、搭配义和语用义的说明，在一定程度上丰富了字词释义的内涵，对辞书释义的现代化和精确化有所帮助。

附属义包含的基本类型有外来色彩、方言色彩、时代色彩、感情色彩、语体色彩、形象色彩等，在王系辞书中都有一定体现。《大辞典》中对词语义项附属色彩标注最为明确的是外来色彩，在"编纂凡例"中专门对梵语、蒙古语和日语中的外来词设置缩略标记"梵""蒙""日"，突出说明了所收词语的外来性质。经统计，样本中标"梵"的词语有4个，如"一刹那、刹摩（ksama，国土）、刹那、因陀罗（Indra，保护世界的神）"；标"蒙"的词语有3个，如"驱口（奴婢）、札哈（黑龙江上的小船）、札萨克（管理者）"；标"日"的词语有16个，如"便当、大佐、大祭日（国庆日）、居留地（租界）"等。此外，《大辞典》在方言词语释文后用括号标明所属方言地域，如"大茶壶：妓院的男仆（北方土语）""契兄弟：异性结盟的兄弟（广东土语）""搂白相：开玩笑（苏州土语）""轧姘头：通奸（江浙土语）"等。《大辞典》对反映古代事物概念的词语在释义中尽量标明其时代特点，这些词语除了古代的人名、地名外，还包括一些语文性词语，如"梆：旧日巡更者所敲的竹筒或木柝""学究：（转）旧日教习的通称"，"碧眼奴：我国旧日对于西洋人的称呼"等，都体现出被释词语的时代特点。

此外,《大辞典》在对称呼语的释义中使用"谦称""尊称""敬称""贱称""恶称"等体现出所释词语的感情色彩,如"晚生:后辈的谦称""少爷:贵家公子的敬称""贼秃:对和尚的恶称"等。"雅"与"俗"的区分不仅体现在文体上,也体现在字词的语体色彩上,《大辞典》释义中对词语的"俗名""俗称"加以说明,如"凫:水鸟,似鸭而略小,俗称水鸭","注射:❷医术上一种治疗方法,以附有针尖的小官将药水注入人体,俗称打针"等,被释条目属于较为文雅的书面语,释文词语则属于口语。与此相对应,如"肚2:胃的俗称","臭水:石碳酸消毒药水的俗名"等。还有些词语,如"大家:❺许多人(俗语)","垂爱:蒙尊贵者的亲厚,书牍中常用此语",则用括号或其他方式说明被释词的语体色彩。形象色彩是对词语附属义中所体现的形状、颜色、味道等语义要素的说明,如"汗颜、鲸吞、雪白、冰冷、秀外慧中、俯首帖耳"等。除上述几种单一的附属色彩外,有些词语在释义时会综合说明被释词语的多种附属语义,如"婢:❷古时妇人的谦称","贫道:❶旧日僧道的自谦词"等就同时说明了词语的时代色彩和感情色彩;"秃笔:❷不中用的笔,是文人自谦的说法"则是感情色彩和形象色彩的综合体现;"时祉:时时的安乐(函札结尾的敬语)"表现出词语的书面色彩和感情色彩。总之,《大辞典》采用多种方式在义项中展现所释词语的附属语义特征,值得后世辞书参考借鉴。

在现代辞书编纂中,对于部分条目的释义有时会说明其常见的搭配情况,不然不足以展现词目释义的完整性,《大辞典》在部分条目的释义中用括号说明词语的搭配对象,如"膏腴:肥美(指田地)","芝宇:尊颜(尊称别人的面目)"。也有在部分词目下直接将词语的搭配对象置于释文中,不做显性标记,如"赎:[动]❷出钱换回向别人抵押的东西","贿赂:为企图私利而违法以财物赠与有权势的人","娇痴:儿女任性撒娇"等字词释义中的名词成分多为被释词的常见搭配对象，体现出《大辞典》对词语搭配义的揭示。

　　虚词在我国古代小学研究中被称作"辞""虚字""助字""助语辞"等，古人对于虚字的研究多集中于经传文献中的虚字，随文释义较为普遍。《马氏文通》虽为我国第一部语言学专著，但主要研究文言语法，书内虚词也是古汉语虚词，受其影响，民国初年出版的《词诠》也是一部以古汉语虚词为研究对象的专著。可以看出此时的虚词研究仍然较为关注古汉语中的单音节虚字，对口语中常用的双音节虚词关注不够，同时在释义方面多为直训，对虚字语法功能的揭示也不够深入，如《词诠》中"但"字分列四个义项，分别为："（一）表态副词，仅也，止也"；"（二）表态副词，空也，徒也"；"（三）使令副词，第也"；"（四）转接连词，第也，特也，与口语'不过'同"。释义中提及口语词"不过"，但是没有设立条目。《大辞典》在设立义项时舍弃了较为生僻的义项，只选取了较为常用的转折义，释为"[接]=惟（连接意思相反的两句），（例）我甚愿往，但恐无暇"，在括号中说明了"但"字前后语句的转折性，并加以举例，使读者对其用法理解更为确切。同时，《大辞典》对上文中的"不过"也设立条目："❶没有超过。❷但是。"可是词典中并未对"但是"设立条目。

　　词义的形成、展现和变化都是在具体语用中完成的，字词的使用领域是语体语境的一种表现，不同的字词有不同的使用领域，尤其对于专业性较强的术语更是如此。王云五辞书为了方便学习者的使用，对这类词语进行了简要标示，以体现该词的语用领域，避免词义理解和使用的不当，在《大辞典》"凡例"中，王云五首先对所收词语的语用领域和辞书中的语用标示进行了介绍：

（一）本书所采词语
形式方面包括：文体，语体，各地方言，及外来语等。

实质方面包括：社会科学，文艺，史地，哲学，宗教等。
（二）本书词语所用略语如下：

图＝图书馆	宗＝宗教	佛＝佛学	哲＝哲学	心＝心理学
论＝论理学	政＝政治学	经＝经济学	社＝社会学	法＝法律学
教＝教育学	天＝天文学	理＝物理学	化＝化学	生＝生物学
动＝动物学	植＝植物学	矿＝矿物学	地质＝地质学	生理＝生理学
医＝医学	中医＝中国医学	农＝农学	工＝工学	商＝商学
文＝文学	梵＝梵文	蒙＝蒙古语	日＝日本语	人＝人名
地＝地名	史＝历史学	喻＝譬喻	转＝由一意义转为他意义	引＝由一意义引申为他意义

王云五首先将所收词语分为形式类和实质类两个方面，前者主要指词汇在语用中所呈现出的不同表现形式，语文性较强；后者主要指词汇在使用中的语用领域，专业性较强，反映出《大辞典》在收词上语文百科兼顾的特点。然后，王氏逐一列举了辞书中所用的略语，类型非常丰富。"喻""转""引"标明了义项之间的演变关系，"梵""蒙""日"则说明了所收词语的外来性质。除这两类词语外，其他词语均属于专业术语，王氏在辞书中尽量标明该词所属的学科范畴和使用领域。

据《大辞典》样本数据库统计可知，词目语用领域标示最多的为"地名"，共339条，其中包括县名165条，如"齐河、新乡"等；山名21条，如"庐山、湘山"等；水名14条，如"淮水、浣江"等，其他则如外国地名、古代地名，如"仰光（Rangoon）、新嘉坡（Singapore）、新罗、大宛"等；人名词目78条，既有中国人名也有外国人名，既有古代名人也有近现代名人，如"齐桓公、廖仲恺、拉斐尔（Raphael，Raffaelo Santi）"等。值得一提的是，由于汉语翻译形式不够稳定，《大辞典》为外国地名、人名一般都标明英文书写形式，以方便读者理解。此外，还有植物学条目 67 个，如"冬青、土当归、头状花序"等；佛学条目 51 个，如"法身、唯识宗、大日如来"等；法律学条目 40 个，如"法庭、法理学、一等有期徒刑"等；动物学条目 37 个，如"甲虫、八目鳗、大猩猩"等；生理学条目 32 个，如"胆囊、大动脉、颈椎神经"等；化学条目 22 个，如"升华、臭养气、一氧化物"等；物理学条目 19 个，如"瓦斯、气压、启罗克兰姆"等；矿物学条目 16 个，如"石炭、大理石、松脂岩"等；医学条目 14 个，如"便秘、贫血症、气候疗法"等；历史学条目 10 个，如"大秦、五卅惨案、法兰西革命"等；经济学条目 9 个，如"专卖、子口税、基本金"等；哲学条目 8 个，如"大前提、一元论、斯多葛（Stoicism）"等；教育学条目 8 个，如"大学区、注入教授、甲种实业学校"等；天文学条目 7 个，如"土星、冬至点、八大行星"等；政治学条目 6 个，如"弹劾权、专制政体、一部主权国"等；宗教条目 5 个，如"景教、基督教、大自在天"等；生物学条目 3 个，如"冬眠、新陈代谢、新达尔文学说"；地质学条目 3 个，如"时脉、石炭系、气成岩"；工学条目 3 个，如"绞盘、石油机、轻便铁路"；商学条目 2 个，如"条约港、横线支票"；心理学条目 1 个，如"类化"；中国医学条目 1 个，如"大小方脉"；农学条目 1 个，如"条播法"。

  王系辞书在语义标示上的创新源自对辞书实用性的追求，王氏在《〈大辞典〉序》中曾明确指出："本书的编辑主旨和我所编《万有文库》相同，在以极便利极经济方法将万有的知识贡献于一般人。"这种编纂理念推动了其语义标示的细化，而不同类型的语义标示又运用在不同类型的辞书中，进一步深化了王氏对辞书类型的区分。王系辞书的这种语义标示方式对当时的辞书编纂是一种创新，对后世语文辞书，甚至同义词词典、反义词词典、作文词典等专门辞书的编纂也提供了一定的借鉴意义。

4. 王系辞书的例证设置[①]

在欧美新学的影响下，西方语文辞书编纂开始脱离传统语文学的束缚，向具有学习性的普通语文辞书转型，辞书例证观也开始发生现代转向。早在19世纪编纂的拉鲁斯系列辞书中就明确宣称"没有配例的词典只是一副骨架"（转引自陈楚祥、黄建华，1994），显示出对辞书例证的重视。1911年出版的《简明牛津现代英语词典》前言中，福勒兄弟将例证的功能归纳为"说明词义"和"区别词义"两个方面，肯定了例证在辞书释义中的积极作用。我国第一部现代辞书《辞源》尽量为所收的汉语原有词配置书证，标明来源和用法。王云五在辞书编纂中坚持将辞书类型和例证设置相结合，因《小辞典》《小字汇》为《大辞典》的简编本，本节即从大型辞书《一字长编》，新词语辞书《新词典》和普通辞书《大辞典》三个方面分别梳理王系辞书编纂的例证设置状况。

（1）大型辞书《中山大辞典》的例证设置状况。在《中山大辞典》编纂之前，我国已经出版了《中华大字典》《辞源》等新型大型辞书，蔡元培、刘复等学者也阐述过编纂大型语文辞书的思想，但对于辞书例证的选取和设置情况缺乏关注。黎锦熙1934年所作《中国大辞典编纂处第六次总报告书》中对辞书例证进行简要介绍。1938年王云五所作《编纂〈中山大辞典〉之经过》对辞书例证的数量、选取和设置都有所介绍，将例证作为辞书体例的一部分，在对《中山大辞典》的"体例与内容"进行介绍时说道：

（三）每一單字或辭語之解說舉例，多者不下萬字，少者四五十字，平均約八十字。全書單字辭語合六十六萬，連解說舉例，約共五千萬字。

[①] 具体可参看刘善涛等《王云五系列语文辞书的例证设置研究》，见《渤海大学学报（哲学社会科学版）》，2019年第4期。

按《辭源》每一辭語之解說舉例平均四十二字。大辭典均較詳盡，平均每條解說舉例之字倍於《辭源》；而條數當《辭源》之十倍，故全書分量約等於《辭源》之二十倍。

《中山大辞典》以当时已经出版的大型辞书《辞源》为对比对象，指出了其例证选取的数量和规模，进而也明确了例证设置的丰富性，及对字词释义的重要性，同时在对汉字形音义的处理中王氏做出了如下规定：

（一）一字有意义多项者，归纳为若干项，每项各以数字记其排列之次序。

（二）各项释义均举引例。举例有数则时，以出自最大之书籍者首列，余依书籍之先后，顺序排列。

（三）举例注意下列各点：（1）书名及篇名，（2）注释者姓名，（3）同一释义而举例有多种时，纵的方面，选最先见之例，横的方面，选最常见之例。

（四）各项释义之排列，按其首列之例定先后。

（五）方言俗语等，出自各志书及其他近人著作或杂志报章者，概视为最近之书，列于群书举例之最后。

相比黎氏对《中国大辞典》的说明，王氏的规定更为详细，王氏将义项和例证作为互相参证的两个必要组成部分，义项下均设例证，个别义项下还会设置多个例证，其中包括黎氏所谓的"引证"和"举例"，并且注明例证的来源，以便读者与原书加以查找和比对。同时王氏首次从纵横两方面明确指出了大型辞书例证排列的历时顺序和频率顺序，对方言俗语的例证设置也进行了说明，扩大了辞书释义和取例的范围，指出了例证在说明词义源流上的参考价值，也使辞书编纂有据可循。

《中山大辞典》的例证处理方式对后世大型辞书的编纂产生了积极影响。如《中文大辞典》"词汇解说，各附载其出典与引例"，"每词汇之例句，依经史子集及其时代之前后为序，先以恰当之语句解释，再引例句"（《中文大辞典·凡例》）；《汉语大词典》的例证"一般均标明时代、作者、书名、篇名或卷次章节，并按时代顺序排列，少量以现代通行语作例证的，只出例句本身"（《汉语大词典·凡例》）；《汉语大字典》第一版对例证的介绍和设置都较为简略，第二版充实了例证的数量，字典"引证包括书证和例证，引证时先引书证，后引例证，引用例证力求源流并重，每一义项的例句一般为三个，第一个为时代相对较早的例句"，"引证标明书名、篇名或卷次"（《汉语大字典（第二版）·凡例》），后世大型辞书在例证设置上更为规范、明确，但从整体上看，其例证设置的基本原则与王氏一致。

（2）新词语辞书《新词典》的例证设置状况。按照不同的标准，辞书例证可以分为不同的类型，不同类型的例证在辞书编纂中又发挥着不同的作用。《新词典》的编纂蕴含着王氏对国人新名词认识的纠正，同时也是对汉语和汉文化的尊重。王氏指出："近来国内流行的许多新名词，国人以为传自日本者，其实多已见诸我国的古籍。日人的文化本由我国东传，久而久之，我国随时代之变迁而不甚使用者，日人却继续使用……近数十年间又由日本回流于我国，国人觉此类名词之生疏，辄视为日本所固有。似此数典而忘祖，殊非尊重国粹之道。"鉴于此，王氏便"得暇辄就所藏《佩文韵府》摘取看似新名词之词语，述其来源，并附以今古不尽同之释义，计得三千七百余条，汇列一册"（自序），终成《新词典》，用实际行动更正国人对新词语认识的不足。

根据《新词典》的编纂宗旨和辞书中词语条目的语料来源，词典在对原有义项和新义项的例证设立方面体现出较为显著的差异。对于原有义项，王氏在参照《佩文韵府》的基础上对其加以举例，注明古籍出处，例证类型为引例、书面例和小句例；对于新生义项，在义项前标"［今］"，义项后配有简洁的自编例，口语性较强。如：

【廉潔】不苟取的。（南史·郭祖深傳）廉潔者自進無途，貪苛者取入多徑。

【贏利】獲利。（左傳·昭元年）賈而欲贏（注）商賈求贏利。

【下流】卑位。（論語·陽貨）惡居下流而訕上者。

［今］下等，卑劣。（例）自甘下流。

【政體】施政綱領。（晉書·劉頌傳贊）詳辨刑名，該覈政體。

［今］政治之形式。（例）立憲政體。

（3）普通辞书《大辞典》的例证设置状况。以《大辞典》为代表的王氏普通语文辞书因收词类型的多样性和辞书编纂的完整性，辞典在例证设置上也体现出较为多样的特点，概括起来主要有如下四点：

第一，例证设立条目单位的多样性。既为单音节字目设立例证，也为双音节和多音节词语设立例证。如：

2860_4 咎（救）ㄐㄧㄡˋ jiow

［名］❶凶災，（例）休咎。

❷罪過，（例）咎無可辭。

［動］❶歸罪，（例）既往不咎。

0068_2 該（改平）ㄍㄞ gai

［形］❶完備的，（例）詳該。

❷那個，（例）該項，該處。

［動］❶欠錢，（例）該錢。❷應當。

【一面】［形］❶見過一次的，（例）一面之交。❷一方面的，（例）一面之詞。

［接］同時，（例）一面做工，一面讀書。

【一口氣】［副］❶不間斷的。❷爽快，（例）一口氣答應了。［形］意見相同的。

第二，例证自身类型的多样性。从例证所呈现出的语言单位类型来看，单字条目以词例和成语例为主要形式，多字条目则词组例和小句例并用。对于口语性较强的词目以自编例证为主，对于书面色彩、文化色彩较强的典故词语则使用古代辞书的引例，以示其源。如：

【豪壯】有威風，（例）白浪如山寄豪壯（陸遊詩）。
【鯨音】（喻）梵鐘的聲音，（例）鯨音送殘照，敲落楚天霜（張經煙寺晚鐘詩）。
【廊廟之志】治理國家大政之志，（例）山澤有廊廟之志（文中子）。

第三，例证语言通俗易懂，对俗语词、方言词也设置例证。这与古代辞书，甚至同时期的其他语文辞书相比都显示出一定的时代进步性，如将书面性否定副词"勿"释为"［副］不要，（例）非禮勿言＝不要說非禮的話"，该字释为"不要"已经体现出释义语言的口语性，同时还对例证"非礼勿言"加以解释，体现出辞典释义和举例的通俗性。双音词目"老大"释为"［副］很利害的，（例）老大的吃了一驚"，义项口语性较强，例证也为通俗的自编例证。再如"土：［形］不合时尚的，（例）土里土气""便：［助］就，（例）老鼠见了猫，便害怕起来""一發：越加，（例）這樣他一發不願意了""橫豎：無論如何，（例）橫豎都是你的"等都体现出例证语言的口语性和通俗性。

第四，注重虚词例证的设置。虚词因没有实在的词汇意义，语法功能义较强，多依附于实词或语句，因此例证的设置就显得尤为必要。如：

2122₀何（禾）ㄏㄜˊ hor

　　［形代］什麽，（例）何人，何故。

1022₇而（兒）ㄦˊ erl

　　［形］你的，（例）而翁＝你的父親。

　　［接］接續上下兩句的詞，（例）愛國而忘家。

2040₉乎 1.（胡）ㄏㄨˊ hwu

　　［助］❶疑問的助詞，（例）欺天乎（欺騙上天嗎？）。❷叫人的尾聲，（例）童子乎（童子啊！）。❸嗟歎的口氣，（例）蕩蕩乎（廣大啊！）。

　　［前］和"於"字同一用法，（例）舉動須合乎規律。

　　2.（呼）ㄏㄨ hu

　　［助］＝呼，（例）於乎＝嗚呼。

《大辞典》不仅为虚词标明词性，例句例证，并附有对例证的白话释义，以便读者理解运用。王系辞书的编纂始于中国现代化语文辞书发展的初期，普通语文辞书的主要服务对象为初中级教育水平人士，辞书例证逐渐摆脱了传统引例的束缚，口语性的自编例证逐渐增多，词例的现实性和时代性逐渐凸显，体现出一定的进步性。

第六节　王云五辞书编纂的现代意识

王云五勤奋好学，新旧贯通，东西兼容，在辞书编纂和出版方面能够审时度势，充分利用各方面资源，具有开拓创新的现代意识。他主持编纂的一系列语文辞书，为现代辞书体例的构建和文化教育的普及做出了积极贡献。王云五辞书编纂的现代意识主要体现在以下5个方面。

1. 辞书工具观

（1）辞书是体现国家文化面貌的工具，民族文化的汇集和象征。1906年，陆尔奎进入商务印书馆，提出"国无辞书无文化之可言"，"一国之文化，常与其辞书相比例"（《〈辞源〉说略》），商务印书馆掌门人张元济深以为然。1908年，商务印书馆创设辞典部，由陆尔奎任部长，组织编纂《辞源》。蔡元培更是将辞书种类和数量的多少作为衡量文化兴衰的标志，明确指出"一社会学术之消长，观其各种辞典之有无与多寡而知之"（《〈植物学大辞典〉序》）。从王云五在中国近代出版史上的地位已经能够看出其对国家文化建设的关注，《中山大辞典》和《新词典》的编纂更是体现了他对总结和保护中国文化的重视。近代以来在历史比较语言学的影响下，欧美各国和邻国日本都编写了大型的历时语文辞书，相比之下，汉语辞书虽然发展历史远超这些国家，但限于各种原因未能出现与之相匹敌的大型辞书。《中山大辞典》体现了王云五尝试编纂大型语文工具书的努力，他明确指出"《中山大辞典》之编纂体例与英国《牛津大字典》大致相同"，"全书分量约等于《辞源》之二十倍"[①]，足见其不甘落后于西方，建设中国辞书文化的信念。《新词典》编纂直接源于对传统语言文化的保护，王氏指出："近来国内流行的许多新名词，国人以为传自日本者，其实多已见诸我国的古籍……似此数典而忘祖，殊非尊重国粹之道。"（自序）此外，王氏还在"民国十三四年开始计划编纂之《中国百科全书》，其体例模仿世界上著名之Encyclopedia"，"各条内容务求详尽，期与大英百科全书相若，全书字数，当不下于一亿"，"迄民国二十年，成稿已达五千余万言，约占全书之半，不幸遭到'一·二八'战火，全部被毁"（王云五，1973），可见其对辞书的文化工具性的深刻认识。

---

① 王云五《编纂〈中山大辞典〉之经过》，见《东方杂志》，1939年第1期。

（2）辞书是普及知识、推动教育的工具。民国初年新文化运动和三大语文运动的推进，促使教育文化事业得以发展，辞书在知识普及和教育教学中的辅助作用也得以体现。蔡元培指出新型辞书应对"国民之语言及思想不无革新之影响"（《〈新字典〉序》），陆费逵认为辞书对于"学子之求学，成人之治事，皆有一日不可离之势"①。王云五在《〈大辞典〉序》中对辞书的教育作用有明确的阐释，指出《大辞典》编纂目的在"供高中以下高小以上程度一般人的参考"，收词标准采用当时流行的字频统计方法，"根据着这种程度的各科读物，把一切有用的词语收集起来，完全从客观方法着手"，正文后还附有多种参考表，"任何科学，任何知识，均括入其中，对于学生修学，教师教学，和一般人参考，都有极大效用"，"本书的编辑主旨，和我所编《万有文库》相同，在以极便利极经济方法将万有的知识贡献于一般人"。《小辞典》《小字汇》是《大辞典》的删减本，辞书类型和服务对象有所差异，但最终目的仍是为了辅助教育、普及文化、开启民智。

（3）辞书是知识储备和查检的工具。新学的发展，新词的增多，致使"学习不胜记忆"（蔡元培《〈植物学大辞典〉序》），辞书必须发挥"备事物之遗忘"的作用，以便"宏雅之儒，有问必答"（《〈辞源〉说略》），"得以所节之心力与时间，增进其研究"，进而使"学术益以进步"（蔡元培《〈植物学大辞典〉序》）。因此，《大辞典》所收词语"从形式说起来，文体语体和流行较广的各地方言及外来语都一并列入。就性质说起来，社会科学，自然科学和文艺名词，以及重要的人名，地名，书名，年号等，也无一不包罗在内"（序）。同时，由于普通教育、平民教育的发展，辞书在排检上也应更加"世用"，务使"稗贩之夫"也能"向书而求"，因此必须注重辞书编排和检索方法的改革，王氏四角号码检字法的发明和成功应用恰能证明他对辞书查检功

---

① 陆费逵《〈中华大字典〉序》，见《中华大字典》，中华书局，1915年。

能的重视，同时，王氏的辞书编纂也正是在试验、推广四角号码检字法的意图下逐步展开的，体现出查检法的改革与辞书编纂的互动关系。

2. 辞书类型观

商务印书馆早在1908年着手编纂《辞源》时就设立了专门的辞典部，1921年王云五将其改组后又细分为国文字典委员会、英汉实用词典委员会、外国人名大辞典委员会和哲学大辞典委员会，并主持或参与编纂了不同类型的辞书，由此可以看出王氏对辞书类型的划分。

王氏参与和主持编纂了大批辞书，在具体的辞书编纂实践上体现出辞书类型学的思想，在语文辞书内部的分类方面，王氏辞书基本上包含了单语语文辞书的主要类型划分，按收词立目的对象分为字典（《小字汇》）与词典；按词典的规模分为小型词典（《小辞典》）、中型词典（《大辞典》）和大型词典（《中山大辞典"一"字长编》）；按收词的新旧程度分为新词语词典（《新词典》）和原有词词典。对于不同类型的辞书，其编纂宗旨，总体规模，服务对象都有所区分，显示出辞书类型学思想对王氏的影响。

3. 辞书结构观

辞书编纂与其他文化产品的创制有所不同，它需要将既零碎又系统的词汇世界按照一定的组织结构较为完整地展现给使用者，并要求辞书内部的结构信息尽量系统化、常态化、简便化，以方便读者查考使用。我国传统的辞书编纂虽历经两千余年的历史，但在辞书内部结构的安排上不够明晰，各结构要素在组织上体现出较强的主观性，在收词立目、注音释义等方面有着较大的局限性和滞后性，服务对象也极为有限，不便于新学知识的传播和新式教育的使用，在民国初年即遭到诸多批判。

根据现代辞书学理论，完整的辞书结构除辞书正文外，还应包含辞书前置页、中置页和后置页等相关内容。正文结构又包含收词立目、注音释义、例证设置等多个信息要素，这些结构成分在《大辞典》中已经形成了较为完善的有机整体。《大辞典》中的"凡例"共计22条，分别对辞典的收词类型、略语分类、词性标注、注音方式、多音条目的处理、释义原则、引申义项的排列、专科名词的处理、释义语言、条目编排方式、辞书附录的设置等情况进行了说明，内容丰富，结构完备。《中山大辞典》虽最终只有编纂计划和《一字长编》面世，但从12000余字的长文《编纂〈中山大辞典〉之经过》中可以清晰地看到王氏对大型辞书结构的划分，该文对《中山大辞典》的体例和内容、编纂原则、单字编纂、词语编纂、条文排列等相关结构内容进行专门的介绍，对字词的收录、排列、释义、举例、图表的设置等都加以说明，体现出对辞书不同结构信息的重视。

4. 辞书修订观

语言的发展、词汇的消长、市场的竞争、学术理论的进步、读者需求的变化等因素都促使已编纂出版的辞书要及时修订，可以说"辞书修订是辞书编纂工作的延续和发展"（程荣，2002）。《康熙字典》自出版后一直未做修订，至民初已经严重不合时宜，促使学者对新型辞书编纂的探索。民国时期出版的语文辞书，大多囿于出版资金和市场需求的限制很少修订，不能及时增益，最好的补救也只是在原有基础上另补续编或正文之后插入补编。《辞源》1915年出版，1933年出版《辞源续编》。《辞源续编》的主编之一方毅指出"当《辞源》付印时，已发觉有少数重要辞类，漏未列入，因制版已就，无法增加"，然"此十余年中，世界之演进，政局之变革，在科学上名物上自有不少之新名辞发生，所受各界要求校正增补之函，不下数千通"，可见《辞源》修订的必要性，"若照外国百科全书及各大辞典之例，每隔数年增订一次，新著出版，旧者当然作废，然我国学者购书，物力维艰。《辞源》出版以来，销行达数十万册，大半皆在学者之手，故重订与增补，均为著作人应负之责，而应付一时之需要，尤以增补为急务"（《〈辞源续编〉说例》）。由此看出编者对辞书修订已经有了明确的认识，但限于出版方和购买方的物力财力只能用增补续编的方式勉强应对。

《大辞典》出版于1930年，收词数量和规模都小于《辞源》。其因收词适当，体例新颖，在社会上受到好评，自出版以后，王氏"编纂字书之兴趣，日益浓厚，与其对字之研究无异。于是继续搜罗资料，备增订《王云五大辞典》之需。计自民国十七年迄二十六年八一三以前，九年之间，无日不从事于此"[1]，这也为《中山大辞典》的出版积累了素材。《小辞典》出版于1931年7月，1935年4月出版第一次增订本，1945年3月出版第二次增订本。《小字汇》出版于1935年8月，1937年8月出版第一次增订本，1950年出版第二次增订本。1950年1月香港华国出版社出版的《综合词典》即是在上述三本辞书的基础上修订增删完成的，可见，王氏在辞书的修订完善上是不遗余力的。同时，小型辞书的增订也并非只是简单地增加条目，如《小字汇》初版所收单字七千余条，第一次增订本的收字数量"增至九千六百余条，表面上计增二千余字，但同字之读音不同而意义互异者，检查便利起见，作为新字排列；因此一项增出之字不下五百，故实际增加之字为千六百有奇"（增订本序）。增订本实际上将同音字单独列为条目，体现出字典编纂的创新和辞书编纂的现代性。

5. 读者本位观

辞书编纂的读者本位思想是近年来伴随着外向型学习辞典的发展才逐渐受到学界重视的，它指的是在辞书设计和编纂过程中要密切关注读者的使用需求，"不同的读者有着不同的目的，而词典能够也应该对此作出回应"（R.R.K.Hartmann，2001/2005），这实际上是对辞书工具性的一种深化。四角号码检字法的创制本就是"感于部首检字法之费时多而仍不易确定"（王云五，1967），且当时学界尚未创制出

---

[1] 王云五《编纂〈中山大辞典〉之经过》，见《东方杂志》，1939年第1期。

公认的简便易行的检字方法。在该法公布以后，"我接到学生界无数的来信，都说他易学易检……都希望我把四角号码检字法推行到词典上，并且希望我创作一种更适于现代需要的词典"（《〈王云五大辞典〉序》），这也就成为《大辞典》编纂的直接动因。《大辞典》的编纂充分贯彻王氏所指出的"理想的词典应该具备的三条件"，即"检查便捷"，"取材充分适宜"，"解释明白切当"。辞典中各项结构信息的设置，如三种注音方法，率先标注词性，多种检索方式，丰富的百科词汇和参考表等都是为了"以极便利极经济方法将万有的知识贡献于一般人"（序）的编纂宗旨，也都是为了满足读者多方面的使用需求。《小辞典》中"在接尾的词语之下，括入同字的接头语"和"在单字之外，兼列其同训异义字"的做法，"其目的无非使应用本书的人得收触类旁通的效用"（自序）。《综合词典》在"各单字类语对语之下，辟词藻一栏，就该单字为首之简明词语，检取同一意义之典雅词语或其他成语，以助作文炼句"（凡例），这些做法都是王氏读者本位观的显性体现，因此《大辞典》《小辞典》和《综合词典》也可以归纳是学习性语文辞书。

　　王云五说"一个出版家能够推进与否，视其有无创造性之出版物"（王云五，1973），他依次列举了商务印书馆自1897年成立至1970年70年间的30种"创造性之出版物"，其中有17种是由王氏编纂或主持出版的。具体到辞书则有四角号码检字法、《中山大辞典》《中国百科全书》《王云五社会科学大辞典》。王宁（2008）指出："适合的背景、前沿的学术研究和把握学术前沿的主编，是原创辞书能够产生的必要条件。"王云五不仅具备这三个条件，在具体的辞书编纂中还体现出较强的创新意识，从而使所编辞书体现出鲜明的现代色彩。《中山大辞典》《大辞典》和《新词典》的编纂也完全符合原创性的特征，王云五的辞书学思想，对后世辞书编纂影响以及在汉语语文辞书现代化转型中的历史意义不可忽视。

第十三章 "商务"和"中华"的辞书出版与竞争[*]

民国时期，商务印书馆和中华书局是出版界两颗璀璨的明星，二者在激烈竞争中相互促进，发展壮大。从教科书到工具书、古籍、杂志，从出版领域到装帧印刷、网罗人才、市场开拓等各个领域的竞争都为企业的经营管理带来了活力，也为我国现代出版业的发展提供了动力。纵观民国教育出版史，相互竞争与推陈出新成为这两家关系的发展主流和趋向，由此奠定了双方在业界的地位（周婷，2011）。前人的研究大多从宏观视角探讨两大出版社之间的竞争与共存[①]，但民国时期也是我国汉语语文辞书的"现代新兴"时期（张志毅，2010），辞书的编纂与出版作为两大出版社的重要业务内容，以其为切入点进行研究，可以从微观角度较为深入地窥探二者的竞争与创新关系，从而为辞书出版史和辞书发展史的研究提供借鉴。

改革开放以来，学界已出版了数本汉语工具书和辞书索引，在此

---

[*] 本章曾以"民国时期'商务'和'中华'汉语语文辞书的出版与竞争"为题发表于《编辑之友》，2022年第10期。

[①] 相关研究成果如：周武《"中华"大战"商务"》（《社会科学报》，2002年10月24日）, 王建辉《商务与中华：中国近代出版的冠军与亚军》（《中华读书报》，2005年9月21日）, 王伟《商务印书馆与中华书局的竞争与合作（1912—1949）》（东北师范大学硕士学位论文，2009年）, 刘洪权、郭艳红《双峰并峙：民国时期的商务印书馆与中华书局》（《青年记者》2017年第26期）。

基础上，我们综合利用多种电子文献检索平台，整理出一个翔实可信的"民国时期汉语语文辞书出版数据库"（简称"民国辞书数据库"），共搜集辞书239部，其中商务印书馆有32部，中华书局有25部，两家出版社所出辞书占总数的近四分之一，其各年度出版状况对比如图13-1所示。

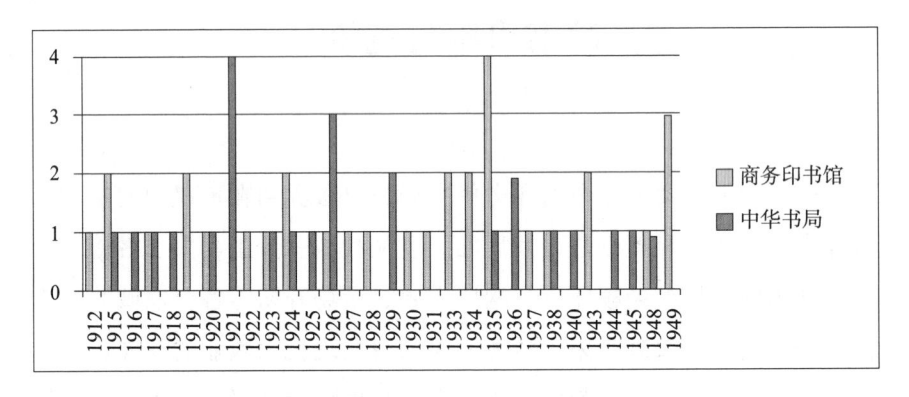

图13-1　民国时期商务与中华汉语语文辞书出版对比图

辞书从编纂到出版耗时不一，商务印书馆《新字典》（1912）"五年而书成"（序），《辞源》（1915）"历八年而始竣事"（《〈辞源〉说略》）；中华书局《中华大字典》（1915）"前后凡亘六年"（陆费逵序七），《辞海》（1936）则"亘时二十年之久"（编印缘起）。另有王云五主编《中山大辞典》、黎锦熙主编《中国大辞典》历数十年终未能出版。在此我们仅以辞书出版年份探讨两大出版社的竞争状况。

汉语语文辞书的现代转型始于民国，综观本时期的辞书出版状况，商务印书馆以《新字典》（1912）、《辞源》（1915）的出版为标志，首创现代汉语字典和词典编纂体例，为后世辞书编纂和中华书局的辞书竞争提供了典型范例。两家出版社的辞书编纂与出版竞争激烈，出版数量此起彼伏，促进了辞书类型的丰富、编纂力量的壮大和对读者使用需求、购买能力的重视，为新中国成立后的辞书出版积累了宝贵经验。

第一节　新型辞书的开创与竞争

　　汉语语文辞书的现代化首先体现在传统字书向现代字典的转型，与之相伴发生的便是现代汉语字典与现代汉语词典的类型区分，这种辞书编纂理念是由商务印书馆率先付诸辞书编纂与出版实践，并在与中华书局的辞书竞争中使汉语语文辞书类型逐渐丰富。

　　《康熙字典》问世200年来，在收字、释义、例证和插图中的诸多缺点暴露无遗[①]，"纰谬百出，不适于用，久为世病"[②]，学者们多思改良；加之新学涌入，"书图浩博，识职分功，科学释名，类有专籍，我国作者，且别出辞书于字典之外"。[③] 商务印书馆在编纂新型词典《辞源》的同时，在民国成立之时"刺取其单辞，先付手民，命之曰《新字典》"。[④] 然"有字书不可无辞书，有单辞不可无复辞"（《〈辞源〉说略》），商务印书馆"以新字典之单字提纲，下列复辞"（《〈辞源〉说略》），及时出版了《辞源》（1915），率先确立了字典与词典分立的典型范本。就在《辞源》出版的同年，中华书局出版了《中华大字典》。《中华大字典》不仅收字数量超《新字典》1000余，成为20世纪80年代以前我国收字最多的字典，同时还邀请时任大总统黎元洪题词，各界名流林纾、李家驹、熊希龄、廖平、梁启超、王宠惠等作序。加上总经理陆费逵和编辑部主任欧阳溥存的序，《中华大字

[①] 蔡元培在《〈新字典〉序》中指出："其书行世已二百余年，未加增改。不特科学界新出之字概未收入，即市井通用者，亦间或不具；其释义则直录古代字书，而不必适周乎世用，讦合乎学理；且往昔文字之用，每喜沿袭成语，而正名百物，初不求其甚解，故全书不附一图，是皆其缺点之最大者。"

[②] 熊希龄《〈中华大字典〉序三》，见《中华大字典》，中华书局，1915年。

[③] 蔡元培《〈新字典〉序》，见《新字典》，商务印书馆，1912年。

[④] 高凤谦《〈新字典〉缘起》，见《新字典》，商务印书馆，1912年。

典》共有"序"八篇,可谓阵容庞大,起到了积极的宣传推介效果。与此同时,中华书局还计划以《中华大字典》所收汉字为字目编纂《辞海》,既收录新旧海量词语,又梳理词义古今源流,意欲抗衡商务印书馆的《辞源》,惜当时因人事变动等原因,"费时而难成"(《辞海·编印缘起》),迟至1936年才终得出版。但是这并未动摇中华书局掌门人陆费逵编纂大型辞书的决心。在《辞海·编印缘起》最后发出"天如假我以年,吾当贾其余勇,再以一二十年之岁月,经营一部百万条之大辞书也"[①]的感慨,而此时这一感慨正在时任商务印书馆总经理王云五主编的《中山大辞典》中付诸实践,再次印证了两家出版社对汉语语文辞书编纂的重视和选题上的竞争。

第二节　学生辞书的竞争

蔡元培曾评价《新字典》"于民国成立之始,得此适用之《新字典》,其于国民之语言及思想,不无革新之影响"。此语较为公允。与传统字书相比,"适用"(又"周乎世用")成为新型辞书编纂的明确目标[②],同时也推动了辞书类型的"革新"与丰富。这在稍后的熊希龄《〈中华大字典〉序三》中也得到体现。熊氏指出"一国文化愈进,其字画辞书愈益繁多",传统字书与"今《大字典》之作,类不过供文人学士搜检考证之用,而中小学校与夫贩竖妇女所用之字典,则字数宜较少,义解宜较显,音证宜较简,方适于用","为普及教育之故,其希望于陆费君中小字典之作,尤无穷也"。

---

① 陆费逵《〈辞海〉编印缘起》,见《辞海》,中华书局,1936年。
② "实用""适用"等词被直接用于辞书题名,如《实用学生字典》(商务印书馆,1917)、《语体适用字汇》(上海新文化书社,1923)、《实用成语大辞典》(上海大陆图书公司,1924)、《(中小学适用)标准国音常用字典》(北平大北书局,1935)等。

商务印书馆《学生字典》(1915)在"切于实用"(编辑大意)的宗旨下,"专供两等小学及中学以下学生检查之用",收字以"前读音统一会"七千审音用字为基础,注音除传统反切、直音外,首次采用了王璞《京音字汇》中的北京音方案,不再标明单字韵部;释义"以小学适用为目的",浅显易懂,不阑生僻义,详解科学义,多个义项依序标明;例证"多用成语,不据经典"①,"凡信札及浅近文言中习用成语,间或附入",扩大学生词汇量;全书字体采用通行楷体,对易错易混字"随时指辨",古体俗体字置于附录,以便检查,体现出成熟的字典编纂理念和明确的服务读者意识,开汉语学习字典之先河。在民国辞书数据库中以"学生"命名的辞书共57部,占辞书总数的近五分之一,足见其市场之广,影响之大。以此为基础,商务印书馆增订出版了《实用学生字典》(1917),收字扩至13000余,与前书"体例相似,而益求简明,尤切于用""专备两等小学学生及普通识字者检查之用"(《实用学生字典·例言》)。在商务印书馆《学生字典》取得成功的同时,中华书局也不甘示弱,由系列教材《新式国文教科书》的主编吴研蕃主持编纂了《新式学生字典》(1917)。《新式学生字典》的最大特色在于收字释义和字义例证紧扣其所编教材,同时为方便学生自习,"特设种种符号,附于行间",丰富了字典的编纂手段。

第三节　国音辞书的竞争

1912年民国政府成立后,"国语"对增进民族凝聚力和增强国家建设中的协调作用得以重视。1913年民国政府教育部成立了专门的读音统一会,并于1918年公布注音字母(教育部令第七五号)。1919年

---

① 民国时期"成语"偏重指现代概念上的词和短语,外延较广,而"经典"则指古代典籍中的书例,大多在例证中还会标明出处。

商务印书馆出版《国音字典》，标志着现代规范注音字典的诞生，为辞书注音和编排检索提供了重要依据。此后，官方注音方案每次调整都有相应的注音字典推出。在民国辞书数据库中，以“国音”“注音”命名的辞书共45部，占辞书总数的近五分之一。

汉字注音方案所呈现的只是一些抽象符号和规则，商务印书馆率先将其运用到字典编纂中，如新编《国音学生字汇》（1919），收字8000余，部首编排、简明释义、词语引证，以“适合中学以下学生及普通识字者之需要”（编辑大意），深受读者喜爱，不断修订再版。1928年王云五据此改编为《四角号码国音学生字汇》，1932年依新版注音符号修订为《（依新标准订正）国音学生字汇》，1949年黎锦熙主编修订为按音序编排的《（增订注解）国音学生字汇》，“陆续发行400万册以上，为民国时期字典印数的最高纪录”（郑士德，2000），构成了官方规范注音字典系列。1921年中华书局出版了两部注音字表和三部国音字典。两部注音字表分别为陆衣言主编的《国音熟字表》和陆衣言、陈逸主编的《国音小检字》，三部国音字典则分别为陆衣言主编《国音小字典》《中华国音新字典》以及孙樾主编的《（中华）注音国语字典》。不仅丰富了国音工具书的类型，还在陆衣言主编的字典中最早实现了辞书正文版式由右起竖排向左起横排的转型。

在《国音字典》的推动下，中华书局编纂出版了我国第一部为字头词目完整标注注音字母的中型语文词典《注音新辞林》（1921），在辞书出版类型上反超商务印书馆。《注音新辞林》批评了“我国从前只有字典，欲检查两字以上之辞，殊不易觅；近年虽有一二种辞典，然非过于简陋，即失之古奥，且又不加注音字母，不适现今之用”（编辑大意），在“专供学校及社会普通作文之用”编纂宗旨下，注重收词的常用性，将“普通文以及书函中所应用之辞料”，“以普通应用为标准”悉数收录。全书分12集，单字条目按部首笔画编排，字下词目按笔画多少和部首顺序编排，“每字先解释单字，继以两字三字四字之辞，查阅最为便利"，首字"一"下收录97条词语。单字采用反切和注音字母注音，偶有词语例证；词语只用注音字母，缺少例证，释义语言偏文言，不同义项以（一）（二）（三）序号标明。书前列有检部表和检字表，查询方便。

第四节 白话辞书的竞争

随着新文化运动的深入，人们对"国语"的认识也愈加深刻，在推广注音字母的同时，还倡导语言表达的口语化，辞书编纂也由注音方式的字母化深入到用白话释义，以求通俗易懂。辞书编纂新理念在辅助教育、服务师生、标注国音、白话释义等方面融为一体，奠定了现代辞书编纂的基本范式。

如前所述，商务印书馆《学生字典》（1915）虽在释义语言上已体现出"小学适用"的白话理念，但在操作中还是与《新字典》一致的浅近文言，如"丈"释为：长老之称，凡行辈尊者，通称之曰丈。中华书局《（中华）注音国语字典》（1921）首次以"国语"命名，"注音用国语注音字母，注义用语体文"（例言），将"丈"释为：尊长和老人的普通称呼，像"老丈""世丈"，义例并举，语言白话。数据库中以"白话""国语"命名的辞书共24部，占总数的十分之一。商务和中华在词典编纂的"白话"上也展开了新一轮竞争。前述中华书局《注音新辞林》（1921）虽在收词释义上秉持了力避"偏僻及艰涩"，以求"适于应用"的理念，但在具体操作时还是偏于文言词语和文言释义。1922年商务印书馆出版的《国语词典》，专收"受过中等以上教育的北平人所常用的辞句"（编辑大意）5500条，收词偏重口语化，因文言辞句"已经有《辞源》和《国文成语词典》可查，这本书都没采用"，词语编排摆脱了《康熙字典》部首顺序,"按笔画多寡"排列,正文前附有笔画检字表。所收词语初版注音为注音字母标注的北京音,后由方宾观校订,在1930年《国语词典》第三版中"添注国音以为对照,于国音上加★号以示区别",注音后"先有解说后有举例",分别用"(解)""(例)"标明,如首词"一拃"释为"(解)由大拇指到小指那样长叫一拃,大约有五寸。(例)这把扇子太小啦,还不到一拃长呢。"从选词到释义和例证,白话性和口语性都非常显著。1923年中华书局出版的《国语普通词典》是我国第一部全书采用横排编写和新式标点的现代语文词典,书前例言使用分词连写,正文采用国音字母注音,收录国语普通词汇,并用白话释义,书后配有"朝代名称表""洲名表"等5种附录和图书推销广告,将多种创新手段融为一体。该书收录"普通适用"(例言)词语一万左右,"例语例句三四千之多","以补解释底不足,而示词儿底应用","解释和举例,力求浅显"。全书单字部首编排,以字率词,单独立目,词语按音节数和笔画数,字词同时注音,标明声调,白话释义,分列义项,多音字词不分列,不同义项置于同一条目下,如"【中】ㄓㄨㄥ当中。ㄓㄨㄥˋ㈠受着。如:中毒、中暑。㈡打着了。如:一枪打中了他的肩膀。"单字下罗列"中途""中风"等条目。1924年商务印书馆又出版了《(国音白话注)学生词典》,专供"国民学校(三年以上)和高等小学校的儿童在自力读书的时候检查用",在"部定小学国文教科用字"基础上选字5000余,收录"小学用各科教科书、儿童课外用书、通行报纸和社会流行的成语等"30000余条,涵盖"历史、地理、法政"等不同学科。单字以部首笔画为纲,反切和注音字母注音,多音字置于同一字目内;字下词语以字数和笔画数为序,注音字母注音,释义偏白话,"力求简短","有两个以上的意义,用●作分号",少有例证。书前有笔画检字表,书后有各类附录,竖排右起,体例完备,将"学生""国音""白话"三种辞书类型融为一体。

第五节　辞书删节本、改编本的竞争

　　成功的辞书往往会衍生出不同版本，以满足不同使用者的需求。限于大型辞书编纂的经济压力和经营风险，商务印书馆在《辞源》编纂中抽取字目先行出版《新字典》(1912)，既迎合民初学界革故鼎新的心理需求，也初步检验了新辞书选题的效果。《新字典》出版后，又于1914年删除其中的生僻字，"择其较习用者"(《缩印〈新字典〉说明》)出版了《新字典》缩印本。中华书局在《中华大字典》出版后也出版了删节本《中华中字典》(1916)，收字1.2万余；后又由杨誉龙等改编出版了《实用大字典》(1918)，收字1.5万余；沈镕改编出版了《中华万字字典》(1926)，收字1.04万余。

　　从《国音字典》到《国音学生字汇》，再到《(增订注解)国音学生字汇》都是伴随着注音字母方案的调整，由标注音到标准语逐步完善的字典系列。陆衣言1921年主编的字表与字典也经历了由小到大，扩展充实的过程。如《国音熟字表》选收通俗常用字，《国音小检字》收小学用字五千余，《国音小字典》则在5000字的基础上略加释义，《中华国音新字典》则将"文言口语中日常应用的字一律采入，约共八千余字"，1926年主编出版的《国语学生字典》收日常通用字8000余，部首笔画编排，注音字母注音，白话释义，1929年按头尾号码检字法改编为《(头尾号码)新国音学生字典》。

　　与此同时，还从已出版词典中抽取字目改编字典，如《王云五大辞典》(1930)，收字一万左右，词语五万多条。1931年出版的《王云五小辞典》，篇幅"仅及大词典五分之一"(自序)，收字将近一万，收词8000余条。1935年出版的《王云五小字汇》收单字7000余条，实为"《王云五小辞典》的简编，换句话说，就是采取那本书全部的单字，而删去其中的词语"（序）。1937年《王云五小字汇》增订本，词条"增至九千六百余条"（增订本序）。

第六节　其他类型辞书的竞争

商务印书馆与中华书局在汉语语文辞书出版上的竞争还包括新型辞书检字法、古代汉语辞书和成语、谚语辞书等不同方面。检字法乃"字书，辞书，索引，书目等，治学之利器也。而此数事者，苟无适当之文字排列法以为之本，则无以神其用。故文字排列法者，尤利器也"[①]，因此，检字法的改革得到了学界人士的普遍重视。检字法在辞书中的应用主要体现在条目检索和编排两个方面，民国辞书在编纂时对检字法经历了由改良到改革的过程。

我国古代辞书在漫长的发展中已经摸索出根据汉字形、音、义不同属性编排条目的做法，但在具体操作时又未能将某一标准贯彻到底，难免造成查检困难（袁世旭，2011）。商务印书馆和中华书局初期的辞书编排仍"依社会习惯，分部分画"（《新字典·例言》），"分别部居，势不得不循梅膺祚、张自烈所为"（《中华大字典·凡例》），基本遵从《康熙字典》214部编排条目，但随着新型辞书的编纂，辞书编排虽"仍以旧字典为准，然旧字典之讹缪，大体可改革者，本书务改革之"（《新式学生字典·编辑大意》）。中华书局《新式学生字典》（1917）并从"部首之排列""属字之排列""属字之归部""字画之考校"不同层面加以革新，使传统部首检字法逐渐科学简便，至1949年商务印书馆出版《（新部首索引）国音字典》"仍按旧部首排列"，正文前附有据黎锦熙所创"国字四系七起笔新部首表"编制的字目索引。

据统计，民国时期新发明的汉字检字法至少有121种（平保兴，

---

① 万国鼎《字典论略》，见《图书馆学季刊》，1926年第1期。

2014）。首先吹响近代检字法改革号角的是时任商务印书馆编译所所长的高凤谦，1913年起草《改革部首之草案》，其方法是"但管字形，不管字义，将旧字典之二百十四部，就形式相近者并为八十部，并确定上下左右之部居；此法自然较旧法为便利，但高氏自以为不彻底，故至今未曾发表"。①受其启发，王云五经过多次尝试和实验，在1928年10月正式发表了"第二次改订四角号码"，以《四角号码检字法（附检字表）》为书名由商务印书馆出版单行本。随后，王云五便将之前按传统部首检字法排列的《学生字典》（1915）和《国音学生字汇》（1919）按照四角号码重新排版印刷，后又按此法独自编纂《王云五大辞典》，"自时厥后，笔者于编纂辞书之兴趣，日益浓厚，与其对检字法之研究无异"。②民国时期商务印书馆出版的《王云五大辞典》（1930）、《王云五小辞典》（1931）、《王云五小字汇》（1935）、《王云五新词典》（1943）、《中山大辞典"一"字长编》（1938）、《四角号码学生小字典》（1949）等都按此法编排，部分辞书虽不按此法编排正文，如《辞源·续编》（1931）、《辞源·正续编合订本》（1939）等，均在书后附有四角号码检字索引。

音序检字法早在王璞《京音字汇》（1913）中付诸实践。1918年官方注音字母方案公布后，辞书注音纷纷采用，但辞书检索少有音序编排。中华书局《国音小检字》为按老国音编排的注音字表，而以此为基础编排的《国音小字典》又回到传统部首法的编排方式。民国时期中华书局所出辞书未能按官方注音字母编排条目，迟至1948年出版的《中华基本教育小字典》仅在正文前附有北方话拉丁化新文字检字表。在国语运动和中国大辞典编纂处成员的推动下，商务印书馆在《国语辞典》（1937—1945）和《（增订注解）国音常用字汇》（1949）中实现了词典和字典条目编排的音序化，为《现汉》和《新华字典》提供

---

① 王云五《〈四角号码检字法〉自序》，见《四角号码检字法》，商务印书馆，1925年。
② 王云五《编纂〈中山大辞典〉之经过》，见《东方杂志》，1939年第1期。

了借鉴。虽然中华书局对其他检字法的辞书编排也做出过尝试，如陆衣言改编的《（头尾号码）新国音学生字典》（中国书局，1929），还有依万国鼎所创"母笔检字法"编排的《新桥字典》等，可惜影响不大。

以张元济为首的商务印书馆在古籍整理与出版方面的贡献是有目共睹的，同时对古汉语辞书的出版也功不可没。民国时期商务印书馆出版了古汉语虚字字典《词诠》（1928）、《古书虚字集释》（1934），古汉语虚词词典《文键》（1933），古文字字典《甲骨学文字编》（1933）、《古籀汇编》（1934），《说文》学字典《段注说文解字斠诠》（1935），联绵词词典《联绵字典》（1943）等。这些选题在中华书局的辞书出版上近乎空白。1948年商务印书馆出版《金元戏曲方言考》，1945年张相所作《诗词曲语辞汇释》与之收词相当，但迟至1953年才由中华书局出版。

在成语、谚语辞书的出版方面，两家出版社各有侧重。1926年中华书局出版《国语成语大全》专收"国语中适用的成语"3200多则，以四字成语为主，三字至十六字为限，用注音符号注音，释义通俗易懂，"为一般人读书说话的时候实用上查考底便利"（例言）。同年，商务印书馆出版《民谚》旨在"保存民间零碎的文学，供给平民和小学教育的材料"（例言），从"村妇俗子说话时口头的引用""书报上的语句"等搜集各类谚语，以五字及以上词语为主，不加注音和书证来源，白话释义。《民谚》后被收录进王云五主编"小学生文库"第一集（商务印书馆，1933）。

第七节　影响辞书出版的其他竞争

除上述不同辞书类型间的竞争外，两家出版社在编者队伍、辞书装帧与价格等方面也展开了激烈竞争。1908年商务印书馆编译所创设辞典部，陆尔奎任部长，广揽人才，仅《辞源》初版的版权页所列编校人员就达50人。其中许多参编人员，如方毅、方宾观、周锡三、郭秉文等，后又主编了其他辞书，足见其编辑队伍的数量和素质。1912年曾在商务印书馆任出版部主任的陆费逵创立中华书局并积极网罗人才，一边拉拢其在商务工作时的同事，一边从社会上游说各类人才，都提供较高的待遇。《中华大字典》列编校人员27人，《辞海》则多达57人，可见其辞书编辑队伍的壮大。王云五就任商务印书馆编译所所长后"极力罗致各家专家学者，分别主持新设各部，或任所内外编辑"（王云五，1967），"皆为当时上海、南京两地名教授"（王寿南，1987），而"20世纪30年代的中华书局编译所非常兴旺，编辑所人员有一百来人，其中不乏知名人士"（陈沛雪，2016）。除两家出版社内部人员的竞争外，在辞书出版方面还积极争取外部力量，商务印书馆积极与读音统一会和中国大辞典编纂处合作，率先出版官方注音字典和词典，赢得市场声誉，对杨树达、裴学海、符定一等学者所编辞书并未因选题偏古、读者有限而拒之门外；陆费逵曾言"作者是衣食父母"（转引自吴永贵，2008），七次邀请舒新城主编《辞海》，还出版了曾在商务印书馆任职的万国鼎主编的《新桥字典》，并邀请万氏审校《辞海》条目，可谓在编者竞争中不拘一格。

作为商品的辞书与使用者的购买力密不可分，中小型辞书大多追求"内容繁简得宜，卷帙大小适中，定价又甚低廉，而为一般学生所能购备者"（《学生小辞汇·序》），"印本低廉，便学者力能购办"（《新式学生字典·编辑大意》）使辞书在装帧与价格方面展开竞争。辞书删节本的出版也是照顾读者购买力的一种体现，但即使像《缩本新字典》这样的删节本在最初装帧上还存在洋装皮面，售价一元八角；洋装布面，售价一元二角；洋装纸面，售价八角三种装帧和售价。《辞源》初版在发行时包含售价20元的甲大本（上等连史纸、绸函丝订、十二册）、20元的乙大本（加重洋纸、布面皮脊、二册）、

14元的丙大本（上等洋纸、布面金字、二册）、7元的丁中本（上等洋纸、布面金字、二册）、5元的戊小本（上等洋纸、布面金字、二册）。《辞海》在出版时也分为甲乙丙丁四种装帧风格，售价分别为24元、20元、12元、10元不等。即使一册本的小型辞书也包含不同版本，如商务印书馆《学生字典》（1915）分为布面装8角、纸面装6角两种；中华书局《新式学生字典》（1917）分为布面精装6角、纸面洋装4角、纸面本装3角三种。这些都显示出两家出版社在同类产品上的装帧与价格竞争。

两家出版社的竞争是辞书选题的竞争，也是辞书使用者的竞争，更是辞书市场的竞争，同时也在商品竞争中有效地推动了汉语语文辞书的现代化发展和汉语词汇的古今转型。机遇稍纵即逝，出版社要及时关注社会变化与需求，辞书选题与选材也要紧密跟踪社会文化和读者使用的新动向，商务印书馆于民国成立元年率先出版《新字典》，后又及时出版《辞源》；中华书局与民国政府同年成立，也顺势出版了《中华大字典》。之后，伴随着思想文化和语文教育上持续深入的改革，两大出版社在辞书出版方面也及时跟进，编纂目的、收字选词、注音释义、检索配例等更加明确，在贴近文化、贴近教育的时代背景下，不断开拓新型辞书，创新辞书体例，最大限度地满足不同类型的读者需求，并取得了积极的经济和文化价值。

张元济秉持"吾辈当以辅助教育为己任"的出版理念，陆尔奎坚信"一国之文化常与其辞书相比例"（《〈辞源〉说略》），陆费逵坚持"以改良吾国字典为己任"（《〈中华大字典〉序七》），两家出版社虽在辞书市场、辞书类型上竞争激烈，但辞书出版的目的均是为了"昌明教育，开启民智"，有效地推动了知识的普及，也为中国近代文化和语言的古今转型做出了积极贡献。

结　语

我国有着悠久而辉煌的辞书编纂史，《康熙字典》代表了古代字书编纂的最高水平，同时也因其"奉为典常而不易"（《康熙字典·序》）的御定权威地位使后世二百余年无人僭越。及至民国，清廷覆亡，前一阶段积累的现代化因素快速推动了我国汉语辞书在编纂理念和编纂实践上的变革和转型，在我国汉语辞书史发展中发挥着承上启下的重要过渡作用。经统计，民国时期我国共出版收条和释义兼备的现代汉语辞书214部，在各类报刊和序跋上发表的辞书研究成果517项，逐步实现了辞书类型、辞书体例、辞书编辑的现代化转型，有效地推动了现代辞书学的学科构建，也从工具查检的视角助力现代出版和现代教育，为新中国的辞书事业奠定了坚实基础。

第一节　汉语辞书现代化转型的历史背景

罗兹曼（1989）将"现代化"定义为"一个在科学和技术革命影响下，社会已经或正在发生着变化的过程"，它包括政治、经济、文化、教育等各方面，辞书编纂和辞书出版也伴随其中。辞书兼具文化产品、学习工具和经济商品等多重属性，辞书的发展与社会文化、学术出版、知识普及和市场需求密不可分，汉语辞书的现代化转型是在晚清以来我国社会独特的历史发展环境中逐步调适完善的，现代辞书编纂理念和辞书编纂实践的变化与国家民族的发展和现代知识过载息息相关，其间蕴含着复杂的历史因素。

1. 社会与文化的现代化

封建帝制的终结和民国政府的成立不仅在政治上开启了中国社会的民主化进程，还促使国内经济、文化向着更加开放自由的方向发展。市场经济、市民社会和大众文化的形成，为汉语辞书编纂的现代转型提供了充分的前提基础。古代辞书的选题、编纂和出版大都由皇权意志决定，现代辞书则由市场需求和民众选择而定。市场经济的优胜劣汰、市民社会的纷繁形态、大众文化的千变万化、民众消费的多样需求等促使辞书编纂突破传统束缚，在编纂理念、辞书类型和体例设计上不断调整，最大限度地满足社会不同人群需求，达到"职兼贸利与改良"①的双重功效。

2. 知识普及化与语文现代化

鸦片战争以来，传统知识体系难以应对外部世界的挑战，新思想、新教育有效地推动了新知识的普及，与民初新文化运动相得益彰，共同服务于社会的现代转型。孙中山在《国民党宣言》中明确指出："教育为立国之本，振兴之道，不可稍缓。"新式教科书和辞书作为辅助教育的重要工具在新式出版机构中得到普遍重视，清末成立的商务印书馆和民初成立的中华书局均以此为主要业务，而"辞书之应用，较教科书为尤普"②，"欲求文化普及，亟应创编辞书"③，我国汉语辞书的现代化转型是这两大出版社率先实现的。④同时，伴随着社会的现代化转型，作为交际和教育重要工具的语言也在追求全民标准化

---

① 吴敬恒《商务印书馆〈新字典〉书后》，见《东方杂志》，1912年第4期。
② 高凤谦《〈新字典〉缘起》，见《新字典》，商务印书馆，1912年。
③ 陆尔奎《〈辞源〉说略》，见《东方杂志》，1915年第4期。
④ 陈原（1987）曾指出"词典工具书应当说是迄今为止商务印书馆对我国近代文化教育科学事业做出的最重大贡献"。

和统一化,清末以来持续推进的切音字运动、白话文运动、国语运动、简化字运动等语文现代化运动也为汉语辞书编纂的现代化变革提供了新的试验场。

3. 出版现代化与辞书革新的急迫性

晚清以来出版技术的改进、出版市场的扩容、出版机构的兴盛、著译队伍的壮大、商业流通的改善等因素有效推动了出版的现代化转型。西学译书、白话小说、新式报刊等不断涌现,为知识的普及和语言的文白转型做好了充分铺垫。同时,在欧日新学的影响下,晚清进步学人在模仿借鉴的基础上丰富完善了我国现代汉外辞书、百科辞书、专科辞书等不同类型的辞书编纂,逐步实现了辞书编纂队伍由外来势力到本族人群的转变,为现代汉语辞书的编纂积蓄了充分的经验、素材和力量。由此,当民初学人站在古今转型、破旧立新的社会语境下,新型辞书作为普及文化、恶补新知、革新思想、辅助教育、改良社会的重要工具得以重视,"由是欲毁弃一切,以言革新",而"所以充补知识者,莫急于此","国无辞书,无文化之可言也"[①] 成为彼时最响亮、最急迫的时代呐喊。

第二节 辞书类型细化是辞书现代化的前提

我国古代辞书以《说文解字》开创的按部分类、据形索义的字书最具影响力,集大成者为《康熙字典》。此外,《尔雅》以义分类、同类相聚的雅书和《切韵》以音为系的韵书也是古代辞书的主要类型,这与重视汉字形、音、义研究的小学传统密不可分,辞书类型较为单一,难以满足古今文化转型和知识普及化的需求。

---

① 陆尔奎《〈辞源〉说略》,见《东方杂志》,1915 年第 4 期。

1. 确立字典与词典的基本类型

民国辞书自开始就确立了现代性字典与词典两种基本类型，并在后期发展中不断衍生、细化新的辞书文本，增进辞书类型的层次性和立体感。面对近现代学术体系和语言环境的变化，蔡元培指出"方今书图浩博，识职分功，科学释名，类有专籍，我国作者且别出辞书于字典之外，则字典之范围，狭于往者"①，呼吁构建新的辞书类型，而欧洲现代辞书"合单字成语而成，种类繁多，检查便利"。②在这种内外因素的合力驱动下，民初《新字典》和《辞源》率先确立了现代汉语新型字典和新型词典两个基本类型。《新字典》之"新"不仅在于它是"吾国欧化以来第一次之辞书"③，"我国第一部收有现代科学新字的字典"（曹先擢、陈秉才，1992），还在于它从中国辞书内部打破了《康熙字典》200年来对"字典"一词的传统限定和皇权约束，将该术语稳定为新的辞书类型，并得以全民普及，"于国民之语言思想，不无革新之影响"。④《辞源》在"说略"中首先对辞书与字书、辞书与类书、普通辞书与专门辞书做了区分，明确指出"有字书不可无辞书，有单辞不可无复辞"⑤，从理论和实践上确立了现代汉语词典的类型体例，两部辞书的"体例纲领将为后之从事于此者所取法"⑥，其奠基之功和蓝本之效影响至今。

2. 细化辞书的类型划分

在确立了现代辞书基本类型的同时，类型的细化也在逐步深入，王文莱（1937）指出"字典有普遍、专门、大小、详略的分别，其内

---

① 蔡元培《〈新字典〉序》，见《新字典》，商务印书馆，1912年。
② 高凤谦《〈新字典〉缘起》，见《新字典》，商务印书馆，1912年。
③ 丁文江《商务印书馆〈新字典〉商榷》，见《独立周报》，1912年第5期。
④ 蔡元培《〈新字典〉序》，见《新字典》，商务印书馆，1912年。
⑤ 陆尔奎《〈辞源〉说略》，见《东方杂志》，1915年第4期。
⑥ 丁文江《商务印书馆〈新字典〉商榷》，见《独立周报》，1912年第5期。

容对于形、体、音义的完备程度，因之而异，其效用也因之而异"[①]；楼云林（1947）将字典分为普通字典、专门字典、学生字典、国音国语字典、通俗字典、新法排列字典6类；将辞典分为普通辞典、专门辞典、新知识辞典、国语辞典、作文辞典5类，类型研究逐步深化。在编纂实践上，我们将立目和释义兼备的214部现代汉语类民国辞书进行了分类统计，其中字典124部，包括普通字典99部、专用字典18部、专项字典7部，专用字典包括辨字字典12部、辨音字典5部、综合性辨析字典1部；专项字典包括同音字字典2部、同韵字字典2部、注音字典1部、虚字字典2部；词典73部，包括综合性词典11部、普通词典26部、专用词典27部、专项词典9部，专用词典包括方言词典11部、新词语词典11部、字词辨析词典4部、叠词词典1部，专项词典包括义类词典4部、虚词词典5部；语典17部，包括成语语典9部、俗语语典4部、歇后语语典2部、谚语语典和隐语语典各1部。即使在同一人主编的辞书，呈现出辞书类型的多样化和系列化特点，如王云五曾主编大型辞书《中山大辞典》（未完成）及其样本《中山大辞典"一"字长编》（1938）、中型词典《王云五大辞典》（1930）、小型词典《王云五小辞典》（1931）、小型字典《王云五小字汇》（1935）、新词词典《王云五新词典》（1943）等多种类型。

第三节　辞书体例定型是辞书现代化的标志

古代辞书集编纂、考释、研究于一体，既是查考工具，也是编者微言大义、阐发思想的著述。现代辞书作为工具书中的独立门类，在体例设计上逐渐完善和成熟，不同类型、不同结构的体例安排逐渐成为现代辞书编者的默认公约。

[①] 王文莱《字典和辞典利用法》，见《图书展望》，1937年第5期。

1. 辞书宏观体例趋于定型

从宏观层面看，辞书的前置信息和后置信息更加全面，例言、检字表、附录、版权页等现代辞书编纂信息已成为各辞书的必备要素。如《新字典（缩本）》前置信息为封面、扉页、缩印说明、缘起、例言、部首总目、部首检字表；后置信息为拾遗、中外度量衡币表、中国历代纪元表、版权页，代表了现代辞书宏观体例的基本构成要素。其他辞书或在前置信息中增加名人序言或题词，如《中华大字典》（1915）扉页分别为大总统袁世凯和副总统黎元洪的题词，后有各界名流所作序言八篇；或在后置信息中增加附录内容或广告插页，如《王云五大辞典》（1930）"附入极多的参考表"（序），数量多达30种；《国语普通词典》（1923）后除附录外，还带有6页图书广告，"职兼贸利与改良"（《新字典·书后》），在丰富辞书信息的同时，达到广告宣传的效果。

2. 辞书微观体例逐步成熟

从微观层面看，民国辞书在收条、立目、注音、词性、释义、例证等方面的结构要素更具现代气息，这也是衡量汉语辞书现代化的关键和根本。"单音字变复音字，乃是中国语言的一大进化"（胡适，1920），民国辞书在收录条目方面不仅对字、词、语给予了充分关注，还确立了"把词为单位"[①]的词本位观。在立目方面，《辞源》（1915）字词语兼收，单字下分别立目的创举已成为现代汉语辞书的基本体例。同时，在以音序法编排的现代辞书中多音字词的立目问题得到较好的解决，如《京音字汇》（1913）对"字发音有文俗迥异者……皆详注分明"（例言）；《国语辞典·凡例》（1937）中有8大条，14小类集中说明辞书对多音字词的立目处理方式，兼顾单字与词语、多音与儿化、正音与异音、文白异读等诸问题，体现出辞书立目的成熟。在

---

① 白熊《看了周铭三先生底〈国语词典〉之后》，见《国语月刊》，1922年第9期。

辞书注音方面，民初的《新字典》《中华大字典》《辞源》仍使用传统的直音法、反切法，后伴随着注音字母的推行，新旧兼备的注音方法被辞书采纳，《国音字典》（1919）虽由教育部读音统一会编纂，但在采用官方注音字母的同时，兼用传统反切直音，标明单字韵部，至《标准语大辞典》（1935）和《国语辞典》（1937—1945）则完全采纳了新式的注音符号和国语罗马字，前书只为字头注音，后书则为所有条目注音，更加全面和系统。

商务印书馆《马氏文通》（1898）的出版标志着国人现代语法研究的开端。《新字典》在编纂初既已萌生为"每字每义标举名、代、动、静等品词"的想法，但因理论研究不充分，"属稿及半，即行削去"（例言），未能付诸实践。C.P.（1926）从理论上阐述了辞书词性标注的重要性，指出"字品之于字义，本居系领之位"。[1] 在辞书释义中，字品能"助定字义之质，助辨字义之序"，"助正解文之混，助代解文之穷"，"本字义域，因品益定；各字义界，因品益划"。《（词性分解红皮新式）中华字典》（1927）是我国最早为字头系统标注词性，并按词性分别义项的字典，但其词类划分依据源于《马氏文通》的古汉语语法系统，而《王云五大辞典》（1930）则采纳了黎锦熙《新著国语文法》（1924）中构建的现代汉语词类系统，"单字均分别词性，加以解释"（凡例），部分词语也标明词性，显示出辞书词性标注的古今转型。

释义是辞书编纂的核心，也是衡量辞书编纂质量的关键，"辞书既以解释疑义，必使阅者疑义尽释，方为尽职"。[2] 在释义语言上，民初的《新字典》《辞源》等偏重文言，后伴随着白话文运动的推广，"字典音义多用文言，初学苦难索解"（《绘图白话学生小字典·编辑

---

[1] C.P.《字典标品略说》，见《学艺》，1926年第6期。
[2] 陆尔奎《〈辞源〉说略》，见《东方杂志》，1915年第4期。

大意》)的弊端日益显露,据万国鼎(1926)统计"诂字文体,向惟文言,近年语体文通行,字典之用白话注释者,已有八种"①,显示出民国辞书在释义语言上由文言向白话的现代转变。在释义内容和义项编排上,《康熙字典》不仅"直录古代字书"(《新字典·序》),而且"一义之释,类引连篇,重要之义,反多阙漏"(《〈中华大字典〉序三》)。民初辞书更为注重对词义的理性归纳和有序编排,如《中华大字典》"每字诸义,分条列证,不相混函""每字各义分条,依次编数,冠以阴文"(凡例);《辞源》"辞有引申假借,有沿革变迁,举甲不能遗乙,有委不能无源"(《〈辞源〉说略》)。这种义项排列的历时原则与王云五主编《中山大辞典》、黎锦熙主编《中国大辞典》的"依史则"义项编排原则是一致的,对新中国成立后《汉语大字典》《汉语大词典》也产生了积极影响。同时,民国辞书也将词性或使用频率作为义项的重要参照,如《王云五大辞典》(1930)"按照词性分别一一说明其意义"(序);《中华成语词典》(1936)"一词有数义的,用(一)(二)(三)等分项解释,其次第以最常见常用的居先"(编例)。刘复(1934)就此指出"从前编字典的,往往把各种字意随便堆砌在一起就算了事,现在希望找出些条理来,使可贯串者贯串,不可贯串者分离",推动辞书义项编排的条理化和实用性。例证是辞书释义的重要补充,古代字书对其较为忽视,现代辞书"因为要指示正确的用法,所以凡遇应当举例的地方,无不举例";而古代辞书偶见典籍书证,现代辞书"非必要时不引用古书"②,即使"引用常读的古书,或采用习见的语句,但旨在说明用法,不重考证出处"(《中华成语词典·编例》),在辞书例证的设置上更加常用性和口语性更强的自然语句。

---

① 万国鼎《字典论略》,见《图书馆学季刊》,1926年第1期。
② 刘复《〈中小字典〉序》,见《国学季刊》,1934年第4期。

第四节　编纂工作的科学分工是辞书现代化的保障

刘庆隆（2008）将辞书编辑工作分为出版和编写两大方面，并从资料收集、编写过程和技术加工三个方面阐述了辞书编写的细节问题。我们主要从选题组织、资料加工、排版设计等方面阐述汉语辞书现代化转型中的具体表现。

1. 精准的辞书选题和精细的编纂计划

精准的辞书选题既要准确地反映社会的变化，还要最大限度地满足使用者的需求，古代字书已无法适应晚清以来"千年未有之大变局"的语言现实。张元济（1906）深信"欲知一国之典章制度，必熟谙其国之文字语言"，在其担任商务印书馆编译所所长不久便组织成立了辞典部，专门负责新型汉语辞书《新字典》《辞源》的编纂工作，"从择类审题、作者约聘、立目释义、体例版式等各个方面给予具体指导，为商务印书馆在这一领域的出版活动定下了基调"（张荣华，1997）。中华书局的创办者陆费逵（1915）认为"世界愈文明，字典之需愈急"，历时21年编纂了《辞海》，影响至今。王云五（1939）在担任商务印书馆总经理期间曾计划编纂一部与"英语《牛津大字典》大致相同"[①]的《中山大辞典》，并在编纂计划中就其体例与内容、编纂与印刷、经营、编纂处的组织、补充资料、编纂原则、单字编纂、词语编纂、条文排列等各项内容进行了详尽说明。黎锦熙在1918年国语统一筹备会成立时提出要"依史则"编纂汉语辞书的计划，并与钱玄同共同制订了《中国大辞典》编纂计划。汪怡等人在此基础上缩减范围，创设体例，从收词、检索、注音、释义、字形、附录6大

---

① 王云五《编纂〈中山大辞典〉之经过》，见《东方杂志》，1939年第1期。

类、76 中类、94 个小类，细化计划流程，编纂出版了中型汉语词典《国语辞典》（商务印书馆，1937—1945）。此外，1922 年蔡元培提出"编一部完备的字书"①的设想；1926 年万国鼎建议"仿《牛津大字典》之例，集全国专才，编一详备之大字典，以结数千年字学之总帐"②；1927 年刘复起草了《编纂〈中国大字典〉计划概要》③，这些宏大的辞书选题和编纂计划至今仍有借鉴价值。

2. 独立的辞书编纂机构和专业的编辑队伍

独立的辞书编纂机构和专业的编辑队伍是辞书编辑现代化的组织保障，商务印书馆建馆之初就将教科书和辞书作为出版重心，以《商务书馆华英字典》（1899）、《商务书馆华英音韵字典集成》（1902）等汉英双语词典为代表，但直至高凤谦、陆尔奎等计划编纂《辞源》时才在编译所设立了专门的辞典部，后为中华书局、世界书局等所效仿。1922 年王云五任编译所所长后，为适应新型辞书出版的需要将辞典部细分为国文字典委员会、英汉实用词典委员会、外国人名大辞典委员会和哲学大辞典委员会，由方毅和傅运森担任国文字典委员会主任，主持《辞源续编》工作。同时，为了更好地推动国语教育，1920 年教育部国语统一筹备会决议成立"国语辞典委员会"，专门从事国语词汇的整理和正音工作，1928 年将其改名为"中国大辞典编纂处"，计划"结算四千年来的国语（文字和语言）及其涵包的一切新旧学术文化等底总帐"④，该编纂处也就成为我国近代第一个由语言学家组织成立的专业的辞书编纂机构（汪家熔，2008），直至 1956 年并入中国科学院语言研究所。《辞源》原计划投入五六人，两年完成，最终经过两次大返工，历时八年才终告完成，见于版权页的编校人员达 50

---

① 蔡元培《汉字改革说》，见《国语月刊》，1922 年第 7 期。
② 万国鼎《字典论略》，见《图书馆学季刊》，1926 年第 1 期。
③ 刘复《编纂〈中国大字典〉计划概要》（1927），见《辞书研究》，1979 年第 1 期。
④ 黎锦熙《国语旬刊·发刊词》，见《国语旬刊》，1929 年第 1 期。

人，其中不乏各领域的学界名人；《辞海》的编纂历时21年，版权页显示，除4位主编外，还有53位学界名流参与编辑。其实两本辞书的实际参编人数还要更多。不仅是大型辞书，中小型辞书也很难一人独董其成，如《辞源续编》参编人员28人；《（国音白话注）学生词典》（1924）由唐昌言等6人编纂；《中学生辞林》（1937）由蔡丏因等4人编辑；《国语辞典》（1937—1945）由汪怡等9人编纂；《标准语大辞典》（1935）的编纂者直接署名全国国语教育促进会审词委员会，表明集体成果。在现代学术背景下，辞书"包举万类，非特愧其学识之不足，即汇集众长，欲其精神贯彻，亦殆难言之"[1]，团队合作、分工协作是现代辞书编纂的组织保障。

3. 辞书资料的搜集、整理和加工渐趋科学

辞书资料的搜集、整理和加工伴随辞书的收词立目、释义例证等各环节，是辞书编辑现代化的基础。古代辞书陈陈相因，编辑资料囿于经典文献，"不特科学界新出之字概未收入，即市井通用者亦间或不具，其释义则直录古代字书，而不必适周乎世用"[2]。汉语辞书的现代转型首先要打破古代辞书经典文献语料的束缚，向鲜活的俗语料、新语料倾斜，《新字典》（1912）之"新"即在于"各部有新增之字，各字有新增之义"（例言），《中华大字典》（1915）之"大"亦在于"合旧有者、新增者、输入者，下至俗字，亦匪所不括"（林纾序）。对新材料的关注，也就推动了现代汉语词典和语典的编纂，《辞源》（1915）认识到了现代社会"有字书不可无辞书，有单辞不可无复辞"的需求，才能够"以《新字典》之单字提纲，下列复辞"，开创现代词典"以字率词"的编纂体例；《俗语典》（1922）也是为了满足"近时语体盛行，言语一科，稍稍见重，语典一书，实为现时之所

---

[1] 陆尔奎《〈辞源〉说略》，见《东方杂志》，1915年第4期。
[2] 蔡元培《〈新字典〉序》，见《新字典》，商务印书馆，1912年。

需"（序）的目的。在白话文运动和国语运动的推动下，现代汉语辞书对白话口语词汇和以北平话为代表的国语词汇日趋重视，《标准语大辞典》（1935）"所采的词、语以标准地（北平）的通行语为范围，凡社会上普通应用的词、语，适合谈话作文的成语，一概采入"（凡例），《国语辞典》（1937—1945）对北京儿话词和方言词的大量收录也可看作一部北京话描写词典。民国辞书不仅注重鲜活的语料，还讲究语料的有序整理，深度加工，《辞源》对辞书资料既"分别部类"又"观其会通"[①]，黎锦熙（1929）将中国大词典编纂处分设搜集、调查、整理、纂著、统计5个部门，截止到1933年8月共整理出近250万张资料卡片，为《国语辞典》"打牢了词典编纂的基础工作"（张涤华，1980），这些卡片至今保存在社科院语言所词典室。

4. 辞书条目的编排检索日渐明晰

辞书资料的整理加工也影响到辞书条目的编排检索，古代辞书大多采用部首法、义类法和韵目法，民初《新字典》仍"依社会习惯，分部分画"（例言），《中华大字典》"分别部居，势不得不循梅膺祚、张自烈所为"（凡例），但这种局面很快得到改变，王璞《京音字汇》（1913）以北京音为标准，按其所创注音字母五十母音顺序编排音节，正文按上平、下平、上声、去声排列同音字，现代音序检字法逐渐成为我国汉语辞书主要的排检方法，《国语辞典》（1937—1945）代表了民国音序词典的成熟。《新式学生字典》（1917）的编排"仍以旧字典为准，然旧字典之讹缪，大体可改革者，本书务改革之"（编辑大意），使传统部首检字法逐渐科学简便；《（新部首索引）国音字典》（1949）在正文前附有黎锦熙所创"国字四系七起笔新部首表"，代表了民国学人对部首法的改进。民国的义类词典如《作文类典》（1920）分"法律、政治、军事、外交、生理、卫生"等31大类，"宪法、行

---

① 陆尔奎《〈辞源〉说略》，见《东方杂志》，1915年第4期。

政法、诉讼律、刑律、民律、商律"等近300小类，在语义分类和词条编排上努力呈现现代语义概念，迥别于传统义类。据统计，民国时期新发明的汉字检字法至少有121种（平保兴，2014），极大地推动了汉语辞书条目排检的改革。

5. 现代"符号""标点"的使用

"符号""标点"均为近代新词，"我国古籍多不加标点，而其文之难以句读者，聚讼纷纭，千百年无定案"①，汉语辞书中较为系统地使用不同符号和标点也是民国时期逐步完善起来的。辞书注音中由传统的单字直音或双字切音向注音符号和国语罗马字的转变，进而形成系统的符号注音和排检体例已经体现出字母符号的简便性。《中华大字典》（1915）"凡例"从多个方面介绍该书符号的使用情况，包含数字符号，如"每字各义分条，依次编数，冠以阴文"；标点符号，如"所引书名及按语，概施括弧，句读均加圈点"；自创符号，如"各条义解中，遇其本字，皆写作〜"；英文单词，如"字义涉外国事物及地名人名，译音译义多歧者，并附注英文"等。《新式学生字典》（1917）"特设种种符号，附于行间"（编辑大意），从汉字形音义的区分、人名地名朝代名的标示、新式标点的使用等多个方面介绍了10余种符号。《（新式标点）白话学生新字典》（1927）不仅用白话释义、较多使用插图，还将"新式标点"置于书名前，凸显其创新性。新式符号和标点的使用已成为20世纪30年代新编辞书的一致选择，并在书末附录注音符号表、国语文法表、标点符号表、度量衡币表等。至《辞海》"变更方针"，"改加新式标点"和新式符号，"全书条数在十万以上，全部字数约七八百万"，"即就标点计之，全书点号约二百万，标号则人地名书名线约五十万，引号称是"（《辞海·印缘起编》），显示出现代符号、标点在辞书中使用的成熟。

---

① 陆费逵《〈辞海〉编印缘起》，见《辞海》，中华书局，1936年。

6. 版式、装帧的现代化

万国鼎（1926）指出辞书"装订宜求牢固"，排版"不忘美观、便查、耐用"。①朱智贤（1930）将"字的排列""标点图画""装订和外观"等作为辞书编辑的形式标准，辞书的排版装帧也成为编辑现代化的关键要素。②1921年中华书局在《国音小检字》《国音小字典》《中华国音新字典》的编辑中最早实现了字典正文版式由右起竖排向左起横排的转型，后又在《国语普通词典》（1923）中最早实现了全书采用横排编写和新式标点的系统使用。在装帧方面，民国辞书"视所遇情形，妥为分配"③，最大限度地满足不同层次的读者需求，《辞源》（1915）有甲大本、乙大本、丙大本、丁中本、戊小本5种不同装帧的版本；《辞海》（1936）也分为甲乙丙丁4种装帧风格，这都体现出辞书编辑的精细化。

第五节　在现代化变革中推动"辞书学"的学科独立

受学术环境和学科发展的限制，我国古代辞书研究服务并附庸于传统小学的解经读经，胡适（1923）指出"古韵的研究、古词典的研究、古书旧注的研究……都只是经学的丫头"，若想"自成一种专门的学问"必须"脱离经学的羁绊而独立"。在新文化运动和古今辞书转型的大背景下，辞书研究逐渐独立，研究队伍、研究主题和成果数量都有了较大发展。经统计，民国时期共发表辞书研究成果517项，其中报刊论文131篇，辞书序跋等386篇，研究主题涉及辞书的地位与价值、辞书的性质与类型、辞书编纂原则与体例、辞书收词立目、

---

① 万国鼎《字典论略》，见《图书馆学季刊》，1926年第1期。
② 朱智贤《儿童字典的研究》，见《中华教育界》，1930年第3期。
③ 万国鼎《字典论略》，见《图书馆学季刊》，1926年第1期。

注音释义、词性标注、插图、附录、装帧和评价等多方面内容，有效地促进了现代辞书编纂的发展和辞书学学科地位的独立。

刘复在向北京大学研究所国学门呈交的《编纂〈中国大字典〉计划概要》（1927）中明确指出"字书之学，吾华发达最早"，计划"博采现代各国字书中最进步之方法，另行规划，以成一部极完备之字书"[①]；后又在《〈中国大辞典〉编纂处第一次报告书》中提出"荟萃钩提、自创体例，拟撰成《字典学》一书，此为从来中外学术界未尝从事之作"[②]，王力（1945）、朱光潜（1946）在其论述中都使用"字典学"的称谓，为新中国成立后"辞书学"的研究和独立奠定了理论基础。

第六节　民国辞书现代化的启示

在中西辞书文化、多元辞书背景的合力下，民国语文辞书逐步开启了现代化探索，并在辞书现代化的进程中有效地推动了社会文化的现代化、教育现代化和语文现代化，有效地推动了辞书学的发展，也充分地发挥了辞书的工具属性，对新中国的辞书编纂和文化教育建设产生了积极影响。但是，限于民国时期独特的社会环境和学术条件，民国辞书事业尚存在编纂机构和编辑人员不稳定、编纂理念和编排体例不统一、辞书类型和辞书研究不均衡，甚至存在修订和版权上的争议等缺陷，也影响到《中国大辞典》《中山大辞典》等宏大辞书编纂计划的实施。以史为鉴，才能更好地面向未来，由此我们得出以下启示：

---

① 刘复《编纂〈中国大字典〉计划概要》（1927），见《辞书研究》，1979年第1期。
② 黎锦熙《国语运动史纲》，商务印书馆，1934/2011年，第328页。

（1）社会条件和学术环境对辞书编纂具有双重影响。民国时期的辞书编纂可谓"成在民国，败亦在民国"。该时期复杂的社会和学术环境推动着汉语语文辞书的古今转型和现代辞书编纂体例的逐步完善，酝酿出一批颇具特色的辞书研究理论和编纂成果。同时，民国政局动荡也使一些本已着手实施的辞书编纂活动被迫终止。新中国成立以来，国际国内的政治环境趋于稳定，我国经济也取得了较快的发展，文化学术建设势头正劲。在国家两次辞书规划的推动下，我国的辞书编纂和研究取得了一定成绩，实现了从"辞书小国"到"辞书大国"的转变，目前正在向"辞书强国"的目标迈进。党的十八大以后，在文化强国建设的时代背景下，国家新闻出版广电总局印发了《2013—2025年国家辞书编纂出版规划》，被称作"第三次辞书规划"，这为当前的辞书编纂提供了优越的社会条件和学术环境，广大辞书学人应该把握机遇，充分利用当前的有利条件，加强我国辞书事业的现代化建设，在国家辞书强国建设的过程中实现个人的辞书编纂理想。

（2）学科建设和学科理论是保障辞书质量的前提。辞书是各类语言知识、专科知识和百科知识的总汇，是各种信息的载体，辞书的编纂质量与文化学术和相关学科的发展密不可分。辞书编纂和辞书学的建设不能脱离对相关学科的借鉴，这一点对专科辞书和百科辞书而言尤为显著。对语文辞书来说，语言学、教育学、社会学等相关学科的发展是保障辞书质量的前提，辞书中对"词"的界定，同形、同音字词的区分，汉字字形发展研究，汉语词类研究，词义的历时演变，新词新义的归纳，插图的设计，读者的需求，辞书教育功能的发挥等各环节的处理都需要借鉴相关学科的研究成果。同时，辞书的编纂更要注重辞书学理论的建设和总结，"辞书强国，理论必须先行"（张志毅，2010）。当前的辞书编纂和研究必须深化已有理论，挖掘原创理论，在理论指导下演绎新型辞书、原创辞书，这样才能把辞书强国建设推向新的高度。近年来辞书学界所呼吁倡导的"《现汉》学"（苏新春，2007）、"《辞源》学"（乔永，2016）、"《辞海》学"（巢峰，2015）等理念便是这一体现。

（3）国内外的辞书研究和编纂实践为辞书编纂提供了经验教训。陆尔奎是在传统小学环境下成长起来的清末举人，但思想进步，热衷新学，曾两度被清廷派往日本考察教育，可谓古今贯通、中西兼容，辞书编纂仍"不得不借他山之助""内则搜罗诸子百家，外则采集各种科学"。[①] 陆费逵坦言"自修之时，英日字典恒朝夕不离左右，见其体裁之善，注释之精，辄心焉向往，以改良吾国字典为己任"（《〈中华大字典〉序七》）。我国两千多年的辞书编纂传统虽积累了宝贵的经验，但若没有鸦片战争后西方新学思潮的冲击，以及对西方辞书的翻译、模仿和借鉴，我国的辞书编纂之路也很难实现现代转型。在新的国际形势下，引领世界辞书发展的仍然集中在欧美俄日等几个老牌的辞书强国，汉语辞书在出版上虽数量丰富，但真正能与"牛津""剑桥""拉鲁斯""柯林斯""韦伯斯特""麦克米伦"等国际辞书家族的品牌辞书系列相匹敌的高质量作品并不多见。我们既要在对辞书史的研究中总结经验教训，又要放眼世界，积极吸收国外先进辞书的研究理论和编纂经验，为我所用，不断提升我国辞书编纂的国际地位。

（4）主编素养和专家团队是提升辞书质量的关键。王宁（2008）指出："适合的背景、前沿的学术研究和把握学术前沿的主编，是原创辞书能够产生的必要条件。"任何一部优秀的辞书背后必定存在至少一位著名的主编和一个优秀的编纂团队，约翰逊、韦伯斯特、拉鲁斯、大槻文彦，以及陆尔奎、舒新城、吕叔湘、丁声树等名字都已和其所主编的辞书连为一体；而《牛津英语大词典》《法兰西学院词典》《俄罗斯科学院词典》等辞书的成功也与其背后专业的编纂队伍密不

[①] 陆尔奎《〈辞源〉说略》，见《东方杂志》，1915年第4期。

可分。张元济在商务辞书编纂事业上最大的功劳应属为辞书找到合适的编纂者，因为对于辞书编纂来说，编纂者的素质决定辞书的质量（吴平、钱荣贵，2014）。可以说，主编素养和专家团队是提升辞书质量的关键。因此，建设辞书强国必须重视培养辞书专业及相关学科专业的学术人才，辞书研究和编纂中精深的专家梯队，以及学识广博、具有创新和吃苦精神的编纂团队都是优秀辞书编纂中不可或缺的重要因素，只有这样才能在编纂过程中互相统筹，千锤百炼，打造出惠及学界的精品辞书。新中国成立后，在《现代汉语词典》《汉语大字典》《汉语大词典》等一大批优秀辞书的编纂出版过程中，一流的主编素养和专家团队都发挥了重要作用。

（5）读者意识和辞书修订是辞书质量和活力的保证。辞书作为一种查检和参考工具必须要注重世用性，作为一种文化产品还要注意文化效益和经济效益，关注读者的使用心理和使用需求，关注社会变化和语言变化，对已有辞书进行及时修订和完善是辞书质量和活力的保证。从这一角度出发也可以说，我国汉语语文辞书的现代转型，新型辞书的编纂，不同类型辞书的完善都是在"周乎世用"（《新字典·序》），"顺时以应""体察用者之需要"（《辞海·编辑大纲》）的基础上实现的。新时期的读者队伍更为庞大，也更为多样，读者的文化程度、专业方向、使用目的等不同因素都影响着辞书的使用，辞书编纂必须树立明确的读者意识，这样才能使所编辞书具有针对性，才能提高辞书的文化价值和经济效益。同时，随着时代的发展，新的学术成果、语言变化和读者需求等因素又对辞书提出了新的要求，这就使辞书修订势在必行，只有这样才能使打造出的辞书品牌永葆青春。中国社会科学院词典编辑室编纂《现代汉语词典》在正式出版前经历了"试印本"（1960）、"试用本"（1965）、"试刊本"（1973），在一定范围内征求意见。自1978年第一版面世后先后修订6次，最新版为2016年出版的第7版，平均每6年修订一次，累计增加词条1.3万。

不仅及时吸收了语言学研究的最新成果，反映了社会语言生活的最新变化，而且逐渐凝聚出了"现汉精神""现汉品格""现汉学"[①]；不仅使辞书永葆青春活力，而且还培育出了新的学术增长点。

总之，在中西辞书文化、多元辞书背景的合力下，民国时期汉语辞书逐步开启了现代化探索，并在辞书现代化的进程中有效地推动了社会文化的现代化、教育现代化和语文现代化，有效地推动了辞书学的发展，也充分地发挥了辞书的工具属性，对新中国的辞书编纂和文化教育建设产生了积极影响。当前，我们面临着文化强国和辞书强国建设的时代重任，反观百年前我国辞书现代化初创的艰辛和成绩，我们应努力发扬民国辞书学人敢于创新、不畏困难的辞书精神，完善民国辞书学人的优良辞书文本和辞书思想，接力民国辞书学人的未竟事业和辞书宏愿，不断丰富当前学人的辞书理念，不断铸造流传后世的经典辞书文本，切实推动辞书事业的现代化发展。

---

① 刘丹青《在纪念〈现代汉语词典〉正式出版40周年学术研讨会上的致辞》，见"今日语言学"公众号2019年1月2日。

附录1　民国时期汉语语文辞书出版数据库简表

序号	名称	类型	编者	出版社	初版
1	新字典	现代汉语、字典、普通	陆尔奎等	商务印书馆	1912
2	京音字汇	现代汉语、字典、专项	王璞	民国书局	1913
3	南通方言疏证	现代汉语、词典、专用	孙锦标	中国图书公司	1913
4	新编中华字典	现代汉语、字典、普通	许伏民等	群学书社	1914
5	中华新字典	现代汉语、字典、普通	王文濡	广益书局	1914
6	学生字典	现代汉语、字典、普通	陆尔奎、方毅	商务印书馆	1915
7	辞源	现代汉语、词典、综合	陆尔奎等	商务印书馆	1915
8	中华大字典	现代汉语、字典、普通	徐元诰、欧阳溥存等	中华书局	1915
9	国文成语辞典	现代汉语、词典、普通	庄适	中国图书公司	1916
10	中华中字典	现代汉语、字典、普通	徐元诰等	中华书局	1916
11	实用学生字典	现代汉语、字典、普通	陆尔奎等	商务印书馆	1917
12	新式学生字典	现代汉语、字典、普通	吴研蘅	中华书局	1917
13	中华民国简明新字典	现代汉语、字典、普通	会文堂书局编辑所	会文堂书局	1917
14	开明新字典	现代汉语、字典、普通	会文堂书局编辑所	会文堂书局	1917
15	新名词训纂	现代汉语、词典、专用	周商夫（周起予）	扫叶山房	1918
16	实用大字典	现代汉语、字典、普通	杨誉龙等	中华书局	1918
17	绘图白话学生小字典	现代汉语、字典、普通	广益书局编辑部	广益书局	1919
18	蜀方言	现代汉语、词典、专用	张慎仪	①	1919

---

① 表中刊本"出版社"阙如，以下同此。

续表

序号	名称	类型	编者	出版社	初版
19	国音学生字汇	现代汉语、字典、普通	方毅、马瀛	商务印书馆	1919
20	国音字典	现代汉语、字典、专项	教育部读音统一会	商务印书馆	1919
21	（注音详解）国语学生字典	现代汉语、字典、普通	许德邻	崇文书局	1920
22	作文类典	现代汉语、词典、专项	杨喆	中华书局	1920
23	（增订放大）实用大字典	现代汉语、字典、普通	方毅	商务印书馆	1920
24	簠室殷契类纂	古代汉语、字典、专用	王襄		1920
25	国音小字典	现代汉语、字典、普通	陆衣言	中华书局	1921
26	中华国音新字典	现代汉语、字典、普通	陆衣言	中华书局	1921
27	学生国语字典	现代汉语、字典、普通	马国英	世界书局	1921
28	（中华）注音国语字典	现代汉语、字典、普通	孙橄	中华书局	1921
29	新式白话学生字典	现代汉语、字典、普通	吴绮缘	上海教育图书馆	1921
30	注音新辞林	现代汉语、词典、普通	中华书局	中华书局	1921
31	分类字源	现代汉语、词典、专项	曹春涵等	翼文书局	1921
32	（标准国音）学生字典	现代汉语、字典、普通	张立新	春江书局	1921
33	新体学生大字典	现代汉语、字典、普通	秦同培	世界书局	1922
34	国语新字典（校正注音）	现代汉语、字典、普通	方志新	会文堂书局	1922
35	中华民国最新字典	现代汉语、字典、普通	葛天爵	会文堂书局	1922
36	（京音国音对照）国语词典	现代汉语、词典、普通	周铭三编，方宾观校订	商务印书馆	1922
37	迭语	现代汉语、词典、专用	王峻		1922

续表

序号	名称	类型	编者	出版社	初版
38	（新式绘图）国音学生新字典	现代汉语、字典、普通	陆保璿、朱孝怡	广益书局	1922
39	俗语典	现代汉语、语典、专用	胡韫玉（胡朴安）等	广益书局	1922
40	殷虚文字类编	古代汉语、字典、专用	商承祚	决定不移轩	1923
41	虚字用法	现代汉语、字典、专项	冯慧根	大新书局	1923
42	语体适用字汇	现代汉语、字典、普通	周廷珍、欧济甫	新文化书社	1923
43	（新式）学生简易字典	现代汉语、字典、普通	徐王备等	广益书局	1923
44	（新体实用）学生字典	现代汉语、字典、普通	张廷华	大东书局	1923
45	方言字考	现代汉语、字典、专用	谢璇	会文堂书局	1923
46	国语普通词典	现代汉语、词典、普通	马俊如、郭后觉	中华书局	1923
47	虚助词典	现代汉语、词典、专项	施括乾	亚东图书馆	1923
48	闽方言考	现代汉语、词典、专用	叶俊生	福建全省通志局	1923
49	（全国各界）切口大词典	现代汉语、语典、专用	吴汉痴	东陆图书公司	1923
50	破音字举例	现代汉语、字典、专用	马瀛	商务印书馆	1923
51	虚字集解	古代汉语、字典、专项	童斐	新群书社	1923
52	说文古籀补补	古代汉语、字典、专用	丁佛言	商务印书馆	1924
53	学生辞典	现代汉语、词典、普通	张廷华	大东书局	1924
54	（国音白话注）学生词典	现代汉语、词典、综合	李康复、唐昌言等	商务印书馆	1924
55	（国音标准）白话词典	现代汉语、词典、普通	方宾观	商务印书馆	1924
56	实用成语大辞典	现代汉语、词典、专项	王士湜	大陆图书公司	1924

续表

序号	名称	类型	编者	出版社	初版
57	成语汇编	现代汉语、语典、专用	张文宽、朱焕鼎	南华书局	1924
58	中华新式字汇	现代汉语、字典、普通	中华书局	中华书局	1924
59	上海俗语大辞典	现代汉语、语典、专用	严芙孙	上海云轩出版部	1924
60	（袖珍）学生新字典	现代汉语、字典、普通	李龙公	广益书局	1925
61	新式学生辞林	现代汉语、词典、综合	中华书局	中华书局	1925
62	通俗常言疏证	现代汉语、语典、专用	孙锦标	南通翰墨林	1925
63	金文编	古代汉语、字典、专用	容庚	贻安堂	1925
64	中华万字字典	现代汉语、字典、普通	沈镕	中华书局	1926
65	国语学生字典	现代汉语、字典、普通	陆衣言、马国英	中华书局	1926
66	国语成语大全	现代汉语、语典、专用	郭后觉	中华书局	1926
67	民谚	现代汉语、语典、专用	徐子长、梁达善	商务印书馆	1926
68	金石大字典	古代汉语、字典、专用	汪仁寿	求古斋书局	1926
69	（真草隶篆）四体大字典	古代汉语、字典、专用	陈和祥	扫叶山房	1926
70	分类辞源	古代汉语、词典、综合	世界书局编辑所	世界书局编辑所	1926
71	新式大字典	现代汉语、字典、普通	郭秉成等	广益书局	1927
72	（词性分解红皮新式）中华字典	现代汉语、字典、普通	黄钟瀛	世界书局	1927
73	平民字典	现代汉语、字典、普通	马瀛、方毅	商务印书馆	1927
74	（新式标点）白话学生新字典	现代汉语、字典、普通	中原书局	中原书局	1927
75	中华通俗新字典	现代汉语、字典、普通	文明书局	文明书局	1928

续表

序号	名称	类型	编者	出版社	初版
76	张凤字典创造本	现代汉语、字典、普通	张凤	张凤字典编辑所	1928
77	广新方言	现代汉语、词典、专用	陈启彤	泰县陈氏	1928
78	说文解字诂林	古代汉语、字典、专用	丁福保	医学书局	1928
79	词诠	古代汉语、字典、专项	杨树达	商务印书馆	1928
80	作文虚字用法	现代汉语、词典、专项	薛传薪编纂，张廷华校阅	大东书局	1928
81	小学国语字典	现代汉语、字典、普通	马俊如、蒋镜芙	中华书局	1929
82	新桥字典	现代汉语、字典、普通	万国鼎	中华书局	1929
83	德芸字典	现代汉语、字典、普通	陈德芸	良友图书印刷有限公司	1930
84	王云五大辞典	现代汉语、词典、综合	王云五	商务印书馆	1930
85	（注音符号）学生国语字典	现代汉语、字典、普通	世界书局编辑所编，范祥善、陈和祥增订	世界书局	1931
86	王云五小辞典	现代汉语、词典、普通	王云五	商务印书馆	1931
87	学生辞源	现代汉语、词典、专项	张萼荪	新华书局	1931
88	新体说文大字典	古代汉语、字典、专用	沙青岩、周钟麟改编		1931
89	（新国音）一九学生字典	现代汉语、字典、普通	张冰等	上海文华美术图书印刷公司	1932
90	（现代学生）国语新字典	现代汉语、字典、普通	敏求轩	南阳书局	1932
91	客方言	现代汉语、词典、专用	罗翙云	国立中山大学国学院	1932
92	广东语辞典	现代汉语、词典、专用	台湾总督府	台湾总督府	1932
93	新名词辞典	现代汉语、词典、专用	洪超	开华书局	1932

续表

序号	名称	类型	编者	出版社	初版
94	学生新字典	现代汉语、字典、普通	民智书局编辑部	民智书局	1933
95	小学生的字典	现代汉语、字典、普通	方旦明、苏伦	知新书局	1933
96	标准国音学生新字典	现代汉语、字典、普通	瞿世镇、钱释云等	三民图书公司	1933
97	国语新字典	现代汉语、字典、普通	许啸天	群学社	1933
98	广东俗语考	现代汉语、词典、专用	孙仲南	南方扶轮社	1933
99	歇后语选录	现代汉语、语典、专用	陈光垚	启明学社	1933
100	甲骨学文字编	古代汉语、字典、专用	朱芳圃	商务印书馆	1933
101	文键	古代汉语、词典、专项	陈登澥	商务印书馆	1933
102	字辨	现代汉语、词典、专用	顾雄藻	生活书店	1933
103	说文古籀三补	古代汉语、字典、专用	强运开		1933
104	甲骨文编	古代汉语、字典、专用	孙海波	哈佛燕京学社	1933
105	作文辨字典	现代汉语、字典、专用	戚肖波	文艺书局	1934
106	白话字辨/文字辨正	现代汉语、字典、专用	周天籁	华文书店	1934
107	字通	现代汉语、字典、专用	金侗庵	中西书局	1934
108	小朋友字辨	现代汉语、字典、专用	费洁心	儿童书局	1934
109	（新标准注音）学生国音字汇	现代汉语、字典、普通	孙虚生	诚文信书局	1934
110	实用学生字典	现代汉语、字典、普通	李尤公	广益书局	1934
111	大众字典	现代汉语、字典、普通	王贻泰	大众书局	1934
112	林峰字典	现代汉语、字典、普通	林峰	林峰书屋	1934
113	虚词典	现代汉语、词典、专项	顾佛影	大公书店	1934
114	新名词辞典	现代汉语、词典、专用	邢墨卿	新生命书局	1934
115	新式白话字典	现代汉语、字典、普通		会文堂书局	1934
116	古籀文汇编	古代汉语、字典、专用	马德璋		1934

续表

序号	名称	类型	编者	出版社	初版
117	古籀汇编	古代汉语、字典、专用	徐文镜	商务印书馆	1934
118	辞通	古代汉语、词典、专项	朱起凤	开明书店	1934
119	文字指正	现代汉语、词典、专用	谢苇丰	东方文学社	1934
120	古书虚字集释	古代汉语、字典、专项	裴学海	商务印书馆	1934
121	字类辨正	现代汉语、字典、专用	朱起凤	亚细亚书局	1935
122	今字解剖	现代汉语、字典、专用	王有宗	商务印书馆	1935
123	标准国语新字汇	现代汉语、字典、普通	瞿世镇、吴拯寰	三民图书公司	1935
124	标准国音学生字典	现代汉语、字典、普通	张文治等	中华书局	1935
125	学生标准字典	现代汉语、字典、普通	王无咎	大众书局	1935
126	王云五小字汇	现代汉语、字典、普通	王云五	商务印书馆	1935
127	（中小学适用）标准国音常用字典	现代汉语、字典、普通	北平前圆恩寺小学	大北书局	1935
128	标准语大辞典	现代汉语、词典、普通	国语教育促进会审调委员会	商务印书馆	1935
129	小朋友词典	现代汉语、词典、普通	徐学文	北新书局	1935
130	小朋友词典	现代汉语、词典、普通	路非	大东书局	1935
131	中华新字典	现代汉语、字典、普通	文业书局	文业书局	1935
132	潮汕字典	现代汉语、字典、专用	陈凌千	汕头育新书社	1935
133	虚字指南	现代汉语、词典、专项	沈镕	东方书店	1935
134	段注说文解字斠误	古代汉语、字典、专用	卫瑜章	商务印书馆	1935
135	古文声系	古代汉语、字典、专用	孙海波	北平来薰阁	1935
136	（标准国音）学生字典	现代汉语、字典、普通	世界书局编辑所	世界书局	1936

续表

序号	名称	类型	编者	出版社	初版
137	（实用音义双解）标准辨字汇	现代汉语、字典、专用	许有成	中央书店	1936
138	作文虚字用法	现代汉语、字典、专项	李紫函	益智书店	1936
139	文字正误	现代汉语、字典、专用	孙梓甫	经纬书局	1936
140	小学生模范字典	现代汉语、字典、普通	谭正璧	北新书局	1936
141	清浊辨音字汇（注音符号）	现代汉语、字典、专用	王祖祐		1936
142	革新学生字典	现代汉语、字典、普通	王屏南	知行编译社	1936
143	梁氏小字典	现代汉语、字典、普通	梁麟阁		1936
144	字别辞典	现代汉语、字典、专用	陶友白	三江书局	1936
145	起笔字典	现代汉语、字典、普通	赵震	华东出版社	1936
146	（大众实用）辞林	现代汉语、词典、综合	蔡丏因	世界书局	1936
147	辞海	现代汉语、词典、综合	陆费逵、舒新城等	中华书局	1936
148	中华成语词典	现代汉语、词典、普通	吴廉铭	中华书局	1936
149	学生小辞林	现代汉语、词典、普通	赵季良、吴先文	世界书局	1936
150	掌中学生辞典	现代汉语、词典、普通	仲渊才	大国书局	1936
151	外来语词典	现代汉语、词典、专用	胡行之	天马书店	1936
152	最新国音学生字典	现代汉语、字典、普通	大明书局	大明书局	1936
153	实用辨字辞典	现代汉语、词典、专用	新辞书编译社	童年书店	1936
154	古匋文香录	古代汉语、字典、专用	顾廷龙	国立北平研究院史学研究会	1936
155	别字医生	现代汉语、字典、专用	奉化溪口武岭学校	儿童书局	1937

续表

序号	名称	类型	编者	出版社	初版
156	北平音系十三辙/北京同音小字典	现代汉语、字典、专项	张洵如编，魏建功参校	中国大辞典编纂处	1937
157	标准国音中小字典	现代汉语、字典、普通	刘复	北新书局	1937
158	标准国音学生新字典	现代汉语、字典、普通	顾佛影	中央书店	1937
159	永字八法号码检字国音字典	现代汉语、字典、普通	周策勋	京城印书馆	1937
160	（中小学生适用）标准国音字典	现代汉语、字典、普通	陆康翁	新民书局	1937
161	国语辞典	现代汉语、词典、普通	中国大辞典编纂处，汪怡主编	商务印书馆	1937
162	中学生辞林	现代汉语、词典、综合	蔡冠洛	世界书局	1937
163	（注音插画）康德新词典	现代汉语、词典、普通	东方印书馆编译所	东方印书馆	1937
164	中国常用成语辞典	现代汉语、词典、普通	张则之	建国出版社	1937
165	学生小辞汇	现代汉语、词典、普通	储祎	东方书店	1937
166	四字成语辞典	现代汉语、语典、专用	严玉潭	仿古书店	1937
167	俗语考原	现代汉语、语典、专用	李某（鉴堂）		1937
168	国音学生字典	现代汉语、字典、普通	马汉裔	有益书局	1937
169	（京粤注音 复式详解）中华新字典	现代汉语、字典、专用	王颂棠	环球书局	1937
170	实用成语词典	现代汉语、语典、专用	王野村	中华印书局	1937
171	潮音大众字典	现代汉语、字典、专用	姚慕韩、姚愈豪	榕涛出版社	1937

续表

序号	名称	类型	编者	出版社	初版
172	字体明辨	现代汉语、字典、专用	谭正璧	中华书局	1938
173	中山大辞典"一"字长编	现代汉语、词典、综合	王云五	商务印书馆	1938
174	图解国音学生小字典	现代汉语、字典、普通	张宗麟	世界书局	1938
175	平民新字典	现代汉语、字典、普通		广益书局	1939
176	中华国语大辞典	现代汉语、词典、普通	陆衣言	中华书局	1940
177	启明辞林	现代汉语、词典、综合	蔡丏因等	启明书局	1940
178	国音小学生字典	现代汉语、字典、普通	储菊人	求文书店	1940
179	国音学生字典	现代汉语、字典、普通	黄绍德	大成书局	1941
180	中华新韵	现代汉语、字典、专项	教育部国语推行委员会	正中书局	1941
181	国民字典	现代汉语、字典、普通	郭家文	文化供应社	1941
182	国民辞典	现代汉语、词典、专用	王穆夫	文化供应社	1941
183	北平助量词	现代汉语、词典、专项	吴天敏	钢笔写印本	1941
184	（词性分解）学生新字典	现代汉语、字典、普通	顾宪融	锦章书局	1941
185	平民百部字典（学生用）	现代汉语、字典、普通	屠伯华	撷华永记书局	1941
186	（新部首）国民字典	现代汉语、字典、普通	薛典曾	大伦书局	1942
187	重庆方言	现代汉语、词典、专用	唐幼峰	旅行指南社	1942
188	黔雅	现代汉语、词典、专用	许叔庄		1942
189	学生（求解、作文、成语、辨字）四用辞汇	现代汉语、词典、普通	黄泽人	奔流书店	1942
190	言子选辑	现代汉语、语典、专用	杨世才	指南编辑社	1942

续表

序号	名称	类型	编者	出版社	初版
191	字辨正编	现代汉语、字典、专用	李志遐	瓯海图书社	1942
192	最新注音实用新字典	现代汉语、字典、普通	安东德兴印书馆	安东德兴印书馆	1943
193	新式国民字典	现代汉语、字典、普通	董家鼎	满洲图书株式会社	1943
194	（国语注音）国民大字典	现代汉语、字典、普通	冯家勋	桂林军民书店	1943
195	王云五新词典	现代汉语、词典、专用	王云五	商务印书馆	1943
196	新辞典	现代汉语、词典、普通	王康等	桂林建筑书店	1943
197	潮汕方言	现代汉语、词典、专用	翁辉东		1943
198	学生白话大辞林（依新标准国音订正）	现代汉语、词典、普通	李康复、唐昌言、朱鼎元、唐卢锋等	亚东图书馆	1943
199	实用成语	现代汉语、语典、专用	张萌	桂林文友书店	1943
200	（标准国音词性分解）学生字典	现代汉语、字典、普通	赵镜波、储觉民	晨钟书局	1943
201	字辨	现代汉语、词典、专用	刘治平	华光书店	1943
202	联绵字典	古代汉语、字典、专用	符定一	商务印书馆	1943
203	模范学生字典	现代汉语、字典、普通	赵侣青、张咏春、卢冠六	中华书局	1944
204	袖珍学生小字典	现代汉语、字典、普通	赵镜波、储觉民	新生书局	1944
205	五用小辞典（注音、求解、作文、成语、辨字）	现代汉语、词典、普通	周性初	亚光图书社	1944
206	中文同音字典	现代汉语、字典、专项	杜松寿	经世书店	1945

续表

序号	名称	类型	编者	出版社	初版
207	学生字典	现代汉语、字典、普通	袁哲卿	新知书局	1945
208	大众小辞林	现代汉语、词典、普通	姚乃麟	中央书店	1945
209	诗词曲语辞汇释	古代汉语、词典、专用	张相	中华书局	1945
210	（标准国音）学生新字典	现代汉语、字典、普通	周梅臣	普及书局	1946
211	分类成语手册	现代汉语、语典、专用	柯槐青	新鲁书店	1946
212	新辞典	现代汉语、词典、专用	筱铮等	裕民印刷厂	1946
213	实用新字典	现代汉语、字典、普通	张廷华	大东书局	1947
214	少年字典	现代汉语、字典、普通	白动生	正中书局	1947
215	（四笔便查）四四字典	现代汉语、字典、普通	姚仲拔	广益书局	1947
216	词典精华	现代汉语、词典、综合	翟建雄	世界书局	1947
217	关西方言钩沉	现代汉语、词典、专用	范紫东	克兴印书馆	1947
218	作文成语辞典	现代汉语、语典、专用	吴瑞书	春明书店	1947
219	新编小辞典	现代汉语、词典、专用	培之、刘坚	新华书店	1947
220	实用大众字典	现代汉语、字典、普通	张雁	东北书店	1948
221	中华基本教育小字典	现代汉语、字典、普通	吴廉铭编，舒新城校订	中华书局	1948
222	（最新国音）学生字典	现代汉语、字典、普通	国学研究社	文益书局	1948
223	（求解、措词、写信、作文四用）中国成语大辞典	现代汉语、语典、专用	周如晖等编纂，朱剑芒校订	潮锋出版社	1948
224	辞渊	现代汉语、词典、综合	周华岩、吴研因	青光书局	1948
225	（求解、作文）国文成语辞典	现代汉语、语典、专用	吴树滋	经纬书局	1948

续表

序号	名称	类型	编者	出版社	初版
226	金元戏曲方言考	古代汉语、词典、专用	徐嘉瑞	商务印书馆	1948
227	（三音四声）启明字典	现代汉语、字典、普通	钱公侠	启明书局	1949
228	（新部首索引）国音字典	现代汉语、字典、普通	中国大辞典编纂处	商务印书馆	1949
229	（增订注解）国音常用字汇	现代汉语、字典、普通	中国大辞典编纂处	商务印书馆	1949
230	万字学生字典	现代汉语、字典、普通	董文	大东书局	1949
231	实用大字典	现代汉语、字典、普通	张雁	新华书店	1949
232	实用新字典	现代汉语、字典、普通	屠思聪	东方书社	1949
233	（四角号码）学生小字典	现代汉语、字典、普通	赵延为	商务印书馆	1949
234	新名词学习辞典	现代汉语、词典、专用	大众辞书编译社	大众辞书编译社	1949
235	新名词辞典	现代汉语、词典、专用	胡济涛、陶萍天	春明书店	1949
236	新名词学习辞典	现代汉语、词典、专用	周如晖等	星潮出版社	1949
237	（写话求解）两用字典	现代汉语、词典、普通	林汉达	新中国书局	1949
238	最新详解国民大字典	现代汉语、字典、普通	张我权、王曰贤	新京国民书店	查无
239	实用学生辞典	现代汉语、词典、普通	屠思聪	学友图书社出版	查无

附录2 民国时期现代汉语辞书理论数据库简表

序号	题目	作者	期刊	年份	卷/期/版
1	汉字索引制（附表）	林玉堂	清华学报	1911	第3卷第2期
2	商务印书馆《新字典》序	蔡元培	东方杂志	1912	第9卷第4期
3	商务印书馆《新字典》书后	吴敬恒	东方杂志	1912	第9卷第4期
4	商务印书馆《新字典》商榷	丁文江	独立周报	1912	第1卷第5期
5	《中华大字典》序文	陆费逵	大中华	1915	第1卷第1期
6	《辞源》说略	陆尔奎	东方杂志	1915	第12卷第4期
7	书《康熙字典》后	蟫魂	大中华	1915	第1卷第5期
8	《中华大字典》与《康熙字典》之比较	梁稼畦	读书界	1916	第6期
9	创设"汉字索引制"议	林玉堂	科学	1917	第3卷第10期
10	《汉字索引制》序	蔡元培	新青年	1918	第4卷第2号
11	分类成语辞书编纂法	林语堂	清华学报	1918	第6期
12	新文学与新字典	沈兼士	新青年	1918	第4卷第2期
13	汉字索引制说明	林玉堂	新青年	1918	第4卷第2期
14	论"汉字索引制"及西洋文学	林语堂	新青年	1918	第4卷第2期
15	编辑《作文类典》大意	杨喆	清华学报	1919	第4卷第2期
16	汉字之新系统序例	杨树达	中华教育界	1921	第11卷第2期
17	汉字改造中词典编辑法的几个提议	田锡安	国语月刊	1922	第1卷第7期

续表

序号	题目	作者	期刊	年份	卷/期/版
18	看了周铭三先生底《国语词典》之后	白熊	国语月刊	1922	第1卷第9期
19	号码检字法	王云五	东方杂志	1925	第22卷第12期
20	汉字母笔排列法	万国鼎	东方杂志	1926	第23卷第2期
21	四角号码检字法	王云五	东方杂志	1926	第23卷第3期
22	对于中国字典编纂的意见	茅善昌	燕大周刊	1926	第104期
23	字典标品略说	C.P.	学艺	1926	第7卷第6期
24	字典论略	万国鼎	图书馆学季刊	1926	第1卷第1期
25	索引与序列	万国鼎	图书馆学季刊	1928	第2卷第3期
26	各家新检字法述评	万国鼎	图书馆学季刊	1928	第2卷第4期
27	可杀的张凤与臭虫王云五	徐敦甫	新月	1928	第1卷第9期
28	汉字排检问题	万国鼎	图书馆学季刊	1929	第3卷第1期
29	从索引法谈谈排字法与检字法	钱亚新	图书馆学季刊	1929	第3卷第2期
30	改良《康熙字典》式字典的建议与编辑民众实用字典的商榷	傅葆琛	教育与民众	1930	第2卷第4期
31	检字法之研究	吴鸿志	文华图书科季刊	1930	第2卷第1期
32	儿童字典的研究	朱智贤	中华教育界	1930	第18卷第3期
33	民众词典编排问题	杜定友	教育与民众	1931	第3卷第3期
34	《王云五大辞典》的特点	效勾	书报评论	1931	第1卷第4期

续表

序号	题目	作者	期刊	年份	卷/期/版
35	介绍一部好书给你：《王云五小辞典》		儿童世界	1931	第28卷第17期
36	略谈字典部首流变：兼答周茂君	白涤洲	国语周刊	1931	第1卷第1—26期
37	国语大辞典之楷模	须尊	鞭策周刊	1932	第2卷第1、2期
38	辞通序	刘大白	国立北平图书馆馆刊	1932	第6卷第6期
39	汉字排检问题	舒纪维	中华图书馆协会会报	1932	第7卷第4期
40	排检法的原理	钱亚新	文华图书馆学专科学校季刊	1932	第4卷第1期
41	《中国大辞典》第一个字的义释	黎锦熙	国语周刊	1932	第3卷第53—78期
42	中国大辞典编纂处第四次总报告书		国语周刊	1932	第2卷第27—52期
43	中国字书的编制	万汝明	文史丛刊	1933	第1期
44	编纂义典计划书	林语堂	语言学论丛	1933	
45	陈德芸著作兼发明的德芸字典	张凤	图年评论	1933	第1卷第12期
46	《辞源》正误	周侯于	苏中校刊	1933	第3卷第81、86、93期
47	汉字检字法沿革史略及近代七十七种新法表	蒋一前	图书馆学季刊	1933	第7卷第4期
48	英语字典界的三权威	戴镏龄	文华图书馆学专科学校季刊	1933	第5卷第3、4期
49	关于部颁《国音常用字汇》的商榷	潘思霖	浙江教育行政周刊	1933	第4卷第27期
50	《国音常用字汇》	黄志尚	图书评论	1933	第1卷第5期

续表

序号	题目	作者	期刊	年份	卷/期/版
51	关于"《中国大辞典》第一个字（巴）的义释"的补正	李行之	国语周刊	1933	第4卷第79—104期
52	中国字典通略	张守白	大学	1934	第1卷第6期
53	指导儿童使用字典的研究	康王庙小学校	南昌小学界	1934	第1卷第2、3期
54	谈字典	叶籁士	太白	1934	第1卷第6期
55	中小字典序	刘复	国语季刊	1934	第4卷第4期
56	《王云五大辞典》	赵瑞生	图书评论	1934	第2卷第12期
57	《辞通》序	胡适	中学生	1934	第44期
58	《辞通》序	钱玄同	师大月刊	1934	第10期
59	《辞通》序	章太炎	铁路月刊：津浦线	1934	第4卷第1期
60	评朱起凤《辞通》上册	杜明甫	图书季刊	1934	第1卷第2期
61	综合检字法绪言	马瀛	浙江图书馆馆刊	1934	第3卷第5、6期
62	检字问题研究材料	谢三宝	江西教育月刊	1934	第1期
63	《平民百部字典》检字法序	黎锦熙	民间	1935	第2卷第10期
64	《平民百部字典》说略	李劭青	民间	1935	第2卷第3期
65	毛笔与字典	姚鹏程	浙江青年	1935	第1卷第11期
66	字典简论（附表）	戴镏龄	文华图书馆学专科学校季刊	1935	第7卷第1、2期
67	《平民百部字典》序	黎锦熙	国语周刊	1935	第28期
68	《刘复中小学典》序	黎锦熙	国语周刊	1935	第29期
69	中文字典辞书解题	林斯德	图书展望	1935	第1卷第3、5、7、10、11、12期

续表

序号	题目	作者	期刊	年份	卷/期/版
70	从中文字典讲到工具参考书	心丝	浙江青年	1935	第2卷第1期
71	《辞源》简评	丁霄汉	文化建设月刊	1935	第1卷第10期
72	论难：与符宇澂先生论联绵字书	罗植干	国语论衡	1935	第6期
73	《国音常用字汇》公布记	黎锦熙	教育短波	1935	第18、19、20、21、22、23、24期
74	谈谈《王云五小辞典》	杜明甫	黄县教育行政月刊	1935	第3卷第2期
75	中文参考书指南	何多源	岭南大学图书馆	1936	
76	中文参考书举要	邓衍林	国立北平图书馆	1936	
77	《辞海》序	黎锦熙	国语周刊	1936	第261—286期
78	民众字典的需要和内容	管思九	中华教育界	1936	第23卷第12期
79	《国语辞典》序一	黎锦熙	国语周刊	1936	第261—286期
80	《国语辞典》序二	汪怡	国语周刊	1936	第261—286期
81	蕲春黄季刚先生遗稿：论字书编制递变（一二三四五）	黄侃著，孙世扬等整理	制言	1936	第15期
82	消息：中国大辞典编纂处编印国语辞典		新北辰	1936	第2卷第6期
83	字典和辞典利用法	王文莱	图书展望	1937	第2卷第5期
84	评《字类辩正》	吴英华	国学月刊	1937	第1卷第4期
85	论《康熙字典》之非	季刚、黄焯	制言	1937	第40期
86	字源的编纂计划	卫聚贤	说文月刊	1939	第1卷

续表

序号	题目	作者	期刊	年份	卷/期/版
87	编纂《中山大辞典》之经过	王云五	东方杂志	1939	第36卷第1期
88	辞海	邓衍林	图书季刊	1939	新1卷第1期
89	评《辞海》	懋生	中国公论	1939	第1卷第2期
90	《辞源》正误	瞿润缗	文学年报	1940	第6期
91	图书介绍：中华国语大辞典	悟	图书季刊	1940	新2卷第4期
92	字典辞书中之反切问题	赵兰庭	国语周刊	1941	第3期
93	谈谚语及中国大辞典	黎锦熙	建国语文月刊	1942	第1卷第2期
94	怎样翻查字典辞书	蕴庄	国文杂志	1943	第2卷第5期
95	国文工具书二十种	胡威	学友	1944	第1—12期
96	《辞海》补编	方辉绳	国文杂志	1944	第3卷1、2、3、4期
97	理想的字典	王力	国文月刊	1945	第33期
98	小学杂记	唐兰	国文杂志	1946	第3卷第5、6期
99	《了一小字典》初稿	王了一	国文月刊	1946	第43、44期合刊
100	工具书使用法	楼云林	中华书局	1947	
101	汉字检字法之综合的介绍与评介	杨复耀	中华教育界	1947	第1卷第8、9期
102	新检字法汇编初稿	李良肱	图书展望	1947	第3、4期
103	评《联绵字典》	孙伏园	四川教育通讯	1947	第23期
104	赵元任杨联升合编"（汉英）国语字典"评介	吕叔湘	中国文化研究汇刊	1947	第7卷
105	中国大辞典编纂处概况	黎锦熙	教育通讯	1947	第10期

续表

序号	题目	作者	期刊	年份	卷/期/版
106	书刊评介《辞海》《辞源》天主教名词正误		上智编译馆馆刊	1947	第2卷第4、5期
107	读书治学的工具：字典和词典	洪焕椿	读书通讯	1948	第150期
108	字典的注音	蔡剑飞	青年界	1948	第5卷第5期
109	中国文字排检方法之检讨	李良肱	图书展望	1948	第6期
110	《辞源》订补	瞿润缉	益世报（天津）	1937.1.29	第12版
111	评东莞尹崧生先生（寿彭）编"五声辞汇"稿	黎锦熙	华北日报	1947.7.24	
112	《国语辞典》评论	高名	大公报（上海）	1947.7.9	第9版
113	增进文化之《新字典》		民权报	1912.6.23	第10版
114	文化运动与辞典	颖水	晨报	1920.5.11	第3版
115	《国音字典》又有校改本行世		晨报	1921.2.27	第6版
116	编纂《中国大辞典》计划		新中华报	1929.10.19	第7版
117	《国音常用字汇》的出版	杜子劲	世界日报	1932.12.10	
118	评朱起凤《辞通》上册	陈登原	大公报（上海）	1934.11.3	
119	再评《辞通》	杜明甫	大公报（上海）	1934.12.15	
120	半农先生与韵书	赵荫棠	北平晨报	1935.2.19	
121	谈谈中国的辞典	次舟	华北日报	1935.6.24	
122	汉字新部首	黎锦熙	世界日报	1935.7.13	
123	《平民百部字典》检字法例言	李树新	世界日报	1935.9.21	

续表

序号	题目	作者	期刊	年份	卷/期/版
124	《中国大辞典》改为《国语辞典》		华北日报	1936.5.29	第 9 版
125	增订第四十二版的《王云五小辞典》	李长之	（北平）晨报	1936.7.22	
126	《辞源》订补序	瞿润缗	益世报（天津）	1937.1.29	
127	评"国难后第六版"的《王云五大辞典》	纪洙	益世报（天津）	1937.4.22	
128	《辞源》与《辞海》"上册"中天主教名词的误解	维笃	益世报（天津）	1937.5.14	
129	《四四字典》评介	严仁赓	大公报（天津）	1947.12.26	第 6 版
130	答高名君评《国语辞典》	徐一士、孙崇义等	大公报（上海）	1947.9.3	第 8 版
131	吹求小志——辞源辞海正误一千条	吉宇	益世报（上海）	1948.7.26	第 6 版
132	《中国大辞典》分六年出版		天津工商日报	1948.8.5	第 1 版

附录3　民国时期科技类辞书编纂出版概况*

中国近代科技教育和出版事业萌生于明代中后叶，兴起于清代鸦片战争失败后。历经洋务运动、维新变法、科举废除、新学制颁布等一系列事件近代科学体系渐趋定型，并在民国政府成立和"五四"新文化运动所提供的政治和社会环境中走向高潮。辞书作为知识的汇集，也是社会发展的一面镜子。百余年前蔡元培先生指出："一社会学术之消长，观其各种辞典之有无与多寡而知之。"① 民国时期科技类辞书出版与近代学科发展和国家命运息息相关，它既是对我国近代以来科技探索成绩的系统总结，也反映了国家和学人探求科技进步的艰辛历程，并为新中国科技发展奠定基础，历史价值不容忽视。但因辞书学学科的交叉特点，出版史、科技史，抑或辞书史的研究中尚缺乏对民国时期科技类辞书出版状况的专题梳理，本文利用数据库技术，对相关成果进行分类整理、宏观勾勒，权当抛砖引玉。

第一节　民国时期科技类辞书的阶段特征

我们在已有成果的基础上，通过以下渠道：① 已出版的工具书索引，如《民国时期总书目（语言文字分册）》《国内工具书指南（辞书部分）》等；② 网络数据库，如"读秀学术搜索""民国文献大全数据

---

* 本文为民国时期汉语语文辞书整理时的副产品，曾以"民国时期科技类辞书出版研究"为题发表于《辞书研究》2021年第2期，置于附录以便读者参考。有修改。
① 蔡元培《〈植物学大辞典〉序二》（1917），见《植物学大辞典》，商务印书馆，1918年。

库"等；③旧书网站，如"孔夫子旧书网""中华古玩网"，对民国时期科技类辞书出版信息进行较为全面的采集、甄别与整理，建成"民国时期科技类辞书出版数据库"。该数据库初步搜罗民国时期科技类辞书 119 部，其出版年度状况如下图：

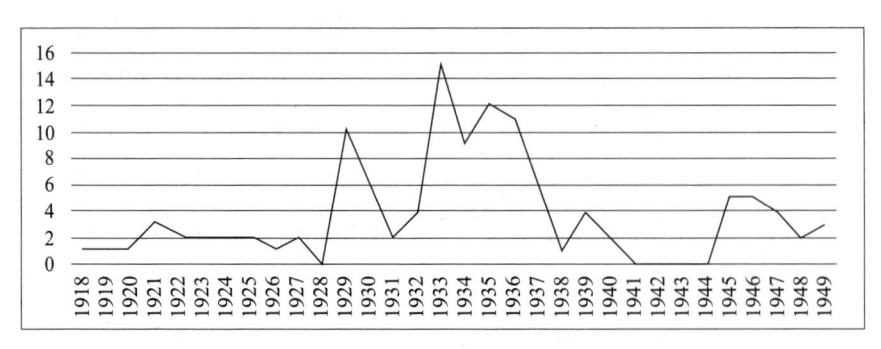

民国时期科技类辞书出版年代分布趋势图

整体上看，民国时期科技类辞书的出版在曲折中发展，与民国政治和社会状况、科技教育以及文化出版状况密切相关，辞书出版跌宕起伏，大致可分为如下三个阶段：

1. 初步发展阶段（1912—1927）

出版和教育相互促进，辞书作为重要的教育资源，既是对学科知识的汇总，也是辅助教育的重要工具，但因科技类辞书出版的专业性，对学科发展、编纂队伍、外部环境的要求比较高，辞书从编纂到出版的时间周期相对较长，因此在民国政府成立之初，虽有编纂计划，但无相应的科技类辞书出版，直至1918年商务印书馆推出杜亚泉主编《植物学大辞典》。1900 年杜亚泉在其创办的我国最早科学刊物《亚泉杂志》上断言"二十世纪者，工艺时代"[①]，1904 年他进入商务印书馆编译所，编校新式教科书，后又主编《东方杂志》，为近代科学和教育的发展做出了杰出贡献。杜亚泉主编的《植物学大辞典》（商务印书

---

① 杜亚泉《〈亚泉杂志〉序》，见《亚泉杂志》，1900 年第 1 期。

馆，1918）、《动物学大辞典》（商务印书馆，1923）成为该学科的第一部大辞典且"尤为科学界空前巨著"[①]，也是本阶段的代表性成果。

中华民国的成立为科技、教育和文化事业营造了一个相对稳定的大环境。民国成立之初孙中山（1912）就明确指出"教育为立国之本，振兴之道，不可稍缓"，成立教育部，设专门教育司，颁布《专门学校令》，宣称"专门学校以教授高等学术、养成专门人才为宗旨"，为近代科技教育初步构建了一套学科体系和知识体系。稍后，在五四新文化运动中所掀起的"民主与科学"社会思潮更进一步推动了近代科技的发展。与此同时，海外留学人员回国投身教育事业，中华书局、世界书局、正中书局等出版机构成立，《科学》《新青年》《教育与科学》等学术杂志创刊，中华工程师会、中国工程学会、中国科学社等科学社团相继创立……为科技类辞书的编纂提供了人员和组织保障。在各种有利因素的影响下，学界逐渐认识到"此学术进步之社会，所以有种种专门之辞典也……使无论研究何种学术者，皆得有类此之大辞典以供其检阅，而不必专乞灵于外籍，则于事诚便"。[②]这一阶段共出版科技辞书17部，其中百科辞书1部、专科辞书16部，包含了植物学、动物学、物理学、化学、医学等多个学科。如《百科新辞典》（世界书局，1922）、《理化词典》（中华书局，1920）、《中国医学大辞典》（商务印书馆，1921）、《医学辞典》（中国博医会，1924）、《算学名词》（中国科学社，1925）等。

2. 曲折上升阶段（1928—1936）

前一阶段虽有了较好的开展，但因军阀混战、政局动荡，科技类辞书编纂与出版步履维艰。伴随着南京国民政府的建立，科技教育和出版事业步入稳定发展期，在五四新文化运动的推进下，科学精神和

[①] 《东方杂志》编辑部《追悼杜亚泉先生》，见《东方杂志》，1934年第1期。
[②] 蔡元培《〈植物学大辞典〉序二》（1917），见《植物学大辞典》，商务印书馆，1918年。

科技应用已成为学校教育的重要原则，中央研究院、北平研究院等现代科研机构纷纷建立，国际交流日趋加强，回国留学生逐渐增多，出版制度和印刷水平不断完善，在政府、社团和出版社等多种因素的共同驱动下，科技类辞书出版也迎来了近代黄金期。

这一时期共出版科技类辞书67部，其中百科辞书17部。如《新术语辞典》（新文艺书店，1929）、《中华百科辞典》（中华书局，1930）、《百科名词汇编》（商务印书馆，1931）、《新知识辞典》（北新书局，1935）等；专科辞书50部，包含了药学、数学、工程学、土木学等不同学科，如《中华药典》（内政部卫生署，1930）、《数学辞典》（群益书局，1933）、《无线电辞典》（建华电机材料公司，1934）、《中国河工辞源》（全国经济委员会，1936）、《汽车工程名词草案》（中国工程学会，1936）等。

这一时期的辞书出版还受到国内军事环境的影响，如《自然主义辞典》编纂之时，遭遇"一·二八"事变，书稿尽为灰烬，之后又重新编纂；《算学辞典》的文稿历经二十余年的搜集、编纂，也多毁于"一·二八"炮火，之后商务印书馆将残稿重新整理，逐一增补，编辑成书。再如时任商务印书馆总经理的王云五因感于早年自学《大英百科全书》的不凡经历，遂有编纂中国百科全书的梦想，计划编辑《中国百科全书》，将近完成一半，却被"一·二八"战火无情焚毁，只得出版了中型辞书《（英汉对照）百科名汇》（商务印书馆，1931）；后又计划编纂《古体大字典》，已陆续"发交制版"（王云五，2008），又遭遇日军"八·一三"的轰炸被迫终止。

3. 困阻停滞阶段（1937—1949）

1937年抗日战争全面爆发，前期良好的发展态势遭到严重破坏。国土沦陷，出版机构被毁，人民生活在水深火热之中，科技教育和出版事业近乎停滞，科技类辞书的编纂规模和影响范围也受到严重制约。如《化学工程名词》原拟刊印中西文对照表，并加入倒列名词，但为节省战时物力，最终放弃；《机械工程名词》本分为七类，但只将一二类合编出版了"普通部"，剩余部分只得作罢；《电机工程名词》电化、电讯、电力三部在1941年由审查会决定，但因为后方印刷困难，迟至1945年才得以出版。这一时期出版的科技辞书共31部，其中百科辞典8部，如《现代文化辞典》（世界书局，1939）、《现代语汇集》（江西浙赣铁路印刷所，1941）、《新名词手册》（长风书店，1949）；专科辞典23部，包含了发生学、化学、工程学等多个学科，如《细菌学免疫学名词》（商务印书馆，1937）、《电机工程名词》（新知书店，1945）、《化学工程名词》（大连新华书店，1949）等。

第二节 民国时期科技辞书的类型特征

必要的类型划分有助于系统把握民国时期科技类辞书的编纂概况。立足辞书类型学理论，结合辞书所体现的学科属性，我们首先分为百科辞书与专科辞书两大类型，而专科辞书又分为基础自然科学类辞书、应用科学与技术类辞书以及社会科学类辞书三类，各类下又包含收录不同学科术语的专门辞书。本数据库共收集民国时期出版的科技辞书119部，其中百科辞书27部，专科辞书92部，基础自然科学类辞书35部，应用科学与技术类辞书37部，社会科学辞典20部，基本上实现了蔡元培有关"各国专门学术，无不各有其辞典，或繁或简，不一而足"[①]的最初期望。

（一）百科辞书出版情况

百科辞书汇集各科新名词新术语，20世纪初"译学初行，社会口

---

① 蔡元培《〈植物学大辞典〉序二》（1917），见《植物学大辞典》，商务印书馆，1918年。

语骤变，报纸鼓吹文明，法学哲理名辞，稠叠盈幅，行之内地，皆不知为何语"[①]，百科辞书的出版恰能满足人们对不同学科新知识的需求。《新术语辞典》（新文艺书店，1929）收录五四运动后在政治学、经济学、社会学等领域中流行的新术语1200多条，每条均注英文名称，注释简明，后于1933年由南强书局出版续编，增加条目300条。《社会问题辞典》（民智书局，1929）参考中外书籍80余种，收词以社会、经济学科为主，以政治、法律、哲学为辅，共计1000余条。《中华百科辞典》（中华书局，1930）以中学各种科目为标准，以一般社会所需要的基本知识为依据，尤其注意收录一般教科书和专业书籍中常见术语一万余条，共计200万字，在增进国人基本常识方面有重要作用。《现代语辞典》（光明书局，1933）"取材广博周备，解释信达明确，编制统一经济"（序），专供读书界、学术界与研究现代学术与思想者使用。《自然科学辞典》（华通书局，1934）收录物理、化学、天文等8大学科名词8000余条，共计160万字，内容丰富，材料新颖，使用广泛。《新知识辞典》（北新书局，1935）分正补两编，收录政治、经济等十余个学科的新术语5000余条，"从纵面看，犹如一部文化史；从横面看，犹如一部百科全书"（凡例）。

《新智识辞典》（童年书店，1935）共计1000余页，50余万字，搜集15类社会科学和6类自然科学方面的新词语，为"中国一切新名词辞典之冠"（例言）。《现代知识大辞典》（现代知识编译社，1937）收集最新的新名词术语7000余条，"搜罗广博""解释通俗""兼顾求解、作文两用"（序）。《现代文化辞典》（世界书局，1939）"网罗近百年来新名词与术语"3000余条，"所采之外来词，或意译或音译，概照一般社会通用之形式，并注明原文，以便读者参考"（凡例），书末附有"六十年来世界大势的演变"供读者了解国际时事。《新名词

[①] 陆尔奎《〈辞源〉说略》，见《东方杂志》，1915年第4期。

手册》（长风书店，1949）收集了最富时代意义的新术语，当代名家著述中的新名词，以及许多人不太了解的各种用语，以便读者了解中国和世界的各方面新知识。

（二）基础科学类辞书出版情况

基础科学类辞书包括数学、物理学、化学、生物学、地质学和天文学等不同类型，其中生物学与数学辞书出版数量较多，化学辞书与地质学辞书次之，其他学科辞书的出版数量较少。

1. 生物学辞书

民国时期出版的生物学辞书包括植物学辞书4部，动物学辞书6部，动植物学辞书1部，发生学辞书2部。《植物学大辞典》（商务印书馆，1918）主要收集植物名称和植物学术语，前者多为我国已经考订的名称，间有日本名，每词之下有拉丁学名；后者由英文、德文翻译为中文，术语解释以日本学者的新学说为依据。全书依笔画顺序排列，书前有伍光建、蔡元培、祁天赐、杜亚泉四篇序，凡例8则，字头索引12页；书内汉字条目下附拉丁文学名，英德语译名和日语片假名，白话释义，附有插图；书末附有西文索引、日文片假名索引，后又增加四角号码索引，约300余万字，是我国近代史上第一部大型专业辞典（冯志杰，2007）。《中国植物图谱》（北京静生生物调查所，1937）共分5卷，每卷收录中国植物50种，并详述每种植物的形状、产地等，附有插图，以便读者了解。其他植物学辞典有《江苏植物名录》（中国科学社，1921）、《中国北部植物图志》（国立北平研究院，1931）等。"近世学术界诸大原理，多由动物哲理所发见所演成"（《动物学大辞典·序》），杜亚泉参照《植物学大辞典》的体例又组织编纂了《动物学大辞典》，收词1.1万余条，释义精详，附有插图和彩图，"其影响所及，将不惟动物一科本体之利，而循动物哲理所发创之诸大学说，亦必因此而益发挥光大之可期也"（《动物学大辞典·序》），出版后多次再版，1988年台湾文光图书公司影印再版。

《哺乳动物图谱》（商务印书馆，1936）介绍动物113种，均配有标本照片或工笔线描图，彩绘10幅，设计精美，用途广泛。《鱼类图谱》（商务印书馆，1936）为"中学生自然研究丛书"中的一种，收录鱼类100余种。《中国昆虫名录》（北京静生生物调所，1935）是一部记录中国昆虫的辞书，共六卷，收录了中国产的昆虫1.6万余种，分为24目，392种，4968属，是中国昆虫学学科的重要参考书。其他生物学辞书还有《长江流域习见脊椎动物名录》（钟山书店，1933）、《河北习见鱼类图说》（北京静生生物调查所，1934）、《发生学名词》（正中书局，1937）、《生物学名辞》（辅仁大学农学系，1946）等。

2. 数学辞书

民国时期出版数学辞书8部，除《算学辞典》（商务印书馆，1938）和《算学名词》（中国科学社，1925）外，大部分辞书是以日本学者长泽龟之助所著《数学辞书》为蓝本翻译编纂而成。

民国时期"我国关于数学之书，除二三部稍涉高深者外，其余几尽为中学校教科书，而译名之奇离不符，所在多是。欲求一备辞典之体，为各科之宗，译名精确，便于中西对照，足为中学校教员、专门学校学生及中学生参考检查的数学书，则不可得"（《数学辞典·序》）。《数学辞典》（中华书局，1925）为弥补此遗憾，以长泽龟之助《数学辞书》为蓝本，并参考英、日、中各类书籍编纂而成。以该辞典为总论，后又续编《算术辞典》《代数学辞典》《续几何学辞典》《三角法辞典》搜集各科例题，以供各地中小学学生学习使用和老师备课参考。此外，群益书局《数学辞典》（1923）根据长泽辞书翻译而成，并酌增中国材料，内容分为辞典部、英汉学语部、算术问题解法部等9类，"精而能明，简而能括"（序），可以用于自学者自修，也可以用作教本。

3. 地质学辞书

民国时期出版地质学辞书共5部，其中《地学辞书》（中华书局，1930）参考地学书籍60余种，收录地质、地文、气象等学科术语1370条，共计25万余字，"选材严密，叙述详尽，材料精确，文辞简明"（序），是影响最大、内容最全面的地学专业辞书（杨勤业，2015）。《地质矿物学大辞典》（商务印书馆，1930）收录地质学、矿物学、岩石学、结晶学等学科名词6000余，书中不仅整理学科名称，还略述学科中的不同学说以及著名学者传记，并且搜集上述学科的中国资料，供读者参考，全书30余万字，是民国时期内容丰富且极具价值的地质矿物学辞书。商务印书馆《矿物学名词》（1936）是本时期较为权威的地质学辞书，该书由国立编译馆编订，矿物名词审查委员会审订，共收录普通矿物学和矿物分类学名词6155条，按英文字母顺序排列，后列德、法、日、中对照术语，并附各语索引。新中国成立后，中国科学院编译出版委员会名词室以其为底本，增订出版"俄英中对照试用本"（科学出版社，1957），共收词条8000余，共计48万字，按俄文字母顺序排列。此外，还有《矿物岩石及地质名词辑要》（农商部地质调查所，1923）、《中文土壤名词试草》（实业部地质调查所，1935）等。

4. 化学辞书

民国时期出版化学辞书4部，其中《理化词典》（中华书局，1920）为较早的一部理化辞书，收录了民国时期中学教材中的物理、化学术语1600余条，10万余字，"措辞简易，说理明澈"（例言），对于物理计算公式、化学方程式等内容进行了详细说明，插图200余幅，以便读者理解和应用。《化学药品辞典》为美国学者Thomas C. Gregory所编，高铦于1937年开始编译，1946年9月由新亚书店出版，该书注重收录具有实际用途的工业或医疗药品，也包括一部分用作化学原料的动植物、矿物的名称，共6000余种，每种均分列化学式、性状、品级、用途等（曹先擢、陈秉才，1992），影响深远，1955年出版增订版，新增名词4000条左右，包括各种化合物近3000种。《化学工程名词》（正中书局，1946）由国立编译馆编纂，编纂队伍庞大，聚集了当时具有广泛影响力的专家学者进行编纂、审查、整理和校勘，收词10334条，分为化工单位处理、燃料与燃烧、陶瓷工业等15类，有利于国人了解学习化学知识，对于规范化学名词术语，促进我国化学学科的发展具有重要意义，其他的化学辞书还有《化学工程名词》（新华书店，1949）等。

5. 物理学和天文学辞书

民国时期出版的物理学辞书有《物理学名词汇》（中华教育文化基金董事会编译委员会，1932）和《物理学名词》（商务印书馆，1934）。前书收录基础物理和实验物理方面的术语4166条词条，以《物理学名词》"第一次审查本"（1920）和"教育部增订本"（1931）为蓝本，参考《科学》《工程名词》等杂志编纂而成，是当时收录内容最丰富、词条最多的英汉对照物理学术语辞典。后书是民国时期收词数量最多的一部物理学辞书，收词8206条，在定名规则上严格按照物理学名词定名原则以及物理单位名词的规定，对西文名词的多个义项、多个译名、学科跨类等现象都进行了明确规定，标注清晰、解释详尽，为物理学和科技术语的定名做出了积极贡献。

民国时期出版的天文学辞书有商务印书馆的《天文学名词》（1933）和《天文名词解说》（1934）。民国初期，天文学术语使用不统一且没有确定标准，1930年中国天文学会组织译名委员会开始天文学名词厘定工作，由国立编译馆整理，天文学名词审查委员会斟核补充，编成《天文学名词》，共收术语1324条，对于规范天文学名词术语使用有重要意义，直到1956年由中国科学院重订，交由科学出版社再版。为配合该书词语的解说，国立编译馆依次选取456个术语，辅以简单解释，按笔画顺序编排出版了《天文名词解说》。

（三）应用科学与技术类辞书出版情况

应用科学与技术类辞书包括工业技术、医学、农林学、心理学、军事学等类型。工业技术辞书包括了电力学、无线电、纺织学、水力学、水利学、航空学、汽车工程和土木学辞书。医学辞书包括卫生学、药学、解剖学等。农业科学辞书包括园艺学辞书。民国时期出版工业技术辞书17部、医学辞书15部、农林学与心理学辞书各2部、军事技术辞书1部。

1. 工业技术类辞书

民国时期出版的工业技术辞书共计17部，包括电力学、工程学、水利学等不同学科。电力学自洋务运动时期即已传入中国，虽有词表编纂，但未能普遍通行。1933年，国立编译馆开始搜集编订《电机工程名词》，至1935年共得1.2万余条，后又陆续增修完善，由正中书局分部出版，1939年出版普通部，收录电机工程各门通用名词6000余；1945年连续出版了电讯部，收词4559条；电化部，收词2339条；电力部，收词3321条，是民国时期收录电学名词最多的工业技术辞书。《机械工程名词》的出版也由国立编译馆筹划，本想仿《电机工程名词》的编纂方式分部出版，但因战事于1946年由正中书局只出版了普通部，收录普通名词1万余条，按英文字母顺序排列。

《水利工程名词草案》和《中国河工辞源》均为全国经济委员会水利处所编，该会自行印发，前书1935年出版，收词4000余条，16开67页，为简易的英汉对照术语表；后书1936年出版，16开268页，搜罗古今河工名词数千条，按河川、水、土、堤、疏浚等分为十类主题，每条均注明援引出处，书末附参考书籍表及笔画索引。1922年成立的中国工程学会以"联络各项工程人才，协助提倡中国工程事业及研究工程学之应用"为宗旨，该会成立后由各分会组织编写了一系列工程学辞书，如《机械工程名词草案》（1928）收词2000余条，《土木工程名词草案》（1929）收词1800余条，《无线电工程名词草案》（1929）收词500余条，《染织工程名词草案》（1929）收词1300余条，《化学工程名词草案》收词960余条，《电机工程名词草案》收词2500余条，《航空工程名词草案》（1929）收词1200余条，《汽车工程名词草案》（1930）收词700余条，这些辞书均由中国工程学会出版发行，英汉对照，为工程学名词的规范提供了指引，为相关从业者和普通读者的查阅提供了便利。

2. 医学辞书

晚清以来，中国传统医学著作的编写出现重大变化，西方医典编写方法影响加剧，中医科学化思潮不断深化，中医新分类体系渐趋成熟，中医辞典的编纂蔚然成风，承担起总结中国医学知识的任务。《中国医学大辞典》（商务印书馆，1921）是我国第一部综合性中医辞典，主编谢观博览古今医籍3000余种，旁及朝鲜、日本、汉方医籍，收集了古代中医文献中的各种名词术语3.7万余条，全书350万字，是当时收词最多，体例最完备的医学类辞书（傅维康、吴鸿洲，1990），被称为考订古今医籍之阶梯，至今仍在海峡两岸不断翻印。在2002年大陆出版的两岸学者整理点校版中对其评价道"内容浩繁、著述宏富、条理井然、词目清晰、图文并茂、体例新颖，享誉海内外，有'中医辞海'之称"。《病源辞典》（大众书局，1936）搜罗了上百本医书，采录了4000余种病名，分43类排列，每病首详病源，次举病状，后列治法，有关中医病源"系统之著述，此其嚆矢"（序）。

《中国药物新字典》（中国医药研究会，1931）"采录古今名人本草文献汇编而成，以药物之通行于中国者为限"（凡例），共12集，每集各部字按笔画排列，每一字下注明药物名，对其性质、功用仔细甄别，备加详注，资料宏富，编次清晰，易于查阅，2018年仍有再版，影响深远。《中华新药物学大辞典》（中国新医学研究会，1934）载录药物1400余种，古今中外有价值的药物皆汇于此，按药物之学名、笔画编次，附拉丁文学名、异名和俗名，对每味药品的成分、功效、用量、制剂均详加说明，是一部具有科学实验意义的中药辞书，具有较高的学术价值，至今仍在使用。《中华药典》（内政部卫生署，1930）是国人编纂的第一部药典，共收录718种药物，按国际药典的分类方法分类，按拉丁字母顺序排列，将中药也纳入收录范围，探索出一条中西医药合璧的道路，受此影响，医学界又出版了《药学名辞》（教育部编审处译名委员会，1932）、《医用拉丁语》（1947）等工具书。《细菌学免疫学名词》（商务印书馆，1937）分为细菌学和免疫学两部分，每部分又分十余类，共搜集名词2068条，并注其德、英、法、日外来名称和汉语规范译名，是当时收录细菌学免疫学名词数量最多的西医辞书。

3. 农林学、心理学、军事学辞书

《农林园艺植物用语辞典》（杭州西湖农园出版部，1948）和《园艺学辞典》（新农企业股份有限公司，1948）是民国时期农林学辞书的代表，两书均为中英对照，所收条目按英文字母顺序排列，缺少释义，也可称是中英对照词表，体现出该学科发展的不成熟。

《心理学名词汉译》（中华教育改进社，1924）和《普通心理学名词》（商务印书馆，1939）是民国时期出版的心理学辞书。前书主要参考美国心理学家华伦所著《人类心理学要义》中所附的名词表完成译名草案，收词438个，是我国较早的一部英汉心理学名词词汇表。后书则是本时期心理学辞书的代表，该书由国立编译馆策划，商务印书馆筹划，经过多方搜集和审议，共收词2700余，按英文字母次序排列。除此书外，商务印书馆还计划编纂变态心理学、生理心理学和应用心理学辞典，但因主编赵演离世和全面抗战爆发被迫中止。

民国时期还出版了一部军事技术辞书《毒气名词》（南京军用图书社，1936），该书由训练总监部军学编译处编印，以教育部公布的化学命名原则为标准，收录毒气名词134条，列举了曾经使用以及未使用的毒物共百余种，词目下英、德、日三国名称并列，并且附有化学式、译名、别名以及索引等。

（四）社会科学类辞书出版情况

民国时期出版社会科学类辞书共 20 部，包括哲学辞书 6 部、佛学辞书 5 部、社会学辞书 2 部、文学辞书 1 部、文字学辞书 1 部、宗教学辞书 3 部和政治学辞书 2 部。

《哲学辞典》（商务印书馆，1926）是我国学者编纂的早期哲学辞书代表作，该书搜罗西方哲学名词 1738 条，以通行译词为主，词条下附有英、德、法三国文字，除释义外，还说明各个哲学家的事迹和学说等内容，为查阅者提供了比较全面的信息。《新主义辞典》（阳春书局，1932）从各种中西辞典以及专著中收集关于"主义"的名词术语 600 余条，释义简明通俗，便于读者理解。《新哲学辞典》（笔耕堂书店，1933）收词 329 条，是国人编纂的首部马列主义专科辞典（胡为雄，2014），呈现出苏俄哲学辞书编纂的新趋向，之后的《新主义辞典》（光华书局，1933）收词 500 余，《辩证法唯物论辞典》（读书出版社，1939）收词 772 条，《简明哲学辞典》（新知书店，1940）收词 240 条，《最新哲学辞典》（光华书局，1941）收词 433 条，数量不多，且均为苏联辞书译本。《新哲学社会学解释辞典》（光华出版社，1949）以马列哲学词语为主，兼顾社会学、伦理学、宗教学等各科名词，是"新中国成立前收词最多的一本哲学辞典"（巢峰，2006）。

在日本织田得能《佛教大辞典》的影响下，丁福保编纂了我国第一部新式佛学辞典《佛学大辞典》（上海医学书局，1922），收录佛学专门名词、仪轨、典故、典籍、人物、史迹等 30000 余条，对每条名词先注明术语类型，再解释其词义，并且引经典进行论证，之后注明词语出处，全书共计 300 余万字，是一部较为详备的佛学工具书，至今流行。《实用佛学辞典》（佛学书局，1934）收词约20000条，体例如上书，是一部繁简适中的佛学辞典。《法相辞典》（商务印书馆，1939）是专门汇集大小乘阿毗达磨等诸论有关名词的辞书，共260余万字，以玄奘所译经论为取材范围，在名词下加以解释，是一部研究大小乘经论的入门辞书。

《社会学名词》（正中书局，1945）选取中英文社会学大学教科书及参考书常见社会学常见1818条，以意译为主，偶有音译，英汉对照，缺少释义。《中学生文学辞典》（中学生书局，1932）收录文艺名词术语及中外著名文艺作品篇目约1000条，书后附有中国文学名著书目，便于学生在学习文学时查阅。《文字学名词诠释》（群众图书公司，1927）收录中国文字学名词500多条，参考上百本书籍对其进行解释，专供中学及以上国文教师以及学生参考使用。《国际常识辞典》（上海乐华图书公司，1933）收录国际上政治外交条约等名词，并且收录了许多国际政治新名词，名词后加以简明注释，方便读者理解。《宗教名辞汇解》（上海广学会，1933）收录神学、宗教专有名词术语、宗教派别、理论、人物、地名等名词1428条，每条后加以简明的解释，为读者了解宗教知识提供了便利。《辞海辞源天主教名词正误》（北平上智编译馆，1947）将《辞海》（中华书局，1936）、《辞源（正续编合订本）》（商务印书馆，1939）中列举的天主教名词的82条错误编辑成书，加以解释，以供读者参考检查。

第三节　民国时期科技类辞书的发展特点

1. 科技辞书体系渐趋完善，但类型分布不均

随着五四新文化运动的逐步深入，科学精神得以确立和弘扬，民国进步学人完成了近代科技在中国的借鉴、引进和传播，影响深远，

而科技类辞书作为辅助近代教育教学的重要出版物，发挥着重要的联结和推动作用，其自身也在不断完善。在文本形式上，由早期简单的汉外术语对照词表发展为收词、释义、插图、检索等结构要素完整的辞书，实现了科技类辞书编纂范式的现代重构，至今适用。在辞书类型上，早期只关注西方器物的单一专科辞书，到民国时期则文理工多学科发展，传统学科与现代学科、专科辞书与百科辞书同步发展，不断丰富。在辞书规模上，参编人员、收词数量、文本容量等都有所突破，辞书编者实现了由传统知识分子向现代学科精英的转型，辞书收词更加专业和全面，术语译名更加科学规范，术语释义能够与日常语文释义形成有效区分，进而使辞书在再版修订、新版参考上不断精进，辞书的容量和规模不断加大。但是，受学科发展和时代环境的影响，辞书在类型分布上不均衡，品牌效应不佳。从上文可知，民国时期百科辞书与专科辞书的编纂出版状况，专科辞书内部的学科分布差异较为显著。辞书出版以中小型为主，大型辞书少，部分辞书仍需参考、译介西方成果，部分学科甚至仍处于词表对译的初步阶段，没能形成有影响力的辞书品牌。

2. 辞书编纂出版力量不断壮大，但独立性不强

民国政府成立后，大批留学生陆续回国，以西学进步人士为主力的科学社团不断涌现，科学期刊的创办、科技术语的译名和审查活动持续深入，以中央研究院为代表的官方科学体制开始确立，促进了科学思想和科学技术在社会各领域的传播和渗透（段治文，2000），也为科技类辞书的编纂提供了人才队伍和组织机构。多册分编，数人主编的辞书编纂制度渐趋成熟，民国时期第一部科技类辞书《植物学大辞典》"集十三人之力，历十二年之久，而成此七百有余面之巨帙，吾国近出科学辞典，详博无逾于此者"（序）。《化学工程名词》编纂之初先由国立编译馆商定化学命名原则，然后分为十五类，每一类由一两位专业人士负责，初编完成后再由专人审查、整理、校勘，最后

按照统一规范出版（序），体现了辞书编纂制度的成熟。同时，伴随着近代印刷技术的日益成熟、民族资产阶级力量的壮大，以国人为主体的印刷出版机构日益增多，近百家中小型民营出版社陆续兴起，政府和科学社团也参与并推动了科技类辞书的编纂和出版。但是，民国时期我国科技类出版物品种不足，科技落后也是不争的事实（周树立，2010）。科学社团要同时兼顾多种事务，辞书编纂缺乏独立有效的编纂队伍，辞书出版在出版地域和出版社的分布上不均衡，以上海、北京等主要城市最为集中，以商务印书馆、中华书局为主要出版商，这也影响到科技类辞书的传播与发展，影响到对辞书的开发、利用和研究，以及辞书学和工具书学学科地位的建设。

纵观整个民国时期科技类辞书的编纂与出版，可谓是"喜忧参半""成在民国，败亦在民国"（刘善涛、王晓，2020a）。限于民国时期国际国内复杂多变的社会局面，现代科技教育水平和学科自身发展的先天不足等因素，辞书作为一种"非规则性"文化出版活动，没能得到良好的发展。尤其是在日本帝国主义的侵略下和国民党发起的连年内战中，本已取得良好发展势头的科技类辞书遭遇重创，辞书的工具性也没能得到充分的展现。但可喜的是，在进步学人和有识之士的坚韧努力下，我国现代科技类辞书编纂力量、出版机构和辞书体系逐渐完善，现代科学思想、科技教育和现代出版渐趋成熟，对新中国的辞书编纂和文化教育建设产生了积极影响。

参考文献

中文文献

1912 《新字典》缘起，载《新字典》，上海：商务印书馆。

C.P. 1926 字典标品略说，《学艺》第6期。

白　熊　1922　看了周铭三先生底《国语词典》之后，《国语月刊》第9期。

白　云　2009　20世纪以来现代汉语表"外貌形状"类词汇演变研究——以《国语辞典》《现代汉语词典》为例，《语言文字应用》第1期。

北京图书馆编　1986　《民国时期总书目（1911—1949）·语言文字分册》，北京：书目文献出版社。

蔡元培　1912　《新字典》序，载《新字典》，上海：商务印书馆。

曹　炜　2003　《现代汉语词汇研究》，北京：北京大学出版社。

曹先擢、陈秉才　1992　《八千种中文辞书类编提要》，北京：北京大学出版社。

岑麒祥　1958　《语言学史概要》，北京：科学出版社。

曾昭聪　2015　《明清俗语辞书及其所录俗语词研究》，上海：上海辞书出版社。

晁继周　2014　从《国语辞典》到《现代汉语词典》，载《中国辞书理论研究》，北京：语文出版社。

巢　峰　2006　20世纪中国哲学辞书编纂出版回眸，《编辑学刊》第5期。

巢　峰　2015　辞海论序，载徐庆凯、秦振庭《辞海论》，上海：上海辞书出版社。

陈炳迢　1985　《辞书概要》，福州：福建人民出版社。

陈昌来　2018　中国语言学史研究的现状和思考，《上海师范大学学报（哲学社会科学版）》第3期。

陈楚祥、黄建华　1994　双语词典的微观结构（下），《现代外语》第1期。

陈独秀　1917　文学革命论，《新青年》第 6 期。

陈国宁　2018　《国语辞典》与《现代汉语词典》(第 7 版) 医学词语比较研究，河北大学硕士学位论文。

陈沛雪　2016　20 世纪 30 年代上海图书出版人力资源研究，载《上海近现代出版文化变迁个案研究》，上海：上海辞书出版社。

陈　茜　2013　台湾国语推行现状与国语推广方略研究，南开大学博士学位论文。

陈升祥　1981　国语罗马字探源，《河北师范大学学报（哲学社会科学版）》第 2 期。

陈叔通　1960 / 1987　回忆商务印书馆，《出版史料》第 1 期。

陈望道　1950　"一"字的用法——答沙人问，《新教育》第 2 期。

陈　伟　2011　词典出版：国家文化软实力提升不可忽视的元素，《中国出版》第 18 期。

陈卫平　1992　《第一页与胚胎》，上海：上海人民出版社。

陈　原　1980　释"一"——关于词典收词、释义的若干随想，《辞书研究》第 2 期。

陈　原　1987　商务印书馆九十年，《人民日报》2 月 10 日。

陈泽平　1996　《京音字汇》的价值，《辞书研究》第 4 期。

陈子豪　2018　《古文声系》研究，厦门大学硕士学位论文。

程　荣　2002　语文辞书修订工作的基本特点，《语言文字应用》第 3 期。

戴镏龄　1935　字典简论，《文华图书馆学专科学校季刊》第 1、2 期。

邓文池　2017　民国出版界与图书馆界的互动及影响——以出版人王云五的图书馆事业为中心考察，《图书馆》第 3 期。

丁文江　1912　商务印书馆《新字典》商榷，《独立周报》第 5 期。

丁霄汉　1935　《辞源》简评，《文化建设》第 10 期。

董涤尘　2006　追念先贤张元济先生，载《出版大家张元济——张元济研究论文集》，北京：学林出版社。

董　琨　2011　黎锦熙先生的辞书学理论与实践，《辞书研究》第 1 期。

窦秀艳　2004　《中国雅学史》，济南：齐鲁书社。

杜冰心　2019　民国时期辞书出版发展概况及特点研究，《编辑之友》第 11 期。

段治文　2000　论近代科技在中国现代化进程中的地位和影响，《学术月刊》第 3 期。

樊小菲　2013　《国语辞典》与《现代汉语词典》同收军事用语对比研究，河北大学硕士学位论文。

丰逢奉　1988　《康熙字典》编纂理论初探,《辞书研究》第 2 期。

冯志杰　2007　《中国近代科技出版史研究》,南京:南京农业大学出版社。

冯志伟　2004　汉语拼音运动的历史回顾,《术语标准化与信息技术》第 4 期。

冯志伟　2005　汉语拼音运动的历史回顾(续),《术语标准化与信息技术》第 1 期。

冯志伟　2019　《汉语拼音方案》之前的拼音探索,《语言政策与规划研究》第 2 期。

符淮青　1996　《汉语词汇学史》,合肥:安徽教育出版社。

符淮青　2004　《现代汉语词汇》,北京:北京大学出版社。

付建荣　2023　构建中国特色的汉语语汇学,《光明日报》2 月 13 日。

付立波　2006　近代日文书籍的引进及其影响,《晋图学刊》第 3 期。

傅维康、吴鸿洲　1990　《中国医学史》,上海:上海中医学院出版社。

高　明　2012　《国语辞典》与《现代汉语词典》同收数理化条目词义对比研究,河北大学硕士学位论文。

高小方　2005　《中国语言文字学史料学》,南京:南京大学出版社。

高　兴　1997　论我国辞书评论的历史及现状,《辞书研究》第 4 期。

高秀丽　2020　《国语辞典》(影印本)三音节词语释义研究,河北师范大学硕士学位论文。

高　玉　2002　语言运动与思想革命——五四新文学的理论与现实,《文学评论》第 5 期。

管思九　1936　民众字典的需要和内容,《中华教育界》第 12 期。

郭沫若　1955　《中国古代社会研究》,北京:科学出版社。

韩敬体　2000　20 世纪的中国辞书编纂出版事业,载《中国辞书论集·1999》,上海:上海辞书出版社。

何多源　1936　《中文参考书指南》,上海:商务印书馆。

何华连　1995　我国中文工具书理论研究述评,《辞书研究》第 4 期。

何九盈　1995　《中国现代语言学史》,广州:广东教育出版社。

何九盈　2007　《汉语三论》,北京:语文出版社。

何琳仪　2003　《战国文字通论》,南京:江苏教育出版社。

洪焕椿　1948　读书治学的工具:字典和词典,《读书通讯》第 150 期。

胡开宝　2005　论英汉词典历史文本对汉语现代化进程的影响,《外语与外语教学》第 2 期。

胡明扬、谢自立等 1982 《词典学概论》，北京：中国人民大学出版社。

胡　适 1917 文学改良刍议，《新青年》第 5 期。

胡　适 1920 国语的进化，《新青年》第 3 期。

胡　适 1923 《国学季刊》发刊宣言，《国学季刊》第 1 期。

胡　适 1925 劝善歌，《现代评论》第 21 期。

胡为雄 2014 沈志远与中国首部马克思主义哲学辞典之编著考略，《哲学动态》第 1 期。

胡长虹 2013 《国语辞典》与《现代汉语词典》常用多义动词义项处理对比研究，鲁东大学硕士学位论文。

华学诚 2022 以"一"为例谈谈《汉语大词典》的释义修订，《语言研究》第 4 期。

黄河清 2001 "词典"考源，《辞书研究》第 1 期。

黄建华 1987 《词典论》，上海：上海辞书出版社。

解海江、章黎平等 2015 《汉语语文辞书的状况与发展研究》，北京：商务印书馆。

金欣欣 2007 中国现代辞书史上第一部汉语语文辞书，《新华书摘》7 月 4 日。

康有为 1898 请饬各省改书院淫祠为学堂折，载《康有为政论集》，北京：中华书局。

黎锦熙 1924/1992 《新著国语文法》，上海 / 北京：商务印书馆。

黎锦熙 1934/2011 《国语运动史纲》，上海 / 北京：商务印书馆。

黎锦熙 1936 《辞海》序，载《辞海》，上海：中华书局。

黎锦熙 1936 《国语辞典》序，《国语周刊》，第 261—286 期。

黎锦熙 1947 中国大辞典编纂处概况，《教育通讯月刊》第 10 期。

黎锦熙 1957 《汉语释词论文集》，北京：科学出版社。

黎泽渝、刘庆俄 2001 黎锦熙先生评传，载《黎锦熙选集》，长春：东北师范大学出版社。

李　斐 2008 现汉学试论，中国社会科学院博士学位论文。

李行健 2004 《现代汉语规范词典》，北京：外语教学与研究出版社。

李行健 2014 《现代汉语规范词典（第 3 版）》，北京：外语教学与研究出版社。

李　开 1990 《现代词典学教程》，南京：南京大学出版社。

李　娜 2014 规范词典中异序词释义方式的比较——以《国语辞典》与《现

代汉语词典（第 6 版）》为例，载《第十五届汉语词汇语义学国际研讨会论文集》，澳门大学人文学院、中国中文信息协会、澳门语言学会。

李宇明、庞　洋　2006　关于辞书现代化的思考，《语文研究》第 3 期。

梁启超　1921　《清代学术概论》，上海：商务印书馆。

梁启超　1933　《清代学者整理旧学之总成绩》，上海：商务印书馆。

廖序东　1999　《汉语语言学书目答问（未定稿）》，徐州师范大学中文系。

林斯德　1936　中文字典辞书解题，《图书展望》第 3、5、7、10、11、12 期。

林玉山　1992　《中国辞书编纂史略》，郑州：中州古籍出版社。

林玉山　2001　20 世纪的中国辞书，《辞书研究》第 1 期。

刘丹丹　2008　拉丁化新文字及其运动研究，湖南师范大学硕士学位论文。

刘　复　1927/1979　编纂《中国大字典》计划概要，《辞书研究》第 1 期。

刘　复　1934　《中小字典》序，《国学季刊》第 4 期。

刘　珺、徐德宽等　2014　现代汉语常用动词释义对比研究——以《现代汉语词典》(第六版) 和《重编国语辞典重修本》为例，《中文信息学报》第 1 期。

刘庆隆　2008　《辞书编纂工艺导论》，武汉：崇文书局。

刘善涛　2015　王云五辞书学思想研究，南开大学博士学位论文。

刘善涛　2022　民国时期"商务"和"中华"汉语语文辞书的出版与竞争，《编辑之友》第 10 期。

刘善涛、王　晓　2018　汉外语文辞书编纂四百年（1575—1950），《国际汉学》第 1 期。

刘善涛、王　晓　2019　王云五辞书编纂与辞书学思想，《中国编辑》第 4 期。

刘善涛、王　晓　2021　民国时期王云五系列语文辞书的语义标示研究，《鲁东大学学报（哲学社会科学版）》第 3 期。

刘善涛、王　晓　2020a　民国辞书编纂与社会文化互动，《中国出版史研究》第 2 期。

刘善涛、王　晓　2020b　民国时期汉语语文辞书史研究刍议，《励耘语言学刊》第 2 期。

刘善涛、王　晓　2020c　民国时期汉语语文辞书词性标注研究，《北方论丛》第 1 期。

刘晓明、陈雅军等　2016　国语罗马字社会推行状况考察，《渤海大学学报（哲学社会科学版）》第 4 期。

刘晓明、郭　莹　2014　"注音字母"成功推行的本体要素分析，《渤海大学学报（哲学社会科学版）》第 5 期。

刘晓明、郑振峰　2021　关于注音字母运动深度影响现代汉语研究的核心问题阐释，《河北师范大学学报（哲学社会科学版）》第 4 期。

刘艳丽　2008　《国语辞典》音系比较研究，广西师范大学硕士学位论文。

刘叶秋　1960　《中国的字典》，北京：商务印书馆。

刘叶秋　1963　《中国古代的字典》，北京：中华书局。

刘叶秋　1983　《中国字典史略》，北京：中华书局。

刘振平　2012　国语罗马字拼音法式制定背景考索，《信阳师范学院学报（哲学社会科学版）》第 2 期。

柳斌杰　2012　辞书出版是文化建设的基础工程，《光明日报》7 月 31 日。

楼云林　1947　《工具书使用法》，上海：中华书局。

陆尔奎　1915　《辞源》说略，《东方杂志》第 4 期。

陆费逵　1936　《辞海》编印缘起，载《辞海》，上海：中华书局。

吕叔湘　1961　汉语研究工作者的当前任务，《中国语文》第 4 期。

马霏　2012　《现代汉语词典》第 5 版与《重编国语辞典重修本》对比研究，鲁东大学硕士学位论文。

马建忠　1989/2010　《马氏文通》，上海/北京：商务印书馆。

倪海曙　1948　《中国拼音文字运动史（简编）》，上海：时代出版社。

潘钧　2008　《日本辞书研究》，上海：上海人民出版社。

潘雪莲　2000　汉语规范型词典的世纪回顾，《辞书研究》第 4 期。

彭斐章、何华连　1994　中文工具书编纂出版及其理论研究，《中国图书馆学报》第 6 期。

平保兴　2014　民国时期汉字检字法史论，《辞书研究》第 5 期。

戚印平　2001　沙勿略与耶稣会在华传教史，《世界宗教研究》第 1 期。

戚雨村、董达武等　1993　《语言学百科词典》，上海：上海辞书出版社。

钱剑夫　1986　《中国古代字典辞典概论》，北京：商务印书馆。

乔永　2016　《〈辞源〉史论》，北京：商务印书馆国际有限公司。

邱燕林　2014　《重编》与《现汉》四字成语释义对比研究，厦门大学硕士学位论文。

瞿润缗　1940　《辞源》正误，《文学年报》第 6 期。

曲彦斌　1995　《中国隐语行话大辞典》，沈阳：辽宁教育出版社。

上海交通大学辞典编辑部编　1986　《国内工具书指南·辞书部分》，上海：上海交通大学出版社。

沈国威　1994　《近代日中语汇交流史——新汉语的生成与受容》，东京：笠间书院。

沈国威　2010　《近代中日词汇交流》，北京：中华书局。

沈国威　2011　理念与实践：近代汉外辞典的诞生，《学术月刊》第 4 期。

沈兼士　1918　新文学与新字典，《新青年》第 2 期。

盛广智、许华应等　1990　《中国古今工具书大辞典》，长春：吉林人民出版社。

世界华语文教育会　2012　《国语运动百年史略》，台北：国语日报社。

舒池　1991　中国近代第一位辞书编纂家：陆尔奎，《文汇读书周报》6 月 29 日。

苏新春　2006　论《现代汉语词典》与《重编国语辞典》的词汇比较研究，《中国海洋大学学报》第 4 期。

苏新春　2007　《现代汉语词典》第五版的改进及对进一步完善的期盼——兼谈"现汉学"的建立，《深圳大学学报（人文社会科学版）》第 5 期。

孙维张　1989　《汉语熟语学》，长春：吉林教育出版社。

孙英芳　2014　民国时期注音字母在山西的推行，《山西档案》第 5 期。

孙中山　1912　国民党宣言，载《中国国民党史文献选编（1894—1949）》，北京：中共中央党校科研办公室。

谭汝谦　1980　《中国译日本书综合目录》，香港：香港中文大学出版社。

田锡安　1922　汉字改造中词典编辑法的几个提议，《国语月刊》第 7 期。

涂建国　1997　汉字音序排检法概论，《图书馆》第 3 期。

万国鼎　1926　字典论略，《图书馆学季刊》第 1 期。

万艺玲　1998　三部词书的动词释义粗析，《语言教学与研究》第 1 期。

万艺玲　2017　《王云五大辞典》的词语释义及其历史贡献，《辞书研究》第 4 期。

汪家熔　2001　《辞源》《辞海》的开创性，《辞书研究》第 3 期。

汪家熔　2008　我国近代第一个词书专业机构：中国大辞典编纂处，《出版科学》第 2 期。

汪家熔　2010　《商务书馆华英音韵字典集成》——国人编纂的第一部大型英汉双解词典，《出版科学》第 4 期。

汪耀楠　2001　《辞书学探索》序，载《辞书学探索》，武汉：湖北人民出版社。

汪耀楠、祝注先　1982　大型语文词典释义的特点和要求，《辞书研究》第 3 期。

王东海　2013　汉语辞书理论史的分期研究，《辞书研究》第 3 期。

王东海、王丽英　2013　《汉语辞书理论史热点研究》，北京：商务印书馆。

王东海、章宜华　2018　汉语词典研究与词典考古方法，《中国社会科学报》1 月 9 日。

王尔敏　1982　中国近代知识普及化之自觉及国语运动，台北"中研院"《近代历史研究所集刊》第 11 期。

王理嘉　2002　汉语拼音运动的回顾兼及通用拼音问题，《中国语文》第 2 期。

王　力　1945　理想的字典，《国文月刊》第 33 期。

王　力　1946　了一小字典初稿，《国文月刊》第 43、44 期。

王　力　1957　《汉语史稿》，北京：科学出版社。

王　力　1962　中国语言学的继承和发展，《中国语文》第 10 期。

王　力　1981　《中国语言学史》，太原：山西教育出版社。

王力达　1963　《汉语研究小史》，北京：商务印书馆。

王丽娟　2013　《国语辞典》与《现代汉语词典》词缀比较研究，山东师范大学硕士学位论文。

王　宁　1996　《训诂学原理》，北京：中国国际广播出版社。

王　宁　2008　论辞书的原创性及其认定原则——兼论《现代汉语词典》的原创性和原创点，《辞书研究》第 1 期。

王　宁　2015　百年《辞源》的现代意义，《光明日报》12 月 22 日。

王寿南　1987　《王云五先生年谱初稿》，台北：台湾商务印书馆。

王文莱　1937　字典和辞典利用法，《图书展望》第 5 期。

王　晓、王东海　2012　谈近现代的汉语语文辞书评论，载《辞书研究与辞书发展论集》，上海：上海辞书出版社。

王英明　1988　《古汉语书目指南》，济南：齐鲁书社。

王云五　1939　编纂《中山大辞典》之经过，《东方杂志》第 1 期。

王云五　1967/2011　《岫庐八十自述》，台北：台湾商务印书馆 / 南昌：江西教育出版社。

王云五　1973/2008　《商务印书馆与新教育年谱》，台北：台湾商务印书馆 / 南昌：江西教育出版社。

王梓赫　2021　初版《国语辞典》编纂状况与体例结构研究，曲阜师范大学硕士学位论文。

魏向清　2015　国家辞书编纂出版规划的战略定位，《辞书研究》第 1 期。

温端政　2002　论语词分立，《辞书研究》第 6 期。

温端政　2007　语典的兴起及其对文化传承的贡献，《辞书研究》第 6 期。

吴建生　2010　再论惯用语的界定及惯用语类工具书的立目——以《新华语典》惯用语选条为例，《山西大学学报（哲学社会科学版）》第 2 期。

吴　平、钱荣贵　2014　《中国编辑思想发展史》，武汉：武汉大学出版社。

吴永贵　2008　《中国出版史（近现代卷）》，长沙：湖南大学出版社。

伍启元　1934　《中国新文化运动概观》，上海：现代书局。

席兴凤　2018　《国语辞典》与《现代汉语词典》（第 7 版）女性词语对比研究，河北大学硕士学位论文。

谢三宝　1934　检字问题研究材料，《江西教育》第 1 期。

谢永芳　2009　《现代汉语词典》（第 5 版）对组合类"见/参看某"的修改，《辞书研究》第 6 期。

心　丝　1935　从中文字典讲到工具参考书，《浙江青年》第 1 期。

辛飞飞　2018　《国语辞典》与《现代汉语词典》（第 7 版）同收称谓词对比研究，河北大学硕士学位论文。

熊希龄　1915　《中华大字典》叙，载《中华大字典》，上海：中华书局。

徐成志　2001　尊重前人　追踪时代——中国辞书百年回顾，《辞书研究》第 3 期。

徐德宽、何保荣等　2016　基于复杂网络视角的《现代汉语词典》与《国语辞典》常用动词释义元语言研究，《外国语文研究》第 2 期。

徐国庆　1999　《现代汉语词汇系统论》，北京：北京大学出版社。

徐　海、丁顺如　2003　《二十世纪中国辞书学论文索引》，上海：上海辞书出版社。

徐仁甫　1981　《广释词》，成都：四川人民出版社。

徐时仪　1988　我国最早以"字典"命名的辞书考辨，《上海师范大学学报（哲学社会科学版）》第 3 期。

徐时仪　2016　《汉语语文辞书发展史》，上海：上海辞书出版社。

徐一士、孙崇义等　1947　答高名君《国语辞典论评》，《华北日报》8 月 14 日。

徐祖友，沈　益　1990　《中国工具书大辞典》，福州：福建人民出版社。

徐祖友，沈　益　1996　《中国工具书大辞典·续编》，福州：福建人民出版社。

严　修　2001　《二十世纪的古汉语研究》，上海：书海出版社。

杨慧玲　2012　《19世纪汉英词典传统：马礼逊、卫三畏、翟理斯汉英词典的谱系研究》，北京：商务印书馆。

杨金华　2012　《现代汉语词典》四个版本短语及其部件立目考察，《现代语文（语言研究版）》第9期。

杨牧之　1993　《中国工具书大辞典（社会科学卷）》，哈尔滨：黑龙江人民出版社。

杨勤业　2015　《中国地学史（近现代卷）》，南宁：广西教育出版社。

杨庆蕙　2002　中国语法中的"词法"研讨，载《黎锦熙语言文字学论著选集》，北京：北京师范大学出版社。

杨伟东　2021　民国时期注音字母在教育领域的推行及其对教育现代化的影响，《教育史研究》第2期。

杨文全　2000　《近百年的中国汉语语文辞书》，成都：巴蜀书社。

杨　艺　2019　《国语辞典》与《现代汉语词典》（第7版）政治词语对比研究，河北大学硕士学位论文。

姚鹏程　1935　毛笔与字典，《浙江青年》第11期。

姚小平　2007　早期的汉外字典——梵蒂冈馆藏西士语文手稿十四种略述，《当代语言学》，第2期。

雍和明　2004　关于中国辞典史研究的思考，《辞书研究》第2期。

雍和明、罗振跃等　2006　《中国辞典史论》，北京：中华书局。

于锦恩　2003　注音字母颁布过程分析，载《中国语文现代化学会2003年年度会议论文集》，北京：语文出版社。

于屏方、杜家利　2010　《汉、英学习词典对比研究》，北京：中国社会科学出版社。

于屏方、杜家利　2016　近三十年来国外词典对比研究的现状与特点——以《国际词典学》为例，《辞书研究》第1期。

俞绍宏　2008　试述《说文古籀补》在古文字学史上的地位，《中国文字研究》第2期。

俞士汶等　1998　《现代汉语语法信息词典详解》，北京：清华大学出版社。

元　青　2013　晚清汉英、英汉双语词典编纂出版的兴起与发展，《近代史研究》

第 1 期。

元未霞　2016　民国时期汉字注音语言政策研究，重庆师范大学硕士论文。

袁世旭、王东海　2011　我国古代字典排检体例的演变研究，《语文研究》第 3 期。

袁世旭、许蒙蒙、郑振峰　2021　《现代汉语词典》释义提示词研究，《语文研究》第 4 期。

袁世旭、郑振峰　2019　汉语辞书理论史研究的价值和意义，《中国语言文学研究》第 2 期。

岳　雯　2020　《国语辞典》四音节词语"喻……"释义研究，河北师范大学硕士学位论文。

张涤华　1980　黎锦熙先生与词典编写工作，《辞书研究》第 1 期。

张锦郎　1985　《王云五与图书馆事业·王云五传记资料》，台北：天一出版社。

张明华　1991　《中国古代的字典词典》，济南：山东教育出版社。

张荣华　1997　张元济与近代辞书出版事业，《辞书研究》第 5 期。

张守白　1934　中国字典通略，《大学》第 6 期。

张向民　2007　《说文古籀补补》研究，天津师范大学硕士学位论文。

张元济　1906/2007　致乔树枬、李家驹，载《张元济全集》（第 1 卷），北京：商务印书馆。

张元济　1949　《（节本）康熙字典》序，载《（节本）康熙字典》，上海：商务印书馆。

张在德　1983　语文性辞书中的"描写和说明式"，《词典研究丛刊》第 5 期。

张泽贤　2008　《民国出版标记大观》，上海：上海远东出版社。

张志毅　2010　"辞书强国"究竟有多远，《人民日报》10 月 12 日。

张志毅、张庆云　2015　《理论词典学》，北京：商务印书馆。

章太炎　1907　论语言文字之学，《国粹学报》第 13 期。

章小丽　2007　日本辞书对清末中国的影响，浙江大学硕士学位论文。

章宜华、雍和明　2007　《当代词典学》，北京：商务印书馆。

赵佩娟　2018　民国社会科学工具书出版与知识下沉，《出版发行研究》第 4 期。

赵振铎　1986　《古代辞书史话》，成都：四川人民出版社。

赵振铎　2017　《中国语言学史（修订本）》，北京：商务印书馆。

郑士德　2000　《中国图书发行史》，北京：高等教育出版社。

中国科学院语言研究所　1960　《现代汉语词典（试印本）》，北京：商务印书馆。

中国科学院语言研究所词典编辑室　1965　《现代汉语词典（试用本）》，北京：商务印书馆。

中国社会科学院语言研究所词典编辑室　1978、1983、1996、2002、2005、2012、2016　《现代汉语词典（1—7版）》，北京：商务印书馆。

钟安妮　2006　《国语辞典》收录的专有名词研究，厦门大学硕士学位论文。

钟少华　2017　《中国近代辞书指要》，北京：商务印书馆。

周　荐　2003　论词的构成、结构和地位，《中国语文》第2期。

周　荐　2006　论词汇单位及其长度，《语言教学与研究》第1期。

周　荐　2012　《王云五大辞典》的词性标注问题，《语文研究》第3期。

周　荐　2013　文化达人王云五对汉语辞书学的贡献，《河北师范大学学报（哲学社会科学版）》第6期。

周树立　2010　简论民国时期科技书籍的出版特点，《科技与出版》第10期。

周　婷　2011　20世纪20年代商务印书馆与中华书局的教科书竞争考略，《文教资料》第16期。

周有光　1989　辞书和拼音，《辞书研究》第2期。

周有光　1993　拼音化漫谈，《语文建设》第2期。

周有光　1997　《中国语文的时代演进》，北京：清华大学出版社。

周远富　2019　孙锦标与南通方言研究，《南通大学学报》第1期。

周祖谟　1982　略论近三十年来中国语文词典编纂法的发展，《辞书研究》第5期。

周祖谟　1989　词汇和词汇学，载《周祖谟语文论集》，石家庄：河北教育出版社。

周作人　1919　思想革命，《每周评论》第11期。

周作人　1922　国语改造的意见，《东方杂志》第17期。

朱光潜　1946　《谈文学》，上海：开明书店。

朱一玄等　1989　《文史工具书手册》，沈阳：辽宁教育出版社。

朱智贤　1930　儿童字典的研究，《中华教育界》第3期。

邹　酆　1980　论义项的概括与"分合"，《辞书研究》第4期。

邹　酆　2000　汉语语文词典编纂理论现代化的百年历程，《辞书研究》第3期。

邹　酆　2001　《辞书学探索》，武汉：湖北人民出版社。

邹　酆　2006　《中国辞书学史概略》，武汉：湖北人民出版社。

外文文献

〔捷〕拉迪斯拉夫·兹古斯塔（L.Zgusta）主编，林书武等译　1983　《词典学概论》，北京：商务印书馆。

〔美〕罗兹曼（Rozman, G.）主编，陶骅等译　1989　《中国的现代化》，上海：上海人民出版社。

〔英〕R.R.K.Hartmann　1986　*The History of Lexicography*，John Benjamins Publishing Company.

〔英〕R.R.K.Hartmann　2001/2005　*Teaching and Researching Lexicography*（《词典学教学与研究》），Harlow：Pearson Education Ltd，2001/ 北京：外语教学与研究出版社，2005 年。

〔英〕R.R.K.Hartmann, Gregory James.　1998/2000　Dictionary of lexicography/ 词典学词典，London: Routledge/ 北京：外语教学与研究出版社。

〔英〕罗伯特·伯奇菲尔德　1980　《词典编纂学》，北京：商务印书馆。

图书在版编目（CIP）数据

民国时期汉语语文辞书研究 / 刘善涛，王晓著. 北京：商务印书馆，2025. --（汉语辞书理论史系列丛书）. --ISBN 978-7-100-25092-4

Ⅰ. H16

中国国家版本馆CIP数据核字第2025BN6552号

权利保留，侵权必究。

汉语辞书理论史系列丛书
民国时期汉语语文辞书研究
刘善涛　王晓　著

商 务 印 书 馆 出 版
（北京王府井大街36号　邮政编码100710）
商 务 印 书 馆 发 行
北京盛通印刷股份有限公司印刷
ISBN 978-7-100-25092-4

2025年5月第1版　　　开本 710×1000　1/16
2025年5月北京第1次印刷　印张 25¼

定价：115.00元